edition theophanie

MANFRED EHMER

DIE WEISHEIT DES WESTENS

MYSTERIEN, MAGIE UND EINWEIHUNG IN EUROPA

Die Weisheit des Westens
3. Auflage 2021 © Manfred Ehmer

Covergestaltung, Satz und Layout:
Manfred Ehmer Graphic Studio

Verlag und Druck: tredition GmbH,
Halenreie 40-44, 22359 Hamburg
Teil 9 der Reihe **edition theophanie**

ISBN 978-3-347-02327-7 (Paperback)
ISBN 978-3-347-02328-4 (Hardcover)
ISBN 978-3-347-02329-1 (e-Book)

Bibliografische Information der Deutschen Nationalbibliothek: Die Deutsche Nationalbibliothek verzeichnet diese Publikation in der Deutschen Nationalbibliografie; detaillierte bibliografische Daten sind im Internet über http://dnb.d-nb.de abrufbar.

Autorenhomepage: **https://www.manfred-ehmer.net**

Inhaltsverzeichnis

Das Licht des Westens

Gottes ist der Orient!
Gottes ist der Okzident!
Nord- und südliches Gelände
Ruht im Frieden seiner Hände.
Johann Wolfgang Goethe[1]

Ex Oriente Lux – aus dem Osten kommt das Licht, nämlich das klare Licht der Gotterkenntnis: dieser Grundsatz galt nahezu uneingeschränkt für den weisheitssuchenden Abendländer, seitdem das religiöse Wissen Indiens und Tibets dem Westen zugänglich gemacht wurde. Die im 19. Jahrhundert entstandene westliche Theosophie, aus der später die Anthroposophie Rudolf Steiners hervorging, hat wesentlich dazu beigetragen, indische Weisheit in den westeuropäischen Ländern bekannt zu machen, und zwar in einer Form, die der Bewusstseinslage des modernen europäischen Menschen entspricht. Der Hinduismus, die traditionelle Hindu-Religion, musste von Aberglauben, üppig wuchernden Mythologien und unverständlichen Bräuchen gereinigt und auf wenige Grundwahrheiten zurückgeführt werden, die für jeden nach Religion Strebenden verbindlich sein müssen. Die Theosophische Gesellschaft, die im Jahre 1875 von Helena Blavatsky (1831–1891) und Henry Olcott (1832–1907) begründet wurde, steht am Beginn jener großen west-östlichen Kulturbegegnung, die man heutzutage etwas schlagwortartig als *Ost-West-Synthese* bezeichnet.

Die Bedeutung der morgenländisch-asiatischen Spiritualität für Europa, ja für die Menschheits-Entwicklung soll in keiner Weise geschmälert werden. Asien besitzt zweifellos eine äußerst reichhaltige Tradition spirituellen Wissens, vom indischen Brahmanismus bis zum japanischen Zen-Buddhismus, und der moderne Europäer blickt oftmals mit Neid auf die tiefe Religiosität des Ostens. So notierte etwa Hermann Hesse schon 1914 in einem seiner Briefe: »Der ganze Osten atmet Religion, wie der Westen Vernunft und Technik atmet. Primitiv und jedem Zufall preisgegeben scheint das Seelenleben des Abendländers, verglichen mit der geschirmten, gepflegten, vertrauensvollen Religiosität des Asiaten, er sei Buddhist, Mohammedaner oder was immer.«[2] In Europa waren die Romantiker wohl die Ersten, die sich dem indischen Geistesleben bewusst zuwandten;

schon 1823 übersetzte Friedrich von Schlegel die Bhagavad Gita, den heiligen Epos Indiens, ins Lateinische. Und der Philosoph Schopenhauer, der große Pessimist, sagte von den Upanishaden: »Es ist die belohnendste und erhebenste Lektüre, die in der Welt möglich ist. Sie ist der Trost meines Lebens gewesen und wird der meines Sterbens sein.«[3]

Europa und Indien, diese beiden Subkontinente der gewaltigen eurasischen Landmasse, seit urgeschichtlicher Zeit miteinander verbunden durch den Strom der indogermanischen Völkerwanderungen, stellen kulturell wie auch spirituell zwei sich ergänzende Pole dar. Von beiden Polen aus gibt es einen Weg zu Gott. Es gibt einen indischen, aber auch einen europäischen Weg der geistigen Befreiung und der Gotterkenntnis. Der anfangs zitierte bekannte Satz *Ex Oriente Lux, Aus dem Osten kommt das Licht*, muss daher in seiner Geltung eingeschränkt werden. Nicht aus dem Osten kommt das Licht der spirituellen Erkenntnis, sondern aus uns selbst; wir müssen Indien, das geistige Indien, die verlorene Lichtheimat in uns selbst wiederentdecken – als die *terra incognita* unserer Seele.

Heutzutage spricht man vor allem in Kreisen der New-Age-Bewegung recht viel von der *Ost-West-Synthese* als einer weltweiten Konvergenz des Geistes, die auf dem Gebiet der Religion und Philosophie westliche und östliche Geistigkeit zu einer höheren Einheit verbinden soll. Eigentlich sollte man jedoch eher von einer *Ost-West-Symbiose* sprechen im Sinne einer wechselseitigen geistigen Befruchtung von Europa und Asien; zur Einheit verschmelzen können West und Ost jedoch nicht. Denn die westliche und die östliche Sinnesart sind, obgleich sie doch beide das Göttliche anstreben, grundverschieden. Der indische Yoga-Weg, die buddhistische Schulung, die japanische Zen-Meditation, sie alle haben ihre tiefe Bedeutung und Berechtigung, aber sie sind nicht eigens für den Westmenschen gemacht worden, und sie sollen auch nicht vom Westmenschen einfach nachgeahmt werden. Die Begegnung mit der morgenländisch-asiatischen Spiritualität kann den Westmenschen jedoch dazu anregen, seine eigene kulturelle Identität wiederzugewinnen: sich das verloren gegangene geistige Erbe des Abendlandes neu bewusst zu machen.

In diesem Sinne hat Rudolf Steiner (1861–1925), der selbst ursprünglich aus den Reihen der Theosophischen Gesellschaft kam, den Hauptunterschied zwischen östlicher und westlicher Geistigkeit wie folgt dargestellt: »Der Ostmensch sprach von der Sinnenwelt als dem Schein, in dem auf geringere Art lebt, was er in vollgesättigter Wirklichkeit in seiner Seele als Geist empfand; der Westmensch spricht von der Ideenwelt als dem

Schein, in dem auf schattenhafte Art lebt, was er in vollgesättigter Wirklichkeit mit seinen Sinnen in der Natur empfindet. Was sinnliche Maja dem Ostmenschen war, ist sich selbst tragende Wirklichkeit dem Westmenschen. Was seelisch erbildete Ideologie dem Westmenschen ist, war sich selbst schaffende Wirklichkeit dem Ostmenschen. Findet der heutige Ostmensch in seiner Geist-Wirklichkeit die Kraft, um der Maja die Seinsstärke zu geben, und findet der Westmensch in seiner Natur-Wirklichkeit das Leben, um in seiner Ideologie den wirkenden Geist zu schauen: dann wird Verständigung kommen zwischen Ost und West.«[4]

In geistiger Hinsicht bedeutet das Indertum die Fähigkeit, das Bewusstsein zurückzuwenden in das eigene Innere, Innenschau und Kontemplation zu üben, eine Fähigkeit, die im Zyklus der Tierkreiszeichen vertreten wird durch das Zeichen Krebs. Die Weltalter-Astrologie, wie wir sie etwa bei Ernst Künkel, *Das Große Jahr* (1922) dargestellt finden, bringt daher auch den Anfang der urindischen Kultur mit dem Krebs-Weltzeitalter (etwa 8550 bis 6450 v. Chr.) in Verbindung. Die Inder sind ihrem Ursprung und ihrer inneren Anlage nach die Pioniere auf dem Gebiet der Innenwelt-, Seelen- und Bewusstseinsforschung. Mit dem klassischen Yoga, nach den Yoga-Sutras des Patanjali, wurde ein umfassendes System der Seelenschulung entwickelt.

Das geistige Europäertum stellt hierzu deutlich einen Gegenpol dar. Das Europäertum, das ist ja gerade der Tat-Impuls, der Weg der aktiven Weltgestaltung, der auf der Ebene der Tierkreiszeichen dem feurigen Zeichen des Widder entspricht, jenem Zeichen, unter dem vor Jahrtausenden die Indogermanen den heute als Europa bekannten Erdteil in Besitz nahmen. Geschichtlich gehen die Ursprünge der europäischen Hochkulturen in das Widder-Weltzeitalter (etwa 2250 bis 50 v. Chr.) zurück. So kann man also sagen: Der Inder orientiert sich mehr an der Innenwelt, der Europäer dagegen eher an der sinnlich erfahrbaren Außenwelt. Hieraus ergeben sich nun zwei ganz verschiedene Welthaltungen:

Der Weg des Ostens in religiöser Hinsicht bestand eigentlich schon immer darin, die Sinnenwelt als bloßen Schein zu entlarven und die jenseits des Sinnlichen liegende Gott-Wirklichkeit zu ergreifen. Der westliche Weg dagegen betrachtet die Sinnenwelt als ganz und gar real, will sie jedoch auch transparent machen für die Schau der ihr innewohnende Gott-Wirklichkeit. Während der Heilsweg des frommen Ostmenschen darin liegt, sich aus der Welt schrittweise zurückzuziehen, so sieht der spirituelle Westmensch seine Berufung gerade in der aktiven Weltgestaltung aus der Kraft göttlichen Bewusstseins. Das Göttliche soll also in der Welt Gestalt annehmen; die materielle Erdenrealität ist keineswegs bloße Maja, ein Reich der Illusion und der Täuschung, sondern vielmehr ein Ort der Bewährung; die Inkarnation des Menschen im Reich der Materie ist keine Strafe gefallener Seelen, sondern eine Aufgabe und Prüfung, die spirituelle Höherentwicklung ermöglicht.

Seiner wahren Erdenaufgabe kann der Mensch auch nicht dadurch gerecht werden, dass er in unbewusste Trance- und Traumzustände zurückfällt, sondern nur dadurch, dass er die im Westen bereits erreichte Bewusstseinswachheit steigert in Richtung eines göttlich-transzendenten Überbewusstseins. Wahre Einweihung kann nur darin liegen, den Menschen zu seinem höheren Geistes-Ich hinzuführen. Damit dies geschehen kann, musste zunächst einmal im Menschen ein Ich-Bewusstsein, ein individueller Persönlichkeits-Kern vorhanden sein. Deshalb bestand der weltgeschichtliche Auftrag des Westens darin, das Persönlichkeits-Prinzip herauszubilden, während der Heilsweg des Ostens umgekehrt auf Entpersönlichung hinzielt; das Endziel ist das Aufgehen des personalen Ichs im amorphen Schoß der Weltenseele, nenne man sie nun das Brahma, das Nirvana oder wie auch immer.

Besonders deutlich tritt die Persönlichkeits-Verneinung des Asiatentums in den Predigten Buddhas zutage[5], in denen das personale Ich des Menschen geradezu als eine Illusion gekennzeichnet wird – das Ziel des Heilsweges im Buddhismus besteht nur noch darin, das Rad der Wiedergeburten aufzuhalten, sich der leidbehafteten Diesseits-Welt (*samsara*) zu entwinden, um schlussendlich wieder einszuwerden mit dem amorphen göttlichen Urgrund aller Dinge (*nirvana*). Und diese Sichtweise kommt auch nicht von ungefähr. Die morgenländisch-asiatischen Seelenschulungen sind ja immer schon mit einer Weltanschauung einhergegangen, die nur das Geistige als real anerkennt; die Materie erscheint dem Geist gegenüber als das Nicht-Seiende schlechthin, als Illusion, als Maja-Schleier.

Demgegenüber hat der Westen im Verlauf seiner Kulturentwicklung einen anderen Weg beschritten. Der Westen hat sich tief in das Reich der Materie hineinbegeben, ja noch mehr, er hat sich im Materiellen verloren, so wie der Osten sich im Geistigen verloren hatte. Auf den genialen Esoteriker Platon folgte der nüchterne Skeptiker Aristoteles; auf den geistigen Höhenflug der mittelalterlichen Mystik folgte der verstandesscharfe Aufklärer Kant, der Zertrümmerer aller Metaphysik. Im Westen hatte sich seit dem so genannten »Universalienstreit« im hohen Mittelalter, der mit dem

Sieg des Nominalismus über den Universalismus endete, eine Weltanschauung durchgesetzt, die nur noch die sinnlich erfahrbaren Tatsachen als tatsächlich existierend annimmt. Das Geistige verblasst gegenüber dem allgegenwärtigen Materiellen; es tritt in den Hintergrund: nur noch schattenhaft, wie eine Schimäre, gelangt es ins Blickfeld.

So kam es denn im Lauf der Menschheits-Entwicklung dazu, dass das Indertum immer mehr in einen weltentrückten Spiritualismus, das Europäertum dagegen immer tiefer in einen (theoretischen wie auch praktischen) Materialismus absank. Europa hatte zwar den Auftrag des Weltwirkens, aber es hätte ein Weltwirken aus dem Geist sein sollen; da Europa aber mindestens seit der frühen Neuzeit keine geistigen Werte mehr besaß, konnte sein Weltwirken nur noch ein rein imperialistisches und kolonialistisches sein. Im Jahre 1492, zu Beginn der europäischen Neuzeit, gelangte Christoph Columbus nach Amerika, und wenig später entdeckte der Portugiese Vasco da Gama den Seeweg nach Indien. In der Folgezeit errichteten die seefahrenden Nationen Europas, die Spanier und Portugiesen, die Holländer, Engländer und Franzosen, gewaltige überseeische Kolonialreiche; ganze Erdteile wurden von ihnen unterjocht und ausgeplündert. Und mit dem Anwachsen des aus allen Erdteilen geräuberten Reichtums wuchs den Europäern zugleich auch die innere Armut, die spirituelle Bedürftigkeit. Denn es gibt ein Gut, das durch Geld nicht aufzuwiegen ist, nämlich wahre Religion im Sinne von *religio*: Rückbindung an das Geistig-Göttliche.

Nur ein geistig bankrottes, in den Materialismus abgesunkenes Europa konnte dahin gelangen, aus Mangel an eigener Spiritualität bei den Religionen des Ostens in die Schule gehen zu müssen! Der Versuch, bei fremden Kulturen Anleihen zu machen, anstatt aus dem Eigenen zu schöpfen, weist hin auf eine tiefgreifende Kulturkrise: Europa hat seine innere Mitte verloren! Ein Kennzeichen hierfür ist es auch, dass immer weitere Kreise in den westlichen Ländern irgendwelchen neo-indischen Pseudo-Gurus und Sekten-Stiftern hinterherlaufen. Was nützt uns denn die Pilgerfahrt in das geographische Land Indien, solange wir nicht das Seelenland Indien in uns selbst gefunden haben – solange wir nicht mit uns selbst identisch geworden sind? Zu solcher Identität mit sich selbst gehört auch die bewusste Verwurzelung im eigenen Kulturgrund. Wir Europäer, wir sind abendländische Seelen; wir können aber auch das geistige Indien in uns erwecken. Genau dies würde echte Ost-West-Symbiose bedeuten!

Es ist bezeichnend, dass gerade im 19. und 20. Jahrhundert immer wieder große Wellen der Indien- und Asien-Begeisterung durch das europäische Geistesleben hindurchgegangen sind – in Deutschland wohl zuerst im Rahmen der Romantik (Friedrich Rückert vor allem, der meisterhafte Übersetzer morgenländischer Weisheitsliteratur), dann noch einmal in den 1920er Jahren, zuletzt in unmittelbarer Vergangenheit im Zusammenhang mit der New-Age-Bewegung. Europa, das faustisch nach den Sternen gegriffen hat, dabei aber seiner inneren Mitte verlustig ging, sucht sein Heil im »Licht des Ostens«, wenn nicht im indianischen Schamanismus oder in irgendeiner okkulten Magie. Ein Weg aus der tiefgreifenden Kulturkrise des modernen Europa wird damit jedoch nicht gewiesen. Schon im Jahr 1930 schrieb Carl Gustav Jung: »Wir müssen vielmehr lernen zu erwerben, um zu besitzen. Was der Osten uns zu geben hat, soll uns bloße Hilfe sein bei einer Arbeit, die wir noch zu tun haben. Was nützt uns die Weisheit der Upanishaden, was die Einsichten des chinesischen Yoga, wenn wir unsere eigenen Fundamente wie überlebte Irrtümer verlassen und uns wie heimatlose Seeräuber an fremden Küsten diebisch niederlassen.«[6]

In dem Maße also, in dem wir den Geist Indiens in uns aufnehmen, müssen wir auch das verloren gegangene esoterische Wissen Europas neu erschließen. Es gab auch in unserem Erdteil Mysterienschulen und Eingeweihte; es gab auch im Abendland eine verborgene Tradition spirituellen Wissens[7], und an diese gilt es in zeitgemäßer Weise anzuknüpfen. Als Westmenschen können wir nur dann das Geistige Indien in uns erwecken, wenn wir es verstehen, uns in jenen lebendigen Strom europäischen Geistes hineinzustellen, der aus der Wesensmitte unserer Kultur fließt.

Wer sich mit den heiligen Ursprüngen der Menschheit befasst, der wird feststellen, dass die ältesten Wurzeln europäischer wie auch indischer Geistigkeit auf denselben Ursprung zurückgehen, dass sie einmünden in eine gemeinsame Urwurzel. Ost und West waren im Ursprung vereint; die vedische Religion Altindiens war indogermanisch, und sie kam aus Europa. Man könnte den eingangs zitierten Satz sogar umkehren und sagen: *Ex Occidente Lux – Aus dem Westen kam das Licht!* Erst im späteren Verlauf der Kulturentwicklung hat sich Europa, als der westliche Ausläufer Eurasiens, immer mehr in einen krassen Materialismus verrannt, während Indien als die südliche Spitze des eurasischen Riesenkontinents immer mehr in einen weltentrückten Spiritualismus absank. Angesichts einer solchen Welttrennung konnte der britische Dichter Rudyard Kipling sagen: *East is East and West is West – they never will meet.*

Der Materialismus hat sich als eine Sackgasse erwiesen, und der Spiritualismus bietet kein Heilmittel dagegen. Gerade heutzutage, wo sich auf vielen Gebieten des geistigen Lebens der Beginn eines neuen geisterfüllten Weltäons ankündigt, kommt es mehr denn je darauf an, »Geist« und »Materie« als zwei gleichermaßen reale Seiten derselben übergeordneten Einheit zu erkennen. Also eine ganzheitliche Weltsicht muss errungen werden; so lautet das Gebot der neuen Zeit. Es könnte in vielleicht nicht allzu ferner Zukunft zu einer echten indisch-europäischen Symbiose kommen, aus der ein neues ganzheitliches Weltbewusstsein erwachsen kann, eine nicht weltverneinende, sondern dem Kosmos verbundene Spiritualität. Eine solche Zukunfts-Symbiose würde nicht Verschmelzung, sondern wechselseitige Befruchtung von West und Ost bedeuten. Untrennbar wäre sie verbunden mit einer Rückbindung an die jeweils eigene Kultur mit ihren spirituellen Traditionen.

Ex Occidente Lux! Ich möchte in den Kapiteln dieses Buches nicht das warme, uns so vertraute, manchmal auch etwas schillernde »Licht des Ostens« aufscheinen lassen, sondern das kühle fahle Licht, das aus dem Westen kommt. Es wird uns zunächst vielleicht etwas fremdartig erscheinen, dieses *Licht des Westens*, doch dann wird es uns plötzlich als etwas Urvertrautes aufscheinen, wie längst Gewusstes, das wieder ins Bewusstsein eintritt…

Urheimat Atlantis

Golden war das Geschlecht der redenden Menschen,
Das erstlich die unsterblichen Götter,
Des Himmels Bewohner, erschufen. Jene lebten,
Als Kronos im Himmel herrschte als König,
Und sie lebten dahin wie Götter ohne Betrübnis.
Hesiod[1]

Die Sage vom Goldenen Zeitalter

Atlantis, die Insel Avalon, die Gärten der Hesperiden, das Paradies, der Garten Eden, das Goldene Zeitalter – Urerinnerungen der Menschheit sprechen noch heute aus diesen mythischen Namen zu uns. Sie bezeichnen einen Urzustand des vollkommenen Glückes und Friedens, in dem der Mensch noch ganz im Einklang mit dem Göttlichen lebte. Die Menschen dieses längst verklungenen Zeitalters scheinen Halbgötter, Gottmenschen und Heroen gewesen zu sein; aber sie mussten im Laufe der Zeit einem anderen, weniger göttlichen Menschengeschlecht weichen. Der Dichter Hesiod (um 700 v.Chr.), ein Zeitgenosse Homers, stellte zuerst die Lehre von den drei Weltaltern auf, von einem Goldenen, Silbernen und Erzernen Zeitalter, wobei er das letztere mit seiner eigenen Zeit gleichsetzte. Die Aufeinanderfolge der Weltalter stellt eindeutig eine absteigende Linie dar, auf der sich der Mensch von seinem göttlichen Ursprung immer weiter entfernt. Auch der römische Dichter Ovid (eigentlich Publius Ovidius Naso, 43 v. Chr. bis 17 / 18 n. Chr.) besingt das »Goldene Zeitalter«; er beschreibt es als ein Land, in dem die Menschen ohne Strafgesetze und Zwangsgewalt leben, wo ewiger Frühling herrscht, wo allerwärts milde Winde wehen und wo die Erde ganz von allein, ohne die Mühsal des vom Menschen betriebenen Ackerbaus, Feldfrüchte und reiche Ernte hervorbringt:

Ewig waltete Lenz, und sanft mit lauem Gesäusel
fächelten Zephirus Hauche die saatlos keimenden Blumen.
Bald gebar auch Feldfrüchte der ungeackerte Boden.[2]

Ganz ähnlich beschreibt viele Jahrhunderte später der Dichter Geoffrey of Monmouth in seiner *Vita Merlini* (um 1150) die Nebelinsel Avalon:

»Die Apfelinsel wird auch die glückliche Insel genannt, weil sie alle Dinge aus sich selbst erzeugt. Die Äcker haben dort den Pflug nicht nötig, der Boden wird überhaupt nicht bebaut; es gibt nur, was die schaffende Natur aus sich selbst gebiert. Freiwillig schenkt sie dort Korn und Wein, und in den Wäldern wachsen die Apfelbäume in stets geschnittenem Grase. Aber nicht nur schlichtes Gras, sondern alles bringt der Boden in Fülle hervor, und hundert Jahre oder darüber währt dort das Leben. Neun Schwestern herrschen nach heiteren Gesetzen auf dieser Insel über alle, die aus unserem Lande dorthin gelangen.«[3]

Die irische Mythe von »Brans Meerfahrt« berichtet von den Zauberinseln *Emain Ablach* oder *Ynys Affalach* (Avalon), die weit draußen im Meer des Westens liegen; dort sollen paradiesische Zustände herrschen wie einst im Goldenen Zeitalter: »Es gibt eine Insel in weiter Ferne; um sie herum die prächtigen Rosse des Meeres; herrlicher Lauf gegen die schäumenden Wogen; eine Verzückung dem Auge, dehnt sich glorreich die Ebene, auf der die Heere sich regen im Spiel ... Anmutige Erde, gespannt über die Jahrhunderte der Welt, über die sich Blumen breiten ohne Zahl. Darauf steht ein alter Baum in Blüten, in seinen Wipfeln rufen die Vögel die Stunden ... Unbekannt die Klage oder der Verrat, der so bekannt ist auf der kultivierten Erde; nichts Schnödes oder Schroffes gibt es hier, stattdessen dringt sanfte Musik ans Ohr. Weder Leid, noch Trauer, weder Tod, noch Krankheit oder Siechtum, – daran erkennt man Emain, die Insel; selten wurde ein solches Wunder geschaut. Schönheit einer Erde voller Zauber, unvergleichlich sind ihre Nebel...«[4]

Die alten Griechen stellten sich ihr Paradies, das Elysium, wohl ähnlich vor; und sie setzten es gleich mit den fern im Westen liegenden »Inseln der Seligen«, auf denen die Hesperiden – nymphenhafte Geister des Westens – die Äpfel der Unsterblichkeit hüten. Dort befindet sich auch der Titan Atlas, der auf seinen Schultern das Himmelsgewölbe trägt, sodass man diese mythischen Inseln durchaus mit »Atlantis« in Verbindung bringen kann. Auch Hesoid spricht von »seligen Inseln«, die sich »am Rande der Welt« und »bei des Okeanos Strudeln« befinden sollen (der Okeanos ist der atlantische Ozean). Dort wohnt unter der Herrschaft des Kronos ein glückliches Geschlecht von Halbgöttern:

War ein göttlich Geschlecht von Helden,
und man benannte Halbgötter sie,
dies Vorgeschlecht auf unendlicher Erde;
Zeus, der Kronide, ließ sie hausen am Rande der Erde,

auch den Unsterblichen fern, und Kronos wurde ihr König;
und dort wohnen sie nun mit kummerentlastetem Herzen,
auf den seligen Inseln und bei des Okeanos Strudeln,
hochbeglückte Heroen; denn süße Frucht wie Honig
reift ihnen dreimal im Jahr die nahrungsspendende Erde.[5]

Wenn Hesiod die Bewohner der »seligen Inseln« ein »göttlich Geschlecht von Helden« nennt, dann spricht das Alte Testament der Bibel im Zusammenhang mit der Flutlegende davon, dass es vor der Sintflut »Gottessöhne« gegeben habe, welche die Frauen der Menschen ehelichten: »Zu der Zeit und auch später noch, als die Gottessöhne zu den Töchtern der Menschen eingingen und sie ihnen Kinder gebaren, wurden daraus die Riesen auf Erden. Das sind die Helden der Vorzeit, die hochberühmten« (1. Moses, 6/4). Kamen die halbgöttlichen Menschen der Vorzeit, von denen die Bibel, das Gilgamesch-Epos und die Sagen der Griechen übereinstimmend künden, aus dem Reich des Titanen Atlas, aus Atlantis? Lebt in dem Mythos vom »Goldenen Zeitalter« vielleicht eine Erinnerung an die Blütezeit der einstigen Altantis-Kultur?

Der Amerikaner Ignatius Donnelly vertrat jedenfalls die Ansicht, »dass Atlantis die wahre vorsintflutliche Welt war, der Garten Eden, die Gärten der Hesperiden, die Insel der Seligen, die Gärten des Alkinoos, der Olymp, das Asgard der Germanen ... und eine universelle Erinnerung an ein herrliches Land hinterließ, in dem die Menschheit im Frühstadium ihrer Geschichte lange Zeitalter hindurch in Glück und Frieden lebte«[6]. Das Problem liegt jedoch darin, dass diese vorsintflutliche Welt der Atlanter (wenn es sie denn je gegeben hat) keine materiell sichtbaren Spuren in der Geschichte hinterlassen hat, keine Monumente oder Bauanlagen, die man durch Grabungen wieder freilegen könnte. Das einstige Inselreich Atlantis liegt, wie es scheint, für immer begraben unter den Fluten jenes Ozeans, der noch heute nach ihm seinen Namen trägt. Keine Taucherexpedition, keine Echolotausmessung wird je diesen Schatz heben können. Deshalb wird das Thema »Atlantis« für die Archäologen, deren Forschungsarbeit auf Ausgrabungen beruht, immer ein ungelöstes Rätsel bleiben. Eine Lösung dieses Rätsels wird es erst dann geben, wenn irgendwann, und sei es in noch so ferner Zukunft, Teile von Atlantis aus dem Meer wiederauftauchen sollten. Schon der römische Dichter Seneca deutet in seiner Tragödie *Medea* an, dass eine Zeit käme, in der versunkene Kontinente aus dem Ozean wieder aufsteigen würden:

Es heißt, dass in späterer Zeit Jahrhunderte kämen,
In denen der Ozean die Bande der Dinge löst,
Da werde die ungeheure Weite der Welt offenstehen
Und das Meer neue Länder enthüllen
Und Thule nicht mehr das Ende der Welt sein.[7]

Und in dem großartigen Prophezeiungs-Gedicht, das unter dem Namen *Völuspa* oder *Der Seherin Gesicht* am Beginn der nordgermanischen Edda-Sammlung steht, lesen wir jenen verheißungsvollen Spruch, der gleichfalls das künftige Wiederauftauchen von Atlantis andeuten könnte:

Seh aufsteigen zum andern Male
Land aus Fluten, frisch ergrünend [8]

Der Atlantis-Bericht Platons

Die Zahl der erschienenen Atlantis-Bücher geht in die Tausende, und die Bandbreite der Inhalte reicht von seriös-wissenschaftlicher Standard-Literatur wie Otto Mucks *Alles über Atlantis*[9] über den theosophischen Klassiker *Atlantis nach okkulten Quellen* von W. Scott-Elliot[10] bis hin zu reinen Phantasie-Romanen wie *Das Licht von Atlantis* von Marion Zimmer-Bradley[11]. Die ganze Legion der Atlantis-Literatur geht jedoch zurück auf eine einzige, nur wenige Druckseiten umfassende Schrift, die seit rund zweieinhalb Jahrtausenden die Gemüter der Ur- und Frühgeschichtsforscher bewegt hat; eine Schrift, die man ohne Zögern als *den* Klassiker der Atlantis-Literatur bezeichnen kann – auf den Dialog *Kritias* des griechischen Philosophen Platon (427–347 v. Chr.).

Platon, von Haus aus Spross einer vornehmen Athener Adelsfamilie, gründete im Jahre 387 v. Chr. seine eigene philosophische Schule. Seine zutiefst idealistische Lehre, geschöpft aus dem Quellborn alter griechisch-ägyptischer Mysterienweisheit, pflegte er in Form von Gesprächen darzustellen, Dialoge zwischen dem von Platon als Lehrmeister verehrten Sokrates und seinen Schülern. Platon hat zahlreiche solcher Dialoge verfasst, oft Schriften von unvergleichlicher Poesie und sprachlicher Schönheit, am bekanntesten vielleicht die Schriften *Symposion* (Das Gastmahl) und *Politeia* (Der Staat) Mit dem Atlantis-Thema hat sich Platon nur ganz am Rande befasst; sein *Timaios*-Dialog, eigentlich naturphilosophischen Fragen gewidmet, enthält einen knappen Exkurs über dieses Thema, wogegen der unvollendet gebliebene *Kritias*-Dialog die Hauptquelle jeder Atlantis-Forschung darstellt. Beide Dialoge zählen zu den Altersschriften Platons.

Der Kritias-Dialog wiederholt im Grunde genommen nur den Wortlaut eines Gespräches, das der Weise Solon (640–561 v. Chr.) in Ägypten mit einem Priester der Göttin Neith geführt haben soll. Ägypten, das Land der Pyramiden und der Sphinxe, erweist sich somit als Hüterin der Atlantis-Tradition. Aufzeichnungen des Gespräches mit dem Neith-Priester sind in die Hände des Kritias gelangt, der seinen Bericht über Atlantis einleitet mit den Worten: »*So vernimm denn, Sokrates, eine gar seltsame, aber durchaus in der Wahrheit begründete Sage, wie einst der Weiseste unter den Sieben, Solon, erklärte.*«[12]

Wie eine seltsame Sage liest sich der von Platon verfasste Atlantis-Bericht in der Tat, und Generationen von Gelehrten haben schon darüber gestritten, ob es sich hierbei nur um eine von Platon erdichtete Fabel handelt oder um den authentischen Bericht über eine vor Jahrtausenden untergegangene Hochkultur. Die Überlieferungs-Kette geht jedenfalls über Platon, Kritias und Solon auf jenen unbekannten ägyptischen Neith-Priester zurück. Es sei in diesem Zusammenhang erwähnt, dass Platon nach dem Tod seines Lehrers Sokrates ausgedehnte Studienreisen unternommen hat, die ihn auch nach Ägypten führten, wo er vermutlich mit dem dortigen Priesterstand in Berührung kam. Möglicherweise hat er dort sogar die Urfassung des Atlantis-Berichtes einsehen können, jene geheimnisvollen Papyrusschriften, auf die sich der Priester der Göttin Neith im Gespräch mit Solon bezogen hat.

Noch ein späterer Schüler Platons, ein gewisser Krantor (330–275 v. Chr.), berichtet, dass er in Ägypten die Papyrusrollen eingesehen habe, die den von Platon wiedergegebenen Atlantis-Bericht im Original enthielten. Diese ägyptische Originalfassung befand sich aller Wahrscheinlichkeit nach in der Großen Bibliothek von Alexandria, dem damals weithin bekannten Zentrum antiker Gelehrsamkeit, das mit seinen rund 700.000 Buchrollen im Jahre 47 v. Chr. fast vollständig dem Raub der Flammen zum Opfer fiel. Es gab auch eine Kleine Bibliothek in Alexandria mit gut 40.000 Buchrollen, die im Jahr 272 n. Chr. vernichtet wurde. Welch einen unermesslichen Schatz an ägyptisch-antiker Weisheit hat die Feuersbrunst in Staub und Asche verwandelt!

Ob Platon mit seinem »Atlantis« nur ein Phantasiegebilde geschildert hat, das wissen wir nicht. Eines aber ist sicher: Wenn Platons Atlantis in der beschriebenen Form tatsächlich bestanden hat, dann müsste man die Kulturgeschichte der Menschheit noch einmal neu schreiben, und zwar von Anfang an. Alle bisher gültigen Datierungen der Kupfer-, Bronze-

und Eisenzeit müssten umgeworfen werden; alle Schulweisheit über die Anfänge menschlichen Kulturwerdens wäre ungültig. Denn wenn Platon recht hat, dann würde das bedeuten, dass es in Atlantis eine mit allen Raffinessen der Zivilisation vertraute Hochkultur gegeben hat, und zwar zu einer Zeit, als Europa noch im Dämmerlicht eiszeitlichen Höhlenmenschentums dahingelebt hat. Nach Platon sind die Atlanter die ersten Kolonisten, Besiedler, Pioniere und Kulturbringer Europas gewesen.

Zuletzt hätten sich die Atlanter entschlossen, die Ureinwohnerschaft Europas durch einen einzigen großen Heereszug zu unterjochen; allein der Untergang des atlantischen Inselreiches im Ozean setzte diesem ehrgeizigen Vorhaben ein rasches Ende: »*Vor allem zuerst wollen wir uns erinnern, dass zusammengenommen 9000 Jahre verstrichen sind, seitdem, wie erzählt wurde, der Krieg zwischen den außerhalb der Säulen des Herakles und allen innerhalb derselben Wohnenden stattfand, von dem wir jetzt vollständig zu berichten haben. Über die einen soll unser Staat geherrscht und den ganzen Krieg durchgefochten haben, über die anderen aber die Könige der Insel Atlantis, von welcher wir behaupteten, dass sie einst größer als Asien [Kleinasien] und Libyen war, jetzt aber, nachdem sie durch Erdbeben unterging, die von hier aus die Anker nach dem jenseitigen Meere Lichtenden durch eine undurchdringliche, schlammige Untiefe fernerhin diese Fahrt zu unternehmen hindere...*«[13]

Also zwei ganz deutliche Angaben – jenseits der Säulen des Herakles, der Meerenge von Gibraltar, die ja das Mittelmeer vom Atlantischen Ozean abtrennt; und größer als Asien und Libyen zusammengenommen. Mit Asien ist Kleinasien gemeint, die von Griechen besiedelte Westtürkei; und »Libyen« ist ein unmittelbar an Ägypten angrenzender Landstrich. Im *Kritias*-Dialog führt Platon aus, dass es auf der Insel Atlantis eine große, durch künstliche Bewässerungsanlagen furchtbar gemachte Ebene gegeben habe, die sich südlich der Hauptstadt weit ins Landesinnere erstreckt habe. Er nennt sie eine »*von bis an das Meer herablaufenden Bergen umschlossene Fläche und gleichmäßige Ebene, durchaus mehr lang als breit, nach der einen Seite 3000 Stadien lang, vom Meere landeinwärts aber in der Mitte deren 2000 breit. Dieser Strich der ganzen Insel lief, nordwärts gegen den Nordwind geschützt, nach Süden*«[14]. Da 1 Stadion, ein in der Antike übliches Längenmass, 192 Meter beträgt, war die »große fruchtbare Ebene« 576 km lang und 384 km breit. So gelangen wir auf Grund dieser Beschreibungen zu der Vorstellung einer Insel ungefähr von der Größe Irlands; es kann aber Irland nicht gemeint sein, denn der Bericht Platons beschreibt die Insel als dicht bewaldet, in den Niederungen sehr fruchtbar, aber auch von riesigen Gebirgen umringt. Diese Beschreibung passt auf die Landesnatur

Irlands überhaupt nicht! Wir müssen daher ein tatsächlich untergegangenes Inselmassiv im zentralen Atlantik annehmen. Die meisten Atlantis-Forscher glauben seit Ignatius Donnelly dieses versunkene Eiland auf den Gipfelkämmen des Mittelatlantischen Rückens auf der Höhe der Azoreninselgruppe ansetzen zu können. Da diese Region des zentralen Atlantiks ausgesprochen vulkanreich ist, wäre ein Absinken eines größeren Landmassivs auf Grund vulkanischer Tätigkeit geologisch durchaus denkbar. Überdies befindet sich unterhalb des Mittelatlantischen Rückens die Nahtstelle zweier Kontinentalschollen, der eurasischen und der amerikanischen, die beständig *auseinander* driften!

Platon beschreibt genau Natur und Geschichte der Insel Atlantis – die Erlosung der Insel durch den Gott Poseidon; die Verteilung der Herrschaft an seine Söhne, das atlantische Königsgeschlecht; den überquellenden Reichtum der Insel; die Bewässerungsanlagen, die Hafenanlagen und die Hauptstadt mit ihrem weitläufigen Königspalast; auch die Natur des übrigen Landes, die Organisation des Heerwesens, die Regelung der Herrschaft, auf theokratische Weise durch 10 Könige, und die wichtigsten Gesetze.

Atlantis wird geschildert als eine jenseits der »Säulen des Herakles« liegende Insel, also jenseits der Meerenge von Gibraltar: ein mythisches Land im fernen Westen, Land des Sonnenuntergangs und damit auch Abendland im eigentlichen Sinne, Brückenkopf zwischen der Alten und der Neuen Welt, zwischen Europa und Amerika. Dieser Ort war gewissermaßen die symbolische Weltmitte, der Ort auch, wo die Weltensäule steht, die als Stützpfeiler des Sternenfirmaments Himmel und Erde miteinander verbindet. Dank ihrer strategisch einmalig günstigen Lage im Zentralatlantik konnte Atlantis ein überseeisches Handels- und Kolonialimperium gründen, das Teile sowohl Europas als auch des vorgeschichtlichen Amerika umfasste. Diesbezügliche Andeutungen finden sich auch bei Platon.

Lässt er doch den ägyptischen Neith-Priester an einer Stelle ganz deutlich sagen, dass es auch jenseits der Insel Atlantis Festland gäbe, »*denn vor dem Eingange, der, wie ihr sagt, die Säulen des Herakles heißt, befand sich eine Insel, größer als Asien [Kleinasien] und Libyen zusammengenommen, von welcher den damals Reisenden der Zugang zu den übrigen Inseln, von diesen aber zu dem ganzen gegenüberliegenden, an jenem wahren Meere gelegenen Festland offenstand. Denn das innerhalb des Einganges, von dem wir sprechen, Befindliche erscheint als ein Hafen mit einer engen Einfahrt; jenes aber wäre wohl wirk-*

lich ein Meer, das es umgebende Land aber mit dem vollsten Rechte ein Festland zu nennen. Auf dieser Insel Atlantis vereinte sich auch eine große, wundervolle Macht von Königen, welcher die ganze Insel gehorchte sowie viele andere Inseln und Teile des Festlandes; außerdem herrschten sie auch innerhalb, hier in Libyen bis Ägypten, in Europa aber bis Tyrrhenien«[15].

Die Kanarischen und Kapverdischen Inseln, die Antillen, Bahamas und die zahlreichen Inseln der Karibik müssen allesamt, der obigen Aussage zufolge, dem Einfluss- und Herrschaftsbereich der Atlanter angehört haben; das der Insel Atlantis »gegenüberliegende Festland« kann nur – Amerika sein! Wenn wir also Genaueres über die untergegangene Atlantis-Kultur erfahren möchten, so müssen wir die Parallelen oder Ähnlichkeiten zwischen der ägyptisch-abendländischen Kultur und den Indianer-Kulturen Alt-Amerikas ausfindig machen. Solche Ähnlichkeiten lassen eventuell eine ehemals vorhandene gemeinsame Mitte erkennen.

Als besonders deutliche Ähnlichkeit fällt nicht nur die Entsprechung gewisser Mythen bei den Bewohnern der Alten und der Neuen Welt ins Auge, sondern auch die Existenz einer Ur-Sonnenreligion, die sich unter dem Wahrzeichen der Pyramide bei den Ägyptern wie auch bei den Azteken feststellen lässt; sie lag offensichtlich auch den großen Steinbauten der nord- und westeuropäischen Megalithkultur zugrunde. Waren die Atlanter das »Volk der Sonne«, ihr ausgedehntes Handelsimperium das »Weltreich des Sonnengottes«? Charles Berlitz, ein Autor, der sich viel mit den Geheimnissen des atlantischen Ozeans beschäftigt hat (unter anderem auch mit dem Bermuda-Dreieck), schreibt: »Als ein kulturelles, zoologisches, botanisches und anthropologisches 'fehlendes Bindeglied' zwischen der Alten und der Neuen Welt liefert Atlantis (oder eine einstige atlantische Landbrücke) eine derart einleuchtende Erklärung so vieler bisher ungeklärter Fragen, dass man mit Voltaire sagen möchte: Falls Atlantis nicht existiert hätte, müsste man es erfinden.«[16]

Atlantis also als das *missing link* (das fehlende Bindeglied) zwischen Europa und Amerika, und zwar nicht nur geisteswissenschaftlich-mythologisch betrachtet, sondern auch konkret geologisch im Hinblick auf die jüngere Erdgeschichte – dieser Ansatz scheint der richtige zu sein, wenn auf die Frage nach dem Wahrheitsgehalt des Atlantis-Mythos einigermaßen zufriedenstellend geantwortet werden soll. Deshalb möchte ich zunächst einmal das geologische *missing link*, die einstige atlantische Landbrücke, ausfindig machen; zu diesem Zweck muss die Bodenlandkarte des atlantischen Ozeans betrachtet werden. Versuchen wir also, Atlantis geographisch zu orten; erst wenn eine solche Ortung im Koordinatensystem der Raum-Zeit-Welt erfolgte, kann über die mutmaßliche Religion, Esoterik und Spiritualität der Atlanter gesprochen werden.

Atlantis – geologisch betrachtet

Atlantis, Lemuria, Hyperborea – so lauten die Namen jener längst versunkenen Urkontinente, die als Erbe aus den urfernen Vergangenheiten des Erdaltertums noch am Beginn des Tertiär-Zeitalters in voller Ausdehnung bestanden haben. Erst im Laufe des Quartärs und seiner vier Eiszeiten mussten diese Landmassen dem Druck gewaltiger Katastrophen und Kataklysmen weichen, bis sich in etwa die heutige Kontinentalgestalt der Erde herausbildete. Die drei Urkontinente wurden teils von neuem Land überlagert, teils wurden sie von Meeresfluten überschwemmt; neue Gebirgskämme erhoben sich und alte Gipfelhöhen versanken in die Tiefen des Meeres.

Innerhalb der letzten 4 Milliarden Jahre war die äußere Erdgestalt mehrfach grundlegenden Änderungen unterworfen. Die von Alfred Wegener aufgestellte Kontinentaldrift-Theorie betrachtet die Kontinente als Abspaltungen eines einheitlichen Urkontinentes namens *Pan-Gaia*. Nun wissen wir nicht, wann und wie lange Pan-Gaia bestanden hat; jedenfalls bestehen schon in kambrischer Zeit (also am Beginn des Erdaltertums) mehrere, unabhängig voneinander driftende Kontinentalkomplexe, und zwar im Wesentlichen zwei: ein eurasisch-nordatlantisch-amerikanischer und ein südatlantisch-afrikanisch-pazifischer Kontinent. Zwischen beiden in etwa parallel verlaufenden Kontinentalmassen lag das Tethysmeer. Bis in das Erdmittelalter hinein, die von Sauriern beherrschte Trias-, Jura- und Kreidezeit, bleibt diese Kontinentverteilung im Wesentlichen bestehen. Der tonnenschwere Dinosaurier graste in den Sümpfen Lemuriens und des Nordatlantik-Kontinents; der Ichthosaurier jagte in den Fluten des Tethysmeeres.

Mit dem Tertiär beginnt das große Zeitalter der Säugetiere. Neue Kontinentalverhältnisse bilden sich heraus; die Parallelität der Kontinente verläuft nun nicht mehr in west-östlicher Richtung, sondern in nord-südlicher. Edgar Dacque, der wohl als ein namhafter Forscher gelten darf, schreibt hierüber: »Mit dem Ende der Kreidezeit und dem Beginn des Tertiär stellen sich rascher und rascher die der heutigen Landverteilung nahe kommenden Verhältnisse her. Der große Südkontinent ist ganz zerlegt und vielfach ist in die übrig gebliebenen, heute wieder festländischen

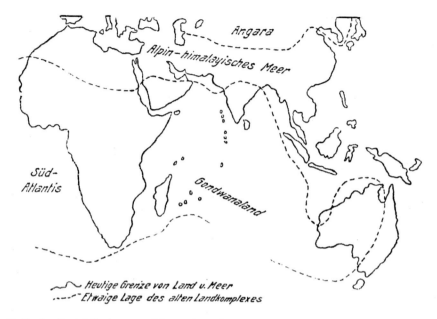

~~~ Heutige Grenze von Land u. Meer
·---·· Etwaige Lage des alten Landkomplexes

Teile (z. B. Afrika) sogar Meer eingedrungen. Ebenso sind die Nordland-massen, wenigstens im atlantischen Gebiet, sehr stark vom Meere überflu-tet. Schon in der letzten Hälfte der Kreidezeit hatte sich Westafrika von dem südamerikanischen Land merklich getrennt. Es blieb zwar atlantisch-ozeanisches Land zwischen der alten und der neuen Welt noch bestehen (Atlantis), aber auch der amerikanische Kontinent wurde immer mehr isoliert, sozusagen der europäisch-afrikanischen Welt durch den immer mehr sich ausprägenden Atlantik fernergerückt.«[17]

Es besteht Grund zu der Annahme, dass Kontinent-Reste des noch aus dem Paläozoikum stammenden eurasisch-nordatlantisch-amerikanischen Großkontinents im Tertiär- und Quartär-Zeitalter noch existiert haben. Gleichfalls gab es eine Landverbindung zwischen dem südatlantischen Restkontinent, dem südlichen Afrika und Indien: Lemurien, benannt nach einer Gattung von Halbaffen, die noch heute auf der Insel Madagaskar vorkommen. Atlantis und Lemurien, soweit sie in der Erdneuzeit noch bestanden, stellen die trümmerhaften Reste der beiden paläozoischen Großkontinente dar! Das einst zwischen ihnen liegende Tethysmeer ist längst entschwunden; an seine Stelle trat das Mittelmeer. Ferner gab es bis in die geologisch jüngste Zeit hinein eine Landbrücke zwischen Skandi-navien, Island und Grönland, die auch die Britischen Inseln und Irland umfasste: Hyperborea, das Urland des Nordens, das allerdings während der Eiszeiten des Quartärs größtenteils von polarem Packeis bedeckt war.

Der Untergang von Atlantis wird auf eine bestimmte Zeit datiert: Platon lässt in seinem Kritias-Dialog den ägyptischen Priester sagen, »*dass zusammengenommen 9000 Jahre verstrichen sind, seitdem, wie erzählt wurde, der Krieg zwischen den außerhalb der Säulen des Herakles und allen innerhalb derselben Wohnenden stattfand*«. Daraus folgt, dass das fragliche Ereignis um das Jahr 9500 v. Chr. stattfand, also vor rund 11.500 Jahren. Dieser Zeitpunkt markiert das Ende der letzten, der sogenannten Würm-Eiszeit, der noch zwei andere Eiszeiten vorangegangen waren. Da die menschliche Population während der letzten Eiszeit nur aus nomadisierenden Jägern und Sammlern bestand (vorwiegend Mammut- und Rentier-Jäger), muss Atlantis mit seiner hochentwickelten Kultur der restlichen Menschheit turmhoch überlegen gewesen sein. Der Untergang von Atlantis vor rund 11.500 Jahren fällt auch in ein Äon hinein, in dem die ersten Ackerbaukulturen auftauchen (in der Archäologie die sogenannte »neolithische Revolution«).

Grundsätzlich bot die Welt der eiszeitlichen Periode hinsichtlich Kontinentverteilung, Klima, Tier- und Pflanzenwelt ein ganz anderes Bild als gegenwärtig. Da die Gletscher der polaren Packeismassen zuweilen bis zum 50. Grad nördlicher Breite herabreichten (etwa die Linie Paris-Labrador), lag der Meeresspiegel um etliche Hundert Meter niedriger als heute. Es gab Zeiten, in denen England mit dem europäischen Festland verbunden war; es gab auch eine Landverbindung zwischen Italien und Nordafrika, und man konnte trockenen Fußes von Griechenland nach Kleinasien gelangen. Es darf angenommen werden, dass zu jener Zeit auch weite Teile des Azoren-Plateaus auf dem Mittelatlantischen Rücken über Wasser lagen und ein größeres Inselmassiv bildeten, eben das legendäre Atlantis, das noch ein Athanasius Kircher auf seiner Weltkarte *Mundus subterraneus* (1678) im Gebiet der heutigen Azoren verzeichnet.

Der Mittelatlantische Rücken, ein geologisch äußerst interessantes Phänomen, ist ein unterseeisches Hochplateau, das sich in Gestalt einer S-Kurve von Island über den Nord- und Mittelatlantik bis in den Südatlantik hinzieht. Die höchsten Gipfelerhebungen dieses Massivs ragen als Inselgruppen aus dem Meer: die Azoren-Gruppe sowie die Inseln St. Paul, Ascension, St. Helena und Tristan da Cunha. Diese gebirgige S-Kurve, reich an Vulkanen, liegt genau über jener Bruchstelle, an der die Kontinentalsockel Afrikas und Amerikas auseinanderdriften. Nördlich

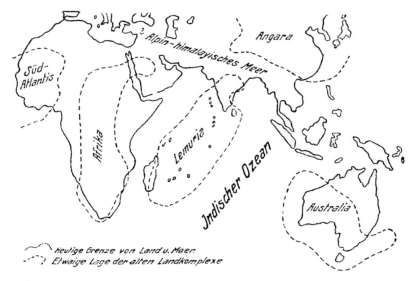

heutige Grenze von Land u. Meer.
Etwaige Lage der alten Landkomplexe

des Äquators beschreibt der Mittelatlantische Rücken einen großen halbkreisförmigen Bogen, der sich passgenau an den westlichen Küstenver-
lauf Afrikas anfügt, mit dem Azoren-Plateau als höchster Erhebung. Der
höchste Berg auf den Azoren, der Pico Alto – immer noch ein tätiger Vul-
kan – ragt mit seinem schneebedeckten Gipfel bis zu einer Höhe von 2345
Metern auf.

Schon 1912 hat Dr. Paul Schliemann, der Enkel des Troja-Entdeckers
Heinrich Schliemann, das Azoren-Plateau (auch bekannt als der Dolphin-
Rücken) mit Atlantis gleichgesetzt[18]; dieselbe These verfocht vor ihm
schon der Amerikaner Ignatius Donnelly in seinem Buch *Atlantis – Myth
of the Antedeluvian World* (1882). Tatsächlich scheint die Azoren-Theorie
die seriöseste aller Atlantis-Theorien zu sein[19]. Auch die scharfsinnigen
Überlegungen von Otto Muck legen sie zugrunde; und sie stimmen vollkommen überein mit den Angaben Platons. Tiefseeforschungen in dem
fraglichen Gebiet konnten freilich nicht die Spuren einer untergegangenen
vorsintflutlichen Zivilisation freilegen, bedecken doch undurchdringlich
dichte Lava-Sedimente den ganzen Verlauf des Mittelatlantischen Rückens. Aber dass Teile der im Mittelatlantik verlaufenden Gebirgskette
noch in geologisch jüngerer Zeit über Wasser lagen, darüber kann heute
kein Zweifel mehr bestehen. Hier nur ein Beispiel: Im Jahr 1898 fand man
in einem Gebiet mitten im Atlantik 750 km nördlich der Azoren beim
Reparieren eines unterseeischen Telegraphenkabels glasige basaltartige

Lava, die sich nur unter dem Druck der Atmosphäre gebildet haben kann; ihr Alter wurde auf 11.000 Jahre geschätzt. Demnach muss dieses Gebiet im zentralen Atlantik in dem fraglichen Zeitraum eindeutig noch über dem Meeresspiegel gelegen haben!

Das Erbe der Sonnenreligionen

Von allen versunkenen Kontinenten, die in früheren Entwicklungsperioden unseres Planeten der Menschheit als Wohnstätte dienten, wirkt Atlantis am unmittelbarsten in die Gegenwart der heutigen Kulturepoche hinein. Gewiss, viele Zeitgenossen halten »Atlantis« bloß für einen Mythos aus den Kindertagen der Menschheit; und die Forscher der Ur- und Frühgeschichte betrachten es bloß als eine geistreiche Erfindung Platons. Wer sich jedoch mit den Wünschelruten des Geistes ausrüstet, um die unterirdischen Quellen europäischer Spiritualität aufzuspüren, der wird früher oder später auf einen kulturellen Urquell stoßen, der vor dem Anfang jeder bekannten Kulturgeschichte der Menschheit liegt. In den Tempeln von Atlantis wurde jenes Geisteslicht einst angezündet, das nach dem Untergang des Inselreiches in den Steintempeln der europäischen Megalithkultur fortleuchtete, aber auch im keltischen Druidentum, in der germanischen Edda-Religion und in den Mysterienreligionen Altgriechenlands.

Es ist das Geisteslicht der Sonnen-Mysterien, das von Atlantis über den gesamten Mittelmeerraum einschließlich Ägyptens über Nord- und Westeuropa bis nach Vorderasien und Nordwestindien ausstrahlte. Es gab auch einen Einfluss von Atlantis auf die Kulturen des vorgeschichtlichen Amerika. Und so manche Gemeinsamkeit, die zwischen Alteuropa und Altamerika besteht, etwa gemeinsame Sprachwurzeln, ähnliche Bauten wie Pyramiden und Obelisken sowie ähnliche religiöse und astronomische Vorstellungen bis hin zu gemeinsamen Kalenderfeiertagen, lassen Atlantis als eine einstmals vorhandene gemeinsame Mitte erahnen.

In den Sonnen-Mysterien, die alle Kulturen rings um den Atlantik miteinander verbinden, geht es um die höhere Geist-Wirklichkeit der Sonne, die dem physischen Himmelskörper »Sonne« zugrunde liegt und gewissermaßen durch ihn hindurchscheint. Wenn die Eingeweihten der Sonnen-Mysterien, etwa die ägyptischen Pharaonen oder die indianischen Priesterkönige, von der »Sonne« sprachen, dann meinten sie damit nicht nur die physische Sonne, sondern auch die geistig-urbildliche Sonne. Die Verehrung der Sonne als Gestirn und Gottheit geht in älteste Zeit zurück.

Der Mensch der Altsteinzeit, der vor über 30.000 Jahren in den Höhlen von Altamira und Lasceau wohnte, erlebte Sonne, Mond und Sterne als magisch-numinose Wesen, die er mit frommer Scheu verehrte. Eine Sonnenreligion im höheren Sinne, die sich aus dem Bann des Magisch-Zauberischen schon gelöst hat, finden wir in den Hochkulturen Ägyptens, Mesopotamiens und Alt-Amerikas, aber auch im vorgeschichtlichen Europa der Jungsteinzeit, wo die Sonnenwendpunkte und Äquinoktien im Jahreslauf als Kultfeste begangen wurden.

Diese Ur-Sonnenreligion, so schreibt der Religionsphilosoph Artur Schult, »war eine einheitliche, monotheistische, kosmische Lichtreligion, in der die göttliche Schöpfersonne klar unterschieden wurde von der physischen Sonne. (...) Die Träger dieser urzeitlichen Religion kamen aller Wahrscheinlichkeit nach von dem untergegangenen Erdteil Atlantis zu Schiff nach Nord- und Südamerika, nach Afrika, Europa, Nordafrika und Asien«[20]. Wurden in den Tempeln, Krypten, Hainen und Säulenhallen des untergegangenen Inselreiches Atlantis Einweihungen in die Sonnen-Mysterien vorgenommen? Über die Sonnen-Mysterien der Atlanter berichtet auch Rudolf Steiner. In seinem Werk *Die Geheimwissenschaft im Umriss* (1910) spricht er von sieben Mysterienstätten, die außer dem Sonnengott auch anderen planetarischen Gottheiten geweiht waren.

»Das Mysterienwesen der alten Atlantis«, schreibt F. W. Zeylmans van Emmichhoven, die Erkenntnisse Rudolf Steiners zusammenfassend, »war siebenfältig. Es gab sieben Mysterien-Orakelstätten, die den Mächten geweiht waren, die man, mit einer späteren Terminologie, als Mond, Merkur, Venus, Sonne, Mars, Jupiter und Saturn bezeichnen kann. (...) Im Mittelpunkt dieser atlantischen Mysterien stand das Mysterium der Sonne. In ihm erlebte man die Verbindung mit der göttlichen Macht, die als die zentrale und leitende innerhalb der Menschheitsentwicklung betrachtet wurde. Was von der äußeren Sonne als das strahlende Himmelslicht, als Wärme erlebt wurde, das alles war die nach außen gerichtete Offenbarung, die von der Gottheit ausströmende Wirkung, die Erde und Mensch dankbar empfingen. Das eigentliche Wesen der Sonne war viel umfassender, war das Wesen der Gottheit selbst.«[21]

Auch in den indogermanischen Hochreligionen, vom keltischen Druidentum über die Religion der Nordgermanen bis hin zum altindischen Brahmanismus, gibt es Lichtverehrung, heilige Feuerkulte und die Gestalt des durch das Jahr wandernden Sonnengottes. Wenn in späteren Traditionen abendländischer Spiritualität vom Licht als dem Sinnbild des Göttlichen und Guten gesprochen wird, dann stehen auch solche Traditionen im Bannkreis einer uralten Sonnenweisheit. Diese kann man getrost als die Urreligion nicht nur Europas, sondern auch anderer Weltteile bezeichnen, vielleicht gar als die Menschheits-Urreligion. Die eingeweihten Priester der Ägypter, Chaldäer und der Indianer Alt-Amerikas konnten in der Sonne noch unendlich viel mehr sehen als jenen leuchtenden Glutball, den wir mit dem physischen Auge wahrnehmen. Ihrer höheren Wahrnehmungs-Ebene offenbarte sich die Sonne auch in ihrer feinstofflichen, astralen und geistig-göttlichen Qualität. Ein solches Erleben kann der moderne Mensch, der nur das rein Materielle sieht, freilich nicht mehr nachvollziehen. In diesem Sinne bemerkte auch der englische Schriftsteller D. H. Lawrence:

»Wollt nur nicht, dass wir uns einbilden, wir sähen die Sonne so, wie die alten Kulturen sie sahen. All das, was wir sehen, ist ein kleiner wissenschaftlicher Leuchtkörper, zusammengeballt zu einer Kugel von glühendem Gas. In den Jahrhunderten vor Esekiel und Johannes war die Sonne noch eine großartige Wirklichkeit, man schöpfte Kraft und Glanz aus ihr und gab dafür Verehrung und Lichtopfer und Dank zurück. In uns jedoch ist die Verbindung gebrochen, die entsprechenden Zentren sind tot. Unsere Sonne ist etwas ganz anderes als die kosmische Sonne der Alten, sie ist so viel mehr gewöhnlich. Wir mögen noch sehen, was wir Sonne nennen, aber wir haben Helios für immer verloren, und die große Scheibe der Chaldäer noch mehr. Wir haben den Kosmos verloren, indem wir aus der entsprechenden Verbindung mit ihm herausgetreten sind, und dies ist unsere größte Tragödie.«[22]

Wer in die Sinnmitte und Sinntiefe dieser atlantischen (ägyptischamerikanischen) Sonnen-Urreligion eindringen will, der muss die ursprüngliche Kosmosverbundenheit dieser alten Völker in sich selbst wiederherstellen, der muss in der Lage sein, durch erlebendes Nachvollziehen auch die folgenden Worte des unbekannten Dichters des *Ägyptischen Totenbuches* zu verstehen, mit denen er den allmorgentlichen Sonnenaufgang als das sich stets wiederholende Wunder der Gottesgeburt feiert:

> *Jeden Tag erhebt sich strahlend am Morgen Re,*
> *der Götterkönig. Die beiden Göttinnen*
> *der Gerechtigkeit versprengen vor ihm den Tau,*
> *die Neunheit verneigt sich vor ihm.*
> *Sein Vater Nun und seine Mutter Nut freuen sich,*
> *wenn er in der Tagesbarke erscheint.*

Die Mannschaft in seinem Boote jubelt,
und Heliopolis, seine Stadt, jauchzt.
In Glück und Hoffnung befährt er seine Himmelsbahn,
während seine Feinde vor ihm weichen müssen.
Die Menschen sind froh und glücklich,
wenn sich an jedem Tage
das Wunder seiner Geburt wiederholt.[23]

Am Anfang der ägyptischen Religion stand die Verehrung von Lokalgottheiten; erst mit der Reichsgründung begann die Zeit, da man sich um die Herausbildung einer national einheitlichen Theologie bemühte. Drei religiöse Hauptzentren stritten um Vorherrschaft, jedes mit einer eigenen Kosmogonie und Götterlehre: Heliopolis, Memphis und Hermopolis. Den größten Einfluss gewann jedoch in altägyptischer Zeit die Theologie von Heliopolis. Im Mittelpunkt dieser Lehre stand die »heilige Neunheit«, die auch einen kosmo- und theogonischen Prozess darstellt: Am Anfang steht der Schöpfergott Atum, der aus sich heraus den Luftgott Schu und die Wolkengöttin Tefnut hervorbringt; aus deren Verbindung entstehen der Erdgott Geb und die Himmelsgöttin Nut, die wiederum als die Eltern der vier Gottheiten Osiris, Isis, Seth und Nephthys gelten.

Im *Alten Reich* (2686–2181 v. Chr.) entwickelte sich von Heliopolis aus ein machtvoller Sonnenkult, der auch von den Königen gefördert wurde, wodurch er bald die Gestalt einer solaren Theokratie annahm. Dieser Sonnenkult hatte durchaus esoterischen Charakter. Denn die Ägypter wussten schon früh zwischen »Erscheinung« und »Wesen« zu unterscheiden. Die Sonne galt ihnen als das hellstrahlende Auge des Gottes Re, als seine äußere Erscheinung, seine Manifestation in der Sinnenwelt. Auf seinem Sonnenboot fährt dieser strahlende Lichtgott über den Himmel, den er täglich von Ost nach West durchmisst. Aber seinem eigentlichen Wesen nach ist Re der schöpferische All-Geist, der darum auch mit dem einstigen Schöpfergott Atum gleichgesetzt wurde. Re trat damit an die Spitze der Heiligen Neunheit, er wurde »Götterkönig«, und »die Neunheit verneigt sich vor ihm«. So wurde der Sonnengott mit dem Schöpfergott überhaupt gleichgesetzt.

Unter den eingeweihten Sonnenpriestern Ägyptens gab es einen, der allen anderen gegenüber den Vorrang innehatte: der Pharao. Seit der 5. Dynastie nennt sich der Pharao Sohn des Re; er galt also als der menschgewordene Sonnengott, als die Inkarnation des göttlichen All-Geistes auf Erden. Seit der 4. Dynastie (2550–2450 v. Chr.) wurde der Pharao in einer

Pyramide bestattet, und wir kennen noch die Namen der großen Pyramiden-Erbauer: Djoser, Snofru, Cheops, Chefren – nicht Herrscher im üblichen Sinne, sondern große Priesterkönige und Sonnen-Eingeweihte. Und es war der Glaube der Re-Religion, dass der Pharao nach seinem physischen Tod in die Sonnengottheit eingehe, um mit ihr wieder einszuwerden; in diesem Sinne wäre die Pyramide nicht als Grabmal, sondern eher als Auferstehungsmal des Pharao zu deuten!

Eine so anspruchsvolle hochgeistige Sonnen-Esoterik wie die altägyptische Re-Religion konnte sich selbstverständlich nicht auf Dauer halten. Im Neuen Reich (1552–1069 v.Chr.) wurde sie von dem volkstümlicheren Osiriskult verdrängt. Osiris galt im Glauben der Volksreligion als Seelenführer ins Totenreich und als Totenrichter. So nahm die ägyptische Religion allmählich die Gestalt eines reinen Jenseitsglaubens an. Da tritt jedoch König Amenophis IV. auf, genannt *Echnaton* (1370–1352 v. Chr.), der am Ende der 18. Dynastie den letzten Endes erfolglosen Versuch unternimmt, die zutiefst diesseits- und lebensbejahende Sonnenreligion Alt-Ägyptens noch einmal zu restaurieren. Hier einige Worte aus seinem großartigen, glanzvollen Sonnenhymnus:

> *Du erstrahlst so schön im Lichtberg des Himmels,*
> *Du lebendige Sonne, die zuerst zu leben anfing.*
> *Du leuchtest auf im östlichen Horizont*
> *Und erfüllst alle Lande mit deiner Schönheit.*
> *Du einziger Gott, außer dem es keinen andern gibt,*
> *Du hast die Erde geschaffen nach deinem Sinn,*
> *Du einzig und allein, mit Menschen, Herden*
> *Und allem Getier.*[24]

Und doch: Ein zum Göttlichen hinführender Einweihungsweg lässt sich in dem so gefühlvoll gedichteten Sonnenhymnus des Echnaton nicht erkennen. Denn im Mittelpunkt der Verehrung steht ja nicht Re, diese mächtige überkosmische Schöpfergottheit, sondern Aton, die äußerlich sichtbare Sonnenscheibe. Diese bedeutet bei Echnaton nicht ein Symbol der Gottheit, sondern vielmehr die Gottheit selbst. So wurde der von ihm restaurierte Sonnenkult ganz ins Naturalistische und Materialistische gewendet. Kein Wunder, dass dieser Versuch einer religiösen Reformation scheitern musste! Der Sohn Echnatons, der früh verstorbene Tutenchamon, kehrte wieder zur traditionellen Priesterreligion zurück.

Es scheint, dass die Pharaonen des Alten Reiches, die großen Pyramidenerbauer der 4. und 5. Dynastie, dem Urquell atlantischen Sonnen-

Wissens noch näher standen als die Könige der Spätzeit. Dennoch klafft zwischen dem von Platon angegeben Datum des Untergangs von Atlantis – vor rund 11.500 Jahren – und dem Bau selbst der ältesten Pyramiden unter König Djoser (2600–2550 v. Chr.) eine Lücke von rund 7000 Jahren, sodass eine direkte Beeinflussung Ägyptens durch Atlantis wohl ausgeschlossen werden muss. Gleiches gilt für die indianischen Kulturen Alt-Amerikas, die geschichtlich in weitaus jüngere Zeit zurückgehen als Ägypten. Und doch liegt den Indianer-Kulturen Amerikas eine Religion und Spiritualität zugrunde, die in der sichtbaren Sonne Abbild und Symbol einer höchsten transzendenten Schöpfergottheit erblickt.

Der Einfluss der Sonnenreligion kommt am deutlichsten in den Sakralbauten der Indianer zum Ausdruck, etwa in den Pyramiden von Teotihuacan, die heute noch im Zentralhochland von Mexiko – etwa 30 km nördlich von Mexiko City – zu sehen sind. Auf der Halbinsel von Yucatan stehen, halb von Urwald überwuchert, die Pyramiden der Mayas, die den ägyptischen überraschend ähnlich sehen. Auf dem Boden der südamerikanischen Inka-Kultur (etwa 1200 bis 1532 n. Chr.) konnte sich schließlich ein voll ausgebildetes Sonnenkönigtum entwickeln, das sein geschichtliches Ebenbild einzig in der solarkultischen Theokratie der altägyptischen Sakralherrscher finden kann. Wie sich der Pharao einst »Sohn des Re« nannte und als solcher auch verehrt wurde, so galt der oberste Herrscher der Inkas als die menschliche Inkarnation des Sonnengottes Inti, mit dem er sich im physischen Tod wieder neu vereinte. Dennoch – die Hochkulturen Mittel- und Südamerikas sind geschichtlich verhältnismäßig jung, wie der folgende Überblick zeigt:

ab 2000 v. Chr.	Dorfkulturen in Mexiko
1000 – 600 v. Chr.	Kultur der Olmeken
200 v. Chr. – 600 n. Chr.	Kultur von Teotihuacan
400 – 700 n. Chr.	Kultur der Mayas
750 – 1000 n. Chr.	Kultur der Tolteken
1325 – 1521 n. Chr.	Kultur der Azteken

Auf Grund dieser Datierungen muss »Atlantis« als Impulsgeber der Indianer-Kulturen Amerikas wohl ausscheiden. Es bleibt jedoch ein ungelüftetes Geheimnis, welche Verbindungswege zwischen dem vorgeschichtlichen Amerika und dem Europa der Jungsteinzeit bestanden haben mögen. Ob die Wikinger unter Leif Eriksen tatsächlich die ersten Europäer waren, die amerikanischen Boden betraten, bleibt ungewiss. Inwieweit haben westliche Einwanderer, die aus dem Europa der Megalith-kultur kamen, das Gesicht der Ur-Kultur Amerikas geprägt?[25] Die urzeit-liche Begegnung mit einer hellhäutigen weißen europiden Rasse (Atlan-ter?) hat jedenfalls im kollektiven Gedächtnis der indianischen Völker tiefe Spuren hinterlassen. Diese Urerinnerung kristallisiert sich in der Gestalt des rätselhaften *Quetzalcoatl*, den die Tolteken und Azteken als Gott verehrten. Bei den Mayas trug er den Namen *Kukulcan*, bei den Inkas hieß er *Viracocha*.

Eigentlich handelt es sich bei diesem Quetzalcoatl nicht um einen Gott, sondern eher um einen halbgöttlichen Vorzeit-Helden, der später zum Mythos verklärt wurde: als Herr des Zauberwissens und der Dichtkunst, auch als Kulturstifter, Staatengründer und erster König der Indianer. Spä-tere Könige der Tolteken und Azteken nahmen seinen Namen als Ehrenti-tel an. Quetzalcoatl wird als europid, hellhäutig, blauäugig und vollbärtig beschrieben; er sei aus einem »Land im Osten« gekommen und dorthin zurückgekehrt. War dieses Land im Osten Atlantis, der Brückenkopf zwi-schen Ost und West?

Was wussten die Phönizier?

Was wussten die *Phönizier* über das versunkene Atlantis? Kannten sie auch die geheimen Verbindungswege nach Mittel- und Südamerika, die nach dem Untergang von Atlantis von den prähistorischen Völkern Euro-pas befahren wurden? Ist es also möglich, dass die Phönizier – lange vor Kolumbus – von der Existenz Amerikas wussten? Dies sind Fragen, deren Beantwortung ein neues Licht auf unsere Herkunft, auf das Werden unse-rer Kultur werfen könnte. Der Schlüssel zu diesem Geheimnis liegt in einer alten Vase aus Troja, die von Heinrich Schliemann, dem Entdecker Trojas, aufgefunden wurde. In einem Manuskript, das erst im Jahre 1906 seinem Enkel, Dr. Paul Schliemann, zugänglich wurde, schreibt er: »*Im Jahre 1873, während meiner Grabungsarbeiten in den Ruinen von Troja bei Hissarlik, als ich in der zweiten Schicht den berühmten Schatz des Priamos frei-legte, entdeckte ich bei diesem Schatz eine Bronzevase von ungewöhnlicher Form. Diese Vase enthielt einige Tonscherben, verschiedene kleine Gegenstände aus Metall, Münzen und versteinerte Gegenstände aus Knochen. Mehrere dieser Gegenstände und auch die Bronzevase trugen folgende Inschrift in phönizischen Hieroglyphen: VOM KÖNIG KRONOS VON ATLANTIS.*«[26]

Die Phönizier, dieses uralte Kulturvolk aus dem Vorderen Orient, zu ihrer Zeit die wagemutigsten Seefahrer auf der Welt, standen offenbar mit anderen frühen Hochkulturen, insbesondere den Ägyptern, Trojanern und Etruskern, in enger Verbindung, und sie hüteten ein altes atlantisches Erbe, das sie an ihre Zeitgenossen, aber auch an die Griechen und Römer weitergaben. Der Name Phönizier leitet sich her von dem Wundervogel Phönix, diesem Symbol der Auferstehung und Neugeburt, dessen Mysterien im ganzen Vorderen Orient gefeiert wurden. Nach dem griechischen Mythos war eine Person namens Phönix der Sohn des phönizischen Königs Agenor und der Vater der Europa, die von Zeus nach Kreta entführt wurde. Diese Abstammungsgeschichte birgt auch einen symbolischen Sinn: *Die europäische Kultur ist eine Tochter der phönizischen.* Insbesondere das phönizische Alphabet wurde von den Griechen übernommen, und es bildet die Grundlage aller modernen europäischen Schriftarten.

Es ist nun eine wundersame Tatsache, dass auch einige Geschenke des Königs Kronos von Atlantis an die Herrscher von Troja Inschriften in phönizischen Glyphen tragen. Gab es eine Dreiecksverbindung zwischen Atlantis, Troja und dem Land der Phönizier, der fruchtbaren Westküste des Libanon mit seinen blühenden Städten Byblos, Tyrus und Sidon? Aber offensichtlich müssen die Phönizier einige Geheimnisse des atlantischen Ozeans gekannt haben. Schon Platon wusste, dass auch jenseits von Atlantis, weit westlich davon, ein großes Festland existierte. Er sprach von einem »*gegenüberliegenden, an jenem wahren Meere gelegenen Festland*«[27], womit nur Amerika gemeint sein kann!

Und immerhin hat Platon bereits im 5.–4. Jahrhundert v. Chr. über dieses Wissen verfügt. Wir müssen aber davon ausgehen, dass dieses Wissen viel älter war. Während schon um 4000 v. Chr. die Träger der Megalithkultur, das älteste Kulturvolk Europas, höchstwahrscheinlich nach Amerika reisten, waren es später Iberokelten, gälische Kelten, Seefahrer aus Libyen und Ägypten, Karthager und Phönizier, die ihren Spuren folgten und teilweise schon feste Handelsniederlassungen in Amerika gründeten. Es scheint, dass die Seefahrer, indem sie zunehmend mutiger wurden, ab 1000 v. Chr. gezielte und regelmäßige Atlatiküberquerungen unternahmen. Außerdem besteht die Wahrscheinlichkeit, dass nordische und baskische Seefahrer den Sankt-Lorenz-Strom erreichten und Spuren in der Sprache der nördlichen Algonkins hinterließen. Dass dann, viele Jahrhunderte später, die Wikinger über Grönland Amerika erreichten, bezeugen die zahlreichen über Nordamerika verstreuten Runensteine.

Daneben gibt es in Amerika auch Steine mit Inschriften in keltischer, phönizischer, karthagischer und griechischer Sprache. Im Jahre 1836 hatte man am Felsen von Gavea in Südamerika riesige fremdartige Schriftzeichen entdeckt. Die Enträtselung lässt es als sehr wahrscheinlich gelten, dass es sich dabei um phönizische Buchstaben handelt, und die Übersetzung lautet: »*Badezir aus dem phönikischen Tyros der erste Sohn des Jeth-Baal*«[28]. Man weiß heute von Badezir nur, dass er im Jahre 856 v. Chr. seinem Vater auf dem Königsthron von Tyros nachfolgte. Wäre es denkbar, dass die Phönizier im 9. Jahrhundert v. Chr. bereits Kolonien in Amerika unterhielten? Dies klingt gar nicht so unwahrscheinlich, wenn man bedenkt, zu welch außerordentlichen seefahrerischen Leistungen die Phönizier fähig waren. Ihre Handelsschiffe hatten eine Länge von durchschnittlich 15 bis 18 Metern und konnten mit einer Besatzung von etwa 20 Mann bis zu 100 Tonnen Ladung transportieren. Sie galten als die schnellsten Schiffe des Mittelmeers.

Bekanntlich haben die Phönizier die im Südwesten Spaniens gelegene, auch in der Bibel erwähnte[29] Handelsstadt *Tartessos* gegründet, von der aus noch weitere Überseereisen unternommen wurden. Dem Bericht Herodots zufolge soll um 600 v. Chr. der Pharao Necho II. von Tartessos aus eine Flotte ausgesandt haben, um die Küste Afrikas zu erforschen. Mit Zwischenaufenthalten benötigten die Seeleute fast drei Jahre, um den Kontinent zu umsegeln. Dabei hatten sie nicht weniger als 24.000 Kilometer zurückgelegt. Der aus Karthago stammende Abenteurer Hanno begann um 480 v. Chr., südlich von Gibraltar die afrikanische Küste zu erkunden. Nach zeitgenössischen Berichten soll er bis ins heutige Liberia gekommen sein und fast 10.000 Kilometer zurückgelegt haben. Bei Reisen solchen Umfangs nimmt sich die Fahrt des Kolumbus eher bescheiden aus – von den Azoren über die Karibik bis an die Ostküste Amerikas.

Im Gebiet der Azoren lag einst das sagenumwobene Atlantis, der versunkene Kontinent, der später die Phantasie so vieler Forscher anregte. Nach Platons Bericht ging dieses jenseits der »Säulen des Herakles« gelegene Reich vor 9000 Jahren infolge von Vulkanausbrüchen und Überschwemmungen unter, also vor rund 11.500 Jahren. Von Otto Muck wird dieses Ereignis auf das Jahr 8489 v. Chr. datiert, übrigens auch dem Beginn des Maya-Kalenders. Wie ist es dann möglich, dass der König von Atlantis – wohl mithilfe der Phönizier – Geschenke an den Herrscher von Troja überbringt, die phönizische Inschriften tragen? Sind die Phönizier doch frühestens ab 2000 v. Chr. an der Ostküste des Mittelmeers nachweisbar. Aber vielleicht ist Atlantis gar nicht vor 11.500 Jahren untergegangen? Denkbar wäre es immerhin, dass nach der von Platon geschilderten Katastrophe ein kleines Rest-Atlantis bis in die späte Bronzezeit existierte – und die Phönizier waren die einzigen, die den Weg dorthin kannten. Im Geheimen hielten sie die Verbindung zwischen Atlantis und den frühen Hochkulturen der Mittelmeerwelt aufrecht. Darin bestand wohl ihr eigentliches Geheimnis.

Das Atlantis der Geheimlehre

Es gibt nun noch eine andere Quelle über Atlantis, die zweite bedeutsame neben dem Bericht Platons, aber im Gegensatz zu diesem eher esoterisch, nicht aus Überlieferung, sondern aus geistiger Schau gewonnen – es ist die von H. P. Blavatsky verfasste *Geheimlehre*. Dort findet man, über viele Kapitel verstreut, Aussagen über die versunkenen Kontinente Atlantis, Lemuria und Hyperborea, die heutzutage in der Öffentlichkeit kaum noch bekannt sind. Wenn wir uns einmal die Mühe machen, aus diesem Werk die Aussagen über Atlantis zusammenzutragen, so sehen wir, dass das dort Vorgetragene über den Atlantis-Bericht Platons weit hinausgeht, wenngleich es diesem auch an keiner Stelle geradewegs widerpricht; der Sachverhalt wird nur aus einer viel umfassenderen Perspektive gesehen. »Atlantis« war in der Schau der *Geheimlehre* nicht bloß eine Insel, sondern ein ausgedehnter *Kontinent*, der vor Jahrmillionen in der Mitte des Atlantischen Ozeans existiert hat, wo er einer archaischen Menschheit als Heimat und Evolutionszentrum gedient hat.

Dieses kontinentale tertiärzeitliche Atlantis wird von der Geologie durchaus bestätigt. Als einen wirklich unabhängigen Forscher könnte man Edgar Dacque anführen, der in seinem Buch *Urwelt Sage und Menschheit* (1924) schreibt: »Die geologische Forschung kennt zwei Elemente atlantischen Landes. Das eine und offenbar jüngste ist vulkanischer Natur; das andere, ältere und sehr alte ist rein kontinentaler Natur gewesen. Aus pflanzen- und tiergeographischen Gründen haben schon die Paläontologen vor vielen Jahrzehnten einen nord- und südatlantischen Brückenkontinent angenommen, der sich auch durch geotektonische Tatsachen, wie den plötzlichen Abbruch uralter, quer auf den Atlantik zustreichender Gebirgsrümpfe und übereinstimmender Fossilmaterialien aus älteren Epochen hüben und drüben erhärten lässt. Als der Kontinent verschwunden war, was ein offenbar über mehrere erdgeschichtliche Zeiten verteilter Vorgang war, machte sich in dem nun immer rein ozeanischer gewordenen Gebiet ein starker Vulkanismus geltend, dem nicht nur vielleicht die gesamte mittelatlantische Bodenschwelle, sondern auch das, was von ihr an Inselkomplexen über das Wasser jetzt noch herausragt, seine Entstehung verdankt (....). Die altgriechischen Atlantisüberlieferungen, soweit sie das Land als solches zum Gegenstand haben, weisen unverkennbar auf die letzte Phase der atlantischen Bodenentwicklung hin, nämlich auf die vulkanische.«[30]

Der Vulkanismus des Mittelatlantischen Rückens wird auch von Platon erwähnt und für den Untergang der Atlantischen Restinsel verantwortlich erklärt:»Indem aber in späterer Zeit *gewaltige Erdbeben* und Überschwemmungen eintraten, versank, indem nur ein schlimmer Tag und eine schlimme Nacht hereinbrach, eure Heeresmacht insgesamt und mit einem Male unter die Erde, und in gleicher Weise wurde auch die Insel Atlantis durch Versinken in das Meer den Augen entzogen.«[31]

Die *Geheimlehre* erwähnt an vielen Stellen »die Atlanto-Lemurier, die ersten *physischen* Rassen«[32], die sich zuerst auf dem lemurischen Teil von Atlantis entwickelten, der als Verlängerung des uralten Gondwanalandes um Südafrika in den Südatlantik hineinragte; und sie gibt zu erkennen, »dass in der Eozänzeit, selbst in ihrem allerersten Teile, der große Cyklus der Menschen der vierten Rasse der Atlantier, bereits seinen höchsten Punkt erreicht hatte«[33]. Die Besiegung der riesenwüchsigen Lemurier durch die jüngere, evolutionär weiter fortgeschrittene Kultur der Atlantier findet sich in vielen Mythen dargestellt, wo berichtet wird, wie ein älteres Göttergeschlecht durch ein jüngeres unterworfen wird. Über den Untergang von Atlantis sagt unsere Quelle, »dass die meisten der inselbewohnenden Atlantier zwischen der Zeit vor 850.000 und 700.000 Jahren zu Grunde gingen«[34].

Wenn der Höhepunkt des kontinentalen Atlantis im Eozänzeitalter liegt, so verweist uns dies auf eine erdgeschichtliche Epoche, der größte Veränderungen auf unseren Planeten Erde vorangegangen waren. Am folgenschwersten war eine globale Klimaveränderung, die sich in kürzester Zeit vollzog: das heiße subtropische Klima trat zurück, und an die Stelle der warmen Dschungelwälder traten bald kühlere Laub- und Nadelwälder, was eine völlig andere Zusammensetzung der Tierarten mit sich brachte. Vor etwa 65 Millionen Jahren waren die Dinosaurier, diese zu gigantischen Maßen ausgewachsenen Reptilien, plötzlich von der Bildfläche der Evolution verschwunden. Stattdessen begannen die Säugetiere, sich in immer rascherem Tempo zu entwickeln. Alle Hauptgruppen der heutigen Säugetiere waren schon recht früh im Eozän vertreten; und sie besaßen keine wesentlich andere Gestalt als heute.

Zu den Säugetieren des Eozän gehören auch seit mindestens 20 Millionen Jahren affenähnliche Geschöpfe. Der Kiefer des *Ramapithecus* besitzt mehr Ähnlichkeit mit dem eines Menschen als mit dem eines modernen Affen. Wenn also unsere nächsten evolutionären Verwandten schon vor 20 Millionen Jahren existiert haben – sollte der Mensch als biologische Spezies tatsächlich nicht älter sein als höchstens 3 Millionen Jahre? In der *Geheimlehre* wird gesagt, dass der Mensch als physisch verkörpertes Wesen schon seit 18 Millionen Jahren auf diesem Erdplaneten gelebt hat; er würde dann seinem ältesten Ursprung nach bis in die Tertiärperiode zurückgehen, wo er sich in etwa zeitgleich mit den anderen höheren Säugetierformen herangebildet hätte. Aber dieser lemurisch-atlantische Tertiärmensch ist bis heute nicht nachgewiesen worden; es gibt keine Fossilfunde, die auf die Existenz eines solchen »*homo atlanticus*« rückschließen lassen.

Und wenn diese »riesigen Atlantier« nun tatsächlich »vor etwa 850.000 Jahren zu Grunde gingen gegen den Schluss des Miocänzeitalters«[35], so markiert auch dieses Datum einen erdgeschichtlichen Wendepunkt: es ist der Beginn des *Pleistozän* oder des *Eiszeitalters* mit seinen insgesamt 4 Eiszeiten und dazwischen liegenden Wärmeperioden. Es ist gewiss kein Zufall, dass menschheitliche und planetarische Entwicklungszyklen oftmals zusammengehen. Mit dem Untergang der von Platon beschriebenen Atlantisinsel vor etwa 12.000 Jahren beginnt ebenfalls eine neue erdgeschichtliche Periode: das *Holozän* oder die *Nacheiszeit*.

Das Auseinanderbrechen eines so ausgedehnten Kontinents wie das tertiäre Atlantis geschieht nicht plötzlich, sondern in einem lang andauernden Prozess, der sich über viele Erdperioden hinzieht. Und selbst das platonische Atlantis des Pleistozän muss immer noch ein ausgedehnter Inselkomplex gewesen sein, der sich weit über die Azorengruppe hinaus tief in den Süden – in »lemurische« Gefilde –, aber auch hoch in den Norden, in »hyperboreische« Regionen erstreckt haben muss. Dieser nördliche oder hyperboreische Teil von Atlantis ist das sagenhafte »Königreich Thule«, jene Inselgruppe westlich und nordwestlich von Irland, die den keltischen Gälen als die Wunderinseln *Avalon* oder *Emain Ablach* im Gedächtnis geblieben sind.

Diese Inseln, einstmals wirklich geographische Inseln, Teile von Atlantis, wandelten sich später zu reinen Paradiesinseln im Jenseits; ähnlich wurden die »Inseln der Seligen« des Herodot mit dem Elysium gleichgesetzt. So ist die Erinnerung an das einst so reiche und mächtige Atlantis immer mehr verblasst im Gedächtnis der europäischen Völker, bis nicht mehr davon übrig geblieben ist als ein Schemen, ein blasses Gespinst ohne Wirklichkeit. Und dennoch: Ägypter, Griechen und Römer, Kelten und Germanen, die Völker des klassischen Altertums und die des Alten Amerika – sie alle sind doch Erben jenes Geistesfeuers, das einst in den Tempeln und Krypten des untergegangenen Inselreiches angezündet wurde. Aber nicht alles, was in der *Geheimlehre* über Atlantis steht, muss der heutige Leser annehmen; das Buch beruht nun einmal auf der Methode des exakten Hellsehens, des Schauens in die Akasha-Chronik, was heutzutage nicht jeder Leser nachvollziehen kann.

Der Untergang von Atlantis

Der Untergang von Atlantis, ein Zusammenwirken von kosmischen, vulkanischen und tellurischen Katastrophen, hat sich tief ins kollektive Gedächtnis der Menschheit eingegraben – zahlreiche Mythen aus Indien, Vorderasien, Europa und Amerika kreisen um dieses Thema. Einen »Beweis« für das einstige Vorhandensein von Atlantis liefern solche Mythen allerdings nicht. Über die tieferen Gründe des Atlantis-Untergangs macht Platon recht deutliche Angaben. In seinem *Kritias*-Dialog lässt er den ägyptischen Priester zu den Griechen sagen: »Indem aber in späterer Zeit gewaltige Erdbeben und Überschwemmungen eintraten, versank, indem nur ein schlimmer Tag und eine schlimme Nacht hereinbrach, eure Heeresmacht insgesamt und mit einem Male unter die Erde, und in gleicher Weise wurde auch die Insel Atlantis durch Versinken in das Meer den Augen entzogen.«[36]

Die Ursache hierfür lag jedoch in der Verderbtheit und Entartung der Atlanter selbst. Der Erwerb von Macht und Reichtum, so gibt Platon deutlich zu erkennen, wurde bei den entarteten Atlantern zum Selbstzweck. Ihrer göttlichen Herkunft konnten oder wollten sie sich nicht mehr erinnern. Dabei galten sie doch ursprünglich als ein Geschlecht von Halbgöttern! So schreibt Platon in seiner Schrift über die Atlanter: »*Viele Menschenalter hindurch, solange noch die göttliche Abkunft bei ihnen vorhielt, waren sie den Gesetzen gehorsam und freundlich gegen das verwandte Göttliche gesinnt; denn ihre Gedanken waren wahr und durchaus großherzig. Bei solchen Grundsätzen also und solange die göttliche Natur vorhielt, befand sich bei ihnen alles früher Geschilderte im Wachstum; als aber der von dem Gotte herrührende Bestandteil ihres Wesens, häufig mit häufigen sterblichen Gebrechen versetzt, verkümmerte und das menschliche Gepräge die Überhand gewann: da vermochten sie bereits nicht mehr ihr Glück zu ertragen, sondern entarteten ...«* [37]

Otto Muck hat in seinem Buch *Alles über Atlantis* (1976) den Versuch unternommen, den Verlauf der Atlantis-Katastrophe in allen Einzelheiten nachzuzeichnen. Seine sachkundige und äußerst überzeugende Argumentation braucht hier nicht wiederholt zu werden. Es wurde bereits darauf hingewiesen, dass die Atlantis-Inselgruppe höchstwahrscheinlich auf den Gipfelerhebungen des Mittelatlantischen Rückens lag. Dieser unterseeische Gebirgszug besteht genau betrachtet aus einer einzigen Vulkankette, die sich in S-förmiger Kurve von Island über die Azoren bis nach St. Helena im Südatlantik hinzieht. Eine kollektive Vulkan-Explosion im Gebiet des Mittelatlantischen Rückens konnte einen gewaltigen Erdspalt aufreißen, in dem ganze Ländereien versanken; titanisch und gebirgshoch muss die Flutwelle gewesen sein, die anschließend über die Weltmeere hereinbrach. Diese Flutwelle muss nicht nur die Küsten des atlantischen Ozeans verwüstet, sondern auch noch andere Weltgegenden heimgesucht haben.

In einer der wenigen erhalten gebliebenen Maya-Chroniken, bekannt unter dem Namen *Codex Troanus*, dessen Übersetzung allerdings als strittig gilt, wird der Untergang von Atlantis wie folgt geschildert: »Im sechsten Jahre Kan, am elften Muluk, im Monate Sak, begannen Erdbeben in schrecklichen, noch nicht dagewesenen Ausmaßen. Sie dauerten ohne Unterbrechung bis zum 13. Tschuen an. Die Insel Mu, das Land der Schlammberge, wurde ihr Opfer. Zweimal wurde sie aus dem Meere emporgehoben, und dann, plötzlich, über Nacht, war sie verschwunden. Furchtbar wurde das Meer durch die Macht unterseeischer Vulkane aufgewühlt. Das feste Land hob und senkte sich mehrere Male hintereinander, dann beulte es sich auf wie eine Blase, die zerplatzen will. Schließlich gab die Oberfläche der Erde nach, zehn Länder wurden voneinandergerissen, zerfetzt, in die Luft gesprengt, unfähig, den gewaltigen Erschütterungen länger standzuhalten. So versanken sie in den Abgründen des Meeres, und mit ihnen versanken 64 Millionen Menschen, alle ihre Bewohner. – Dies aber geschah 8060 Jahre vor der Abfassung dieser Schrift.«[38]

Dem Text zufolge muss der Atlantis-Untergang eine Katastrophe gewesen sein, deren Nachfolgen sich weltweit auswirkten. Als auslösenden Faktor der hier geschilderten Vulkan-Explosion im Zentralatlantik wird von zahlreichen Atlantis-Forschern der Absturz eines Himmelskörpers angenommen. Nach Otto Muck soll es sich sogar um einen Planetioden gehandelt haben; es kann jedoch auch ein größerer Komet gewesen sein. Als ziemlich sicher gilt, dass nur eine äußere kosmische Einwirkung auf das Erdgeschehen die atlantische Katastrophen-Kette ausgelöst haben kann.

Eine blasse Erinnerung hieran hat sich uns noch erhalten in der Mythologie der Griechen, und zwar in der Sage von Phaethon, dem Sohn des Sonnengottes Helios, der den Sonnenwagen des Vaters nicht zu lenken verstand und deswegen wie ein leuchtender Glutball zur Erde herabstürzte; hinter ihm her zog ein rot glühender Feuerschweif. Das Sprachbild des Dichters Ovid, wie es in den folgenden Versen zitiert wird, lässt den Fall Phaethons deutlich als die symbolische Ausschmückung eines Kometen- oder Planetoiden-Absturzes erkennen:

Phaethon nun, von der Glut die geröteten Haare verwüstet
taumelte häuptlings hinab, und in langem Zuge die Luft durch
flieget er: sowie zuweilen ein Stern vom heiteren Himmel
wenn auch nicht er entfällt, doch gleich dem entfallenden scheinet.[39]

Die sogenannte Große Sintflut wäre demnach nicht die Ursache, sondern vielmehr die Folge des Atlantis-Untergangs. Tief hat sich die große Flutkatastrophe in das kollektive Gedächtnis der Menschheit eingegraben, sodass wir heute einen ganzen Kranz von Sintflut-Legenden vor uns haben, und zwar aus Kulturkreisen diesseits und jenseits des Atlantiks. Das *Popol Vuh*, das Buch des Rates der Maya-Indianer, spricht von einem Geschlecht hölzerner Menschen, die sich ihres Schöpfers nicht mehr erinnern konnten und deswegen von einer Sintflut hinweggetilgt wurden: »Eine Flut erweckte das Herz des Himmels, und große Wasser fielen auf das Haupt der Wesen aus Holz.«[40]

Von der Sintflut in Mesopotamien berichten übereinstimmend die Noah-Geschichte der Bibel und das Gilgamesch-Epos. Die griechische Mythologie nennt *Deukalion* als den einzigen Überlebenden der großen Flut, während nach indischen Quellen ein gewisser *Manu* die Sintflut überlebte und danach eine neue Menschheit begründete. Hier die indische Flutsage, wie sie in den Brahmanas überliefert wird:

»Dem Manu brachten sie (seine Diener) früh Waschwasser, so wie man das jetzt noch für die Hände zum Abwaschen herbeibringt; als er sich wusch, kam ihm ein Fisch in die Hände. Der sprach zu ihm: 'Pflege mich, ich will dich retten.' 'Wovor willst du mich retten?' 'Eine Flut wird alle diese Geschöpfe fortführen, davor will ich dich retten.' (...) Bald war er ein Großfisch (*jhasha*), denn er wuchs gewaltig, da (sprach er): 'Das und das Jahr wird die Flut kommen, dann magst du ein Schiff zimmern und zu mir dich wenden (im Geiste); wenn die Flut sich erhebt, magst du das Schiff besteigen, dann will ich dich retten.' – Nachdem er ihn also gepflegt, schaffte er ihn hinab ins Meer: das wievielte Jahr er ihm nun anzeigte, das sovielte Jahr zimmerte er sich ein Schiff und wandte sich zu ihm; als die Flut sich erhob, bestieg er das Schiff; der Fisch schwamm zu ihm heran, an dessen Horn band er (Manu) das Tau des Schiffes, damit setzte er (der Fisch) über diesen nördlichen Berg. – Er sprach: 'Ich habe dich gerettet: binde das Schiff an einen Baum, damit dich nicht, ob du auch auf dem Berge bist, das Wasser fortspült: wenn das Wasser allmählich fallen mag, dann magst du auch allmählich hinabsteigen.'«[41]

Eine ganz ähnliche Sintflutlegende findet sich in dem berühmten Gilgamesch-Epos, einem in Keilschrift niedergelegten Zwölftafelwerk, das wohl auf sumerische Ursprünge zurückgeht, aber auch babylonische, assyrische und hethitische Varianten aufweist. Von Gilgamesch, dem König der Stadt Ur, heißt es, dass er »Geheimes sah, Verborgenes entdeckte / Verkündete, was vor der Flut geschah (...)«. In der »Elften Tafel« begegnet er Utnapischtim, dem einzigen Überlebenden der Großen Sintflut, der das von ihm Erlebte folgendermaßen schildert:

Ich sah mich um, wie's um das Wetter stand:
Entsetzlich war der Himmel anzusehn. (…)
Beim ersten Dämmerschein des (nächsten) Morgen
Schob eine schwarze Wolke sich empor
Am Horizont, drin Adads Donner rollt (…)

Furcht überkam ob Adads Grimm den Himmel,
Da Finsternis verdrängte alles Licht
Und wie ein Tonkrug (?) barst das weite Land.
Der Südsturm raste einen Tag mit Macht,
Der Berge Spitzen ganz zu überfluten,
Die Menschheit wie ein Krieg zu überfallen.
Der eine konnt' den anderen nicht sehn,
Vom Himmel war kein Mensch (mehr) zu erblicken.

In Angst gerieten ob der Flut die Götter,
Sie flohn (und stiegen) auf zu Anus Himmel,
Wie Hunde duckten sie sich draußen (?) nieder.

Gebeugt und klagend saßen da die Götter,
Die Lippen pressten sie (vor Angst) zusammen.

Der Orkan schnob sechs Tag' und [sieben] Nächte.
(Es stieg) die Flut, vom Sturm ward flach das Land.
(Erst) als der siebte Tag kam, schwand die Macht
Des wilden Südsturms, der die Flut gebracht.
Alsbald war still das Meer, es legte sich
Der Wettersturm, die Sintflut war zu Ende.[42]

Es ist also einerlei, ob wir ihn Noah, Utnapischtim, Deukalion oder Manu nennen – es wird auf jeden Fall übereinstimmend erzählt, dass ein besonders rechtschaffener Mensch mit Hilfe eines selbstgebauten Bootes der Sintflut entkam und nach dem Abebben der Flut den Stammbaum der Menschheit fortsetzte. Hieraus wird dann gefolgert, dass es wenige Atlanter gab, die den Untergang ihrer Inselheimat überlebten; heimatlos strandeten sie, zusammengepfercht auf selbstgefertigten Flößen und Booten, an den Küsten Westafrikas und Europas. In diesen wenigen Überlebenden des Atlantis-Untergangs glaubt Rudolf Steiner die Vorfahren der späteren »Arier« – also der Indogermanen – zu erkennen. In seinem Buch *Aus der Akasha-Chronik* schreibt er: »Die größte Masse der atlantischen Bevölkerung kam in Verfall, und von einem kleinen Teil stammen die sogenanten Arier ab, zu denen unsere gegenwärtige Kulturmenschheit gehört.«[43]

Inwieweit kann man die Indogermanen – das Wort »Arier« sollte man lieber vermeiden[44] – als die Nachfahren der Atlanter betrachten? In der indogermanischen Vorstellungswelt zeigt sich jedenfalls, wenn auch nur bruchstückhaft erkennbar, der Strom einer uralten Atlantis-Überlieferung. Hierzu gehören die zahlreichen, sowohl keltischen als auch griechischen Mythen von den Inseln der Seligen, den versunkenen Paradies-Inseln im Westen, Hediods Sage vom Goldenen Zeitalter, die vielen Geschichten von einem vorzeitlichen Halbgötter-Geschlecht, und nicht zuletzt der Atlantis-Bericht Platons. Es wäre denkbar, dass sich die Indogermanen in ihren Ursprungsmythen eine Erinnerung an ihre eigene Urheimat bewahrt haben. Mit Sicherheit wird die heutige Schulwissenschaft, auch die Geologie, das Atlantis-Rätsel nicht lösen können. Für das einstige Bestehen einer vor 11.500 Jahren untergegangenen Atlantis-Kultur gibt es keine »Beweise«, auch die Erdgeschichte liefert die von uns gewünschten Beweise nicht. Dennoch bleibt der Ideenkomplex, der sich um die Begriffe *Atlantis* und *Goldenes Zeitalter* rankt, ein großartiger Ursprungsmythos; und die Esoteriker aller Zeiten waren sich gewiss, dass diesem Mythos einst historische Wirklichkeit entsprach. Hellsichtig Begabte – wie etwa Edgar Cayce – lasen in der »Akasha-Chronik«, und visionhaft erkannten sie dort die Gestalten unserer atlantischen Vorfahren. Freilich: Eine Beweiskraft geht von derlei subjektiven Schauungen nicht aus. Wer sich mit dem Thema Atlantis befasst, wird immer in einem Niemandsland wandern, in dem Mythos und Wirklichkeit ineinander übergehen.

Megalithische Mysterien

Die steinzeitliche Megalithreligion kannte ohne Zweifel Mysterien mit stufenweisen Einweihungen und Darstellung heiliger Mythen, die sich um den Sonnenhelden und die Erdjungfrau drehten, die später zum 'Soter', dem Retter und Heiland, und der zu erlösenden 'Psyche' wurden. Die griechischen Mysterien, vor allem die von Eleusis und Samothrake, die durch Jahrhunderte eine so tiefe und heilbringende Wirkung auf Leben und Kultur Griechenlands ausgeübt haben, waren vordorisch und ... uralt. Vermutlich wurzelten sie noch – ebenso wie fast alle orientalischen Mysterien – in der Religion der Megalithzeit. Britta Verhagen[1]

Sinnbedeutung der Großen Steine

Die Großen Steine – Megalithen aller Art, Menhire und Dolmen, Steinreihen, Ganggräber und Kromlechs – zeugen stumm von einer geistig hochstehenden ackerbautreibenden Kultur, die sich seit etwa 5000 v. Chr. auf dem Boden des vorgeschichtlichen Europa entfaltete. Tausende solcher Großsteine (so die wörtliche Bedeutung des Begriffs *mega-lith*) finden wir über die Länder Westeuropas verstreut, und zwar in einem halbkreisförmigen Bogen, der sich – entlang der atlantischen Küste – von Südspanien und Portugal über die Bretagne und die Britischen Inseln bis in die Norddeutsche Tiefebene sowie nach Dänemark und Südskandinavien hinzieht. Auch im westlichen Mittelmeerraum stehen noch vereinzelt die steinernen Zeugen dieser ältesten Kultur Europas, so etwa auf Malta, auf Sardinien, Korsika und auf den Balearen. Die ältesten dieser Steinmonumente gehen nach neusten Messungen auf eine Zeit zurück, die rund 1000 Jahre vor der Erbauung der ersten ägyptischen Pyramiden liegt.

In der Bretagne, einem Land, in dem das Erbe der Vorgeschichte noch unmittelbar lebendig bleibt, gibt es unzählige Megalithen. Die heute üblichen Bezeichnungen »Menhir« und »Dolmen« stammen denn auch aus dem Niederbretonischen. Unter einem Menhir versteht man einen einzeln dastehenden, hoch aufragenden Langstein, unter einem Dolmen einen jener gigantischen Steintische, die durch zwei oder drei senkrecht stehende Hochsteine und einen waagrecht darüberliegenden Deckstein gebildet werden. Im Volksmund werden solche Steintische zuweilen auch als

»*Hünengräber*« bezeichnet. Ringförmig angeordnete Steinanlagen wie etwa die von Stonehenge und Avebury in Südengland nennt man *Kromlechs*, und linear ausgerichtete Steinreihen wie beispielsweise die in Carnac heißen *Alignments*.

Während die Dolmen eindeutig als megalithische Grabanlagen gedeutet werden konnten, genauer gesagt, als Kollektivgräber, bleibt die Sinnbedeutung der Menhire, Kromlechs und Alignments umstritten; der Schulwissenschaft bleiben sie ein Rätsel. Denn die Großen Steine stehen im Kontext einer *megalithischen Mysterienreligion*, in deren Mittelpunkt die heilige Kommunion von Himmel und Erde stand, die Ehe zwischen Mutter Erde und dem Sonnengott. Nur aus den Tiefen der Megalith-Religion kann der Zweck der vorgeschichtlichen Steinsetzungen recht gedeutet werden; denn diese Bauwerke dienten ohne Zweifel einem rein kultischen Zweck. Zu den wichtigsten megalithischen Bauanlagen rechnen wir vor allem die gigantischen Steintempelanlagen von *Malta*, ferner die so genannte *Gruppe von Arles* (Südfrankreich), die Steinanlagen der Bretagne, besonders *Carnac*, die westirischen Anlagen um das Zentrum *New Grange* und die gigantische Steinkreisanlage von *Stonehenge* in Südengland.

Bei den Alignments handelt es sich wohl um megalithische Prozessions-Straßen, durch die an Festtagen oder zu Ehren einer Gottheit feierliche Umzüge stattfanden. Solche Umzüge, oftmals nachts im Schein unzähliger Fackeln abgehalten, gehören seit alters her zu den heiligen Weihehandlungen im Rahmen eines Mysterien-Kultes. Auf der Heide von *Menec* bei *Carnac* (Dep. Morbihan, Frankreich) steht noch eine solche Kultanlage, die größte, die wir kennen: 1199 Menhire, manche bis zu 7 Meter hoch, bilden parallele Reihen auf einem Rechteck, das 1 km Länge und 100 Meter Breite misst; die Parallel-Reihen trennen 10 breite Straßen gegeneinander ab, deren mittlere auf die offene Seite eines Halbkreises von 70 Steinsäulen hinführt. Hier muss der zentrale Ort eines Kultes gelegen haben, der sich heute nicht mehr erschließen lässt.

Warum errichtet der Mensch überhaupt Steinmale, und warum an bestimmten Orten, an anderen aber nicht? Nur ein religiös-numinoses Urerleben kann am Anfang einer solchen Handlung stehen. Sicherlich wurden Steinmale oder Hochsteine an solchen Orten aufgerichtet, die in der Erfahrung der Menschen als »heilige Orte« galten oder die über eine besondere magisch-numinose Qualität verfügten. Tatsächlich wird jeder Feinfühlige merken, dass an den Standorten der Megalithen eine besondere Geistigkeit vorherrscht, eine bestimmte geist-stoffliche Schwingungs-Qualität, die – obgleich schwer zu beschreiben – den Menschen in ihren Bann zieht und möglicherweise die Fähigkeit spirituellen Wahrnehmens in ihm wachruft. Ein machtvoller *genius loci* waltet am Standort der Großsteine, und neuerdings hat man versucht, das Besondere dieser Strahlung mit Hilfe der modernen Radiästhesie festzustellen. Dabei zeigte sich, dass die Orte der Menhire und Kromlechs eine in höchstem Maße kraftgeladene »Aura« aufwiesen.

Das Geheimnis der Megalithen enthüllt sich nur dem, der um das Wirken der Ätherkraft weiß. Unser Heimatplanet Erde, ein lebendig beseelter Organismus wie der Mensch selbst, besitzt nicht nur einen stofflichen Körper, sondern auch eine ätherische Strahlenhülle. Im Organismus der Erde fließt gleichsam in unterirdischen Kanälen ein Kräftestrom des Äthers, der kosmischen Lebenskraft, und wo sich in einem solchen Netzwerk feinstofflicher Energien Kräfteströme überschneiden, entstehen besondere Konzentrationen okkulter Kräfte, die man als »Kraftorte« bezeichnet. Solche Kraftorte erkennt man in der Regel daran, dass der dort Verweilende eine besonders intensiv schwingende Geist-Stofflichkeit erleben kann. Es spricht vieles für die Vermutung, dass die Menhire von den Menschen der Megalith-Zeit auf solchen Kraftorten errichtet wurden. Dann wären sie auch untereinander mit dem feinstofflichen Meridian-System der Erde verbunden.

Die zahlreichen Volkssagen und Mythen, die sich später um das Rätsel der Megalith-Bauwerke gebildet haben, schildern die Großen Steine durchaus als belebte Wesenheiten. Wie ein Heer erstarrter Riesen stehen sie da, eingehüllt in wogenden Nebel: Stein-Titanen, die in ihrem Gedächtnis vorzeitliches Wissen und die Weisheit der Schöpfung speichern. Viele Sagen gibt es auch, in denen die Großen Steine sich plötzlich verlebendigen, menschengleiche Gestalt annehmen, umherlaufen oder Rundtänze aufführen. Andere Überlieferungen machen die Megalithen zum Treffpunkt oder gar zum Wohnort von Naturgeistern, und in der mythenschaffenden Seele des naturverbundenen Menschen entsteht das Bild von Gnomen, die in Dolmen wohnen, oder von Elfen, die in mondheller Nacht den einsam dastehenden Menhir umtanzen. Im Bretonischen heißen die Menhire daher oft *Feensteine*.

Dennoch würde es zu kurz greifen, die Menhire als Symbole eines »chthonischen Fruchtbarkeitskultes« zu sehen, wie dies gerade in der Fachliteratur immer wieder geschieht; sie weisen viel eher auf einen Sonnenkult hin. Dass sich die meisten Steinsetzungen und Bauanlagen der

Megalith-Zeit auf den Himmelslauf der Sonne ausrichten, gilt mittlerweile als erwiesen. So schreibt etwa der Vorgeschichts-Forscher Fernand Niel: »Die Erbauer der Dolmen haben ihre Monumente nicht nur nach Osten, also in die Richtung gelegt, in der die Sonne zur Tagundnachtgleiche am 21. März und am 23. September aufgeht, sondern sie haben sich auch am Aufgang der Sonne zur Sonnwende am 21. Juni und 21. Dezember orientiert.«[2] Ähnlich auch Dieter Vollmer: »Sie sind als Sonnenträger zu betrachten und erfüllen dann ihren Sinn, wenn zu bestimmter Stunde und von bestimmtem Beobachtungspunkt aus gesehen das Tagesgestirn auf ihrer Spitze zu ruhen schien.«[3]

Als Sonnenkultstein und Symbol einer »heiligen Hochzeit« zwischen Sonne und Erde mag der Menhir auch den Gedanken der Weltensäule verkörpern. Das Weltensäulen-Motiv entstammt dem Umkreis der Atlantis-Kultur, deren Erbschaft die westeuropäische Megalith-Kultur offensichtlich angetreten hat (wenn sie nicht gar selbst mit »Atlantis« identisch ist). Die Aufgabe der Weltensäule besteht darin, Himmel und Erde miteinander zu verbinden, Stützpfeiler des Universums zu sein. Im Mythos der Griechen war die personifizierte Weltsäule der Titan Atlas, nach dem ja die Könige von Atlantis ihren Namen erhielten. Und Platon erzählt in seinem Bericht über Atlantis, dass die Atlanter in ihrem heiligen Bezirk eine große Kultsäule aufgestellt hätten; er spricht von »einer Säule aus Bergerz, welche in der Mitte der Insel im Tempel Poseidons sich befand«[4]. Am Fuße dieser Säule, so berichtet Platon, hätten sich alle drei bis fünf Jahre die Könige von Atlantis versammelt, um dort im Zuge eines heiligen Stier-Opfers den Willen ihres Gottes zu erkunden.

Ob die Menhire auch eine solche »atlantische« Kultsäule darstellen sollten, ob ähnliche Opfer wie das von Platon geschilderte am Fuß der Menhire vollzogen wurden, mag dahingestellt bleiben. In der Bretagne gibt es jedenfalls Menhire von recht beachtlicher Höhe. Der Menhir von *Kerloaz* (Dpt. Finistere, Bretagne), ein monolithischer Block, ragt 9 Meter hoch. Der einsame Gigant unter den Großen Steinen muss jedoch der Menhir von *Locmariaquer* (bei Carnac, Bretagne) gewesen sein, der – heute in vier Teile zerborsten, die achtlos im Heidekraut umherliegen – ursprünglich bis zu einer Höhe von 23 Meter aufragte! Der griechische Geograph Scymnos von Chios, der im 1. Jahrhundert v. Chr. lebte, kannte noch diese steinerne Weltensäule: »Die Kelten haben griechische Bräuche ... An der äußersten Grenze ihres Landes befindet sich eine Säule (*stele*) ... sie erhebt sich gegen das Meer vor den stürmischen Wogen. (...) Die Be-

wohner der Gebiete um diese Säule sind die letzten Kelten und die Vene-
ter.«[5] Ohne Zweifel spricht der Geograph hier von der Bretagne – von
Armorica, dem Land der Heiligen Steine.

Die megalithische Magna Mater

Die »neolithische Revolution« – so nennt man üblicherweise den Übergang von der rein aneignenden Wirtschaftsweise nomadisierender Jäger
und Sammler zur Sesshaftigkeit in dörflichen Siedlungen in Verbindung
mit Ackerbau und Nutztierhaltung. Diese »Revolution«, der Siegeszug
des Pfluges, begann sich seit dem angeblichen Untergang von Atlantis (ca.
10.000–8000 v. Chr.) in Vorderasien und in den Ländern Westeuropas
auszubreiten. Als Träger dieser revolutionären Umwälzung traten in Europa die Megalithvölker auf; systematisch besiedelten sie die Küsten
Westeuropas, und wo auch immer sie hinkamen, brachten sie die Kenntnis und Lebensweise der Landwirtschaft mit sich. Und mit ihr brachten
sie die Kulturidee der Großen Muttergottheit, die sich im Rahmen der
Bandkeramiker-Kultur vom Schwarzen Meer entlang der Donau nach
Mitteldeutschland und Belgien ausbreitete. So bildete sich als älteste uns
bekannte Religion in Europa der Kult der »Großen Mutter« – der Magna
Mater – heraus.

Das Große Mutteridol der Jungsteinzeit sollte wohl vor allem die
»Mutter Erde« darstellen; doch begegnet uns in den Mythologien der
frühen Hochkulturen auch die kosmische Himmelsmutter, die als Urmutter und Gebärerin des Weltalls die Sonne, den Mond und die Sterne hervorgebracht hat. In der jungsteinzeitlichen Mysterienreligion herrschte
ursprünglich zwischen der Großen Muttergottheit und dem Sonnengott
ein reines Mutter-Sohn-Verhältnis. Der Sonnengott wurde als Sohn der –
durch den Mond repräsentierten – kosmischen Himmelsmutter angesehen. Eine Göttin wie die ägyptische *Isis*, die den Sonnenknaben Horus
geboren hat, geht als Archetypus unmittelbar auf die jungsteinzeitliche
Magna Mater zurück.

Die Magna Mater als die zentrale Göttin des Neolithikums, als der
fruchtbare Mutterschoß, aus dem alles Leben erneuert hervorgeht – deutlicher als irgendwo anders zeigt sich ihr Kult in den gigantischen Steintempeln auf den Inseln *Malta* und *Gozo*: *Hal Tarxien, Ggantija, Hagar Qim*,
so heißen die wichtigsten Tempelruinen. Auf dem maltesischen Archipel,
80 km südlich von Sizilien, auf der Grenzscheide zwischen Europa und
Afrika, zwischen Westeuropa und der ostmittelmeerischen Welt, entwi-

ckelte sich in der Zeit von 3600 bis 1500 v. Chr. völlig unabhängig von fremden Kultureinflüssen eine megalithische Tempelkunst, die bis heute einzigartig dasteht – eine hermetische, in sich abgeschlossene Welt, die ganz im Bannkreis eines machtvollen religiösen Erlebens stand. Beziehungen zur ägyptischen oder kretisch-mykenischen Kulturwelt bestanden nicht; bestimmte Bildmotive auf den maltesischen Tempeln wie die Doppelspirale, das »Lebensbaum«-Motiv oder die komplizierten Lochmuster auf den weichen Korallenkalksteinen stellen etwas Einmaliges dar.

Zweifellos handelt es sich um steinzeitliche Monumental-Architektur: der Haupttempel von *Hal Tarxien* bei *La Valetta* auf Malta besitzt eine 9 Meter hohe Fassade, der sich ein halbkreisförmiger, 33 Meter breiter Vorhof anschließt. Trotz des Urnenfriedhofs, den man in der Nähe des Tempels fand, wurde auf Malta kein Ahnen- oder Totenkult begangen, sondern ein Kult des Lebens, der Fruchtbarkeit, der Mutter Erde. Ein solcher, durchaus matriarchaler Kultus einer Urgöttin wird deutlich genug belegt durch die zahlreichen Funde sakraler Kunst – von kleinen Statuetten der Magna Mater, nur 4 bis 12 cm hoch, über die berühmte »Schlafende Dame«, die man im Hypogäum von *Hal Saflieni* fand, bis zur ursprünglich 3 Meter hohen Kolossalstatue der Großen Göttin, die beherrschend in der Apsis des Tempels von Hal Tarxien steht als die eigentliche Herrin der ganzen Inselgruppe. Es ist gut vorzustellen, schreibt Sibylle von Reden, dass die Bewohner dieser Inseln »eine fromme Gemeinschaft formten, die ganz auf Einheit mit den kosmischen Mächten, die über Leben und Tod bestimmten, ausgerichtet war und von einer Priesterschaft der Großen Mutter regiert wurde«[6]. Dieselbe Autorin spricht von den maltesischen Sanktuarien als »Stätten eines prähistorischen Mysterienkultes«[7], doch dürfen wir annehmen, dass die Verehrung der Großen Muttergöttin nicht auf Malta beschränkt blieb, sondern im Gegenteil den Grundtyp jung-steinzeitlicher Religiosität darstellte. Dabei stand die »Heilige Hochzeit« zwischen Erde und Sonne, begangen am Tag der Sommersonnenwende, als das zentrale Kult-Ereignis im Mittelpunkt der neolithischen Erden- und Fruchtbarkeits-Religion. Die Sonnen-Verehrung hatte in dieser mat-riarchalen Frühreligion durchaus ihre Bedeutung; denn unentbehrlich für eine ackerbautreibende Gesellschaft war der durch den Jahreslauf der Sonne markierte Kalender, der allein die Bestimmung der jährlichen Aus-saat- und Ernte-Termine ermöglichte.

Stonehenge – ein Sonnentempel

Auf einem jahrtausendealten Kult- und Weiheort mitten in der einsamen Salisbury-Ebene im Süden Englands stehen noch heute die Überreste ei-nes gigantischen steinernen Ringbaus, ein riesiges Observatorium, ein Zählwerk, Rechenwerk, und zugleich Tempel des als Sonne verehrten Jahrgottes – *Stonehenge!* Die Ruine gehört zu den zahlreichen Mysterien-stätten der Megalith-Religion, die quer über Westeuropa verstreut liegen, von Spanien über die Bretagne und die Britischen Inseln bis hoch zu den Orkney-Inseln und den äußeren Hebriden. Und doch: Stonehenge ist nicht irgendein Bauwerk aus der Zeit der Großsteinkultur, es stellt etwas ganz Einmaliges dar, einmalig in seiner geheimnisvollen Größe, in der Numinosität seiner Ausstrahlung, in der stummen Majestät seiner Steine, die – teils stehend, teils liegend, teils zerborsten – von den Urtagen der Schöpfung zu träumen scheinen. Stonehenge ist zu einem Wahrzeichen geworden, denn in seinen Steinkreisen verkörpert sich die zutiefst kos-mosverbundene Spiritualität des vorgeschichtlichen Europa.

Um Stonehenge haben sich im Laufe der Zeit unzählige Sagen und Le-genden gebildet, und das rein Fabulöse und Phantastische begann in demselben Maße zu wuchern und auszuufern, in dem die ursprüngliche Bedeutung des Megalithtempels Stonehenge der Vergessenheit anheim fiel. Den abergläubischen Menschen des Mittelalters galten die Stonehenge-Steine als Wundersteine: Der Chronist Geoffrey of Monmouth erzählt in seiner *Historia Brittorum* (um 1135) die Sage, dass der weise Merlin, keltischer Magier und Ratgeber des Königs Uther Pendragon, den Steinkreis Stonehenge mit Hilfe eines Zaubers von Irland nach Südengland verpflanzt habe, wo er als Mahnmal derer steht, die von den Sachsenkönigen Hengist und Horsa ermordet wurden. Andere wieder hielten Stonehenge für ein Mahnmal zu Ehren der britannischen Freiheitskämpferin *Boadicea*, die im Kampf gegen Rom den Tod gefunden hatte.

Auf dem Boden solcher Legenden entwickelte sich denn auch jenes schier nicht ausrottbare Vorurteil, das besagt, die Anlage von Stonehenge sei von keltischen Druiden-Priestern erbaut worden und habe ihnen als Tempel gedient. Solche romantischen Vorstellungen konnten im 18. und 19. Jahrhundert üppige Blüten hervortreiben. Im Jahre 1740 veröffentlichte ein gewisser Dr. William Stukeley ein Buch mit dem Titel *Stonehenge, ein den britischen Druiden zurückgegebener Tempel,* und noch 1889 konnte ein Professor A. T. Evans in der *Archäologischen Rundschau* schreiben, Stonehenge sei ein Tempel gewesen, »wo der Kult oder die Anbetung verschiedener Ahnen sich vielleicht mit der Anbetung des keltischen Zeus verbunden hat; die Gestalt, in der die Gottheit verehrt wurde, wäre die seiner heiligen Eiche gewesen«[8]. Solche Spekulationen gehen völlig in die Irre. Denn tatsächlich reichen die insgesamt drei Erbauungsphasen der Stonehenge-Anlage in eine Zeit zurück, als es in Europa noch keine Spur von keltischen Völkern gab, die frühestens seit der älteren Eisenzeit (um 800 v. Chr.) aus dem Dunkel der Vorgeschichte auftauchen. Was die Erbauung von Stonehenge betrifft, so gehen wir heute mittlerweile von folgenden Daten aus:

- Die Frühphase der Anlage, mit einem kreisrunden *Erdwall* und einem Graben, wird auf etwa 3100 v. Chr. datiert.
- Pfostenlöcher weisen darauf hin, dass im frühen 3. Jahrtausend v. Chr. eine *hölzerne Struktur* im Inneren der Einfassung existiert hat.
- Die auffällige *Megalithstruktur* wurde etwa zwischen 2500 und 2000 v. Chr. errichtet.

Die Druiden, die Stammespriester der Kelten, hatten weder die Anlage von Stonehenge gebaut noch hatten sie sie jemals in Gebrauch. Es waren ganz andere, präkeltische Völker, die das steinerne Monument in der Salisbury-Ebene errichteten: die Windmill-Hill-Leute zuerst, dann die Träger der Glockenbecher-Kultur, zuletzt die technisch hochbegabten

Bauleute des Wessex-Volkes. All dies geschah rund ein Jahrtausend, bevor die ersten Kelten England besiedelten. Die geistig-kultische Grundlage von Stonehenge muss in der prädruidischen Sonnenreligion der europäischen Jungsteinzeit und Bronzezeit gesehen werden. Der Mythos vom Jahresgang des Sonnenhelden, der die Esoterik dieser europäischen Urreligion bildete, lag allen Kulthandlungen und Jahresfesten zugrunde, die einst in den heiligen Steinkreisen von Stonehenge gefeiert wurden.

Betrachten wir nur einmal die äußere Anordnung von Stonehenge, so fällt die astronomisch-kalendarische und solarkultische Ausrichtung des Steintempels schon deutlich ins Auge. Die Anordnung besteht im Wesentlichen aus drei konzentrischen Ringen, die sich um das eigentliche Kultzentrum scharen: den äußersten Ring bilden die 56 sogenannten *Aubrey-Löcher*. Danach ein Ring von 30 durch waagrechte Decksteine verbundenen 4,1 Meter hohen Steinpfeilern, die sogenannten *Sarsen-Steine*. Dahinter ein Ring von genau 48 kleineren Steinen, die man wegen ihrer bläulichen Färbung als *Blue Stones* bezeichnet hat. Alle drei Steinringe beziehen sich auf jahreszeitlich-kosmische Rhythmen:

Es zeigt sich zunächst ganz deutlich, dass die 30 Sarsen-Steine die 30 Tage des Monats darstellen, während die 48 Blue-Stones die 4 mal 12, also 48 Monate eines Vier-Jahres-Zyklus bezeichnen. Und es steht außer Zweifel, dass dieses Zählwerk die Aufgabe hatte, die für eine ackerbautreibende Gesellschaft lebensnotwendigen Aussaat-Termine zu bestimmen. Die 56 Aubrey-Löcher bildeten eine Art Rechenmaschine, mit deren Hilfe man kommende Sonnen- und Mondfinsternisse vorhersagen konnte. Dem Bau Stonehenge muss eine im höchsten Maße kosmosbezogene Religiosität zugrunde gelegen haben. Sonnenverehrung, Kalenderberechnung und Kosmosophie, also Sternen- und Kosmosweisheit, bildeten eine einzige heilige Wissenschaft.

Sehen wir uns nun das Kultzentrum von Stonehenge etwas näher an. Innerhalb des Kreises der Blue-Stones gelegen, besteht es aus 5 mächtigen 6,7 Meter hohen Trilithen (Dreiersteine: zwei senkrechte Steinpfeiler, die durch einen waagrechten Deckstein verbunden sind), die in ihrer hufeisenförmigen Anordnung den in ihrer Mitte liegenden Altarstein umschließen. Weit außerhalb der Anlage, dem Altarstein genau gegenüber, liegt der *Heel Stone*. Am 21. Juni, am Tag der Sommersonnenwende, geht die Sonne genau über dem Heel Stone auf und sendet ihren ersten lichtwarmen Morgenstrahl auf den Altarstein, der den Schoß der göttlichen Mutter Erde darstellt. Es war das Jahreshochfest der irdisch-kosmischen

Kommunion, der Tag der Heiligen Hochzeit, an dem der göttliche Sonnenheld nach zahlreichen Fährnissen und Winterkämpfen die Erdenjungfrau ehelichen darf.

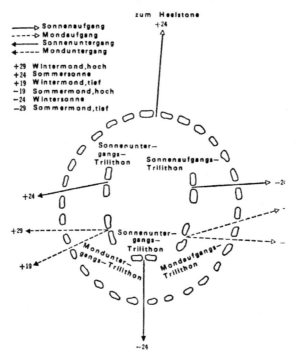

Hierzu passen die Worte, die Gerhard von dem Borne in seinem Buch *Der Gral in Europa* schreibt: »Lichtend, wärmend ergießt sich das Sonnenwesen in den Erdorganismus hinein, indem es weiter und weiter seine Spirale in umgekehrter Richtung nach Süden um die Erde führt. So wird im Strahlen des Sonnenwesens der 'Sich-Senkende', der 'Herniedersteigende', der Hvita Kristr erlebt, wie es sich den Empfindungen der nordischen Volksseelen durch Mythen, Runenzeichen und Sagen offenbart. Das bedeutet ein vorchristliches Erleben des Christus als Sonnenwesen, das die Eingeweihten durchdringt und erfüllt.«[9] Die Herabkunft des Sonnenwesens, seine heilige Ehe mit der Erdenwelt und Menschheit: dies war Sinn und Inhalt des Tempeldienstes von Stonehenge! Ob wir den Sonnengott-Heiland der megalithischen Mysterienreligion nun als eine Vorahnung des Christus bezeichnen, ob wir ihn Baldur, Bel oder Apollon nennen, das ist im Grunde genommen einerlei. Der kosmische Sonnen-Logos als eine überzeitliche wie auch übersinnliche Wesenheit kann ja im religiösen Erleben der Völker durchaus unterschiedliche Gestalt annehmen, weswegen dieses Sonnenwesen im Verlauf der Menschheitsgeschichte schon mit den verschiedensten Namen belegt wurde.

Der Tempel von Stonehenge war nicht allein der Sonne geweiht, sondern auch der Mondgöttin, ja die Tempelanlage gründete sich auf eine weitausgebildete Astralreligion und Astraltheologie, die von exakten astronomischen Beobachtungen gestützt wurde. Die astronomischen Bezüge von Stonehenge stellen längst kein Rätsel mehr dar. Der britisch-amerikanische Astronom Gerald S. Hawkins hatte schon Anfang der 60er Jahre mit Hilfe eines Computers errechnet, dass die Beobachtungslinien, die vom Altarstein im Kultzentrum zu diversen Steinen und Löchern der Tempelanlage gezogen werden, Gestirnsauf- und –untergangspunkte am Horizont markieren; besonders die Auf- und Untergänge der Sonne und des Mondes an den Tagen der Sonnenwenden. Die Ergebnisse seiner Nachforschungen hatte Hawkins unter dem Titel *Stonehenge decoded* 1963 in der Zeitschrift *Nature* veröffentlicht. Hawkins war es auch, der Stonehenge einen »neolithischen Computer« nannte, und der den Nachweis erbrachte, dass die 56 Aubrey-Löcher ein Zählwerk zur Vorhersage von Sonnen- und Mondfinsternissen bildeten. Dies lässt vermuten, dass die Stonehenge-Erbauer über ein gewaltiges messtechnisch-mathematisches und himmelskundliches Wissen verfügt haben müssen.

Die Himmelsscheibe von Nebra

Die berühmte »*Himmelsscheibe von Nebra*« aus Bronze und Gold wurde im Jahre 1999 im Ziegelrodaer Forst auf dem Mittelberg, 3,9 km entfernt von der Gemeinde Nebra bei Halle, gefunden und erst Anfang 2002 der Wissenschaft zugänglich gemacht. Sie wird auf ca. 1600 v. Chr. datiert und beweist, dass zu dieser frühen Zeit in Europa schon eine hochentwickelte Astronomie bestanden haben muss. Im Zusammenhang mit diesem sensationellen Fund, mindestens ebenso bedeutsam wie der »Ötzi« oder das Grab des Tutenchamon, gewinnen auch andere vorchristliche Hinterlassenschaften wie Stonehenge, der Schifferstädter Goldhut und die Externsteine bei Detmold einen neuen Sinn, da sie alle im gesamteuropäischen Kontext einer vorgeschichtlichen Himmelskunde zu sehen sind. Auch das gängige Bild vom Ur-Europäer als primitivem Barbaren, verglichen mit den Hochkulturen am Nil, Euphrat, Tigris und Indus, ist nun nicht mehr haltbar. Der Bronzezeit-Mensch vor 3600 Jahren war kenntnisreicher und in wissenschaftlicher Hinsicht kundiger als man es heute wahrhaben will.

Die Nebra-Scheibe ist die älteste bekannte Himmelsdarstellung der Welt. Die Goldblech-Verzierungen auf der grünlich oxidierten Bronzescheibe sind deutlich erkennbar als *Sonne (oder Vollmond)*, *Halbmond*, die stilisierten *Plejaden*, eine *Sonnenbarke* am unteren Bildrand sowie zwei Randbögen links und rechts, die als *Horizontbögen* gedeutet werden (der linke abgefallen), und ursprünglich *32 Sterne* – das ganze Bild ohne Zweifel eine kumulative Darstellung des nächtlichen Himmels über dem Fundort. Zudem: Verbindet man die Endpunkte der beiden Horizontbögen diagonal miteinander, so bilden sie einen Winkel von 82,7 Grad, und genau um diesen Winkel verschieben sich am Fundort die Aufgangspunkte der Sonne zur Winter- und Sommersonnenwende. Da mit dem Aufgang der Plejaden im Sternbild Stier zumeist das landwirtschaftliche Jahr beginnt, kann man die Himmelsscheibe von Nebra auch als einen »Bauernkalender« deuten. Somit darf als sicher gelten, dass den Menschen in Mitteleuropa vor 3600 Jahren ein exakt berechneter, am Sonnenlauf ausgerichteter Jahreskalender bereits zur Verfügung stand. Ein solches astronomisches Wissen muss zu dem Zeitpunkt, da die Scheibe von Nebra gefertigt wurde, schon eine mindestens mehrhundertjährige Tradition besessen haben.

Darauf weist auch ein weiterer Sensationsfund der Archäologen hin: In nur 25 Kilometer Entfernung vom Fundort der Himmelsscheibe, bei der Ortschaft *Goseck* in Sachsen-Anhalt, fand man das älteste Sonnenobservatorium Europas, rund 2000 Jahre älter als das englische Stonehenge. Die kreisförmige Anlage, durch Luftbildaufnahmen entdeckt, stammt vermutlich aus der Zeit um 5000 v. Chr. und wäre damit ca. 7000 Jahre alt. Es handelte sich, anders als bei Stonehenge, um einen Holzbau; die Kreisanlage mit einem Durchmesser von 75 Metern bestand im wesentlichen aus drei konzentrischen Ringwällen mit jeweils drei Toren – alles korrekt nach astronomischen Beobachtungen ausgerichtet. Durch das Südosttor sah man um 5000 v. Chr. die Sonne zur Wintersonnenwende auf- und durch das Südwesttor untergehen; wenn man eine Linie von beiden Toren aus zur Mitte zieht, erhält man einen Winkel von 97,3 Grad – genau der *Komplementärwinkel* zu den 82,7 Grad auf der Nebra-Scheibe! Dieser Winkel ist für die Archäologen übrigens der Beweis, dass die bronzene Himmelsscheibe nur in Mitteldeutschland angefertigt wurde, denn nur dort beschreibt die Sonne zur Wintersonnenwende einen solchen Winkel; in

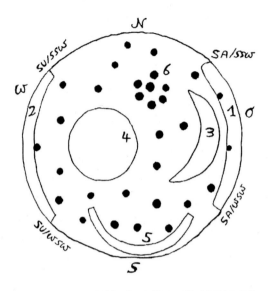

1. Östlicher Horizontbogen	SA/SSW Sonnenaufgang zur Sommersonnenwende
2. Westlicher Horizontbogen	SU/SSW Sonnenuntergang zur Sommer-s.-wende
3. Halbmond	SA/WSW Sonnenaufgang z. Wintersonnenwende
4. Sonne (oder Vollmond)	SU/WSW Sonnenuntergang z. Wintersonnenwende
5. Sonnenbarke	
6. Plejaden	O = Osten S = Süden W = Westen N = Norden

Dänemark wäre er enger, in Italien größer. Die These, die Himmelsscheibe von Nebra stamme gar nicht aus der Ortsumgebung, sondern sei in Wahrheit ein Importstück aus dem Orient, ist somit widerlegt. Nicht die alten Ägypter, Minoer, Mesopotamier, nicht die Handwerksmeister aus Mykene haben diesen einmaligen Kultgegenstand fabriziert, sondern die Ur-Mitteleuropäer, die übrigens weder »Kelten« noch »Germanen« waren, sondern deren unbekannte Vorläufer. Auch das Kupfer, aus dem die Scheibe besteht, heute von einer grünlichen Malachit-Schicht überzogen, stammt vom Mittelberg, also aus der örtlichen Region, und das Gold aus den Alpenländern – es muss damals schon in Mitteleuropa ein ausgedehntes Netz von Handelswegen gegeben haben, unabhängig von den berühmten Bernsteinwegen, die vom Schwarzen Meer bis ins Baltikum führten. Von besonderer Bedeutung ist jedoch die *Sonnenbarke*, die erwiesenermaßen erst nachträglich auf die Bronzescheibe aufgesetzt wurde – sie verleiht dem Gegenstand einen eindeutig kultischen Charakter und steht in eigenartiger Übereinstimmung mit *ägyptischen Vorstellungen*, etwa dem *Sonnenboot des Gottes Re.*

Wie der berühmte Sonnenwagen von Trundholm und andere Artefakte zeigen, war der Sonnenkult in der europäischen Bronzezeit allgemein verbreitet. Typisch ägyptisch jedoch ist die Idee, die Sonne auf einem Schiff oder Boot über den Himmel fahren zu lassen, vielleicht angeregt durch die Schiffreise auf dem Nil. In einem Quellentext der ägyptischen Mythologie lesen wir: »*Jeden Tag erhebt sich strahlend am Morgen Re, der Götterkönig. (.....) Sein Vater Nun und seine Mutter Nut freuen sich, wenn er in der Tagesbarke erscheint. Die Mannschaft in seinem Boote jubelt, und Heliopolis, seine Stadt, jauchzt. In Glück und Hoffnung befährt er seine Himmelsbahn.*« Im Westen beginnt die *Nachtmeerfahrt des Gottes Re*, wenn er in die Unterwelt hinabgleitet, um dort den Gestorbenen Licht zu spenden. Für den Dichter im Alten Ägypten waren Tagesboot und Nachtboot die schönsten Bilder für den Weg der Sonne, das Schiff selbst mythische Metapher für Leben und Sterben der Bewohner des Niltals. Welche Macht die Idee der Sonnenbarke besaß, zeigen die Kultboote, die man als Grabbeigaben bei den Pyramiden fand. Das 43 Meter lange Königsboot des Pharao Cheops war aus Zedernholz gefertigt, das aus dem Libanon stammt.

Wie das Bild des Sonnenbootes nach Mitteldeutschland kam, in die Gegend von Nebra, wo Seefahrt und Schiffbau gar keine Rolle spielen, mag zu den großen Rätseln der Vorgeschichte zählen. Ein direkter Einfluss von Ägypten ist sicher nicht anzunehmen, denn die Himmelsscheibe von Nebra ist eindeutig eine nordische Schöpfung, was das Material und die Gestaltung der mythischen Bilder betrifft. Auf jeden Fall war die Himmelsscheibe ungeachtet ihrer astronomischen Bedeutung ein kultischer Gegenstand, was auch durch den Fundort auf dem Mittelberg erhärtet wird. Dieser muss in prähistorischer Zeit ein heiliger Berg gewesen sein, ein Kultort, der nur von wenigen ausgewählten Personen betreten werden durfte. Dafür spricht die Tatsache, dass der Gipfel des Mittelberges um 1600 v. Chr. von einer Graben-Wall-Anlage mit 160 Metern Durchmesser umschlossen war, wobei der Wall nach Meinung der Archäologen eine Holz-Erde-Mauer mit fester Steinbewehrung gewesen ist. Der Mittelberg bei Nebra war also *eine vorgeschichtliche Kultstätte!*

Die Beispiele Stonehenge, Goseck und Nebra zeigen es deutlich auf: Die Megalithiker hatten schon vor Jahrtausenden eine tiefgründige esoterische Sternenweisheit entwickelt, die – weit mehr als bloße Himmelsbeobachtung – Religion und Wissenschaft in sich vereinte. Der griechische Mythenerzähler *Diodor von Sizilien* (1. Jh. v. Chr.) berichtet uns von einem legendären Großkönig von Atlantis mit Namen *Uranos*, der die spirituelle

Sternenkunde begründet haben soll und deswegen eine fast gottähnliche Verehrung erlangte: »Sie (die Atlanter) erzählen, dass Uranos als der erste König bei ihnen geherrscht und die zerstreut wohnenden Menschen in den Schutz einer umwallten Stadt zusammengezogen habe (...) Die Gestirne hat er sorgfältig beobachtet und vieles vorausgesagt, was am Himmel geschehen werde, und so habe er die Völker das Jahr beobachten gelehrt nach den Bewegungen der Sonne, und die Monate nach der des Mondes, sowie auch die verschiedenen Jahreszeiten. Die Menschen aber, unbekannt mit der ewigen Ordnung der Gestirne, und voll Staunen über die richtig eingetroffenen Weissagungen, haben geglaubt, dass, wer solche Dinge lehre, göttlicher Natur sein müsse...«[10]

Die Megalithkultur – atlantisch?

Es scheint, als habe der Geist des sagenhaften Atlanters Uranos in Stonehenge Gestalt angenommen, dem Zentrum eines sakralen Sonnen- und Sternendienstes, dessen Hohepriester offensichtlich in der Lage waren, kommende Sonnenfinsternisse vorauszusagen! Geht die europäische Großsteinkultur vielleicht auf eine noch ältere, noch weiter im Westen gelegene Hochkultur zurück – auf das Atlantis Platons? Könnte man sich vorstellen, dass verstreute Überlebende des untergegangenen Atlantis an den Ufern Westeuropas strandeten, dort sesshaft wurden, sich mit der Ureinwohnerschaft vermischten – und aus der Verbindung beider Völkerschaften entstand jenes megalithzeitliche Kernvolk, dem wir die Kultur der Großsteinsetzungen zu verdanken haben?

Die atlantische Herkunft der Megalithiker würde ihre Überlegenheit gegenüber anderen Völkern auf technischem, architektonischem und himmelskundlichem Gebiet erklären. Es gibt jedoch auch Forschungsansätze, die das sagenhafte Atlantis mit der westeuropäischen Megalithkultur gleichsetzen – Platon hat, dieser Theorie zufolge, unter dem Namen »Atlantis« eine prähistorische Kultur des europäischen Nordens geschildert, die in grauer Vorzeit tatsächlich existierte. Jürgen Spanuth (*Die Atlanter – Volk aus dem Bernsteinland*) sieht die Atlanter als ein Bündnis verschiedener Völkergruppen aus der frühen Urnenfelderkultur: die »Nord- und Seevölker«, die um 1200 v. Chr. als kriegführende Horden in den östlichen Mittelmeerraum einbrachen, bis sie im Jahre 1195 v. Chr. von Pharao Ramses III. in einer Schlacht vernichtend geschlagen wurden. Inschriften und Fresken auf den Tempelwänden von *Medinet Habu* in der Königsstadt Theben in Ägypten dokumentieren diesen Sieg des Pharao über die »Seevölker«. Die »Königsinsel« dieser Nordmeervölker, die Platon in seinem *Kritias*-Dialog »Atlantis« nennt, wird von Spanuth in die Marschen der Nordsee verlegt, zwischen Helgoland und Jütland, wo sie während des Kriegszuges der »Atlanter« im Meer versunken sein soll.

Unser Gewährsmann Diodor von Sizilien scheint sich jedenfalls auf die Megalith-Völker des vorgeschichtlichen Nordens zu beziehen, wenn er von jenem sagenhaften »*Volk der Hyperboreer*« berichtet, die er im hohen Norden – am Ende der Welt – wohnen lässt: »Jenseits des Keltenlandes liegt eine Insel im Ozean (...) Auf dieser Insel soll Leto geboren sein, weshalb dann auch Apollon, der Sohn der Leto, vor allen anderen Göttern dort am meisten verehrt wird. Die Einwohner sind gleichsam als Priester des Apollon zu betrachten, weil dieser Gott jahraus, jahrein, Tag für Tag von ihnen mit Lobgesang gepriesen und ausnehmend verehrt wird. Auch ein herrlicher Hain des Apollon ist dort auf jener Insel und ein berühmtes Heiligtum, das mit vielen Weihgeschenken geschmückt und im Schema der Sphären erbaut war. (...) Immer nach 19 Jahren soll der Gott die Insel besuchen, in welchem Zeitraum die Gestirne immer wieder in dieselbe Stellung zurückkehren, weshalb denn auch bei den Hellenen ein 19-jähriger Zeitraum 'Jahr des Meton' genannt wird.«[11]

Der Hauptgott der Hyperboreer, Apollon, ist im Grunde genommen niemand anderer als der nordische Sonnenheld und Jahrgott, dessen Geburt, Lebensweg, Tod und Auferstehung in der Tempelanlage von Stonehenge gefeiert und in zahlreichen Mythen verewigt wurde. Und ausdrücklich scheint hier von Stonehenge die Rede zu sein, wenn von jenem »Heiligtum« auf der Insel Hyperborea gesprochen wird, das »im Schema der Sphären« – also in kreisförmiger Anordnung – erbaut war. Der Zyklus von 19 Jahren wird ebenfalls erwähnt und ganz richtig mit kosmischen Konstellationen in Zusammenhang gebracht: denn alle 19 Jahre (genau gesagt, alle 18,61 Jahre) überschneiden sich die Himmelsbahnen der Sonne und des Mondes, und alle 19 Jahre besucht der hyperboreische Apoll seine im ägäischen Meer gelegene Insel Delos. Die Götterreise bleibt unlöslich verknüpft mit der Gestirnenbewegung. Das »Jahr des Meton«, wie man den 19jährigen Zyklus auch nennt, war den Astronomen von Stonehenge schon bekannt; damit konnten sie künftig eintretende Sonnen- und Mondfinsternisse berechnen.

Wenn die Insel der Hyperboreer »jenseits des Keltenlandes« liegen soll – also jenseits Galliens, des heutigen Frankreich –, wenn ferner Plinius sagt, der 9. Polarkreis (der 52. bis 57. Grad nördlicher Breite) verlaufe durch das Hyperboreerland, dann kann eigentlich nur das vorgeschichtliche Britannien damit gemeint sein. Hier muss einstmals ein gewaltiges spätbronzezeitliches Megalith-Reich bestanden haben, das in seinem ganzen Ausdehnungsbereich auch die norddeutsche Tiefebene, Südskandinavien und Südengland mit umfasste – mit Stonehenge als sakralem Mittelpunkt. Ob diese Nordvölker die von Pharao Ramses III. besiegten »Seevölker« gewesen sind, ob sie als »Atlanter« oder »Hyperboreer« in das mythische Gedächtnis der antiken Völker eingingen, wird wohl nie ganz geklärt werden. Mit Sicherheit ist hingegen anzunehmen, dass dieses »hyperboreische« Kulturzentrum im Norden Europas auch durchaus friedliche Handelsbeziehungen mit Ägypten, dem minoischen Kreta und dem mykenischen Griechenland unterhalten hat.

Dabei wäre auch anzunehmen, dass die südlichen Völker – etwa die Ägypter – entscheidend wichtige Anregungen auf religiösem, kultischem und architektonischem Gebiet von diesen »Nordmeervölkern« empfangen haben. Der ägyptische Obelisk wäre vielleicht nur eine Nachbildung des nordischen Menhirs, die Pyramide eine ins Gigantische gesteigerte Ausgestaltung der bretonischen oder niederdeutschen Dolmenanlage! Auch auf spirituellem Gebiet muss eine Beeinflussung von Nord nach Süd erfolgt sein. Im archaischen Griechenland und in Ägypten trat eine eigentlich urnordische Religion der Licht-Verehrung, die Religion der Megalithiker, aus dem Dunkel der Vorgeschichte in die helle Sphäre der geschriebenen Geschichte ein. Dass die Traditionen dieser Religion jedoch bis in die unmittelbare Gegenwart hineinwirken, sieht man daran, dass die hohen Jahresfeste der Megalithiker heute noch in Gestalt der kirchlichen Feiertage – etwa Weihnachten und Ostern – weiterleben.

Die Urreligion Indiens

Du, der dem Universum Bestand verleiht,
Du, von dem alle Dinge ausströmen,
Du, in den alle Dinge wieder einmünden, – :
Enthülle uns das Antlitz der wahren Geist-Sonne,
Verborgen von einer Scheibe goldenen Lichts,
Dass wir die Wahrheit kennen und unsre Pflicht tun
Auf unsrer Pilgerfahrt zu Deiner heiligen Stätte.
Rigveda III,62/10

Der indogermanische Wurzelboden

In der Urreligion Indiens, in der Religion der Vedas, sehen wir einen Zug tiefer Naturverbundenheit und kosmosverbundener Mystik vorherrschen: das Göttliche wird stets in heiliger Union mit dem Kosmischen erschaut; es wird in staunender Ehrfurcht erlebt in der Symbolsprache der Natur. Die Welt erscheint noch als ein ungeteiltes Ganzes, als ein lebendiger und beseelter Natur-Geist-Organismus. Ein solcher Geist naturverbundener Mystik entstammt zweifellos einem indogermanischem Wurzelboden; er muss, so schreibt Hermann Güntert in seinem Buch *Der arische Weltkönig und Heiland* (1923), »etwas der arischen und indogermanischen Sinnesart Angeborenes sein; denn auch in Griechenland finden wir auffällige Ähnlichkeiten von den ionischen Naturphilosophen an, Ähnlichkeiten, die zum größten Teil sich aus der gleichen Geistesveranlagung erklären mögen, wenn freilich im einzelnen Entlehnungen in Betracht kommen können. Man denke weiter an die mystische Auffassung der Perser vom Islam, an das Sufitum, oder an die keltische Phantastik, wie sie uns in den irischen Heldensagen entgegentritt, wie überhaupt das gallische Druidentum mit seiner Lehre von der Seelenwanderung und seinem ganzen Lehrbetrieb überraschend an die vedischen Priester gemahnt. Die deutschen Mystiker des 14. Jahrhunderts erinnern trotz der späten Zeit und der christlichen Umgebung in ihrer Grundrichtung oft an das Grübeln der ersten griechischen Denker und der Weisen an Indus und Ganges. Wie der Inder sein *brahman* entdeckte, so ruft ähnlich der deutsche Mystiker beseligt aus: '*Gott in mir*'«[1].

Die Mystik des urindischen Veda-Glaubens, meilenweit entfernt von der weltflüchtigen Mystik späteren Asketentums, führt keineswegs zu tatenloser Beschaulichkeit im Sinne des Quietismus. Im Gegenteil bleibt die altindische Religiosität immer ganz weltzugewandt, da sie das Heil in der rechten und reinen Herzens vollbrachten Tat erblickt. Der Ur-Inder erlebte die Gottheit entweder im numinosen Naturschaffen oder in der eigenen weltumwandelnden Tat; in beiden Fällen handelt es sich um ein mystisches Gott-Erleben. Eine solche Mystik der Tat klingt uns noch aus den Versen der *Bhagavad Gita* entgegen, dem wunderbaren indischen Epos, in dem der Kriegsadelige Ardjuna im Dialog mit dem höchsten persönlichen Gott Krishna sich zum Ethos selbstlosen Kämpfens durchringt. Aus den folgenden Versen der Bhagavad Gita spricht ein ganz ursprünglicher, indogermanischer Tatengeist zu uns:

> *Die Tat allein bekümmre Dich,*
> *Nicht ihr Erfolg, nicht ihre Frucht!*
> *Wirk um des Wirkens willen stets*
> *Und halt Dich frei von Müßiggang!*[2]

Es gab vorgeschichtliche Wanderungsbewegungen der Indogermanen, aber in welche Weltgegenden diese Wanderungen hinführten, und wo überall die Einwanderer sich festsetzten, das kann heutzutage weniger die Archäologie als vielmehr die vergleichende Sprachforschung aufzeigen. Überhaupt entstammt der Begriff des »Indogermanischen« ursprünglich nur der Sprachwissenschaft. Gilt es doch als gesichert, dass Idiome wie etwa Altnordisch, Latein und Sanskrit einer gemeinsamen Sprachfamilie angehören, die darum als die *indo-germanische* bezeichnet wurde. Alle heutigen Sprachen Europas, mit Ausnahme des Baskischen, Ungarischen und Finno-Ugrischen, gehen auf indogermanische Herkunft zurück. Aber irgendwann kam es zu einer Scheidung zwischen einer west- und einer ostindogermanischen Sprachengruppe, die man auch als die *Ketum-* und die *Satem*-Gruppe bezeichnet (beide Worte bedeuten »Hundert«). Zu den westindogermanischen Sprachen gehören zum Beispiel Keltisch, Germanisch, Griechisch, Italisch, Illyrisch, Thrakisch und Phrygisch – zu den ostindogermanischen zählt man Altindisch, Altpersisch, Armenisch, Albanisch, Baltisch und Slawisch.

Anhand einzelner Worte lässt sich die wesensmäßige Verwandtschaft der indogermanischen Sprachen recht gut erkennen. So heißt die deutsche Zahl *Sieben* etwa im Lateinischen *septem*, im Griechischen *hepta*, im Altirischen *secht* und im Hethitischen *sipta*. Die indogermanischen Ur-Völker lebten als nomadisierende Viehzüchter, kulturell auf der Stufe des Neolithikums stehend, und die von ihnen ausgeübte Religion war offensichtlich eine Sonnengott-Verehrung in Verbindung mit einem heiligen Feuerkult. Im Mittelpunkt der religiösen Vorstellungswelt stand »Vater Lichthimmel«, der allmorgentlich begleitet von seiner »Schwester Morgenröte« die Himmelsbahn durchmaß; aber auch personifizierte Naturkräfte traten auf als göttliche Wesenheiten. Das äußere Erscheinungsbild der Indogermanen wird durchweg als »nordisch« geschildert.

Von ihren Stammsitzen, wo immer sie sich befunden haben mögen, sei es im hohen Norden oder in der innerasiatischen Steppe, brachen die indogermanischen Völker eines Tages auf, um sich wie eine Springflut in südlichere Länder zu ergießen: in den Balkanraum, nach Griechenland und Kreta, nach Kleinasien, ja bis weit in den asiatischen Raum hinein! Die dort einheimischen, friedlich ackerbautreibenden Kulturen, weitgehend noch mutterrechtlich organisiert, wurden von den Einwanderern überlagert, die sich in den fremden Ländern heimisch niederließen und dort eine neue Herrenschicht bildeten: eine stolze Aristokratie von Kriegsadeligen, von Reitern und Streitwagenkämpfern, die zusammen mit den Stammespriestern an der Spitze einer streng hierarchischen Gesellschaftsordnung standen.

Gerade durch die Vermischung der indogermanischen Eroberer- und Herrenschicht mit der schon vorher ansässigen Urbevölkerung wurde ein geistiger Wurzelboden geschaffen, der nicht nur den Keim Roms, Griechenlands und der keltisch-germanischen Welt, sondern auch die altpersische Hochkultur sowie die Blüte des vedischen Indien hervorgebracht hat. Was aber dem Indogermanentum immer den Stempel des Einmaligen, Unverwechselbaren gab, das war vor allem der Tatendrang, der Wandertrieb, die tiefe Natur- und Schöpfungsverbundenheit, der Ernst und die Unbedingtheit des metaphysischen Ringens und die Fähigkeit zur exakten philosophischen Begriffsbildung.

Einem indogermanischen Kern- und Wurzelglauben sind, wie aus einer geistigen Urgesteins-Schicht, eine ganze Reihe wesensverwandter Religionen entsprungen: der Brahmanismus Altindiens und der Zarathustrismus im Osten – das keltische Druidentum, die germanische Edda-Religion, der griechische Zeus-Glaube und die altitalische Religion der Römer im Westen. Diese indogermanischen Hochreligionen haben nicht nur großartige Religionssysteme und Göttermythen hervorgebracht, sondern auch geheime Mysterienstätten, in denen Einweihungen in ein höheres Bewusstsein vorgenommen wurden. Da die Religionen der Indogermanen in ihrem Wesenskern alle übereinstimmen, können wir in ihnen verschiedene Erscheinungsformen einer geistigen Urreligion erkennen.

Die Angehörigen eines ostindogermanischen Stammes, die um das Jahr 2000 v. Chr. über das damals dichtbewaldete Industal nach Vorderindien einwanderten, nannten sich *Aryas*, das heißt: die Edlen, die Gastfreien. In zähem Ringen unterwarfen sie die dunkelhäutige Urbevölkerung der Drawidas, um schließlich bis zur zentralindischen Dekkan-Hochebene vorzudringen. Da sich die eingedrungenen »Arier« mit den Unterworfenen nicht vermischen wollten, gründeten die nordeuropäisch aussehenden Einwanderer ein in drei Stände gegliedertes Sozialsystem, das nach einer etwa dreitausendjährigen Entwicklung zu einem Kastensystem ausartete. Der bedeutendste der drei Hauptstände, der Priesterstand der Brahmanen, hatte die Leitung aller religiösen Angelegenheiten inne, sodass nach ihm die Urreligion Indiens *Brahmanismus* genannt wird. Der ebenfalls häufig gebrauchte Begriff »Hinduismus« umfasst auch alle späteren religiösen Entwicklungen Indiens.

Ein anderer Zweig der Aryas, die vermutlich vom Kaspischen Meer her kamen, wendete sich westwärts, um das Hochland von Persien zu besiedeln: dort entstand auf arischem Wurzelboden die *altiranische Kultur*, deren herausragender Prophet und Geistesverkünder *Zarathustra* war. In den Reden des Zarathustra und in den heiligen Schriften der Brahmanen, den in feierlich-archaischer Sprache abgefassten Vedas, sehen wir ein ergreifendes Zeugnis arischer Religiosität. Leider wurde der Begriff »Arier« im 19. Jahrhundert von der pseudo-wissenschaftlichen Rassenlehre (Gobineau, Chamberlain) ziemlich missbraucht, sodass man sich scheut, ihn heute überhaupt noch zu verwenden. Wir verstehen unter den »Ariern« keine »Rasse«, sondern im streng historischen Sinne den indo-iranischen Zweig der ostindogermanischen Völkerfamilie.

Die vedische Religion Altindiens

Das Schrifttum der *Veden*, dessen Umfang den der Bibel um das Sechsfache übersteigt, geschrieben in der feierlich-archaischen Sprache des *Alt-Vedischen*, aus der später das Sanskrit hervorging, die gelehrte Hochsprache des klassischen Indien, gehört heute noch zu den kanonischen Texten des Hinduismus. Als Hindu gilt jeder, der die Autorität der Veden anerkennt, wie ähnlich jeder Christ die Bibel, jeder Moslem den Koran als letztgültiges Wort anerkennen muss. Der Veda insgesamt gliedert sich in vier Teile, Sammlungen von Liedern und Sprüchen für den Gebrauch der

Priester bei feierlichen Opferhandlungen, nämlich in den *Rig-Veda* (Götterhymnen), den *Sama-Veda* (Lieder), den *Yayur-Veda* (Opfersprüche) und den *Atharva-Veda* (Zauberformeln).

Der Name »Veden« leitet sich von dem altindischen Wort *vidya* (Wissen) her, das die indogermanische Wurzel *vid* (sehen) aufweist; das lateinische Wort für »sehen« heißt *videre*. Wissen gründet sich also auf Sehen; das Gewusste ist eigentlich das Gesehene. Aber das Wissen der Veden wurde mit dem Geistesauge gesehen: nicht menschliches, sondern göttliches Wissen, anfanglos und unvergänglich, ein ewiges Urwissen der Menschheit. Und diese Geistesschau der Veden steht am Anfang der indischen Geistesentwicklung.

Hellsichtig konnte der Indo-Arier in Natur und Kosmos das Walten mächtiger Gottheiten wahrnehmen, die er in Hymnen und Opfersprüchen ehrfurchtsvoll anrief. Die vedische Religion Altindiens trägt ganz ausgeprägt die Züge einer pantheistischen Naturreligion, und die Gottheiten des indo-arischen Pantheons, wie sie vor allem im Rig-Veda angerufen werden, sind allesamt Naturgötter: *Indra*, der Beherrscher von Blitz und Donner, der Feuergott *Agni*, der Sonnengott *Surya*, der Windgott *Vata* und *Varuna*, der Beherrscher des Lichthimmels. Die indo-arische Spiritualität der indischen Frühzeit erwuchs aus einer mystischen Einheitsschau der Welt, die noch keine Trennung kannte zwischen der Natur und dem Göttlichen. Die frühesten Gottheiten der Indo-Arier waren hellsichtig wahrgenommene okkulte Naturkräfte, teils Elementarwesen im Ätherleib der Erde, teils Wesenheiten der unteren Geistigen Hierarchien. Erst später dämmerte den Weisen Indiens die Erkenntnis auf, dass die Wesenheiten der Natur und der Geistigen Hierarchien, diese Vielzahl göttlicher Schöpfungskräfte, ihren Ursprung in einer höchsten Zentralgottheit haben müssen, in einem göttlichen All-Selbst, das sie (im Gegensatz zum individuellen Einzel-Selbst, dem *Atman*) das weltenschaffende *Brahman* nannten. Schon in einigen Versen des Rig-Veda findet sich eine Ahnung davon, dass es doch eine höchste Gottheit geben müsse: den einen und wahren Gott, der über allen anderen Göttern steht.

> *Er, der den Himmel klar, die Erde fest schuf,*
> *Er, der die Glanzwelt, ja, den Überhimmel,*
> *Der durch des Äthers Räume hin das Licht maß:*
> *Wer ist der Gott, den wir mit Opfern ehren?*

Zu dem empor, von seiner Macht gegründet,
Himmel und Erde blickt, im Herzen schauernd,
Er, über dem die Morgensonn' emporflammt,
Wer ist der Gott, den wir mit Opfern ehren?

Wohin ins All die mächt'gen Wasser flossen,
Den Samen legend und das Feuer zeugend,
Da sprang hervor der Götter Eines Ursein:
Wer ist der Gott, den wir mit Opfern ehren?

Der über Wolkenströme selbst hinaussah,
Die Kraft verleihen und das Feuer zeugen,
Er, der allein Gott über alle Götter:
Wer ist der Gott, den wir mit Opfern ehren?[3]

In den *Brahmanas*, den ersten und frühesten Kommentaren zu den Veden, kam die Erkenntnis zum Durchbruch: Es gibt einen einheitlichen Welturpsrung – das Brahma-Wesen, aus dem sowohl die sichtbare physische Welt als auch die gesamte ätherische Götterwelt hervorging! In der *Shatapatha-Brahmana* lesen wir: »Die Welt war anfangs Brahman. Es schuf die Götter und nach ihrer Schöpfung setzte es sie einzeln in den Welten ein, in diese Welt den Agni, den Vayu in den Luftraum, an den Himmel die Sonne.«[4] Die Naturgötter der ursprünglichen indo-arischen Religion, auch der Sonnengott, gelten nun als Schöpfungen des Urgottes Brahman. Die schöpferischen Ausstrahlungen des Brahma-Wesens sind reines Licht; ja in einem Vers aus dem *Yajur-Veda* lesen wir: »Das Brahma ist das sonnengleiche Licht.«[5] Das geistige Urlicht der göttlichen Sonne Brahma durchlebt und durchwebt alles Geschaffene.

Das ganze Universum offenbart sich als ein einheitlicher, von Gottkraft durchwalteter Natur-Geist-Organismus. Es gibt sozusagen göttliche Geistes-Atome, die in allen Lebewesen anzutreffen sind, selbst schon in der Mineral-, Tier- und Pflanzenwelt, erst recht aber in der Menschenwelt. Denn auch der Mensch trägt ein solches göttliches Geist-Atom in sich: das *Atman*, sein individuelles höheres Selbst. Und wenn der Mensch erkennt, dass dieses höhere Selbst in ihm verbunden ist mit dem kosmischen All-Selbst, ja mit dem ewigen Gottes-Selbst, dann hat er die höchste Erleuchtung erlangt: das Einswerden mit Gott und dem Kosmos.

Die altindische Brahmanen-Weisheit hat somit eine Art spirituelle Atomtheorie, eine Art Monadenlehre hervorgebracht, die in den kleinsten unteilbaren Teilchen des Seins die gotthafte Essenz allen Lebens erblickt.

Wer das Atman als das Göttlich-Sonnenhafte in sich selbst gefunden hat, der weiss sich eins mit allen Lebewesen, auch mit dem kleinsten Atom. Dieser All-Einheits-Gedanke wird in der Upanishaden-Philosophie grandios herausgearbeitet: »Bringe mir von da eine Nyagrodhafrucht.'«, heißt es in einem Lehrgespräch in der *Chandogya-Upanishad*, »'Hier ist sie, Ehrwürdiger.' 'Spalte sie.' 'Sie ist gespalten, Ehrwürdiger.' 'Was siehst du da?' 'Ganz feine Körner, Ehrwürdiger.' 'Spalte einen von diesen.' 'Es ist gespalten, Ehrwürdiger.' 'Was siehst du da?' 'Nichts, Ehrwürdiger.' Der sprach zu ihm: 'Der feinste Stoff, den du nicht wahrnimmst, aus dem besteht der große Nyagrodhabaum. Glaube, mein Lieber, dieser feinste Stoff durchzieht das All, das ist das Wahre, das ist das Selbst, das bist du...«[6] Der »feinste Stoff«, von dem hier gesprochen wird, die göttliche Essenz des Alls, liegt unserem Wesen zugrunde, und von diesem »feinsten Stoff« heißt es: *tat twam asi! – das bist du!*

Das Atman im Sinne der Upanishaden-Philosophie bleibt ein unauslotbares Weltgeheimnis; denn obgleich kleiner als das kleinste Samenkorn, trägt es doch das Abbild des ganzen Alls in sich: »Dieser mein Atman im Inneren des Herzens ist feiner als ein Reis- oder Gersten- oder Senf- oder Hirsekorn oder das Korn eines Hirsekorns. Dieser mein Atman ist größer als die Erde, größer als der Luftraum, größer als der Himmel, größer als die Welten.«[7]

Das Kleinste ist zugleich auch das Größte, und in allen Wesenheiten des Mikrokosmos lebt abbildhaft das große Welten-All des Makrokosmos. Das Atman ist der mikrokosmische Gott, die Sonne im Seelen-Inneren: das Innere Licht. Nach Aussage der *Chandogya-Upanishad* ist das Atman »der aus Bewusstsein bestehende, im Herzen als inneres Licht befindliche Geist«[8], und dieser Geist verbindet den Menschen mit der Gottheit. Man sieht hier, dass die Mystik des Inneren Lichts, die als ein Mysterien-Wahrgedanke das Abendland durchzieht, einer indogermanischen Seelenhaltung entspringt. Der Dichter Friedrich Rückert (1788–1866) hat die Brahmanen-Weisheit vom Inneren Licht und damit die Essenz der Philosophie Altindiens in folgender *Ode an das Licht* zum Ausdruck gebracht:

Kennst du den Boten nicht, der dir allein Bericht
Von höher'n Welten bringt? Der Bote heißet: Licht.
Das Licht nur steiget dir aus höchsten Sphären nieder
Und steigt mit deinem Blick zu höchsten Welten wieder.
Folge nur seiner Spur! Verständest du es nur,

Und unverstanden wär' dir nichts in der Natur!
Wie von der Sonne geh'n viel Strahlen erdenwärts,
So geht von Gott ein Strahl in jedes Dinges Herz,
In diesem Strahle hängt das Ding mit Gott zusammen
Und jedes fühlet sich dadurch von Gott entstammen.[9]

Die Lichtbotschaft des Zarathustra

Mit *Zarathustra*, auch *Zoroaster*, taucht erstmals ein Prophet aus der Geschichtstiefe Vorderasiens auf, der den Gedanken des Widerstreits zwischen Gut und Böse, zwischen Lichtkräften und Finsternismächten, ganz in den Mittelpunkt seiner Verkündigung rückte. Die brahmanischen Seher und Weisen der altindischen Kultur konnten noch alle Gegensätze dieser Welt in einer letzten göttlichen All-Einheit aufgehen lassen; sie waren noch ganz erfüllt vom Geist-Monismus der Veden und Upanishaden. Anders jedoch Zarathustra: Er weiß zwar auch um das göttliche All-Eine, den Ursprung aller Dinge, ja er weiß um das von ihm so bezeichnete *Zervana Akarana*, nur – das für ihn allein Wichtige ist die aus der All-Einheit hervorgegangene Zweiheit. Diese Dualität hat für ihn sowohl ethischen als auch kosmischen Charakter. Der Mensch, in das Schlachtfeld des ethisch-kosmischen Entscheidungskampfes zwischen Gut und Böse mitten hineingestellt, muss sich entscheiden – für das Licht oder für das Dunkel.

Der Prophet Zarathustra hat mit seinen Hymnen, den im Zend-Awesta kanonisch gesammelten *Gathas*, eine ethisch-kosmische Hochreligion geschaffen, und der darin enthaltene Gedanke der individuellen Wahlfreiheit des Menschen scheint einem bereits hochentwickelten Ich-Bewusstsein zu entsprechen. Und wenn der Grieche Sokrates als der Erwecker des individuellen Gewissens gilt, so hat diesen abendländischen Persönlichkeits-Gedanken doch erst der Perser Zarathustra vorbereitet, der das Menschen-Ich mit Flammenworten aufrief zur sittlichen Autonomie. Zarathustra war gewiss ein Gottesgesandter, der mit seiner Botschaft eine Erdenmission zu erfüllen hatte, und zusammen mit Orpheus, Pythagoras und Hermes Trismegistos zählt er zu den großen Eingeweihten und Geisteslehrern des Abendlandes. Durch die Labyrinthe der menschlichen Kulturgeschichte wirkte der zarathustrische Impuls fort bis in die Neuzeit hinein; er beeinflusste vor allem nachhaltig die Lehre Platons. Wie ein unterirdisches Quellwasser fließt die Zarathustra-Religion durch die Jahrtausende der europäischen Kulturgeschichte.

Alle Eingeweihten und Menschheitslehrer sagen übereinstimmend, dass in jeder Menschenseele ein göttlicher Urfunke, ein unvergänglicher Geistkern wohnt – das *Atman* der indischen Brahmanen, das innere Licht. Zarathustra nennt dieses innere Licht im Menschen das *Fravashi*: lebendiges Geistfeuer, geschöpft aus dem göttlichen Urfeuer *Zervana Akarana*, das am Urbeginn allen Weltwerdens stand. So zeugt das Fravashi als das innere Licht vom göttlichen Ursprung des Menschen, und es spricht wie eine innere Stimme, um dem nach innen Horchenden den Weg zum Guten zu weisen. »Gut« und »Böse« sind im Zarathustrismus nicht bloß moralisch-ethische Bestimmungen, sondern eigentlich kosmische Gewalten, die im Weltkampf jäh aufeinanderprallen, unerbittlich im Ringen um Vorherrschaft. Es ist vielleicht kein Zufall, dass Zarathustra aus dem iranischen Hochland stammte, einer unbeschreiblich kargen Landschaft, in der grellste Sonnenstrahlung die Licht-Schatten-Dualität umso krasser hervortreten lässt. Die ganze Landschaft atmet den Geist des Dualismus. Dieses duale Prinzip ging ein in die Wesensmitte der zarathustrischen Religion. Zarathustra kündet uns von zwei göttlichen Urgeistern, zwei feindlichen Zwillingsbrüdern, *Ahura Mazdao* und *Ahriman*:

> *Im Anfang waren die beiden Geister.*
> *Im Traumgesichte wurden sie offenbart*
> *Als Zwillingsbrüder.*
> *Und da sie in das Wirken traten*
> *Im Denken, Sprechen, Handeln,*
> *Da waren sie das Gute und das Böse.*[17]

Hier offenbart sich deutlich das Erbe der urnordischen Religion, der aus dem sagenhaften Arier-Stammland *Arjana Vaejo* (Arier-Weißland) herstammenden Sonnen-Einweihung, die doch letztlich allen indogermanischen Weisheitslehren zugrunde liegt. Ahura Mazdao ist niemand anders als der von den vorgeschichtlichen Völkern des Nordens verehrte Sonnenheiland, Ahriman dagegen der Herr über die Todes- und Finsternismächte. Die beiden feindlichen Zwillinge des Zarathustra waren in der urnordischen Bronzezeit-Kultur noch die Gottheiten der beiden Jahreshälften, der Sommer- und der Winterhälfte, wobei sich allerdings im rein Naturhaften des Jahresrhythmus etwas Höheres kundgibt, ein gewaltiges kosmisch-göttliches Ringen: Heilsgeschichte. Und das Denken des Zarathustra ist im höchsten Maße heilgeschichtlich ausgerichtet, anders als das indische Denken, das in seiner ichlosen Gottseligkeit nie so recht einen

Sinn aufbringen konnte für die geschichtliche Existenz des Menschen. Im Gegensatz zum Buddhismus und zur altindischen Brahmanen-Religion stellt der Zarathustrismus keine reine Geist-Religion dar, sondern vielmehr eine kosmische Religion, die das Erdendasein des Menschen bejaht, die es läutern, befreien, spirituell weiterentwickeln will.

Der End- und Heilszustand der Geschichte liegt nicht in einem Jenseits, auch nicht in einem Aufgehen im Nirvana, sondern in einer befreiten und spirituell verklärten Erdenwelt. Denn nicht ewig kann der Weltenkampf zwischen Ahura Mazdao und Ahriman andauern, nicht ewig währt die Gespaltenheit des Erdendaseins in Licht und Finsternis. Am Ende kommt es doch zu einer Entscheidung: zum Sieg des Lichts und damit zur endgültigen Herrschaft des Guten. Der Weltplan erfüllt sich in einem künftigen Zustand des Khshatra, einem kommenden Gottesreich auf Erden, das der Prophetenblick des Zarathustra als eine dereinst sich erfüllende Menschheits-Zukunft erahnt.

Die im Brahmanentum noch rein esoterische Lehre vom inneren Licht hat Zarathustra in einen großartigen kosmisch-heilsgeschichtlichen Zusammenhang hineingestellt. In Ahura Mazdao, dessen Licht-Körper aus göttlichem Feuer-Fluidum besteht, sieht er den makrokosmischen Sonnenheiland, der durch seinen Kampf mit dem Widersacher das kommende Gottesreich auf Erden vorbereitet. In diesen Endkampf zwischen Gut und Böse, der die innere Mitte der Weltgeschichte darstellt, wird auch der Mensch einbezogen. Um in diesem Entscheidungskampf zu bestehen, muss der Mensch von dem ihm gegebenen göttlichen Licht durchstrahlt sein, muss er auf die innere Stimme Gottes hören:

> *Eine Stimme ist in uns voll heiligen Geistes*
> *Es gibt ein Denken, Reden, Tun,*
> *Als ob du vor Gottes Angesicht stündest...*
> *Ja, Gott, du bist das Rufen dieser Stimme,*
> *du, der gleiche innen und außen...*
> *Darin scheidet der Bessere sich vom Bösen,*
> *Dass er auf diese Stimme hört.*
> *Hier ist der Kreuzweg der Geister,*
> *Nichts gilt da Armut,*
> *Nichts gilt Reichtum und Macht.*
> Aus dem Awesta, Yasna 47[18]

Das duale Prinzip bildet die innere Mitte der Zarathustra-Religion. Aber dieser Dualismus hat nichts zu tun mit dem weltablehnenden Dualismus der Späteren, etwa des Manichäismus oder der Gnosis. Allen Weltverächtern, von Buddha bis Schopenhauer, stellt Zarathustra eine tatkräftige, wohl noch den Wurzelgründen indoarischer Religiosität entstammende Weltbejahung entgegen. Ihm geht es um das Erdenschicksal, und die erste Pflicht des Frommen besteht darin, den Acker zu bestellen! Irrlehrer nennt er jene, die »Weltflucht« predigen, und doch nur den eigenen Vorteil im Auge haben:

> *Darum nenne ich einen Irrlehrer,*
> *Wer zuschanden macht, was mir das tiefste ist,*
> *Wer mir meine Erde verdirbt*
> *Und mir den Blick zum Himmel wehrt,*
> *Wer die Klugen nur schlau macht,*
> *Sie nur irdischen Vorteil lehrt*
> *Und niederschlägt den, der mehr will.*
>
> Yasna 32[19]

So also spricht Zarathustra in den Gathas des Zend-Awesta, des heiligen Buches der altpersischen Religion: eine zutiefst spirituelle, ganz auf das Göttliche im Menschen gegründete Lichtbotschaft, die nicht nur in der Religionsgemeinschaft der Parsen weiterlebt, sondern in den Mystikern aller Zeiten.

Das Druidentum

Und was vordem alltäglich war,
Scheint jetzo fremd und wunderbar.
Eins in allem und alles im Einen
Gottes Bild auf Kräutern und Steinen
Gottes Geist in Menschen und Tieren,
Dies muss man sich zu Gemüte führen.
Keine Ordnung mehr nach Raum und Zeit
Hier Zukunft in der Vergangenheit.
Novalis[1]

Herkunft und Identität des Keltentums

Die Kelten waren ein europäisches Urvolk, das wie die Germanen dem westlichen Zweig der indogermanischen Völkerfamilie angehörte. Im 19. Jahrhundert hielt man die Kelten in der Regel noch für kulturlose Barbaren nördlich der Alpen, die erst durch ihren Kontakt mit den Völkern der mediterranen Welt, den Griechen und Römern, die Segnungen der Zivilisation erfahren hätten.

Dieses schiefe Geschichtsbild musste durch die Funde und Ausgrabungen des 20. Jahrhunderts weitgehend korrigiert werden. Heute weiß man, dass die Kelten – in Kunsthandwerk und Technik hochstehend – ohne weiteres den Rang einer Kulturnation beanspruchen dürfen. Töpferei, Textil- und Schmiedehandwerk standen bei ihnen in hoher Blüte; auch die Drehmühle und die Töpferscheibe kamen erst durch die Kelten nach Mittel- und Nordeuropa. Sie waren Meister in der Eisenverarbeitung und wohnten in festgefügten Städten, deren Mauern, geschickte Konstruktionen aus Holzfachwerk und Bruchsteinen, den Neid der Römer erregten (*murus gallicus* nannten sie diese Art der Befestigung).

Die geographische Herkunft des Keltentums gilt auch heute noch als ein Rätsel; ja die Kelten sind immer noch, um den Titel eines Buches von Gerhard Herm zu zitieren, *Das Volk, das aus dem Dunkel kam.* Ihre Urheimat dürfte wohl das Gebiet des heutigen Böhmen und Bayern bis zum Oberrhein gewesen sein, der sognannte *östliche Hallstatt-Kreis*, der sich seit etwa 800 v. Chr. von Hallstatt in Oberösterreich aus als ein bedeutendes Zentrum des Salzhandels und der Eisenverarbeitung entwickelte. Es besteht kaum noch Zweifel darüber, dass spätestens die Träger der Hallstatt-Kultur in Frankreich, Spanien und auf den Britischen Inseln vom 7./6. Jahrhundert v. Chr. an als Kelten anzusehen sind. In der späteren Eisenzeit, seit etwa 400 v. Chr., konnten keltische Zentren in Mitteleuropa die an Kunsthandwerk so reiche *Latene-Kultur* (benannt nach La Tene, einem Fundort in der Westschweiz am Neuenburger See) hervorbringen. Mit Sicherheit wissen wir, dass die Kelten mindestens seit 600 v. Chr. das heutige Frankreich bewohnten; die seefahrenden Griechen unterhielten seit langem Handelsbeziehungen dorthin. Hekataios von Milet (um 500 v. Chr.) nennt Narbonne eine keltische Stadt und gibt an, dass das griechische Massilia – heute Marseille – in der Nähe des keltischen Territoriums liege; Herodot (etwa 490–420 v. Chr.) lässt die Donau in keltischem Gebiet entspringen.

Seit dem 4. Jahrhundert breiteten sich keltische Völker vom Zentrum Europas nach Süden und Südosten hin aus: sie überschritten die Alpen, wurden in Oberitalien sesshaft, wo sie die Etrusker verdrängten. Andere Stämme wanderten weiter, auf den Balkan, nach Griechenland und Kleinasien. Im Jahre 278 v. Chr. überquerten die Galater – ein keltischer Stamm – den Hellespont und gründeten im kargen Hochland von Anatolien das nach ihnen benannte Königreich Galatien. So erstreckte sich das keltisch besiedelte Territorium von Kleinasien bis an die spanische Küste, von der Po-Ebene bis zu den Hochmooren Schottlands!

Baumkult und heilige Haine

In der keltischen Religion, deren esoterische Seite das Druidentum darstellt, lebt eine zutiefst schöpfungsverbundene Spiritualität. Gleich dem altindischen Arier vollzog der Kelte seine spirituelle Erfahrung im Einklang mit der lebendigen Natur und ihren Wesenheiten. Diese Naturinnigkeit des Keltentums zeigt sich vor allem im Kult um heilige Bäume sowie in der Verehrung von heiligen Quellen. Die wichtigsten Flussquellen Westeuropas verdanken ihre Namen den keltischen Quellgöttinnen, denen sie geweiht waren, so die Seine der Sequana, die Marne der Matrona, der Severn in England der Sabrina. Unzählige Flussnamen, auch deutschsprachige wie Rhein, Main, Neckar, Lahn, Ruhr und Lippe, zeugen von einem altkeltischen Quellenkult. Zahlreiche Opfergaben – Metalle, Waffen und Hausgeräte – sowie Statuen und Weihebilder wurden an den Flussquellen aufgefunden. Denn einen Fluss betrachtete der Kelte als eine lebendige Wesenheit, seinen Quellgeist als eine ehrfurchtgebietende Gottheit, der man Dankopfer und Verehrung schuldete.

Aus einer tiefinnigen Naturverbundenheit heraus konnte der Kelte die schöpferisch tätigen Wesenheiten der Natur und des Kosmos hellsichtig wahrnehmen; und diese Wesenheiten nannte er dann: »Götter«. Der Großteil der keltischen »Götter« bestand wohl überhaupt aus Lokalgottheiten: Quellnymphen, Baumgeister, Wesenheiten des Waldes, Bewohner und Beschützer heiliger Orte. Unter den überaus zahlreichen Göttern des keltischen Pantheons findet man oft Tiergestaltige oder tierisch-menschliche Mischwesen, so etwa die Pferdegöttin *Epona* oder den Hirschgott *Cernunnos* (um nur zwei Beispiele zu nennen), während der Grieche sich seine Götter überhaupt nur in Menschengestalt vorstellen konnte. In der Vorstellungswelt der Kelten konnte jedes Lebewesen im Kosmos – Menschen, Tiere und Pflanzen, ja selbst Steine – zu einer Ausdrucksform und Erscheinung des Göttlichen werden.

Gleich den Priestern des Zeus-Orakels von Dodona, zu dem der Sage nach schon Odysseus gegangen sein soll, »um den Rat des Zeus aus dem Gipfel der Eiche zu lauschen« (*Odyssee* XIV/317), glaubten die keltischen Druiden im Rauschen der Eichenbäume die Stimme des Göttervaters zu hören. Auch die Bäume galten nach druidischer Lehre als Erscheinungsform des Göttlichen, und neben der Eiche waren besonders die Esche, Erle, Birke, Weide, der Vogelbeerbaum, der Haselnussstrauch und der Apfelbaum Gegenstand der Verehrung. Man muss hierbei berücksichtigen, dass in den vorchristlichen Jahrhunderten riesige Urwälder die Länder Westeuropas fast lückenlos bedeckten. Menschliche Besiedlungen, Dörfer und Städte, bildeten ja nur kleine Inseln in einem wildwuchernden Waldozean, der die allgegenwärtige Erlebniswelt der damaligen Bewohner Europas darstellte. Unter den Bäumen des Waldes konnte der indogermanische Mensch die Gegenwart des Heiligen und des Numinosen erleben. Der Wald war ihm nicht nur Jagdrevier und Lebenssphäre, sondern auch Stätte der Gottesverehrung.

Die westindogermanischen Kelten- und Germanenvölker haben es ursprünglich nicht für nötig erachtet, ihren Göttern steinerne Tempel zu errichten; denn die Götter wohnten ja in den großen Wäldern, und das Götterwirken konnte im Schöpfungsgeschehen erlebt werden. Deshalb schreibt der römische Berichterstatter Tacitus über die Bewohner Germaniens folgende Worte: »*Übrigens glauben die Germanen, dass es mit der Hoheit der Himmlischen unvereinbar sei, Götter in Wände einzuschließen und sie irgendwie menschlichem Gesichtsausdruck anzunähern: sie weihen Lichtungen und Haine und geben die Namen von Göttern jener weltentrückten Macht, die sie allein in frommem Erschauern erleben.*«[4] Das hier Gesagte gilt auch für die Kelten, die – wie die Germanen – als Kultstätten heilige Eichenhaine verwendeten.

Dieser geheiligte Hain, *nemeton* genannt (verwandt mit dem lat. *nemus*, die Lichtung), stand im Mittelpunkt des religiösen Lebens. Es handelte sich um ein geweihtes Stück Wald mit einer Lichtung in der Mitte, die genug Raum bot für größere Versammlungen oder Feierlichkeiten; nach außen hin wurde das in der Regel viereckige Waldrevier durch Holzpalisaden oder hohe Erdwälle streng abgegrenzt. Überreste solcher Wallanlagen hat man bis heute in großer Zahl gefunden, die meisten im Voralpenraum zwischen Südwestdeutschland und Österreich, wohl der eigentlichen Stammheimat der Kelten, aber auch im östlichen Frankreich, an der Seine, sogar in Portugal. Im Volksmund nannte man sie »Viereckschanzen« oder »Keltenschanzen«. Bis 1910 kannte man bereits 150 solcher Schanzen, heute schon rund 250. Sie alle gehören der spätkeltischen Latene-Zeit an. Nur über den Sinn solcher Anlagen war man sich nicht ganz im Klaren: waren sie Festungen, Gutshöfe, Viehpferche oder Kultplätze?

Doch die in tiefe Erdschächte eingegrabenen Kult- und Opfergegenstände, die man dann innerhalb der Viereckschanzen fand, ließen den Schluss zu, dass diese vorgeschichtlichen Wallanlagen einem sakralen Zweck gedient haben müssen. Es handelt sich in der Tat um Kultplätze, um geweihte Stätten der Gottverehrung – stumm zeugen sie von der einstigen Größe einer längst verschütteten indogermanischen Religion, des Druidentums. Die Viereckschanzen, einst die geweihten Haine der Kelten, waren im Inneren dicht bewaldet mit heiligen Bäumen, die nicht gefällt werden durften, da in ihnen Nymphen oder Götter wohnten. In tiefe ausgegrabene Erdschächte, aber auch in Flussquellen, Seen oder Hochmoore, warfen die Priester der Kelten Opfergegenstände hinein, die den Vegetations- und Fruchtbarkeitsgottheiten bestimmt waren, die man sich im Erdinneren wohnend dachte.

Als bekannteste keltische Viereckschanze im deutschsprachigen Gebiet gilt die von Holzhausen bei Wolfratshausen am Starnberger See. Dort hat man gar in einem Erdschacht neben Hirschgeweihen und allerlei Opfergerät einen hölzernen Kultpfahl, einen etwa 4 Meter langen Zypressenstamm, zutage gefördert. Dieser Kultpfahl sollte wohl die Weltachse symbolisieren. Damit wurde der Beweis erbracht, dass auch die Kelten den Weltbaum-Weltstützer-Kult kannten; ähnelt doch ihr Kultpfahl äußerlich sehr der germanischen Irminsul, die – im heiligen Opferhain aufgestellt – die Weltenesche Yggdrasil darstellen sollte.

Eine besondere Bedeutung nahm bei den keltischen Druiden der Kult der heiligen Mistel ein, eng verwoben mit der Verehrung der Eiche. Plinius der Ältere (23–79 n. Chr.) berichtet ausführlich hierüber: »Die Priester der Gallier, die Druiden, kennen nichts Heiligeres als die Mistel und den Baum, worauf sie wächst, besonders wenn dieser eine Wintereiche ist. Sie verehren den Baum aufs höchste und betrachten alles, was darauf wächst, als Himmelsgabe. Man findet aber die Mistel nur sehr selten auf der Eiche. Wenn man sie aber findet, wird sie mit großer Feierlichkeit geholt, vor allem am 6. Tag nach dem Neumond ... Die Druiden heißen die Mistel in ihrer Sprache die 'Alles Heilende'. Nachdem sie unter dem Baume die gehörigen Opfer und Mahlzeiten veranstaltet haben, führen sie zwei weiße Stiere herbei, deren Hörner bekränzt werden. Der Priester, mit weißem Kleide angetan, besteigt den Baum und schneidet mit goldener Sichel die Mistel ab. In einem weißen Mantel wird sie aufgefangen. Dann schlachten sie die Opfertiere mit dem Gebet, die Gottheit möge ihre Gabe denen günstig werden lassen, welche sie damit beschenkt haben. In den Trank getan, solle die Mistel alle unfruchtbaren Tiere fruchtbar machen und ein Heilmittel gegen alle Gifte sein.«[5] Jede Pflanze durfte nur zu einer bestimmten Zeit und Stunde geerntet werden; denn die Pflanzen sahen die Natur-Eingeweihten der Kelten stets in Verbindung stehen mit den kosmisch-astralen Kräften und insbesondere mit den Mondumläufen. Denn dem keltischen Kalender lag ja der Mondkalender zugrunde, auf den sich das unter dem Namen *Beth-Luis-Nion* bekannte keltische Baum-Alphabet bezieht. Dieses Baum-Alphabet stellt allerdings, besonders was die Zuordnung der Mond-Monate zu den Bäumen betrifft, eine Rekonstruktion des Schriftstellers Robert von Ranke-Graves dar[6].

Die Druiden – die Brahmanen Europas?

Die Druiden, zweifellos die einflussreichste Gruppe in der keltischen Stammesgesellschaft, wirkten als Priester, Magier und Seher, Heilkundige, Pflanzenkundige und Sternenkundige; sie sprachen Recht in allen privaten und öffentlichen Angelegenheiten, betrieben die Kunst des Wahrsagens und versahen den Opferdienst. Der Name »Druide« setzt sich zusammen aus *dru* = stark und *vidas* = Wissende, Weise, bedeutet also in wörtlicher Übersetzung Hochweise, Träger eines machtvollen, geheiligten Wissens. Die Deutung des Wortes »Druide« als »Eichenkundige«, die sich vom griechischen *drys* = die Eiche herleitet, gilt heute mittlerweile als überholt. Doch zweifellos oblag den Druiden die Pflege der heiligen Haine, und als Hochweise waren sie in alle Naturgeheimnisse eingeweiht.

Großen Einfluss entfalteten sie auch als politische Ratgeber, und über ihr hohes Ansehen in der Sozialordnung der Gallier sagt uns Cäsar: »In ganz Gallien gibt es zwei Klassen von Menschen, die irgendwelche Geltung und Ehre genießen. Denn das niedere Volk nimmt beinahe die Stellung von Sklaven ein. (...) Aber von den beiden Ständen ist der erste der der Druiden, der andere der der Ritter.«[8] Hier wird die typisch indogermanische Stammesgesellschaft geschildert, gegliedert in die drei Stände der Ritter, in der Regel Streitwagenkämpfer, der Priester und der Bauern, die im alten Indien den drei Hauptkasten der *Kshatriyas*, der *Brahmanas* und der *Vaishyas* entsprachen. Die gallischen Ritter, auch die britannischen, fuhren wie die Angehörigen der altindischen Kriegerkaste auf dem zweirädrigen Streitwagen, den schon die Hethiter in Gebrauch hatten. Die Parallele zwischen den indischen Brahmanen und den keltischen Druiden tritt deutlich zutage; und es bedeutet keineswegs oberflächlichen Synkretismus, wenn man die Druiden als die Brahmanen Europas bezeichnet.

Über die Druiden berichtet uns *Cäsar*: »Die Druiden ziehen gewöhnlich nicht mit in den Krieg und zahlen auch keine Abgaben wie die anderen. Durch so große Vorrechte verlockt, begeben sich viele freiwillig in ihre Lehre oder werden von ihren Eltern oder Verwandten hingeschickt. Sie sollen dort Verse in großer Zahl auswendig lernen; deswegen bleiben einige zwanzig Jahre in der Lehre. Sie halten es für Sünde, sie schriftlich niederzulegen, während sie in fast allen übrigen Angelegenheiten, in Staats- und Privatgeschäften, die griechische Schrift benützen. Sie scheinen mir aus zwei Gründen dies eingeführt zu haben. Sie wollen nicht, dass die Lehre unter der Menge verbreitet werde, noch dass die Schüler, sich auf das Geschriebene verlassend, weniger übten. Vor allem wollen sie die Überzeugung hervorrufen, dass die Seelen nicht vergehen, sondern nach dem Tode vom einen zum anderen wandern. Sie glauben, dass man vor allem durch diese Lehre, wenn die Todesfurcht beseitigt sei, zur Tapferkeit angespornt werde. Viel disputieren sie außerdem über die Gestirne und ihren Lauf, über die Größe der Welt und der Erde, die Natur der Dinge und über das Walten und die Macht der Götter und teilen das der Jugend mit.«[9]

Ähnlich *Diodor von Sizilien*: »Es gibt bei ihnen [den Kelten] Liederdichter, die sie Barden nennen. Dieselben tragen ihre Gesänge unter Begleitung von Instrumenten vor, welche der Lyra ähnlich sind; und zwar sind sie teils Lobgesänge, teils Schmählieder. Überaus geehrt sind bei ihnen einige Philosophen, die auch der göttlichen Dinge kundig sind und Druiden genannt werden. Auch Wahrsager haben sie, denen gleichfalls große Ehre erwiesen wird. Dieselben weissagen aus dem Vogelflug und aus der Beschauung der Opfertiere, und alles Volk glaubt und gehorcht ihnen.«[10]

Pomponius Mela bestätigt nochmals die Angaben Cäsars, wenn er über die Druiden sagt: »Diese geben vor, von der Größe und Gestalt der Welt, den Bewegungen des Himmels und der Gestirne sowie vom Willen der Götter Kenntnis zu haben. Sie unterweisen die Edlen ihres Volkes in vielerlei Dingen, heimlich und lange Zeit hindurch – zwanzig Jahre –, und zwar entweder in einer Höhle oder in abgelegenen Waldhainen. Ein Punkt ihrer Lehre ist zu allgemeiner Kenntnis gedrungen: um nämlich das Volk für den Kampf recht geeignet zu machen, lehren sie, die Seele sei unsterblich und nach dem Tode beginne bei den Verstorbenen ein neues Leben.«[11]

Den obigen Worten zufolge haben sich die Druiden vorwiegend mit Sternenwissen, mit Naturphilosophie und mit dem Gesetz der wiederholten Erdenleben des Menschen – oft fälschlich »Seelenwanderung« genannt – befasst. Offensichtlich hüteten sie den Schatz eines spirituellen Geheimwissens; daher auch die Weigerung, die Inhalte des Druidentums schriftlich niederzulegen: »Sie wollen nicht, dass die Lehre unter der Menge verbreitet werde« (Cäsar). Alle uns bekannten Religionen des Altertums gliedern sich in einen öffentlichen, exoterischen Teil, an dem die große Masse des Volkes teilhatte, und in einen nichtöffentlichen, geheimen, esoterischen Teil, zu dessen Inhalten nur wenige Auserwählte Zugang hatten. In diesem Sinne könnte man sagen, dass der Götterglaube die exoterische, das Druidentum die esoterische Seite des Keltentums darstellt.

Der Gedanke der wiederholten Erdenleben des Menschen – der Reinkarnation – stammt ursprünglich nicht aus Indien, er geht nicht auf asiatische Ursprünge zurück, sondern war schon jahrtausendelang im vorchristlichen Europa bekannt. Dieser Gedanke bildet wohl den Bestandteil einer indogermanischen Urreligion, die sich zwischen den Polen des keltischen Druidentums und des altindischen Brahmanismus aufzuspannen scheint, eine Art »Ewige Philosophie«, die ein alle Zeiten und Kulturen überdauerndes Weisheitswissen in sich birgt. Als ein Beispiel für keltischdruidisches Reinkarnationswissen sei hier ein Gedicht aus dem walisischen *Buch Taliesin* zitiert. Es handelt sich um ein höchst bemerkenswertes Gedicht, in dem der Barde Taliesin (lebte im 6. Jahrhundert n. Chr.) auf eine ganze Kette seiner früheren Inkarnationen Rückschau hält:

Oberster Barde bin ich bei Elphin
Meine Heimat ist die Region der Sommersterne.
Idno und Heinin rufen mich Merddin,
Aber bald wird jeder König mich Talyessin nennen.
Ich war mit dem Herrn der Welt in der obersten Sphäre,
Mit Luzifer in den Tiefen der Hölle.

Ich trug das Banner unter Alexander.
Ich kenne die Namen der Sterne von Norden bis Süden.
Ich bin in der Galaxis gewesen
vor dem Thron des Allmächtigen.
Ich war in Kanaan, als Absalom starb.
Ich trug den Heiligen Geist
in die Tiefen des Tales von Hebron.

Ich war am Hof des Don vor der Geburt des Gwydyon.
Ich belehrte Eli und Enoch.
Ich wurde beflügelt vom Genius
mit dem leuchtenden Krummstab.
Ich bin besser als alle, denen das Geschenk
der fließenden Rede ward.
Ich war zur Stelle bei der Kreuzigung des
gnadenreichen Sohnes Gottes.

Ich war drei Zeitalter im Gefängnis von Arianrod.
Ich war Oberaufseher bei den Arbeiten am Turm des Nimrod.
Ich bin ein Wunder, dessen Ursprung unbekannt ist.
Ich war in Asien mit Noah in der Arche.
Ich sah mit an die Zerstörung von Sodom und Gomorrah.

Ich war in Indien, als man Rom erbaut hat.
Ich komme hierher von den Ruinen von Troja.
Ich war mit meinem Herrn an der Krippe des Esels.
Ich stärkte Moses an den Wassern des Jordan.
Ich stieg auf zum Firmament mit Maria Magdalena.
Ich wurde weise aus dem Kessel der Caridwen.
Ich war Barde mit Harfe bei Lleon von Lochlin.

Ich war auf dem weißen Hügel, am Hof von Kynvelyn.
Für Jahr und Tag in Fesseln und Banden.
Ich habe Hunger gelitten für den Sohn der Jungfrau.
Ich habe gefastet im Lande der Gottheit.
Ich war Lehrer alles Wissens.

Ich bin fähig, das ganze Universum zu unterweisen.
Ich werde sein bis zum Tag des Untergangs auf Erden.
Und keiner weiß, ob mein Körper Fisch oder Fleisch ist.

Dann lag ich neun Monate
Im Schoß der alten hässlichen Cardiwen.
Ich war ursprünglich der kleine Gwyon
Und jetzt bin ich Talyessin.[12]

Bis in die vorgeburtlichen Ursprünge des Menschendaseins reichen die Erinnerungen des Barden Taliesin zurück, und ein ganzer Weltenwanderungsweg durch zahlreiche Leben wird hier aufgezeigt, in dessen Verlauf die Seele sich läutert und emporentwickelt. Taliesin sieht sich in seinen früheren Verkörperungen als Zeitgenossen von Moses, David und Alexander dem Großen, aber auch von alttestamentlichen Gestalten wie Nimrod, Noah und den Propheten. Murray Hope (*Magie und Mythologie der Kelten*, 1990) sagt über dieses Gedicht des Barden Taliesin, es sei »bei weitem das interessanteste, denn es liefert wertvolle Einsichten in die Mysterien und Tiefen der keltischen Weltanschauung«[13].

Wir wissen nicht, welchen Stellenwert der Reinkarnations-Gedanke im Druidentum überhaupt hatte; jedoch können wir ihn als einzigen im Druidentum mit einiger Sicherheit quellenmäßig erfassen. Den Kelten, Thrakern und Skythen war er gleichermaßen geläufig, und über Thrakien, dem Gebiet nördlich von Griechenland um die Mündung der Donau ins Schwarze Meer, fand dieser Ur- und Kerngedanke auch Eingang in die Welt des klassischen Griechentums. Der legendäre Sänger Orpheus, der Sage nach selbst ein Thraker, gilt als der Stifter und Begründer der Orphischen Mysterien, in die sowohl Pythagoras (um 500 v. Chr.) als auch der Philosoph Platon eingeweiht waren.

Die Orpheus-Mystik in Thrakien entwickelte sich in unmittelbarer Nachbarschaft zum keltischen Druidentum, denn der nördliche Balkan gehörte zum keltischen Siedlungsraum. Insbesondere wohnte dort der gallische Stamm der Galater, der später (278 v. Chr.) den Hellespont überquerte und im kargen anatolischen Hochland das Königreich Galatien begründete. Der antike Autor Clemens von Alexandria (*Stromata* I, XV) behauptet, Pythagoras sei ein »Hörer der Galater und Brahmanen« gewesen[14]; da die Galater ein keltischer Stamm waren, wäre Pythagoras somit als ein Schüler des Druidentums anzusehen. Druiden, Brahmanen und Pythagoreer, auch die Orphiker in Thrakien – sie sind allesamt die Hohepriester und Eingeweihten einer esoterischen Wurzelreligion, die – zweifellos älter als das Keltentum – mit Sicherheit auf die europäische Megalithzeit zurückgeht und vielleicht auf das sagenhafte Urvolk der Hyperboreer im Norden Europas.

Aber keine schriftliche Quelle, vergleichbar der germanischen Edda-Sammlung, berichtet uns näherhin von den Inhalten der Druiden-Religion; denn die Druiden selbst haben der Nachwelt nichts Schriftliches hinterlassen, und die Aussagen griechischer und römischer Autoren über die Religion der Kelten bleiben nur bruchstückhaft. Ein schwacher Nachhall keltischer Götterlehre lebt noch in den Texten der irischen Helden- und Göttersage aus dem frühen und hohen Mittelalter. Neben diesen Mythen gewähren auch Ortsnamen, Inschriften, Votivgaben, Stein- und Holzplastiken, Metallarbeiten und Münzprägungen einen tiefen Einblick in die *terra incognita* der keltischen Götterwelt. Wir wollen nun einen Streifzug durch dieses unbekannte Land unternehmen, indem wir die Hochgötter Irlands, dann die Götter der Gallier, schließlich die walisische Mythologie betrachten.

Die Hochgötter Irlands

Wenn wir zunächst einmal die irische Götterwelt in ihrer ganzen Fülle anschauen, so begegnen wir dort einer schier unüberschaubaren Vielzahl von Göttern; aber diese sehr individuell ausgeprägten Göttergestalten wurden meist nur als verschieden wirkende Aspekte einer einzigen übergeordneten Gottheit gesehen. Von den alten Galliern wurde diese Gottheit, wie Cäsar bemerkt, als *Dispater* verehrt (»Alle Gallier rühmen sich, vom Vater Dis abzustammen«)[15], ein Name, der uns im dem Sanskrit-Wort *Dyaus pitar*, im griechischen *Zeus pater*, im lateinischen *Jupiter* und in dem deutschen Ausdruck *Gott Vater* wiederbegegnet.

Es greift daher zu kurz, die keltische Religion bloß als reinen Polytheismus zu sehen; der polytheistischen Göttervielfalt lag letzten Endes immer eine einheitliche göttliche Urkraft zugrunde. Dieser letzte Urgrund, der keltische Dispater, der Gott aller Götter, muss nicht unbedingt als ein personaler Schöpfergott gedacht werden. Zumindest ursprünglich war er wohl eher ein großes Weltengeheimnis, eine das ganze Universum durchdringende schöpferische Energie. In einem alten gälisch-irischen Hymnus, dem *Lied des Amergin*, das angeblich bis auf die ersten keltischen Besiedler Irlands zurückgeht, tritt diese Gottheit noch ganz anonym und überpersönlich auf; sie hat keinen Namen, sondern sie spricht als ein urewiges Ich-bin in geheimnisvoller Immanenz aus allen Erscheinungsformen der Schöpfung zu uns. Hier einige Verse daraus:

> *Gott spricht und sagt*
> *Ich bin ein Wind des Meeres*
> *Ich bin eine Welle des Meeres*
> *Ich bin ein Geräusch des Meeres*
> *Ich bin ein Hirsch von sieben Enden*
> *Ich bin ein Falke auf der Klippe*
> *Ich bin eine Träne der Sonne*
> *Ich bin eine Fee zwischen Blumen*
> *Ich bin ein Eber*
> *Ich bin ein Lachs in einem Teich*
> *Ich bin ein See auf einer Ebene*
> *Ich bin ein Berg der Dichtung*
> *Ich bin ein kriegführender Speer*
> *Ich bin ein Gott, der Feuer*
> *für ein Haupt macht.*[16]

Die Sage nennt Amergin den Hauptbarden der goidelisch sprechenden Kelten-Stämme, die von Spanien kommend in vorgeschichtlicher Zeit Irland besiedelten (vermutlich um 800 v. Chr.). Das *Lied des Amergin*, das dieser gesungen haben soll, als er erstmals irischen Boden betrat, wurde vermutlich als liturgischer Hymnus verwendet. Es ist weitgehend die Selbstoffenbarung einer numinosen göttlichen Macht, die in eindrucksvollen *Ich-bin*-Wiederholungen aus den Elementen der Natur, aus Wind, Wasser, Erde und Tierwelt zu uns spricht. McAlister nennt den Hymnus »eine pantheistische Konzeption des Universums, wo die Gottheit allenthalben allmächtig ist«[17]. Dieser Pantheismus bleibt typisch für die religiöse Vorstellungswelt des frühen Keltentums.

Das *Buch der Invasionen*, ein um 1100 n. Chr. verfasster irischer Text, der alle Eroberungen Irlands in vorgeschichtlicher Zeit in seinem mythischen Gedächtnis speichert, bezeichnet die von Amergin angeführten Goidelen als die letzte von insgesamt fünf Einwanderungswellen. Sie heißen auch die »Söhne des Mil« (oder Miledh), der den Beinamen Esbaine (»der von Spanien«) trug. Die späteren irischen Hochkönige leiteten von diesem legendären König noch ihre Herkunft ab. Und tatsächlich wurde Irland zuletzt von keltiberischen Stämmen aus Spanien besiedelt. Bei der Schilderung der vier vorangegangenen »Invasionen« liegen Geschichtliches und Fabulöses allerdings dicht beieinander. Zudem bleibt unklar, ob es sich bei den Besiedlern um Göttergestalten, um Menschen oder um halbgöttliche Vorzeit-Helden handeln soll. Hier also die fünf Invasionen Irlands durch mythische Wesen:

1. Das Erscheinen des *Partholon*.
2. Die Ankunft des *Nemed* (des »Geheiligten«).
3. Die Einwanderung der *Firbolgs*.
4. Die Invasion der *Tuatha De Danann*.
5. Eroberung Irlands durch die *Söhne des Mil*.

Von Partholon wird nur gesagt, dass er aus dem »Land der glücklichen Toten« gekommen sei, aus dem irischen Märchenreich des Westens – eine rein mythische Figur, vielleicht ein Besucher aus dem fernen Atlantis? Tuan Mac Cairill erinnert sich: »Ich kam mit Partholon, nicht lange Zeit nach der Sintflut, nach Irland.«[18] Aber schon Partholon musste sich, kaum angekommen, vor wilden Ureinwohnern schützen, den Fomoriern, dämonischen Unterweltsgöttern von riesenhafter Gestalt, einbeinig und mit nur einem Auge, darin den griechischen Kyklopen ähnlich. Auch Nemed aus dem Land »Skythia« (Südrussland), der eines Tages mit einer Flotte von 34 Barken vor den Küsten Irlands erschien, scheint eine halbmythische Figur zu sein. Die Firbolgs, die »Beutelsackträger« (von *builg*, Ledersack), kamen wohl aus Griechenland, um sich der Sklaverei zu entziehen. Einige vorgeschichtliche Festungen im äußersten Westen Irlands, vor allem auf den Aran-Inseln, werden ihnen zugeschrieben. Sie lebten vom Ackerbau und Gemüseanbau.

Dann aber stehen plötzlich die *Tuatha De Dannan*, das Volk der »Adlergöttin« Dana, vor den Küsten Irlands. Magischen Nebel breiten sie um sich her aus; Zauberdinge helfen ihnen, den Sieg zu erringen. Angeführt von ihrem König Nuada, später von dem ebenso kunstfertigen wie listenreichen Lugh, besiegen die Tuatha De Dannan in der Schlacht bei Mag Tured die vorherigen Bewohner des Landes – erst die historisch realen Firbolgs, dann die geisterhaften Fomorier, die von dem furchterregenden Riesen Balor angeführt werden. Eine Parallele zum »Vanenkrieg« in der Edda drängt sich auf: auch dort ein überlegenes Göttervolk, die Asen, das die Vanen als einheimische, mit dem Land innig verbundene Fruchtbarkeitsgötter unterwirft.

Mit der Ankunft der Tuatha De Dannan beginnt erst die irokeltische Zeit, denn die ältesten bekannten Götter Irlands gehören diesem Geschlecht an. Diese Götter tragen ausgesprochen anthropomorphes Gepräge; es handelt sich bei ihnen weder um personifizierte Naturkräfte noch um kosmische Energien, sondern um voll vermenschlichte Götter, die allerdings, da meist bis zur Karikatur überzeichnet, durchaus bizarre Züge tragen. Dies gilt vor allem für die Gestalt des Göttervaters *Dagda* mit dem Beinamen Oll-Athair, das heißt All-Vater, der als Sohn der Urgöttin Dana die Funktion des Sippenstammvaters ausübt. Bei ihm handelt es sich aller Wahrscheinlichkeit nach um denselben Hauptgott, den Cäsar zufolge die Gallier als Dispater verehrt haben. Aber während der oberste Allgott im Hymnus des Amergin noch als pantheistisch gedachte Schöpfungsenergie im Hintergrund bleibt, wird Dagda in krassen Farben als ein freßgieriger, dickbäuchiger Bauer geschildert, der eine magische Keule mit sich herumträgt, die sowohl töten als auch wiederbeleben kann.

Außerdem besitzt Dagda den sagenhaften »Kessel der Fülle«, eine Art nie versiegenden Quellborn himmlischer Nahrung sowie eine Zauberharfe, worauf der Gott die drei Ur-Melodien des Lachens, der Trauer und des Schlafes spielt. Seinen Hauptsitz hat Dagda im Gebiet des neolithischen Steinheiligtums Newgrange, wo er mit der dortigen Flussgöttin Boane, dem Geist des Boyne-Flusses, die sakrale Hochzeit vollzieht. Die Sage berichtet von Dagda, dass er einst zu den Fomoriern als Kundschafter ausgeschickt wurde. Diese hatten für ihn in einer Erdgrube ein gewaltiges Mahl bereitgestellt, das sie ihn unter Androhung der Todesstafe aufzuessen zwangen. Zum Erstaunen der Gegner aß Dagda die ganze Erdgrube leer, ja er kratzte noch mit einem Löffel die Reste aus! Ein Gott mit einem wahrhaft unstillbaren Appetit!

In Dagdas Tochter *Brighid* begegnen wir indes einer echten Lichtgestalt. Bei den im Norden Englands lebenden Briganten, in der Gegend um York, wurde sie unter dem Namen Brigantia als Schutzpatronin und Stammesgottheit verehrt. Als heilige Brigitte erfreut sie sich selbst heute noch überall im keltischen Sprachraum größter Beliebtheit. Voll und ganz in die katholische Religion integriert, eine Heilige mit Heilkräften und Schutzherrin der Tierzucht, stellt sie die christliche Nachbildung einer ursprünglich heidnischen Gottheit dar. Der irischen Brighid wurden als Domänen so unterschiedliche Gebiete wie die Heilkunst, das Schmiedehandwerk, aber auch die Dichtkunst und die mit ihr verwandte Wahrsagerei und Seherkunst zugeschrieben. Ein keltisches Jahresfest, das *Imbolc* heißt und am 1. Februar begangen wird, ist dieser geheimnisvollen Göttin gewidmet, zu deren Ehre überall im Land »reinigende Feuer« angezündet werden. Imbolc ist vor allem auch der Beginn der Frühjahrsperiode. Als die »Milesier«, angeführt von ihrem Barden-Druiden Amergin, das Land erobern, werden die Tuatha De Dannan besiegt und in die »unter der Erde« gelegenen Reiche der Feenhügel abgedrängt, wo sie als chthonische Fruchtbarkeitsgeister für das Wohlergehen des Landes Sorge tragen.

Die Götter der Gallier

Weniger bekannt als die irischen Götter sind die der Gallier, überhaupt die der Festlandkelten; denn hierüber fehlen uns die schriftlichen Quellen. So bemerkte schon Henri Gaidoz, der Begründer der *Revue Celtique*, im Jahre 1878: »Die Religion der Gallier ist wenig und schlecht bekannt ... weil die Zeugnisse darüber bisher noch längst nicht gesammelt und gesichtet sind.«[19] Hier müssen wir uns ausschließlich auf Ausgrabungsfunde und auf die spärlichen Aussagen antiker Autoren – vor allem Diodor, Strabo, Livius – verlassen. Als besonders aufschlussreich gilt immer noch das, was der römische Eroberer Gaius Julius Cäsar in seinem Kriegsbericht *De Bello Gallico* über die Kultur, Lebensweise und Glaubenswelt der von ihm bekriegten Gallier geschrieben hat.

Bei seiner Aufzählung des gallischen Pantheons verwendet Cäsar nur die lateinischen Namen: »Als Gott verehren sie besonders Merkur: Von ihm gibt es die meisten Bildnisse, ihn halten sie für den Erfinder aller Künste, für den Führer auf allen Wegen und Wanderungen, ihm sprechen sie den größten Einfluss auf Gelderwerb und Handel zu. Nach ihm verehren sie Apoll, Mars, Jupiter und Minerva. Von diesen haben sie ungefähr dieselben Vorstellungen wie die anderen Völker: Apoll soll die Krankheiten vertreiben, Minerva die Grundelemente des Handwerks und der Künste lehren, Jupiter die Herrschaft über die Götter ausüben, und Mars soll Kriege führen.«[20]

Diese dürftige Aufzählung kann der Fülle der gallischen Götterwelt natürlich längst nicht gerecht werden. Denn abgesehen davon, dass es wohl Hunderte von Lokalgottheiten gab, wobei sich der Götterglaube oft mit der Verehrung von heiligen Bäumen und Quellen durchmischte – abgesehen davon war Cäsar eben nur ein Außenseiter, der die Religion der Gallier bloß vom Hörensagen kannte. In seiner polytheistischen Vielfalt erinnert das Keltentums ein wenig an den Hinduismus: Aus Inschriften, Standbildern und Weihgaben sind mittlerweile die Namen von 387 keltischen Göttern bekannt geworden. Cäsar nennt jedoch nur Merkur, Apoll, Jupiter, Mars und Minerva.

Inschriften aus gallo-römischer Zeit lassen auf die ursprünglichen Namen der von Cäsar genannten Götter rückschließen. Der von Cäsar so benannte Merkur lässt sich zweifelsfrei als der gallische *Lug* identifizieren, auch *Lugus*, ein Gott des Handels und des Wandels, dem zahlreiche europäische Handelsstädte ihren Namen zu verdanken haben. Denn Städtenamen wie Lyon, London, Leyden, Liegnitz, um nur vier Beispiele zu nennen, leiten sich alle her von Lugudunum, was soviel wie »die Festung des Lug« bedeutet. Mit Jupiter meinte Cäsar höchstwahrscheinlich den gallischen *Taranis*, der oft mit seinen Emblemen Rad und Blitzstrahl dargestellt wird, ein grollender Göttervater gleich dem griechischen Zeus. Das Profil der Göttin Minerva könnte auf die gallische *Nantosuelta* zutreffen; hinter Mars verbirgt sich *Esus*. Besonderes Interesse verdient jedoch die Gestalt Apolls. Cäsar erwähnt zwar im Zusammenhang mit diesem Gott die Heilkunst, aber die eigentliche Bedeutung dieses alten hyperboreischen Sonnengottes liegt nicht allein in der Heilkunst.

Die Megalith-Völker des vorgeschichtlichen Europa stellten sich Apoll vor als den Jahrgott, der als sterbender und auferstehender Gottessohn den heiligen Daseinszyklus durchschreitet. Es hat in der Tat auch einen keltischen Apollon-Kult gegeben. Dieser Gott hieß bei den Galliern *Bel*, latinisiert *Belenus*, und ihm war das reinigende Feuerfest am 1. Mai, das Beltaine-Fest, geweiht. Einen dem Bel zugedachten Sonnen-Kult bezeugt übrigens auch das Belchen-System in Südwestdeutschland: ein System von fünf etwa gleichhohen Bergen im Schwarzwald, Elsass und Schweizer Jura, die – durch Ortungslinien miteinander verbunden – gemeinsam ein solares Kalendesystem bilden. Hieran wird deutlich, dass in der pantheistischen Religion der Kelten Sonnenverehrung durchaus einen Platz hatte. Geht der keltische Sonnenkult auf die vorgeschichtliche Megalith-Religion zurück? Sind die hyperboreischen Sonnen-Priester von Stonehenge und Carnac die Lehrer der ersten keltischen Druiden gewesen?

Andererseits spielt in der Mythologie der Kelten der Mond eine weitaus wichtigere Rolle als die Sonne; der 1897 im Burgundischen aufgefundene Coligny-Kalender lässt erkennen, dass sich die Jahresrechnung der gallischen Kelten weitgehend am Mondlauf ausrichtete. Das Kalendersys-

tem beruht auf einem Zyklus von 62 aufeinanderfolgenden Mond-Mona-
ten, die abwechseld jeweils 29 und 30 Tage zählen; alle zweieinhalb oder
drei Jahre wurde ein Schaltjahr eingefügt. Die keltischen Bewohner der
Britischen Inseln hatten ein anderes Kalendersystem in Gebrauch, das eindeutig vom Sonnenjahr ausging. Dort bestand das Jahr aus zwölf Mond-
Monaten zu je 28 Tagen und einem dreizehnten Schaltmonat, der die Dif-
ferenz zum Sonnenjahr auszugleichen hatte. Denn auch die Sonnenwenden und Äquinoktien wurden im Kalender vermerkt und als Festtage begangen; daneben gab es noch vier heilige Jahresfeste, die keinerlei Bezug
zum Sonnenlauf aufweisen, und die bekannt sind als: *Imbolc* (1. Februar),
Beltaine (1.Mai), *Lugnasad* (1. August) *Samaine* (1. November).

Das wohl beredteste Zeugnis der festlandkeltischen Religion und My-
thenwelt, der *Silberkessel von Gundestrup*, ein Meisterwerk keltischer
Schmiedekunst, wurde 1891 in Süddänemark im Moor aufgefunden; heu-
te steht er im Kopenhagener Nationalmuseum. Seine Bilder, archaischen
Traumbildern gleich, erzählen die Geschichte eines längst vergessenen
Mythos. Die bekannteste Darstellung auf Platte 2 zeigt den Hirschgott
Cernunnos, eine an sich menschliche Gestalt mit einem Hirschgeweih auf
dem Haupt, die in einer Sitzhaltung, die an den »halben Lotossitz« indi-

scher Yogis erinnert, friedlich meditierend dasitzt, umgeben von den Tieren des Waldes. Dieser gehörnte Gott wurde als der Kultgefährte der Großen Muttergöttin Rigani gedeutet, die wir ja ebenfalls auf dem Silberkessel abgebildet finden.[21]

Die Platte 7 des Silberkessels zeigt eine andere, religionsphilosophisch nicht minder bedeutsame Szene: Wir sehen einen Aufzug von Kriegern; und vor ihnen steht eine übergroße Gestalt, die einen Krieger kopfüber in einen Kessel taucht. Es ist dies jener zaubermächtige Kessel der Wiedergeburt, im Mythos der Iren Dagdas Kessel der Fülle, der übrigens auch in der walisischen Mythe *Branwen, die Tochter des Llyr* an entscheidender Stelle vorkommt. Dort heißt es: Der Eigentümer des Wunderkessels ist der Riese Bran; gefallene Krieger, die man dort hineinwirft, kommen lebend wieder heraus. Also Wiedergeburt durch die Regenerationskraft des Heiligen Kessels! Wobei man hier wohl in erster Linie an eine geistige Wiedergeburt denken sollte.

In einer anderen walisischen Geschichte, dem *Buch Taliesin*, erfahren wir, dass die weise Caridwen für ihren künftigen Sohn einen »Trank der Inspiration und des Wissens« in einem »Zauberkessel« zubereiten wollte: »Sie begann in dem Kessel zu kochen, und das Gebräu durfte nicht aufhören zu sieden für ein Jahr und einen Tag, erst dann erhielt man jene drei Tropfen, in denen sich alles Wissen versammelt hat. Da stellte sie Gwion Bach ... an, um den Kessel zu rühren ... Sie selbst aber sammelte genau zu den Stunden, die das Buch der Sternkundigen vorschreibt, all jene zauberkräftigen Kräuter, die in das Gebräu geworfen werden mussten.«[22] Weihekessel wie der von Gundestrupp wurden von den magiekundigen Priestern der Kelten ganz regulär verwendet, und der hier zitierte Text weist deutlich darauf hin, dass von ihnen eine mit Sternenwissen verbundene Pflanzenmagie praktiziert wurde.

Die Vier Zweige des Mabinogion

Eines der ältesten Dokumente keltisch-walisischer Spiritualität und Mythenwelt sind *Die Vier Zweige des Mabinogion*: eine Sammlung von kleineren Erzählungen mit märchenhafter Ausgestaltung, die dem brythonischen Zweig des Keltischen angehört und im Jahre 1848 von Lady Charlotte Guest ins Englische übersetzt wurde. Der Ausdruck *mabinog* bezeichnet wohl einen Bardenschüler; Mabinogion ist somit der mythische und geschichtliche Stoff, der dem angehenden Barden anvertraut wurde. Die Texte dürften zwischen 1000 und 1250 entstanden sein; vollständig enthalten sind sie in einem um das Jahr 1400 datierten Manuskript namens *The Red Book of Hergest*. Die Mabinogion-Sammlung enthält neben den eigentlichen Vier Zweigen auch mythologisch hochwichtige Texte wie das *Buch Taliesin* und die drei Romanzen *Owein*, *Peredur* und *Gereint*, die eine erste Ausgestaltung der König-Artus-Thematik darstellen.

Die Texte des *Mabinogion* gehören trotz ihrer düster-archaischen Sprache einer Spätzeit des Keltentums an, als längst römisches Christentum an Stelle der Alten Religion die Vorherrschaft gewonnen hatte. Das eigentliche Heidentum ist kaum mehr erkennbar, ist an vielen Stellen mit Christlichem übertüncht worden, und doch ist es eine naturmagische Zauberwelt, die uns in den Vier Zweigen des Mabinogion entgegentritt. »Im Mabinogion«, schreibt E. Laaths, »haben sich die alten Götter in Könige, Königinnen, Helden, Zauberer und Feen verwandelt – und dieser Vorgang bleibt exemplarisch für die hintergründige Wirksamkeit des keltischen Mythos überhaupt. Eigentlich unplastisch, mehr ein atmosphärisches Weben, Raunen, Drohen, Geistern als ein bestimmtes Pantheon von Gestalten, brauen hier naturmagische Kräfte, dem Vegetativen verhaftet und deshalb häufig als Gruppen von Göttinnen, über der Heide, in heiligen Wäldern und Hainen die Menschen bezwingend, ansaugend mit überwiegend grausamen Zügen, denen in heidnischer Zeit allein die Priestermacht der Druiden zu begegnen wusste.«[23]

Der vierte Zweig der Mabinogion-Sammlung trägt den Titel *Math, Sohn des Mathonwy*, und er erzählt hauptsächlich die Abenteuer und Heldentaten des Zauberers *Gwydion*. Die Gestalt des Gwydion hüllt sich in mythisches Dunkel, da sie wahrscheinlich weit in die heidnische Urzeit Britanniens zurückgeht; und wir können heute nicht mehr feststellen, ob dieser Gwydion nun ein Gott sein soll – vergleichbar etwa mit dem germanischen Odin, dem göttlichen Magier und Schamanen – oder ob er einen Halbgott oder einen Menschen mit historischer Biographie darstellen soll. Es sei hier auch vermerkt, dass die Waliser die Milchstraße *Caer Gwydion* nennen; wir haben es also wohl mit einem halbgöttlichen Heroen zu tun, der – wie auch viele Gestalten der griechischen Mythologie – nach seinem Tod in die Sternenwelt versetzt wurde, wo er die Unsterblichkeit der Götter erlangte. Gwydion scheint weder Gott noch Mensch zu sein, sondern eine Mischung aus beiden Naturen, ein Gottgewordener, der in das Lichtreich der Ewigen aufgestiegen ist.

Das Sternbild der Cassiopeia hieß bei den Walisern *Llys Don*, der Hof der Don. In Don – irisch wahrscheinlich Dana – sehen wir die Sippenführerin und Große Muttergottheit des walisischen Pantheons. Der Magier Gwydion heißt eigentlich Gwydion ap Don, wobei das *ap* soviel bedeutet wie »Sohn des«: Gwydion ist also nach der Mutter benannt und führt als Erbe die mütterliche Linie fort, was auf ein archaisches Matriarchat in ältesten Urzeiten rückschließen lässt. Gwydion's Schwester war *Arianrodh*, »die mit dem Silberkreis«, womit offensichtlich die Mondscheibe gemeint ist; auch sie wurde heroengleich zu den Sternen entrückt und von den Walisern im Sternbild der Corona Borealis, genannt *Caer Arianrodh*, verehrt. Es ist erstaunlich, dass alle Gestalten aus der Sippe der Don / Dana mit astralen Konstellationen assoziiert sind.

Und nicht unerwähnt bleiben darf Math, der Sohn des Mathonwy, nach dem ja auch dieser »Vierte Zweig« benannt wurde: er ist der Kultgemahl der Großen Mutter Don, sozusagen der Heros der Göttin, und als Sippenvater ist er auch Stammeshäuptling. In der Person des Math stoßen wir auf die uralte Institution des Priesterkönigtums: denn Math war nicht nur König, sondern auch zauberkundiger Priester; ja er war in erster Linie wegen seiner magischen Fähigkeiten bekannt, die jene des späteren Merlin am Artus-Hofe und die seines Schülers Gwydion weit übertrafen. Don's Kinder, eine machtvolle Dynastie der keltischen Mythologie, die mit den Kindern des Lichts gleichgesetzt wird, steht einer anderen Sippe von Göttern gegenüber, den Kindern Llyrs, die durch drei mythische Personen vertreten wird: Bran, Branwen und Manawydan, über die im Zweiten Zweig des Mabinogion berichtet wird.

Bran wird dort als Riese geschildert, der so groß ist, dass er zu Fuß durch die Irische See watet. Er besitzt außerdem den magischen Kessel der Wiedergeburt, der gefallenen Kriegern neues Leben schenkt (den der irische Hochgott Dagda ebenfalls besaß), und am Schluss wird sein Haupt abgeschlagen und am *White Hill* bei London begraben. *Branwen* ist die Tochter Bran's, aber sie tritt nur als Opfer in Erscheinung, dem übel mitgespielt wird; diese Wendung der Geschichte stammt wohl aus späteren Zeiten des Patriarchats. *Manawydan* setzt man mit dem irischen Meeresgott *Manann mac Lir* gleich; beide Namen stehen mit der Insel Man in der irischen See in Verbindung. Da haben wir also zwei rivalisierende Geschlechter: die Kinder der Don, Kinder des Lichts, Sternengötter, die am Firmament verewigt sind – und die Kinder des Llyr, Kinder der Erde und des Dunkels, auch des Meeres, ein Geschlecht von Riesen.

In beiden Geschlechtern kann man zwei historische Völkerschaften, zwei Invasionen, zwei Einwanderungswellen sehen: die Kinder des Llyr sind offensichtlich die älteren, Q-Keltisch sprechenden Goidelen, die mindestens seit 600 v. Chr. auf den Britischen Inseln wohnten – die Sippe der Don ist das P-Keltisch sprechende, später eingewanderte Volk der Brythonen, die vom nördlichen Gallien herüberkamen (die sogenannte Belgische Invasion, um 400 v. d. Ztw.). Die Brythonen, eine Mischung wohl aus Kelten und Teutonen, überschwemmten noch ein zweites Mal das Land um 50 v. d. Ztw. wobei sie die eisenzeitliche Latene-Kultur mitbrachten. Sie waren die Alten Briten, wie sie die Römer kannten und von Cäsar beschrieben wurden. Und die Rätselgestalten des Mabinogion, Math und Don, Gwydion und Arianrodh, wären dann nicht als Götter, sondern als historische Persönlichkeiten zu sehen. *Sie waren die Sippenführer und Priester-Magier der aus Nordgallien eindringenden brythonischen Belger.*

Der Zauberer Gwydion ap Don hat tatsächlich gelebt; er war der große Eingeweihte der keltischen Brythonen. Die Forschung hat inzwischen gefunden, dass den Gestalten des König-Artus-Sagenkreises historische Persönlichkeiten quasi als geschichtliche Prototypen zugrunde liegen; sie hat gefunden, dass Artus und Merlin tatsächlich gelebt haben; warum sollten nicht auch andere Gestalten der walisischen Mythologie des Mabinogion auf einen historischen Kern zurückgehen? Aber sind denn die Geschichten des Mabinogion nicht zu phantastisch, zu märchenhaft, zu fabulös, um historisch sein zu können? Hat man nicht mit Recht den erdverbundenen Realismus der Gallier, erst recht die nüchtern-bodenständige Mentalität der Germanen, der Fabuliersucht des britannischen Inselkeltentums entgegengestellt? Überhaupt: Welche Abenteuer und Heldentaten werden denn von dem Zauberer Gwydion ap Don berichtet?

Da wird zunächst einmal berichtet, wie Gwydion – als Barde verkleidet – die Schweineherde des Pryderi gewinnt; bei diesen Schweinen handelt es sich um magische Tiere, die einst Pwyll, dem Fürsten von Dyfed, von Arawun – dem König der Unterwelt – übereignet wurden. Sowohl Fürst Pwyll als auch sein Sohn Pryderi sind Angehörige der in Britannien alteingesessenen Q-Keltisch sprechenden Goidelen-Stämme. Erzählt wird also im Grunde ein Viehraub, aber nicht mit Gewalt werden die Schweine geraubt, sondern mit List und Zauberei. Nebenbei sei bemerkt, dass in der griechischen Mythologie der Gott Hermes – ein Trickster wie Gwydion – sich gleichfalls als Viehdieb betätigt, indem er die Rinderherde des Poibos Apollon raubt. Hermes und Gwydion zeigen vielerlei Verwandtschaft, zumal da Hermes (in seiner mythischen Überhöhung als Hermes Trismegistos) auch ein großer Zauberer ist. Homer nennt ihn einen *»verschlage-*

nen, listigen Schmeichler, ihn, den Rinderdieb, den Räuber, den Lenker der Träume, Hermes, den nächtigen Späher und Pfortenhüter«[24].

Auch Gwydion besitzt diese innere Ambivalenz: er scheint einerseits Priester und Eingeweihter, andererseits aber auch Schurke und Betrüger gewesen zu sein – eine ausgesprochen schillernde Gestalt! Um die Glück und Reichtum verheißenden Schweine zu stehlen, begab er sich zunächst an den Hof des Fürsten Pryderi, wo er sich als Barde und Geschichtenerzähler ausgab: »Gwydion war der beste Geschichtenerzähler, den es je gab«, heißt es im Vierten Zweig des Mabinogion, »und in dieser Nacht unterhielt er die Gesellschaft mit heiteren Märchen und Geschichten, bis ihn jeder lobte, und Pryderi gefiel es, sich mit ihm zu unterhalten«[25]. In Wales hat sich die Tradition des umherziehenden Geschichtenerzählers übrigens noch bis ins hohe Mittelalter hinein erhalten. Wortereich erschlich Gwydion sich das Vertrauen des Pryderi, aber als er ihn um die magischen Schweine aus der Anderswelt bat, wollte Pryderi doch nicht einwilligen.

Am nächsten Tag kam Gwydion nochmals zu Pryderi und bot ihm einen Tauschhandel an: die Schweine sollten gegen zwölf Pferde und Hunde, samt Sätteln, Zaumzeug und Halsbänder, eingelöst werden. Aber diese zwölf Pferde und Hunde mit allem Dazugehörigen hatte Gwydion erst in der Nacht davor aus dem Boden hervorgezaubert: sie waren Astralgebilde ohne Leben, sinnestäuschende Phatasiebilder, und überdies währt der Zauber nur einen Tag lang; danach löst sich all das Erzauberte in Luft und Wohlgefallen auf! Pryderi wusste aber nicht, dass die als Gegenwert angebotenen Pferde und Hunde nur Zauberwerk waren, und ging auf den Handel ein. Gwydion nahm also die Schweine, bedankte sich recht freundlich, und verließ so schnell wie möglich den Hof des Pryderi. Doch einen Tag später, nachdem sich das Blendwerk verflüchtigt hatte, setzte Pryderi als der im Handel Getäuschte dem Viehräuber mit einer Schar von Bewaffneten nach und stellte ihn zum Kampf.

König Math, offenbar Gwydions Ziehvater und Lehrer, stellte Gegentruppen auf; es kam zu einem schrecklichen Morden auf beiden Seiten, und schließlich einigte man sich auf einen Zweikampf. Die Sache sollte nun allein zwischen Pryderi und Gwydion ausgetragen werden: »Die beiden Männer trafen sich. Sie legten ihre Rüstungen an. Durch seinen Verstand, seine Geschicklichkeit, aber auch mit Hilfe von Zauber und Magie, blieb Gwydion Sieger, und Pryderi fand den Tod.«[26] Es ist durchaus denkbar, dass diese Geschichte einen historischen Hintergrund hat,

der etwa in der Zeit der ersten Belgischen Invasion (um 400 v. Chr.) anzusetzen wäre. Math und Gwydion – die Kinder Dons – sind als brythoni-
sche Kelten anzusehen; Viehdiebstahl war ohnehin oft ein Anlass für
Stammesfehden. Gwydion selbst war wohl der Stammes-Schamane der
Belger, und seine Zauberkunst erinnert an die übersinnlichen Fähigkeiten
der indischen Yogis, die ja auch Sinnestäuschungen durch Astralbilder
hervorrufen konnten. Der Archetypus des Zauberers, weitverbreitet in
der europäischen Mythologie, findet sein unmittelbares Vorbild nicht erst
in Merlin, sondern in dem keltogermanischen Schamanen Gwydion, einem Eingeweihten aus der Frühzeit des Keltentums.

Die Bardische Lehre der 'Drei Kreise'

Einen bemerkenswerten Versuch, die Mysterien des klassischen Druidentums auf der Grundlage älterer Quellen für unsere heutige Zeit zu rekon-
struieren, hat John Williams in seinem zweibändigen Werk *Barddas* unternommen. Es handelt sich um eine Sammlung von Materialien, alter Texte
in kymrischer Sprache, die 1862 in englischer Übersetzung von der Welsh
Manuscript Society veröffentlicht wurde. In Britannien gibt es eine alte
Druidische Überlieferung, die – auch als die »Bardische Tradition« bekannt – auf den großen walisischen Barden *Llewellyn Sion of Glamorgan*
(1560–1616) zurückgeht. Dieser beruft sich auf alte walisische Manuskrip-
te aus Raglan Castle, die – wie er glaubte – die vollständige Esoterik und
Kosmologie der Druiden beinhalteten. Nach dieser Barddas-Kosmologie
gibt es »drei Kreise«, drei ursprüngliche Seins-Bereiche, alle übereinander
liegend und durch eine zentrale Weltachse verbunden:

- Der Kreis von *Ceugant*   Die göttliche Ursprungswelt
- Der Kreis von *Gwynwyd*   Die geistige Lichtwelt
- Der Kreis von *Abred*   Die materielle Wandelwelt

Der *Barddas* sagt darüber: »Es gibt drei Kreise des Seins; den Kreis von
Ceugant, wo es weder Totes noch Lebendiges gibt außer Gott, und nur
Gott kann ihn durchqueren; den Kreis von Abred, wo das Tote stärker ist
als das Lebendige und wo jede Existenz sich aus dem Tod ableitet, und
diesen Kreis hat der Mensch durchquert; und den Kreis von Gwynwyd,
wo das Leben stärker ist als der Tod und wo jede Existenz sich aus dem
Lebendigen und dem Leben ableitet, also von Gott, und diesen Kreis wird
der Mensch durchqueren. Er wird kein vollkommenes Wissen erlangen,
solange er den Kreis von Gwynwyd nicht ganz durchquert hat, denn ab-

solutes Wissen ist nur durch die Erfahrung der Sinne zu erlangen, durch das Ertragen und Erleiden jeglichen Zustands und Geschehnisses.«[28]

Von diesen drei Sphären des Seins bleiben allerdings nur zwei dem Menschen überhaupt erreichbar; denn die oberste göttliche Ursprungswelt, *Ceugant* – der Lichtkreis der Unendlichkeit – ist nach Meinung der Barden allein dem transzendenten Schöpfer, *Hen Ddihenydd*, dem göttlichen Allvater vorbehalten. Über diesen wird ausgesagt: »Manche haben Gott den Vater auch Hen Ddihenydd genannt, da es Seine Natur ist, aus der alles entspringt, und Er ist der Anfang aller Dinge, und Er hat keinen Anfang, denn Er existiert ewig, und nichts kann einen Anfang haben, wenn niemand da ist, der anfängt.«[29] Vor jedem Beginn existiert das unerschaffene Sein, allein und unerreichbar im Bezirk *Ceugant*, dem Kreis der Unermesslichkeit ohne Grenzen. Es existiert nur durch sich selbst, und in seinem schöpferischen Werde-Schoß befinden sich keimhaft alle denkbaren Schöpfungen.

Dem Bereich *Ceugant* folgt unmittelbar *Gwynwyd*, das »weiße Land«, ein Reich des Friedens und der Glückseligkeit. Es ist eine Sphäre, in der allein Götter wohnen – und solche Erleuchtete, die den Reinkarnationszyklus ihrer Erdenleben beendet haben und nunmehr selbst zu Göttern geworden sind. Dies entspricht »Asgard« in der nordischen Überlieferung, dem »Himmel« in christlicher Deutung; dem »Devachan« der indischen Religion. »Die drei wesentlichen Bedingungen des Kreises von Gwynwyd: Liebe, soweit ihre Notwendigkeit es erfordert, Ordnung, bis sie nicht mehr verbessert werden kann, und Wissen, sofern es begriffen und verstanden werden kann.«[30]

Unterhalb von *Gwynwyd* befindet sich die Mittlere Welt, *Abred* genannt, die auch den Namen *Adfant* trägt, »der Ort mit dem hochgekrempelten Randstreifen« – ein Hinweis auf die Vorstellung der »flachen Erde« vergangener Zeiten. Diese mittlere Welt entspricht der nordischen »Midgard«, der Mittelerde als Wohnort der Menschen. Hier sind Gut und Böse gleichermaßen vorhanden, und es gibt einen freien Willen. In der Sphäre »Abred« ist jede Handlung, die im Einklang mit dem Schicksal erfolgt, eine freiwillige, die auf bewusster Wahl gründet. Wie immer man handelt, man hätte auch andere Möglichkeiten des Tuns gehabt; daher ist es naheliegend, dass man für sein Handeln in Abred Strafe oder Belohnung erreichen wird, entsprechend den eigenen Handlungen oder Taten.

Man kann das Weltsystem der Barddas-Kosmologie als drei konzentrische Kreise darstellen – mit *Ceugant*, *Gwynwyd* und *Abred*, die von einem gemeinsamen Mittelpunkt ausgehen. Ganz außerhalb der drei Kreise befindet sich *Annwn* – der Abyssus, die Tiefe des äußersten Abgrundes, ein Ort äußerster Gottferne. Dies entspricht dem *ginunga gap* der nordischen Mythologie, dem »gähnenden Grund«, sowie dem »Chaos« der hesiodischen Theogonie. Am Anfang jeden Weltwerdens, so lehrt die Barddas-Kosmologie, gab es nur diese zwei: Gott und Annwn, das Sein und das Nichts; als aber Gott sein machtvolles Ur-Schöpfungs-Wort sprach, da erfüllte er die leere Weite des Raums mit unzähligen kleinen Lichtpartikeln; und so wurde *Manred* – die geistige Urmaterie – geschaffen (»Im Anfang war nichts als Gott und Annwn, dann wurde das WORT ausgesprochen, und das 'Manred' entstand«).

Das gesamte Universum besteht nach dem Barddas-System aus *Manred*, »das heißt, aus den Elementen in ihren kleinsten Atomen und Teilchen, wo jedes Teilchen lebendig ist, da Gott in jedem Teilchen ist als vollkommene Einheit, so dass er nicht übertroffen werden kann, selbst nicht im vielförmigen Raum von Ceugant oder im unendlich Ausgedehnten. Gott war in jedem Teilchen des *Manred*, und auf dieselbe Weise war er in allen zugleich in ihren Verbindungen. Daher ist die Stimme Gottes die Stimme jedes Teilchens des *Manred*, soweit man sie zählen oder ihre Eigenschaften verstehen kann, und die Stimme eines jeden Teilchens ist die Stimme Gottes. Gott ist im Teilchen als dessen Leben, und jedes Teilchen oder Atom ist in Gott als Sein Leben. Nach dieser Anschauung ist Gott als ein aus dem *Manred* Geborener repräsentiert, ohne Anfang und ohne Ende.«[31]

Manred ist somit die spirituelle Ursubstanz der Schöpfung; und wenn es heißt, dass Gott sowohl das Ganze als auch jedes einzelne der Teile sei, so erinnert das doch stark an den altindischen Upanishaden-Satz *tat twam asi* (»Das bist Du«, nämlich das All in seiner Gesamtheit). Aber die göttlichen Lichtpartikel aus dem *Manred* fallen, von Stolz und Überheblichkeit angetrieben, in den Abgrund von *Annwn*, das »Land ohne Liebe« oder das »Unsichtbare Land«. Dieser Sturz ist ein Übergang in eine niedere Welt, die einen Zustand von Wesen darstellt, welche die Eigenschaften von *Abred* noch nicht besitzen, sondern erst auf einem Weg der Reinigung neu erwerben müssen. Aus den Tiefen von *Annwn* müssen sich die Lichtfunken schrittweise hochläutern, in einer Kette von Reinkarnationen in allen nur denkbaren Lebensformen, um zuletzt in die göttliche Lichtwelt *Gwynwyd* als einen Zustand ursprünglicher Vollkommenheit zurückzukehren.

Dieses Denkmodell erinnert uns sehr an den gnostischen Mythos vom Engelsturz oder an die alte manichäische Lehre von den gefallenen Lichtfunken. Und tatsächlich haben wir es hier mit einer Druidischen Gnosis zu tun, die in eine Entwicklungs- und Selbsterlösungslehre einmündet: denn dem Sturz nach *Annwn* folgt der Aufstieg zum Licht. Im *Barddas* heißt es hierzu: »Alle Lebewesen unterhalb des Kreises von Gwynwyd sind in den Abred gestürzt und sind nun auf dem Rückweg nach Gwynwyd. Die meisten haben eine lange Wanderung vor sich, da sie so oft gestürzt sind, indem sie sich dem Bösen und Gottlosen hingegeben haben. Und der Grund, weshalb sie gefallen sind, war, dass sie den Kreis von Ceugant durchqueren wollten, den allein Gott ertragen und durchqueren kann. Deshalb stürzten sie gar in den Annwn, und es war aus Stolz, der sich mit Gott gleichsetzen wollte, dass sie fielen, und niemand muss bis nach Annwn stürzen, es sei denn aus Stolz.«[32]

Abred, die materielle Wandelwelt, ist für die göttlichen Lichtfunken ein Ort der wiederholten Reinigung, da die Bardische Überlieferung voraussetzt, dass das menschliche Leben wiederholten Reinkarnationen unterworfen ist. Dieser Glaube ist in dem alten cornischen Spruch enthalten: »*Ni fuil an sabras athragad death* – Der Tod besteht aus nichts anderem als der Veränderung des Lebens.« In der Sphäre von *Abred* gibt es eine Reihe von selbst gewählten und frei bestimmten Lebensläufen, die je nach den von uns begangenen Handlungen zum spirituellen Fortschritt oder Rückschritt gereichen können. So gibt es, kurz zusammengefasst, »drei Hauptzustände der lebendigen Schöpfung: Annwn, wo ihr Anfang lag, Abred, das sie durchqueren, um Weisheit zu erlangen, und Gwynwyd, wo sie in der Fülle der Macht, des Wissens und der Güte enden werden, wo solcher Überfluss herrscht, dass man mehr nicht besitzen kann«[33].

Nach der Barddas-Kosmologie sind die göttlichen Lichtfunken Weltenwanderer, die durch alle vier Elemente, durch alle Seinsformen – mineralische, pflanzliche, tierische, menschliche und noch höhere – hindurchgehen müssen, wobei sie damit einen stufenweise sich vollziehenden Läuterungsweg beschreiten. In einem Abschnitt des *Barddas* wird diese Druidische Weltentwicklungslehre katechismusartig in Form von Fragen und Antworten dargelegt:

»Frage: Woher bist du gekommen? Und was ist dein Ursprung?
Antwort: Ich komme aus der Großen Welt und habe meinen Ursprung in
            Annwn.
Frage: Wo bist du nun? Und wie kamst du hierher?
Antwort: Ich bin in der Kleinen Welt, in die ich kam, und habe den Kreis
            in Abred durchquert, und nun bin ich ein Mensch an seinem
            Ende, an seinen äußersten Grenzen.
Frage: Was warst du, bevor du ein Mensch im Kreise Abred wurdest?
Antwort: Ich war in Annwn das Geringste, das noch Leben enthalten
            konnte, und das dem absoluten Tode am nächsten ist, und ich
            kam in jeder Form und durch jede Gestalt, die das Leben erzeu-
            gen kann, bis in den Zustand des Menschen im Kreise Abred,
            wo meine Verfassung ernst und schmerzlich war über die Zeit-
            alter hinweg, seit ich in Annwn von den Toten schied durch das
            Geschenk Gottes und Seine große Freigiebigkeit und Seine gren-
            zenlose und endlose Liebe.
Frage: Durch wie viele verschiedene Gestalten bist du gekommen?
            Und was ist dir widerfahren?
Antwort: Durch jede Form, in der Leben möglich ist, im Wasser, in der
            Erde und in der Luft. Und es widerfuhr mir jegliche Härte, jede
            Schwierigkeit, jedes Übel und alles Leid, und nur klein war das
            Gute und Gwynwyd, bevor ich ein Mensch wurde ... Gwynwyd
            ist nicht zu erlangen, ohne dass man alles sieht und weiß, doch
            es ist nicht möglich, alles zu sehen und zu erfahren, ohne alles
            zu erleiden. Und es kann keine vollkommene Liebe geben, die
            nicht solche Dinge hervorbringt, die notwendig sind, um zum
            Wissen zu führen, das Gwynwyd erzeugt...«[34]

Der Weg, der nach Gwynwyd führt, ist ein Weg der Reinigung und
Läuterung, der Wahrhaftigkeit und der Gewaltlosigkeit: »Töte nicht und
morde nicht, aus welchem Grund auch immer. Nimm kein Leben von
Mensch oder Tier, außer um dich selbst davor zu schützen, getötet zu
werden (...). Wer tötet, wird getötet werden, und wenn auch der Körper
nicht getötet werden mag, so wird es die Seele. Wer in dieser Welt seiner
Strafe entkommt, wird in der nächsten gepeinigt. Blut muss mit Blut ver-
golten werden. Gott hat es geschworen.«[35] Demgemäß lautet das *Universelle Gebet der Druiden* (nach den *Carmina Goedelica*):

Gewähre uns, o Gott, Deinen Schutz,
Und in diesem Schutz Stärke;
Und in der Stärke Verstehen;
Und im Verstehen Wissen;
Und im Wissen Gerechtigkeit;
Und in der Gerechtigkeit die Liebe zu ihr;
Und in dieser Liebe die Liebe zu allen Wesen;
Und in der Liebe zu allen Wesen die Liebe zu Gott,
Zu Gott und allem Göttlichen.[36]

Kaum war *Barddas* erschienen, löste das Werk gleich heftige Kontroversen aus, und es gilt bis heute als umstritten – die einen hielten es für eine schlichte Erfindung walisischer Barden des 15. bis 17. Jahrhunderts, andere für ein Plagiat urindisch-brahmanischer Lehren, wieder andere für einen authentischen Ausdruck klassischen Druidentums. Aber wie dem auch sei: Die Barddas-Kosmologie stellt auf jeden Fall ein umfassendes System Druidischer Metaphysik dar, wie es bisher noch nicht geboten wurde; es erklärt Herkunft, Sinn, Weg und Ziel des Menschen und seine Bestimmung im Lauf immer neuer Wiedergeburten. Es ist immerhin möglich, dass *Barddas* sich auf eine ältere Tradition mündlicher Überlieferung stützt, die Elemente ursprünglicher Druidischer Weisheit enthält.

Die Renaissance des Druidentums

Das umfassende geistige Wissen der druidischen Religion lässt sich heute kaum mehr wiedergewinnen. Das Druidentum, diese ihrem Kern nach indogermanische Urreligion der Kelten Westeuropas, fiel endgültig dem Weltherrschaftsstreben der Römer zum Opfer! Die Stellung des Druidentums im Abendland hing einzig und allein ab von der politischen Entwicklung. Nachdem jedoch die druidischen Kerngebiete Gallien und Britannien dem Römischen Weltimperium einverleibt worden waren, gab es für das Druidentum kein Überleben mehr. Unter der Regierungszeit des Kaisers Claudius (41–54 n. Chr.) wurde der Druidenkult offiziell verboten, die geheimen Zentren der keltischen Priester in militärischen Blitzaktionen ausgehoben, ihre heiligen Haine dem Erdboden gleichgemacht – und dies nicht etwa aus religiösen Gründen, sondern aus politischen: denn die Druiden waren die politisch Einflussreichsten in der keltischen Stammesgesellschaft und überdies die Träger eines gegen Rom gerichteten gesamt-keltischen Nationalgefühls.

Selbst die letzten Fluchtburgen entgingen ihrem Schicksal nicht. Im Jahre 61 n. Chr. fiel das britannische Schulungs- und Einweihungszentrum der Druiden auf der Insel Mona (Anglesey), auch letztes Zentrum des antirömischen Widerstandes, dem Zerstörungseifer der Römer zum Opfer: »Sie warfen, wer sich ihnen in den Weg stellte, nieder, und trieben die Feinde in das Feuer der Fackeln. Nachher wurde auf die besiegte Insel eine Besatzung gelegt; die einem wilden Aberglauben geweihten Haine wurden umgehauen.«[37] – So berichtet es der römische Historiker Tacitus in seinen *Annalen*. Es war seit diesen denkwürdigen Ereignissen das Los der westeuropäischen Völker, dass sie unter der Römerherrschaft geistig latinisiert wurden; und das Christentum tat das Seinige hinzu.

Allein die irischen und walisischen Barden waren berufen, im Früh- und Hochmittelalter die alte Druidentradition fortzusetzen, wenngleich nur im Verborgenen. Freilich wurde die gesamte keltische Mythenwelt erst im Mittelalter schriftlich aufgezeichnet, zwar in lateinischer Schrift und im kirchlich-klösterlichen Rahmen, aber in kymrischer und gälischer Sprache. Der wirkliche Durchbruch des Keltentums zur Weltgeltung kam indes erst später: Die Ossian-Gesänge des schottischen Schriftstellers James Macpherson (1736–1796), Lieder eines fiktiven gälischen Barden, durchliefen ganz Europa; sie begeisterten Herder und den jungen Goethe. Wen kümmerte es schon, dass die gälischen Urlieder, auf die Macpherson sich beruft, nie existiert haben; dass seine eigenen Umschriften später von irischen Forschern als Fälschungen erwiesen wurden? Goethe wird sagen, dass »uns Ossian bis ans letzte Thule gelockt, wo wir denn auf grauer unendlicher Heide, unter vorstarrenden bemoosten Grabsteinen wandelnd, das durch einen schauerlichen Wind bewegte Gras um uns, und einen schwer bewölkten Himmel über uns erblickten«[38].

Auch die Gemüter der deutschen Romantiker entzündeten sich an keltischen Sagengestalten: Nachdem in Deutschland zuerst Martin Wieland auf die Gestalt Merlins aufmerksam gemacht hat (1777), schreiben Friedrich und Dorothea von Schlegel, ein Romantiker-Ehepaar, die *Geschichte des Zauberers Merlin* (1804). Auf den Britischen Inseln im Zeitalter der Romantik lässt sich die *Celtic Revival*, eng verbunden mit dem aufkeimenden Nationalgefühl der Gälen und Waliser, nicht mehr aufhalten. Ein Geist romantisiernden Neo-Druidentums spricht aus zahlreichen Kupferstichen und Gemälden, die aus dem späten 18. und frühen 19. Jahrhundert stammen (zum Beispiel das Bild *Der Barde* von Thomas Jones, 1774). Im Jahre 1781 gründete Henry Hurle den Internationalen Druidenorden, eine Art Freimaurer-Loge, die sich mit dem Namen des Druidentums schmückt. Die Inhalte und Ziele, die von der Loge vertreten werden, sind jedoch rein humanitärer Art.

Schon 1717 hatte John Tolland (1663–1727), ein irischer Katholik, die erste moderne Druiden-Vereinigung gegründet, den *Druid Order*. Dieser Gruppierung gehörte auch der englische Maler, Dichter und Visionär William Blake (1757–1827) an. Die keltische Kultur-Renaissance des frühen 19. Jahrhunderts, eine im Wesentlichen kymrisch-gälische, irische und bretonische Kulturbewegung, trug anfangs rein folkloristischem Charakter. In Großbritannien gründete im Jahre 1792 Iolo Morganwg (eigentlich Edward Williams) die von ihm sogenannte »Versammlung der Barden der Britischen Inseln«, *Gorsedd Beirdd Ynys Pyrdain*, die regelmäßige Lyrik-Treffen veranstaltet. Aber die Wiederentdeckung der eigenen Sprache, Kultur und Geschichte verband sich dann auch mit Forderungen nach politischer Selbstregierung; ja es entstand gar der Wunsch, aus dem bisherigen Staatsverband auszuscheiden, in dem man sich als nationale Minderheit erlebte.

Gegenwärtig scheint sich ein Prozess der keltischen Renaissance wieder anzubahnen, angeregt durch Fantasy-Literatur[39] und zeitgenössische Esoterik, ein Aspekt des in der Luft liegenden spirituellen Aufbruchs unserer Zeit. Es fällt auf, dass immer mehr spirituell Suchende in unserer Zeit sich mit den Grundlagen ihrer eigenen abendländischen Kultur rückverbinden wollen, zumal da die große Welle der Indien-Begeisterung längst das Stadium des Auslaufens erreicht hat. Das keltische Druidentum wird so, wie es einst war, sicherlich nicht mehr wiederkehren. Aber das Überzeitliche am Druidentum wird in alle jene Bestrebungen miteinfließen können, die sich die Herausbildung einer schöpfungsbewahrenden kosmischen Religiosität zum Ziel gesetzt haben.

Die Esoterik der Edda

Wenn die Strahlen vor der Dämmrung nun entfliehn,
und der Abendstern die sanfteren, entwölkten,
die erfrischenden Schimmer nun
nieder zu dem Haine der Barden senkt,
und melodisch in dem Hain die Quell' ihm ertönt,
so entsenkt sich die Erscheinung des Thiuskon,
wie Silber stäubt von fallendem Gewässer,
sich dem Himmel und kommt zu euch,
Dichter, und zur Quelle......

F. G. Klopstock (1724–1803)[1]

Quellen der nordischen Mythologie

In den nordischen Edda-Dichtungen, in diesen stabreimenden Götter-liedern, Heldengesängen und Spruchweisheiten aus Island, tritt uns eine ganz eigentümliche, von Christentum, Humanismus und Mittel-meerkultur noch unbeeinflusste Urreligion entgegen – vielleicht die Urre-ligion der Germanen, wie sie vor Einführung des römisch-katholischen Christentums in Mitteleuropa und Skandinavien in Blüte stand[2]. Unter dem Begriff der »Edda«, eigentlich müsste man sagen, der Edden (ähnlich wie Veden), versteht man im Wesentlichen zwei Dokumente, nämlich die Jüngere Edda, auch Prosa- oder *Snorra Edda*, und die Ältere Edda, die Lieder- oder *Saemundar Edda*.

Die Snorra Edda stammt größtenteils aus der Feder des gelehrten is-ländischen Staatsmannes, des Historikers und Dichters Snorri Sturlusson (1179–1241), der mit diesem Werk wohl eine Art Handbuch skaldischer Dichtkunst schaffen wollte. Der erste Teil seines Werkes, *Gylfaginning* (»Gylfis Verblendung«) gibt zunächst einen Überblick über den gesamten altnordischen Schöpfungsmythos, der von der Erschaffung der Welt, vom Wirken der Götter, vom Weltuntergang und von der Neugeburt der Welt zu berichten weiss. Im zweiten, umfangreichsten Teil, dem *Skaldskapamal* (»Dichtersprache«), finden wir zahlreiche zitierte Strophen aus der Skal-dendichtung sowie eine Verslehre; auch die geläufigen skaldischen Met-ren werden veranschaulicht und gedeutet.

Bei der »Älteren Edda«, auch *Codex Regius* genannt, handelt es sich um eine Pergamenthandschrift, die im Jahre 1643 von dem isländischen Bischof Brynjolfur Sveinsson aufgefunden und als Geschenk an den dänischen König Friedrich III. geschickt wurde. Da diese Edda angeblich auf den Gelehrten und Priester Saemund Sigfusson (1056–1130) zurückgehen soll, wird sie auch *Saemundar Edda* genannt. Sie enthält in strophischer Form, stabreimend, aber auch mit Prosa-Einschüben, erzählende Lieder aus der Welt der Götter, etwa *Thrymsskvida*, die Zurückgewinnung von Thors Hammer, *Havamal*, die »Sprüche des Hohen« und *Völuspa*, die Weissagung der Völva mit ihren Welterschaffungs- und Untergangsmythen, daneben Heldenlieder von den Völsungen, von Sigurd und von Wieland dem Schmied. Einige der Gedichte dürften bis ins 8./9. Jahrhundert zurückgehen, in eine Zeit also, als Island noch heidnisch war. Denn erst auf dem isländischen All-Thing des Jahres 999 wurde die Einführung des Christentums beschlossen.

Beinhalten die Eddischen Lieddichtungen also tatsächlich die Urreligion der Germanen – mit geistigen Wurzeln, die bis in bronzezeitliche, jungsteinzeitliche oder gar noch ältere, atlantische Ursprünge zurückgehen? Hier sind der Phantasie keine Grenzen gesetzt. In Schweden erregte Olof Rudbecks Werk *Atlantica*, 1675 bis 1702 in vier Teilen erschienen, großes Aufsehen; sein Grundgedanke besagt, dass die Edda eigentlich von Atlantis handele, das mit Schweden gleichgesetzt wurde. G. Göranson, der 1750 das *Völuspa*-Lied der Edda als die »patriarchalische Lehre der uralten Atlantis-Kinder« herausgab, wandelt mit seiner Deutung in Rudbecks Spuren. Die Götterburg der Asen, der Hochgötter der Eddischen Lieddichtung, die Burg Walhall, scheint ganz und gar der von Platon geschilderten Königsburg der Insel Atlantis zu entsprechen.

Obgleich die Edda eindeutig aus der isländischen Skaldendichtung des hohen Mittelalters hervorging, stellt sie doch keine rein isländische Geistesschöpfung dar, sondern es lebt und webt in diesen Eddischen Dichtungen ein uraltes indoeuropäisch-germanisches Mysterienwissen, das in seinen ältesten Ursprüngen sicherlich bis auf die Germanenstämme Mitteleuropas zurückgeht. Jedoch: über die ursprüngliche Religion der alten Germanen ist so gut wie nichts bekannt. Cäsar stellt sie als reine Naturreligion hin: »Unter die Götter zählen sie nur die, die sie sichtbar wahrnehmen und deren Eingreifen sie augenscheinlich erfahren, nämlich die Sonne, das Feuer und den Mond.«[3] Mehr erfahren wir schon bei Tacitus (56–120 n.Chr.), der die tiefe Naturfrömmigkeit der Germanen betont und ihre heiligen Haine erwähnt: »Übrigens glauben die Germanen, dass es mit der Hoheit der Himmlischen unvereinbar sei, Götter in Wände einzuschließen und sie irgendwie menschlichem Gesichtsausdruck anzupassen: sie weihen Lichtungen und Haine und geben die Namen von Göttern jener weltentrückten Macht, die sie allein in frommem Erschauern erleben.«[4]

Im Mittelpunkt der Edda-Religion steht das Bild des immergrünen Weltenbaumes *Yggdrasil*, zweifellos eine Variante des in der Vorgeschichte weitverbreiteten Weltbaum- und Weltstützer-Motivs. Der Mythos vom Weltenbaum Yggdrasil stellt zweifellos einen Bestandteil altgermanischer Religion dar; denn noch in der Zeit der Sachsenkriege kannten die Germanen eine Verehrung der Weltensäule, der Irminsul. Der Mönch Rudolf von Fulda berichtet uns im Jahre 865 über die Bräuche der heidnischen Sachsen: »Laubreichen Bäumen und Quellen brachten sie Verehrung dar. Sie verehrten auch einen Baumstamm von nicht geringer Größe, der hoch hinauf unter freiem Himmel errichtet war. In der Sprache ihrer Väter nannten sie ihn Irminsul; lateinisch bedeutet das die Allsäule, da sie gleichsam alles stützt.«[5]

Der Weltenbaum Yggdrasil

Ein ganzes Weltbild spannt sich am Ursymbol des Weltenbaumes Yggdrasil auf, eine umfassende esoterische Kosmologie. Yggdrasil, der heilige Baum Odins, umfasst alle neun Schöpfungsebenen: von der Unterwelt – dem Jenseits oder Totenreich – über die Oberwelt mit dem Mineralreich, dem Elementarreich, dem Menschenreich und den verschiedenen okkulten Naturreichen bis hinauf zu den höchsten Ebenen der Überwelt, den Reichen der Lichtelfen, der Vanen und der Asen. Die vanischen und asischen Gottheiten wohnen oben auf des Weltbaums Spitze, während das Reich der Zwerge und die Totenwelt Hel in den unergründlichen Wurzeltiefen Yggdrasils verborgen bleiben. In dunkel-geheimnisvoller Sprache drückt die Seherin die Inhalte einer gewaltigen, alle Grenzen von Raum und Zeit überschreitenden Geistesschau aus:

> *Eine Esche weiss ich, sie heisst Yggdrasil,*
> *Die hohe, benetzt mit hellem Nass:*
> *Von dort kommt der Tau, der in Täler fällt;*
> *Immergrün steht sie am Urdbrunnen.*[6]

Die Weltenesche Yggdrasil will als Symbol aufzeigen, dass Mensch, Erde und Kosmos eine untrennbare Einheit und Zusammengehörigkeit bilden. Der kosmische Baum ist allumfassend und allverbindend: Seine drei Wurzeln finden ihren Ankergrund im urkalten Nifelheim, im Riesenland Jötunheim und in Midgard, der Menschenwelt; sein Stamm ragt himmelwärts hoch in den Äther, und seine weitverzweigte Krone beherbergt die Heime der Elfen und der Vanen, Alfheim und Vanheim. Aber auf der höchsten Gipfelhöhe des Weltenbaumes thront Asgard, die Heimstatt der Götter mit ihrer alles überragenden Götterburg Walhall. Dem ewigen Eis- und Nebelreich Nifelheim steht als ein weiteres Elementar-Reich das Feuerland Mus-

pelheim entgegen. Tief unter den Wurzeln Yggdrasils befindet sich das Zwergenland Schwarzalfenheim und das Totenreich Helheim. Also insgesamt neun Reiche: *Asgard, Alfheim, Vanheim, Nifelheim, Midgrad, Muspellheim, Jötunheim, Schwarzalfenheim* und *Helheim.* Unter jeder der drei Wurzeln Yggdrasils entspringt ein Brunnen: In Nifelheim befindet sich Hwergelmir, der Quellborn allen Wassers, in Midgard der Nornen- oder Urdbrunnen, und in Jötunheim quillt Mimirs Brunnen, der ewige Weisheit gewährt. Gespeist werden die drei Brunnen von dem Tau, der von den Wipfelzweigen Yggdrasils herabfällt. So stellt die Weltenesche Yggdrasil ein in sich geschlossenes ökologisches System dar.

Als Weltenachse und Stützpfeiler des gesamten Weltgebäudes wird Yggdrasil nicht zuletzt zum Ort des Kampfes zwischen lichten und finsteren Weltmächten. Böse Hirsche fressen am Stamm und im Wipfelwald die jungen Triebe ab; und an der Wurzel in Nifelheim nagt der Drache Nidhöggr. Er liegt im Streit mit dem Adler, der auf dem Gipfel nistet. Der Adler und der Drache werfen sich gegenseitig Schimpfworte zu, die von einem ständig auf- und ablaufenden flinken Eichhörnchen namens Ratatosk übermittelt werden. Die Hirsche und der Drache sind Widersacher-Mächte, die beständig an der Zerstörung des Weltenbaumes arbeiten. Diesbezüglich lesen wir in der Edda:

> Die Esche Yggdrasil muss Unbill leiden
> Mehr als man meint:
> Der Hirsch äst den Wipfel,
> Die Wurzeln nagt Nidhögg,
> An den Flanken Fäulnis frisst.[7]

Aber solange die zerstörenden und die aufbauenden Kräfte sich ausgleichen, bleibt die Welt erhalten. Durch den Kampf gegensätzlicher Mächte bildet sie in sich ein dynamisches Gleichgewicht. Erst am jüngsten Tag, Ragnarök in der Sprache der Edda, wird – so die germanische Prophezeiung – das ganze Weltgebäude zusammenstürzen; ächzend wird die gewaltige Weltenesche niederbrechen – das Ende der Welt:

> Yggdrasils Stamm steht erzitternd,
> Es rauscht der Baumgreis; der Riese kommt los.
> Alles erbebt in der Unterwelt,
> Bis der Bruder Surts den Baum verschlingt.[8]

Aus dem Chaos entsteht jedoch wieder eine neue Schöpfung, ein neuer Himmel und eine neue Erde; denn alles Weltgeschehen vollzieht sich nach germanischer Anschauung in großen, nie endenden Zyklen. Mit der Erschaffung der neuen Welt wird auch wieder ein neuer Weltenbaum ergrünen, ein Beweis für die ewig sich erneuernde Schöpferkraft Gottes.

Der germanische Einweihungsweg bestand nun darin, die Höhe der Weltenesche Yggdrasil zu erklimmen und damit alle »neun Welten«, die ihr angeschlossen sind, zu durchwandern. Bei diesen Welten handelt es sich – esoterisch gesehen – um übersinnliche, teils feinstoffliche, teils astrale, teils geistig-göttliche Wirklichkeits-Ebenen, die der Adept auf dem Wege der Seelen- oder Astralwanderung zu durchreisen hatte. In der Edda wird dieser Weg der Seelenreise durch die »neun Welten« ganz deutlich in einem Lehrgedicht namens *Wafthrudnismal* angesprochen. Dieses Edda-Lied handelt von einem weisen Vorzeit-Riesen namens Wafthrudnir, zu dem sich eines Tages der Magier-Gott Odin begibt, um an der Weisheit des schöpfungskundigen Riesen teilzuhaben. Beide gehen eine Wissenswette miteinander ein, und nachdem über viele Fragen der Weltschöpfung gestritten wurde, fragt Odin den Riesen:

Odin:
Sage mir nun zum zwölften,
woher die Zukunft der Götter
du, Wafthrudnir, weißt!
Der Rater und Riesen Runenkunde
weisest du fürwahr,
ratkluger Riesengreis!

Wafthrudnir:
Der Rater und Riesen Runenkunde
kann ich weisen fürwahr,
da ich alle neun Welten durchwallt:
zog zu neun Heimen bis Nifelhel nieder,
wo der Gestorbnen Stätte ist.[9]

Weil der Riese Wafthrudnir alle »neun Heime« durchzogen hat, konnte er ein Runenkundiger, das heißt, ein Mysterien-Eingeweihter werden. »Man glaube nicht«, schreibt Britta Verhagen, »dass dem Norden derartige Mysterien fremd gewesen seien. Die Edda zum Beispiel ist voll davon. Mehr als die Hälfte ihrer Lieder weisen sich deutlich als Einweihungsgut aus. 'Lernen sollst du ... ' heißt es immer wieder, Frage- und Antwortspiele zeigen, wie man das Götterwissen dem Adepten übermittelte (ein solches Frage- und Antwortspiel mythisch-mystischen Inhalts ist auch in der Bretagne aus druidischer Überlieferung erhalten). Eine ganze Anzahl von Eddaliedern stellen sich als Reste alter Spiele dar, sie lesen sich wie ein modernes Dramentextbuch und sind sicherlich einst gespielt worden. Dabei sind in manche Spielszenen, wo man sie eigentlich nicht erwartet, Weisheitsreden und –lehren, typisches Einweihungsgut eingeschoben.«[10] Möglicherweise wurde auch der Inhalt des *Wafthrudnismal* einstmals als eine Art Mysterien-Spiel aufgeführt.

Yggdrasil als der kosmische Baum scheint eine Art schamanischen Einweihungsbaum darzustellen, wie ihn auch andere Naturvölker – etwa die Ureinwohner Zentralsibiriens – kannten. Diese verehrten allerdings nicht die Esche, sondern die in der Landschaft Eurasiens häufig vorkommende Birke als Weltenbaum. Der sibirische Schamamen-Baum verband ebenfalls Himmel, Erde und Unterwelt, und der Einweihungsweg des Stammespriesters bestand darin, die ganze Höhe des Weltenbaumes zu erklimmen, von den Gefilden der Unterwelt bis in die höchsten Himmelsebenen aufzusteigen. Die Urgeschichtsforscherin Britta Verhagen hält es daher für »wahrscheinlich«, dass »die Altsteinzeitjäger schon den Weltbaum-Weltstützer-Kult kannten«, und sie schreibt weiter: »Der Welt-stützer dürfte das erste und älteste Gottesbild der Menschheit überhaupt sein, es ist zugleich das tiefsinnigste.«[11]

Auch Holger Kallweit weist in seinem Buch *Traumzeit und innerer Raum – Die Welt der Schamanen* (1984) auf die Bedeutung des schamanischen Weltenbaumes hin: »Der Weltenbaum, die Axis mundi, die Himmel, Erde und Unterwelt verbindet, gilt als Öffnung oder Kanal zu anderen Seinsbereichen. Götter und Jenseitige steigen an ihm auf die Erde hinunter oder die Seelen der Lebenden in den Himmel empor. Diese kosmische Achse hält das Weltall im Gleichgewicht und stellt gleichsam sein Zentrum dar. (.....) Der Weltenbaum ist auch der Lebensbaum, der Fruchtbarkeit und Regeneration des Lebens sowie Unsterblichkeit verkörpert. Wer ihn erklimmt, steigt zu wirklichem Leben auf. Und je höher er klettert, um so vollkommener wird seine Erfahrung kosmischer Einheit und der Verbundenheit allen Lebens.«[12]

Gleich dem sibirischen oder indianischen Schamanen, der seinen Astralkörper auf weitausgedehnte Jenseitsreisen aussandte, während der physische Körper in einem totenähnlichen Schlaf danieerlag, musste der germanische Adept der Runen-Einweihung eine ganze Kette von Jenseitswelten durchwandern, nicht nur das Totenreich und das Zwergenreich, sondern auch die Elementarreiche, das Elfenreich und zuletzt die Reiche der Unsterblichen, der Götter. Bei diesem Aufstieg durch die übersinnlichen Geisteswelten wird der Adept der Einweihung schrittweise geheiligtes Wissen erwerben, das Wissen der Runen.

Die Runen – ein Mysterienweg

Und was sind nun die Runen? Ursymbole, heilige Weihezeichen, wirkkräftige Zaubermittel, Schlüssel zu okkulten Seinsbereichen, Verbindungskanäle zum Feinstofflichen, ja zum Geistigen und Göttlichen, nicht zuletzt Mittel der Zukunftsschau und der Schicksalsbefragung. Dies alles sind die Runen, und zugleich noch mehr als dies. Das altgermanische Wort *runa* hat die Bedeutung von »Geheimnis«; daher kommt auch das deutsche Wort »raunen«. Im Altnordischen bedeutet *run* auch »geheime Weisheit«. Der Gote Wulfila übersetzte das in Mark. 4/11 angesprochene »Geheimnis des Reiches Gottes« mit *»runa piudangardjos gudis«*; für »Geheimnis« stand im griechischen Text das Wort *mysterion*, was auch soviel bedeutet wie »Mysterium«. Bei den Runen handelt es sich also um die Mysterien der germanischen Religion!

Die Runen dienten ursprünglich rein kultischen Zwecken. Sie wurden in Gestein, Holz oder andere Werkstoffe eingeritzt. Vom Einritzen der Runenzeichen stammt übrigens das englische Wort für »schreiben«, das Wort *write*, das sich von dem altenglischen *writan* (»ritzen«) herleitet. Denn unabhängig von ihrer kultischen Bedeutung entwickelten sich die Runen in späterer Zeit als Schriftsystem. Im Allgemeinen unterscheidet man drei Runen-»Alphabete«, nämlich: 1. *die älteste gemeingermanische Reihe* (zeitlich zu datieren etwa von 150 bis 750 n. Chr.), 2. *die sogenannte jüngere nordische Reihe* (zeitlich zwischen 750 und 1150 n. Chr. anzusetzen) und 3. *die angelsächsische Runen-Reihe*, eher eine regionale Sonderbildung (entstanden ab 800 n. Chr.).

Die folgenden Ausführungen beziehen sich ausschließlich auf die älteste und ursprüngliche, nämlich die gemeingermanische Runenreihe, die nach ihren ersten sechs Buchstaben »Futhark« genannt wird (f-u-th-a-r-k), ähnlich wie die südländische Zeichenfolge nach ihren ersten beiden Buchstaben »Alphabet« heißt (Alpha, Beta). Das Futhark besteht aus 24 Weihezeichen, die in vollständiger Folge auf dem Stein von Kylver (Gotland / Schweden, Anfang 5. Jahrhdt.), auf dem Brakteaten von Vadstena (Schweden, 1. Hälfte 6. Jahrhdt.), auf der Silberspange von Charnay (Burgund / Frankreich, um 600 n. Chr.) sowie auf dem Themseschwert (England, um 700 n. Chr.) abgebildet sind.

Eine andere Quelle sind, neben solchen Einritzungen, die Runenlieder. Das bekannteste ist in einer St. Gallener Handschrift aus dem 9. Jahrhundert aufgezeichnet, das *Abecedarium Nord-(mannicum)*. Der Mainzer Erzbischof Hrabanus Maurus, gestorben 856, verzeichnet in seiner Abhandlung *De inventione linguarum* eine vollständige Runenreihe mit der Bemerkung: »Dieses wird von den Markomannen, die wir Nordmannen nennen, gebraucht. ... Mit diesen (Buchstaben) pflegen diejenigen, welche noch Heiden sind, ihre Lieder, Zaubergesänge und Weissagungen aufzuzeichnen.«[14] Das Runengedicht der St. Gallener Handschrift, das hier in vollem Wortlaut folgen soll, nennt die Namen der Runen jeweils mit großen Anfangsbuchstaben:

Feu forman.   *Vieh vorne.*
Ur after.   *Auerochs drängt.*
Thuris thritten stabu.   *Thurs dräut am dritten Stab.*
Os ist himi oboro.   *Ase ist über ihm.*
Rat endost rinneit.   *Rad am Ende rennt.*
Chaon thanne cliuot.   *Kien klebt daran.*

Hagal Naut habet.　　　*Hagel Not hegt.*
Is uborcald, Jar.　　　*Eis, überkalt, das Jahr.*
Sol skinnit.　　　　　*Sonne scheint.*
Tiu endi Brica.　　　　*Tiu und Birke.*
Man midi.　　　　　　*Mensch in der Mitten.*
Lagu the leotho.　　　*Lache die lichte.*
Yr al bihabet.　　　　*Yr enthält Alles.*[15]

Wir haben hier zunächst die 16 Zeichen der jüngeren nordischen Reihe; wenn wir die noch fehlenden ergänzen, können wir alle Zeichen des Futhark und ihre Grundbedeutungen gewinnen:

1.	feu	Vieh	13.	yr	Eibe
2.	ur	Auerochse,	14.	pertha	Becher
3.	thuris	Thurse (= Riese)	15.	esec	Elch
4.	os	Ase (= Odin)	16.	sol	Sonne
5.	rat	Rad	17.	tiu	Gott Tyr
6.	chaon	Kienspan	18.	birca	Birke
7.	geba	Gabe	19.	ehu	Pferd
8.	winne	Wonne	20.	manna	Mensch
9.	hagal	Hagel	21.	lagu	Lache
10.	naut	Not	22.	ing	Gott Ing
11.	is	Eis	23.	tac	Tag
12.	jar	Jahr	24.	odal	Erbe

Dies also sind die 24 Weihezeichen der ältesten gemeingermanischen Futhark-Reihe. Ihr magischer Gebrauch geht allein schon aus der Bemerkung des Erzbischofs hervor, die Heiden würden ihre »*Lieder, Zaubergesänge und Weissagungen*« damit aufzeichnen (*carmina sua incantationesque ac divinationes*). Alle Runennamen sind aus anschaulichen Naturbeispielen hergeleitet, entweder Elemente (Feuer = Kien, Wasser = Lache) oder Bäume (Eibe, Birke) und Tiere (Auerochse, Pferd). So lebt im ältesten gemeingermanischen Futhark eine Geisteshaltung naturverbundener Spiritualität, die mit der nordisch-germanischen (wie auch mit der keltischen) Religion innig verbunden war, ja ihre eigentliche geistige Mitte bildete. Ein tiefes Wissen um die Verbundenheit von Mensch, Erde und Kosmos wird in den Runen der Futhark-Reihe symbolisch zum Audruck gebracht.

Wie das Runen-Orakel nun ganz praktisch bei den Germanen aussah, schildert Tacitus in seiner *Germania*: »Vorzeichen und Losorakel beobachten sie wie kaum ein zweites Volk. Das herkömmliche Verfahren beim

Losorakel ist recht einfach: Sie schneiden von einem fruchttragenden Baum ein Reis ab, zerschneiden es in Stäbchen, versehen diese mit bestimmten <runenartigen> Zeichen und streuen sie planlos über ein weißes Tuch, wie sie ihnen gerade unter die Hand kommen. Dann betet der Stammespriester, wenn eine Befragung des Stammes wegen erfolgt, bei privaten Befragungen der Hausherr persönlich, zu den Göttern und hebt – den Blick zum Himmel gewendet – dreimal <hintereinander> eins auf und deutet die aufgehobenen Stäbchen nach dem vorher eingeritzten Zeichen.«[16] Auf dem schwedischen Runenstein von Noleby, etwa um 600 n. Chr., steht ein Spruch folgenden Wortlauts: *runo fahi raginakudo* (*Runen male ich, raterentstammte*) Die »Rater« sind in der Symbolik der nordischen Mythologie die Götter; die Runen sind also götterentstammt.

Auf rein historischer Ebene freilich kann man den Ursprung der Runen in den Felsritzungen der nordeuropäischen Bronzezeit sehen, vielleicht gar in den auf Megalithen eingeritzten Weihesymbolen der europäischen Jungsteinzeit. Spirituell gesehen gehen die Runen jedoch auf das Walten der Götter zurück, insbesondere auf jenen rätselvollen Einweihungs-Gott, der in den Liedern der Edda Odin, bei den Südgermanen aber Wotan oder Wuodan genannt wird.

In den Runenlehren der Edda wird geschildert, wie Odin, der Göttervater und Raterfürst, sich in einem mühevollen Einweihungs-Weg das Runenwissen erwerben musste; und nachdem er es erworben hatte, brachte er es den Menschen. Ähnlich wie der ägyptische Gott Thot / Theut angeblich die Schrift erfunden haben soll, die er dann den Menschen brachte, so Odin die Runen. Odin ist eine der schillerndsten Gestalten der germanischen Mythologie: Gott der Schrift und der Rede, des Wortes und besonders des Zauberwortes, aber auch Kriegsgott, Schlachtengott (»Walvater«), Totengott und Seelenführer der Gestorbenen im Jenseits. Ein Gott der Magier und Schamanen, ein Geist-Besessener und Be-Geisterter, einäugig und vollbärtig, mit breitem Hut und langem wehenden Mantel angetan: ein ewiger Wanderer, der oft die Gestalt wechselt, aber stets auf der Suche ist nach spirituellem Wissen. Er ist Lernender und Lehrender zugleich, dieser Gott Odin, Neophyt und Mystagoge, Einzuweihender und Eingeweihter, aber sein Allwissen und seine Zaubermacht hat er sich erst auf einem Weg des Selbst-Opfers erwerben müssen, den er in einem isländischen Runenlied wie folgt beschreibt:

> *Ich weiss, dass ich hing am windigen Baum*
> *neun Nächte lang,*

mit dem Ger verwundet, geweiht dem Odin,
ich selbst mir selbst,
an jenem Baum, da jedem fremd,
aus welcher Wurzel er wächst.
Sie spendeten mir nicht Speise noch Trank,
nieder neigte ich mich,
nahm auf die Runen, nahm sie rufend auf;
nieder dann neigt ich mich.
Zu wachsen begann ich und wohl zu gedeihn,
weise ward ich da;
Wort mich von Wort zu Wort führte,
Werk mich von Werk zu Werk führte.[17]

Archetypisch geht der Magier-Gott Odin hier den Weg der Initiation voran, den auch jeder menschliche Adept der Runenkunde beschreiten muss, den Weg des Selbst-Opfers. Machtvoll klingt das Motiv des Selbst-Opfers in diesem Lied an, ausgedrückt durch das Hängen am windigen Baum. Mit diesem Baum, der jedem »fremd, aus welcher Wurzel er wächst«, ist der kosmische All-Baum Yggdrasil gemeint, der als Stützpfeiler des Universums Himmel, Erde und Unterwelt miteinander verbindet. Es ist die Weltachse oder *axis mundi,* die auch der griechische Philosoph Platon (427–347 v. Chr.) kennt. In seinem Dialog *Timaios* sagt Platon, »die Erde aber, unsere Ernäherin, befestigt an der durch das Weltall hindurchgehenden Weltachse, bildete er [Gott] zur Erzeugerin und Hüterin der Nacht und des Tages, die erste und ehrwürdigste der innerhalb des Himmels erzeugten Götter«[18]. So sind die Runen untrennbar mit den Weltenbaum-Mysterien verbunden. Aber die Vorstellung eines Gottes, der sich selbst opfert, um dem ganzen Universum Erneuerung und Transformation zu bringen, taucht offenbar nicht erst im Christentum auf, sondern wurde in der religiösen Vorstellungswelt der Germanen schon früh vorweggenommen.

Baldurs Tod und Götterdämmerung

In einem Vortrags-Zyklus, den er im Juni 1910 in Kristiania / Schweden unter dem Titel *Die Mission der einzelnen Volksseelen* hielt, hatte Rudolf Steiner ausgeführt, dass es neben der nordisch-germanischen Mythologie »keine andere Mythologie der Erde gibt, welche in ihrem eigentümlichen Aufbau, in ihrer eigenartigen Durchführung ein bedeutsameres oder klareres Bild der Weltevolution gibt«, und er fügte dem noch hinzu: »Die

germanische Mythologie ist in der Art, wie sie ausgebildet worden ist ...,
in ihren Bildern am bedeutsamsten ähnlich dem, was nach und nach als
das geisteswissenschaftliche Weltbild für die Menschheit erwachsen
soll.«[19] Nach germanischer Anschauung vollzieht sich die Weltevolution
nach ewigen unveränderlichen Weltgesetzen, denen alle Weltwesen –
selbst die Götter – unterworfen sind.

Auch das Götterschicksal bleibt eingebunden in das große Welten-
schicksal, und dieses unterliegt – zumindest im Bereich des Materiellen –
dem Gesetz des »*Stirb und Werde!*«. Auf jede Weltschöpfung folgt irgendwann ein Weltuntergang, in dem alles Irdische wieder zurückkehrt in den
allgemeinen Weltäther, und zwischen diesen beiden Punkten Alpha und
Omega ist die Weltgeschichte als Ganzes aufgespannt. Aber der Weltuntergang stellt kein letztgültiges Ende dar, sondern aus dem Äther-Urstoff
wird später eine neue und bessere Schöpfung hervorgehen, in der die
Weltwesen eine höhere Entwicklungsstufe erklommen haben werden. Es
gibt somit keinen Anfang und kein Ende, sondern das All erhält sich in
ewigen Zyklen des Werdens und Vergehens, die allerdings keine »ewige
Wiederkehr des Gleichen« bedeuten, denn es erfolgt ja in diesen Zyklen
des Weltgeschehens eine Höherentwicklung! Und da die germanische
Edda ein Bild der Weltevolution darbietet, wie es – nach Rudolf Steiner –
klarer und vollkommener nicht gegeben werden könnte, so macht sie
auch Aussagen über das Weltende und die Neuschöpfung:

> *Vieles weiss ich, Fernes schau ich:*
> *Der Rater Schicksal, der Schlachtgötter Sturz.*
> Völuspa 36, 41/50[20]

Schon die Menschen der Megalith-Zeit besaßen ein ahnendes Wissen
um die kosmischen Entwicklungs-Zyklen, das sie im Bildgedanken des
Jahreskreises ausdrückten. Was sich zwischen Weltbeginn und Weltende
aufspannt, war in der Schau der Menschen der Jungsteinzeit gleichsam
ein Großes Jahr, dessen Abbild das irdische Jahr mit seinem bekannten
Rhythmus von Frühling, Sommer, Herbst und Winter darstellt. Im Zyklus
des Großen Jahres vollzieht sich der Schicksalsweg des Jahrgottes, der zur
Wintersonnenwende geboren wird, zur Sommersonnenwende die Heilige
Hochzeit mit der Erdgöttin begeht, zur Herbst-Tag-undnachtgleiche getötet und in die Unterwelt verbannt wird – und zu Ostern als neuer Lichtbringer wiederauferstehen wird!

Dieser Lichtbringer heißt in der germanischen Religion *Baldur*. Der Name »Baldur« bedeutet »der Leuchtende«; im Angelsächsischen heißt *Beal-Daeg* »der hell leuchtende Tag«. Verwandt mit der Wortwurzel Bal / Bael ist natürlich auch der Name des altkeltischen Lichtgottes *Bel*, dem das mit heiligen Feuerritualen verbundene Beltaine-Fest am Vorabend des 1. Mai geweiht war. Es handelt sich also bei Bal / Bael / Bel um einen ur-nordischen keltisch-germanischen Lichtgott, um den göttlichen Sonnen-heiland, wie er in den Mysterien des hohen Nordens in vorgeschichtlicher Zeit geschaut wurde. Wir wissen, dass in manchen Gegenden des Nor-dens diese selbe Gottheit auch unter dem Namen Pol verehrt wurde. Pol war vermutlich der Gott der Hyperboreer, der in den Steinkreisen von Stonehenge jahreszeitgemäß kultisch verehrt wurde. Von den Hyperbore-ern dann nach Griechenland gebracht, wurde aus ihm die Lichtgestalt Apolls: A-Pol.

Das Baldur-Mysterium bildet die innere Sinnmitte der germanischen Religion. Als Vegetationsgott, Jahrgott, Licht- und Sonnengott stellt er eine Erscheinungsform des indogermanischen Weltheilands dar, der von den Völkern der heidnischen Welt in vielerlei Gestalt, als Apollon, Ahura Mazda, Mithras, auch als Sol Invictus, verehrt wurde. Und weiter berich-tet der Baldur-Mythos: Unverwundbar wie Siegfried ist Baldur, nur hat er eine Achilles-Ferse, denn allein der kleine unscheinbare Mistelzweig kann ihn töten. Dies aber wusste Loki, der ewige Widersacher, der den blinden Hönir anstiftete, mit einem Mistelzweig auf Baldur zu zielen und ihn zu treffen; der Blinde tat, wie ihm geheißen, und vollbrachte die Mordtat. Und so wird in der Edda das Drama des Baldur-Todes dargestellt:

> *Ich sah Baldur, den blutenden Gott,*
> *Odins Sohne, Unheil bestimmt:*
> *Ob der Ebne stand aufgewachsen*
> *Der Zweig der Mistel, zart und schön.*
> *Ihm ward der Pfeil, der zart erschien,*
> *Zum herben Harmpfeil: Hödur schoß ihn;*
> *Und Frigg weinte....* Völuspa 25/26[21]

Baldurs Gang in die Unterwelt, der nun erfolgt, erinnert uns an des König Artus Fahrt nach Avalon, auch an die Nachtmeerfahrt des ägypti-schen Sonnengottes Re durch die Unterwelt: die Sonne, die mit der Herbst-Tagundnachtgleiche in die Winterphase eintrat. Der Tod Baldurs zeigt wie ein Fanal das Weltende auf, das in grellen apokalyptischen Bildern geschildert wird. Für die Menschen beginnt ein eiskalter immerwährender Winter; statt Recht und Sitte herrscht nur noch Bruderkampf und Mordtat. Loki sprengt seine Fesseln, auch der Fenris-Wolf kommt wieder los; in den finsteren Riesen der Unterwelt finden sie ihre Bundesgenossen. Und dann: In einem gigantischen kosmischen Harmageddon stehen sich die feindlichen Heerscharen gegenüber, Riesenmächte gegen Asenmächte, und in einem fürchterlichen Endkampf vernichten sie sich gegenseitig: Weltende und Götterdämmerung.

Ächzend stürzt die Weltenesche Yggdrasil hernieder, und zum Zeichen, dass das Weltende nun bevorsteht, verlischt die Sonne, die Sterne fallen vom Himmel, und die Erde versinkt in unergründlichen Tiefen. Ein Großes Jahr, ein makrokosmischer Entwicklungs-Zyklus hat seinen Abschluss erreicht, aber dieses Ende bildet zugleich den Beginn eines neuen Weltenwerdens, denn eine neue Erde steigt aus dem Urätherstoff hervor, ein neuer Götterstamm entsteht und ein neues Menschengeschlecht, dessen Ureltern Lif und Lifthrasil (und nicht mehr, wie einst, Ask und Embla) sind. In dieser neuen Schöpfung wird der wiedergekehrte Baldur seine wahre, uneingeschränkte Sonnenherrschaft antreten:

> *Unbestellt werden Äcker tragen;*
> *Böses wird besser: Baldur kehrt heim...*
> Völuspa 54 [22]

Das Götterschicksal Baldurs, das Sterben und Wiedergeborenwerden, und zwar im Hindurchgehen durch den heiligen Jahreszyklus, wurde erlebend nachempfunden von den Eingeweihten des urnordischen Bel- oder Baldur-Mysteriums. In unterirdischen Grabkammern, wahrscheinlich in den megalithischen Ganggräbern und Dolmen-Bauten des europäischen Nordens, musste der Initiand den mystischen Tod durchleben, musste Baldurs Tod und Helfahrt nacherleben, um danach wiedergeboren zu werden aus der Kraft seines höheren Selbst! Die Selbsterneuerung durch Tod und Wiedergeburt bildet den zentralen Sinngehalt aller Mysterien, der germanischen wie der griechischen und ägyptischen.

Thule – Lichtheimat des Nordens

Der oströmische Historiker Prokop berichtet um das Jahr 550 n. Chr. von geheimnisvollen »Thulebewohnern« irgendwo im hohen Norden, die nach einer 40 Tage dauernden Polarnacht die Wiederkehr der Sonne als Jahreshöchstfest begehen: »Sobald aber fünfunddreissig Tage dieser langen Nacht vorüber sind, werden etliche Männer auf die äußersten Höhen der Berge entsandt – und zwar ist dies dort Sitte –, die von dort oben auf irgendwelche Weise die Wiederkehr der Sonne bemerken und den Menschen unten im Tal melden, dass ihnen in fünf Tagen die Sonne wieder leuchten werde. Die frohe Botschaft feiert das ganze Volk, und zwar noch während der Dunkelheit, und dies ist für die Thulebewohner das größte Fest des Jahres.«[23]

Nach 40 lichtlosen Tagen zeigte sich erstmals zur Mittagsstunde im Süden knapp über dem Horizont die Sonne, ein neues Jahr verheißend. Ein solches Erleben ist nur im hohen Norden möglich. Und aus solchem Urerleben gestaltete sich das mit heiligen Runenzeichen, Mythen und Jahresfesten verbundene Sonnen-Mysterium, das sich nicht nur in der keltisch-germanischen Welt nachweisen lässt, sondern in fast allen Religionen der westlichen Hemisphäre. Eine Sonnenreligion hatten auch die alten Ägypter, die südamerikanischen Inkas, die Mesopotamier und Iranier, aber – ist es wahrscheinlich, dass die Verehrung der Sonne als Gottheit in jenen südlichen Ländern entstanden ist? In Ländern, wo die Sonne mit unerbittlicher Hitze vom Himmel herabbrennt, eher Tod als Leben verheißend?

Der Ursprung der Sonnen-Mysterienreligion kann nur im hohen Norden liegen; nach Süden muss diese Religion durch Handel und Völkerwanderungen gekommen sein. Es handelte sich dabei um eine an den Sonnwendpunkten ausgerichtete Religion des heiligen Jahrkreises, und diese kann sich nur in nördlichen Breiten gebildet haben, weil nur dort der Unterschied zwischen den Jahreszeiten derart markant in die Augen tritt, dass man von einer lichten und einer dunklen Jahreshälfte, von einer Phase der steigenden und der sinkenden Sonne sprechen kann. Nur im Norden, in Gegenden zwischen dem 60. und dem 70. Breitengrad, beschreibt die Sonne das Jahr über derart charakteristische Tagesbögen, dass man Symbole wie Spirale, Labyrinth und Mäander als Sinnbilder des Jahresgeschehens entwickeln kann.

Was die antiken Quellen als das sagenumwobene Land *Thule* beschreiben, könnte vor undenkbar langen Zeiten ein kulturelles Evolutionszentrum gewesen sein, in dem die Grundlagen jener esoterischen Licht- und Sonnenreligion entwickelt wurden, die später in der jungsteinzeitlichen Megalith-Kultur, im Indogermanentum, im Arier-, Kelten- und Germanentum sowie in den griechischen, altiranischen und ägyptischen Mysterien weiterwirkte.[24]

Die in südliche Weltgegenden abgewanderten Indogermanen hatten sich zumindest in ihrer Frühzeit noch ein klares Bewusstsein vom nordischen Ursprung ihrer Religion und Mysterien erhalten. In der altiranischen Religion Zarathustras war das Arier-Stammland unter dem Namen *Aryana Vaejo* bekannt, also Arier-Weißland; dort soll der »herdenreiche« König Yima einst geherrscht haben. Ihm wurde aber prophezeit, dass »strenge, vernichtende Winter« kommen würden; daher verliess er mit seinen Getreuen das Nordland. Auch der altindische Brahmanismus weiß seine Herkunft auf eine nebelverhangene nordische Urheimat zurückzuführen. Der indische Brahmane Bal Gangadhar Tilak (1856–1920) hat in zwei gelehrten Abhandlungen, *Orion* und *Die arktische Heimat der Veden*, den Beweis hierfür erbracht.

Auf der Grundlage der vergleichenden Symbolforschung hat Professor Hermann Wirth versucht, eine arktische Urreligion der Menschheit wiederzugewinnen, deren Spuren er in Indien, Eurasien, West- und Nordeuropa, aber auch im vorgeschichtlichen Amerika zu erkennen glaubte. Das Lebenszentrum dieser Urreligion lag nach H. Wirth eindeutig im Nordatlantik, von wo sich ihr Einfluss über die gesamte westliche Hemisphäre bis nach Nord- und Südamerika erstreckte. Irgendwann in vorgeschichtlicher Zeit müssen dann gewaltige Klimaveränderungen stattgefunden haben, möglicherweise gar eine Polverschiebung, die das Zentrum der »arktischen Urreligion«, zugleich das Ursprungsland der Indo-Arier, in das Gebiet der heutigen Arktis hinaufrückte. Noch heute gibt es übrigens im Norden Grönlands einen Luftwaffenstützpunkt, der »Thule« heißt (bei dem römischen Dichter Seneca war *ultima Thule* ein Synonym für das »Ende der Welt«).

In den mythischen Überlieferungen des klassischen Griechentums wird ebenfalls von Thule berichtet, einem geheimnisvollen Lichtreich im hohen Norden. Es erscheint dort als das *Land der Hyperboreer*, ein Land »am Ende der Welt«, Wohnort eines glückseligen Volkes und Heimat des Sonnengottes Apollon. Man nennt ihn daher auch den »hyperboreischen Apoll«, diesen nordischen Lichtgott, der nur besuchsweise nach Griechenland kommt, um das Orakel von Delphi und das ihm geweihte Heiligtum auf der Insel Delos aufzusuchen. Himerios erzählt: »Apoll kommt zu den Hyperboreern auf einem mit Schwänen bespannten Schiffswagen, und zwar vom Meer her. Er weilt dann ein ganzes Jahr bei den Hyperboreern und kündet ihnen das Recht. In der Zwischenzeit riefen ihn die Delpher mit Paionen und Liedern. Dann, als die Zeit gekommen war, erschien er wieder auf seinem Schiffswagen in Delphi. Der Frühling kam ins Land, die Vögel sangen, und die Freude der Gläubigen war groß. Auch die heilige Quelle Kastalia, die beim Heiligtum des Apollo in Delphi entspringt, begann mit silbernem Wasser zu fließen.«[25]

Die Insel der Hyperboreer galt den Griechen als das Land, wo der Bernstein wächst, und wo der sagenhafte Fluss Eridanos fließt, an dessen Ufern Phaethon, der Sohn des Helios, mit seinem Sonnenwagen einstmals abstürzte. Die Hesperiden – nymphenhafte Geister des Westens – hüten dort die Äpfel der Unsterblichkeit, und der Titan Atlas trägt das Himmelsgewölbe. Die berühmte, in so zahlreichen Berichten seit ältester Zeit von Ägyptern, Assyrern, Hethitern, später von Griechen und Römern genannte »Nordsäule, die unter dem Polarstern steht und den Himmel hält«, die Weltensäule des Atlas, erhob sich demnach ursprünglich in den arktischen Regionen des Nordens.

Wörtlich übersetzt heißt Hyper-Borea: das Land »jenseits des Nordwindes«; denn der Boreas war im griechischen Mythos der Gott des Nordwindes, Bruder des Zephiros, des Notos und des Euos, also des West-, Süd- und Ostwindes. Seinen Wohnsitz hatte der Nordwind Boreas im thrakischen Salmydessos am Schwarzen Meer. Thrakien galt in der griechischen Vorstellungswelt als das Nördlichste, das man sich denken konnte, aber Hyperborea lag noch weiter nordwärts, jenseits von Thrakien, in einer für griechische Begriffe kaum noch vorstellbaren Ferne! Da Thrakien nach heutigen geographischen Vorstellungen in etwa mit dem nördlichen Balkanraum gleichzusetzen wäre, so käme wohl nur ein Gebiet nördlich der Karpathen und Alpen in Frage.

Da denkt man natürlich gleich an Osteuropa, an die weite russische Steppe, an das Land der Skythen und Sarmaten. Aber weit gefehlt! Nach Diodor von Sizilien soll Hyperborea eine »Insel im Ozean« gewesen sein; und zwar eine »jenseits des Keltenlandes« gelegene, wobei mit dem Keltenland wohl nur Gallien oder Britannien gemeint sein kann. Ähnlich schreibt Plinius, dass der 9. Polarkreis (der 52. bis 57. Grad nördlicher Breite) durch das Hyperboreerland verlaufe. Damit können wir uns ein ungefähres Bild von der geographischen Lage der Hyperboreer-Insel machen: sie kann nicht im osteuropäischen Raum, sondern nur im nördlichen Atlantik gelegen haben – damit auch in unmittelbarer Nähe des irischen und britannischen Keltentums.

Aus den Quellen der keltischen Mythologie wissen wir, dass die irischen Hochgötter – die Thuata de Danaan – vor ihrer Ankunft in Irland auf geheimnisvollen »Inseln im Norden der Welt« gewohnt haben sollen; Druidentum, Zauberkunst und Wahrsagerei hätten sie von dort mitgebracht. In einem der ältesten irischen Texte, *Die Schlacht von Mag Tured*, heißt es: »Die Tuatha de Danann lebten auf den Inseln im Norden der Welt. Sie wurden in allen Wissenschaften, in Magie und Druidentum unterwiesen, lernten die Zauberkunst und wurden Weise, die schließlich alle Weisen der Heiden an Wissen übertrafen.«[26]

Die »Inseln im Norden der Welt« – sind die Shetlandinseln, Island oder Norwegen damit gemeint? Oder handelt es sich bloß um Fabelinseln? Ist es die Apfelinsel *Avalon*, wo die zauberkundige Fee Morgaine mit ihren Gefährtinnen wohnt? Oder das *Thule* der Germanen? Das sagenumwobene Land der Hyperboreer, die Heimat des Lichtgottes Apoll? Der griechische Seefahrer Pytheas von Massilia im 4. Jahrhundert v. Chr. will ein fernes Land namens »Thule« selbst aufgesucht haben – sechs Tagesreisen nördlich von Britannien soll es sich befinden. Möglicherweise handelt es sich bei dieser Insel (oder Inselgruppe) um ein geheimes Mysterienzentrum im Norden Europas, von dem seit Urzeiten spirituelle Impulse ausgegangen sind, die sowohl das Druidentum als auch die Religion der Germanen entscheidend prägten.

Griechische Mysterien

Betet zu den Thesmophoren,
Zu Demeter und Persephone,
Zum Plutos, zur Kalligeneia,
Und zur Jugendernährerin Erde,
Und zu Hermes und zu den Grazien,
Dass sie unsere Gemeind' und Zusammenkunft
Aufs beste leiten und lenken
Zum Segen dem Volk der Athener,
Zum Glück uns selber, den Frauen!
Segensspruch von Eleusis[1]

Ursprünge der griechischen Mysterien

Es mutet vielleicht etwas sonderbar an, dass die Mysterienkulte Griechenlands[2] im Grunde genommen wenig Griechisches an sich tragen: entweder sie stammen aus dem »barbarischen« Ausland – die Orphik aus Thrakien, der Kybele-Kult aus Kleinasien – oder sie gehen auf vorindogermanische Ursprünge zurück, wie etwa die berühmten Kultstätten von Eleusis und Samothrake oder das vielbesuchte Orakel von Delphi. Selbst der größte Mystagoge unter den Griechen, Pythagoras von Samos, der erste Esoteriker des Abendlandes, hat sich seine Weisheit von den Ägyptern und Babyloniern geborgt; auch er schöpft nicht aus dem Eigenen. Es scheint, dass der Geist des Griechentums mit seinem ausgeprägten Sinn für Maß, Proportion und Harmonie zu sehr dem »Diesseits« verhaftet blieb, um einen tieferen Sinn für Mystik überhaupt entwickeln zu können. Den alten Mysterien haftet jedoch ein Zug mystischer Jenseitsfrömmigkeit, ja rauschhafter Ekstase an, der mit der abgeklärten, apollinisch-lichthaften Ausrichtung der klassischen Zeusreligion so gar nicht zusammenpassen will.

Der Altphilologe Thassilo von Scheffer, ein gründlicher Kenner der Materie, spricht sogar von einem »grundlegenden Gegensatz« zwischen den geschichtlich älteren Mysterienreligionen und der herrschenden »olympischen« Religion des klassischen Griechentums: »Der grundlegende Gegensatz bestand darin«, schreibt er in seinem Buch *Hellenische Mysterien und Orakel*, »dass die neu über Hellas ausgedehnte Religion, die wir die olympische nennen können und die uns als solche geläufig ist, eine

Religion des Lichtes und der Höhe war, voll plastischer Schönheit und ausdrucksfähiger Anschauung, eine Religion in Dur, gegenüber dem dunklen Moll eines anderen verschleierten Glaubens der Tiefe, auf den sie stieß. Die Götter des Himmels trafen hier auf ein weit älteres Anrecht der Urmächte der Mutter Erde, und die Verschmelzung zweier so ganz entgegengesetzter Glaubenssysteme brauchte Jahrhunderte, um zu jener harmonischen Zusammenfügung zu gelangen, die, im Gegensatz zum unaufhörlichen weltlichen Streit, auf geistigem Gebiet den kosmosfrohen Griechen (Kosmos auch im ursprünglichen Sinn von Schmuck und Ordnung) ein Bedürfnis war.«[3]

In der Frühgeschichte Griechenlands werden üblicherweise drei Phasen voneinander unterschieden. In der *frühhelladischen* Epoche (2500–1850) bemerken wir bereits die Bildung von verschiedenen ackerbautreibenden Kulturkreisen im ägäischen Raum; Träger dieser Kultur ist die vorindogermanische mediterrane Urbevölkerung. In der *mittelhelladischen* Epoche (1850–1600) kommt es erstmals zur Einwanderung indogermanischer Stämme, der Joner und Aioler / Achäer, die auch als die »Protogriechen« gelten und sich mit der mediterranen Urbevölkerung vermischen. In der *späthelladischen* Zeit (1600–1150) beherrscht eine adelige Herrenschicht der eingewanderten Indogermanen, zumeist Streitwagenkämpfer, von gewaltigen Zwingburgen aus das Land.

Ab dem 15. Jhrdt. dehnt die aus dem Norden eingewanderte Schicht ihre Macht bis nach Kleinasien aus, besiedelt auch Kreta, Rhodos, Zypern. Um 1250 erfolgt, vom Dichter Homer besungen, die Zerstörung von Troja VIIa. Aber eine zweite indogermanische Einwanderungswelle rollt in der spätmykenischen Zeit (1400–1150) über Griechenland hinweg: die Einwanderung der Dorer, ab 1200, ausgelöst durch den Vorstoß der Illyrer zum Mittelmeer. Die Dorer als Reiterkrieger mit Eisenwaffen zeigen sich den mykenischen Protogriechen, Streitwagenkämpfern mit Bronzewaffen, im Kampf überlegen: Die mykenischen Burgen, einst stolze Adelssitze, versinken ab 1150 in Schutt und Asche.

Zwei Kulturbereiche, sich durchdringend, prägen demnach die Religion und Mysterienwelt der Griechen: einmal die altmediterrane Bauernkultur mit ihren Jahreslauf- und Vegetationskulten sowie Fruchtbarkeits-, Erd- und Muttergottheiten; und dann die indogermanische Kultur nomadisierender Viehzüchter mit ihren Wetter-, Licht- und Sonnengöttern, etwa Zeus und Apollo – hinzu kommen Götter, die aus Fremdländern wie Kleinasien oder Thrakien übernommen wurden. Seit etwa 1600 v. Chr.

verschmelzen in der mykenischen Adelswelt altmediterrane und indo-germanische Gottesvorstellungen unter stark minoischem Einfluss.

Aber trotz aller Verschmelzung mit einheimischem Religionsgut blieb die »olympische« Religion der Griechen immer dem Hohen, Hellen, Lichten zugewandt; sie blieb von ihrer Grundausrichtung her apollinisch. Dieser »Religion in Dur«, wie Thassilo von Scheffer richtig sagt, wollen wir nun die dunklen Moll-Töne einer viel älteren Religion chthonischer Erdverehrung entgegenstellen, indem wir uns den wichtigsten Mysterienkulten Griechenlands zuwenden. Dies sind insbesondere: 1. *Die Demeter-Mysterien von Eleusis* 2. *Die Mysterien von Samothrake* 3. *Die Orphischen Mysterien* 4. *Die Schule des Pythagoras.*

Über den Kultstätten von Eleusis und Samothrake waltet die Macht uralter Muttergottheiten. Die Orphische Mysterienreligion allerdings, die aus Thrakien, also aus dem nichtgriechischen Ausland, stammt, trägt eher den Charakter einer Jenseitsreligion, obschon sie durchaus von einer »dionysischen« Grundstimmung getragen wird und insofern auch eher in Moll als in Dur erklingt. An die Orphik, die in vielem an die spätantike Gnosis erinnert, knüpfen Pythagoras und Platon an.

Die Demeter-Mysterien von Eleusis

Demeter und Persephone – so lauten die Namen jener beiden Göttinnen, Mutter und Tochter, die im Mittelpunkt der Eleusinischen Mysterien standen. Der Name De-meter, Mutter De, wird oft mit »Erdmutter« übersetzt, wobei allerdings fraglich bleibt, ob »De« das gleiche wie »Ge« – nämlich Gaia, die Erde – bedeutet. Die Demeter-Mysterien von Eleusis kann man trotz ihrer lückenlosen Einbindung in die patriarchalische Kultur Griechenlands als die Mysterien der »Großen Mutter« bezeichnen, wobei die dort verehrte Muttergestalt die Züge einer Erden-, Todes- und Fruchtbarkeitsgöttin trägt.

Angeblich sollen in Eleusis bereits in der frühen athenischen Königszeit um 1500–1300 v. Chr. Kultfeiern begangen worden sein, wahrscheinlich die ältesten Mysterien in Griechenland. Aus der Archäologie wissen wir, dass der Ort Eleusis, 22 km nördlich von Athen, in der Bucht von Salamis gelegen, seit der Jungsteinzeit besiedelt war; erst um 750 v. Chr. wurde er der Polis Athen direkt angegliedert. In den Jahren 1883 bis 1930 hat man durch Ausgrabungen den Tempelbezirk von Eleusis mit seinen riesenhohen Mauern und seinen großen Propyläen-Toren wieder freigelegt, eine wirklich eindrucksvolle Anlage, die fast eher einem Festungsbau

als einem Tempel gleicht. Und doch war Eleusis eine Art gesamtgriechischer Wallfahrtsort, zu dem jährlich Tausende hinpilgerten, um sich in die Mysterien der »Großen Mutter« Demeter einweihen zu lassen.

Zu den Demeter-Geweihten zählte offenkundig auch Homer, der größte Götterdichter der Griechen. Unter den ihm zugeschriebenen *Homerischen Götterhymnen* befindet sich auch ein *Hymnus an Demeter,* der uns tiefere Einblicke in die hier angesprochenen Zusammenhänge gewährt. Erzählt werden in dem Hymnus zwei miteinander verquickte Geschichten: der Raub der Persephone durch den Unterweltsgott Hades, und die Errichtung des der Demeter geweihten Mysterienortes in Eleusis.

Üppige Naturschilderungen stehen am Beginn der Geschichte. Die Erdgöttin Gaia lässt die Pflanzen in betörender Pracht aufblühen, als Demeters Tochter Persephone – auch Kore genannt – nichtsahnend über die Flur streift. Urplötzlich tut sich der Erdboden auf; der Unterweltsgott Hades taucht auf und zieht die schreiende Tochter zu sich hinab in die Tiefe. Demeter trauert um den Verlust der vielgeliebten Tochter. Rastlos zieht sie umher, fragt überall nach dem Verbleib der Persephone – bis sie schließlich von dem auf seinem Sonnenwagen einherziehenden Helios die Auskunft erhält, die Verschwundene sei in der Unterwelt die Gattin des Hades geworden.

Daraufhin mied Demeter die Götterversammlung und weilte unerkannt unter den Menschen; in Eleusis angekommen, gab sie sich den dort lebenden Menschen zu erkennen und ließ sich von ihnen einen Weiheort errichten. Sie selbst war es also, die den Bau des Tempels anordnete, indem sie zu den Menschen sprach:

> Doch einen mächtigen Tempel mit einem Altare darunter
> soll mir das ganze Volk bei Stadt und Mauer errichten
> über Kallichoros' Quelle auf weitvorspringendem Hügel.
> Selber lehr ich euch dann, die Weihen zu feiern,
> damit ihr heilig sie vollzieht und meine Seele besänftigt.
> (Homer, Hymnos an Demeter, 270-274)[4]

Aus Trotz gegen die Götter, die ja den Raub der Persephone gebilligt hatten, ließ Demeter, der Saat und Ernte unterstand, eine gewaltige Hungersnot über das Land hereinbrechen. Der fruchtbringende Same verkümmerte im Boden; umsonst zogen die Ochsen den Pflug. Die Götter, die fürchteten, auf diese Weise um ihren jährlichen Erntedank gebracht zu werden, bemühten sich nun, Demeter umzustimmen. Doch die blieb unbeugsam: der Hungersnot werde sie erst dann ein Ende machen, wenn sie die geraubte Tochter zurückbekommen habe.

So kam es zu Verhandlungen, und schließlich einigte man sich auf einen Vergleich: Persephone sollte fortan ein Drittel des Jahres bei Hades in der Unterwelt bleiben, die restlichen zwei Drittel aber bei Demeter in der Oberwelt zubringen dürfen. Die Göttin willigte ein, und der Erdboden brachte seitdem den Menschen jedes Jahr reichhaltige Ernte. Ja noch mehr: Den *Triptolemos*, Sproß des ältesten mythischen Königsgeschlechts von Eleusis, der *Eumolpiden*, weihte Demeter nun als ersten in ihre Mysterien ein; und sie gebot ihm, von Attika aus alle Länder zu durchziehen, um den Menschen den Segen des Ackerbaus zu überbringen. Dazu schenkte sie ihm einen von geflügelten Drachen gezogenen Zauberwagen, der ihn durch die Lüfte trug. Die Eumolpiden aber versahen seitdem den Opferdienst zu Eleusis, ein erbliches Amt, das immer nur innerhalb der Familie weitergegeben wurde.

Aus der Geschichte geht hervor, dass Demeter nicht die Erdgöttin selbst ist, sondern eigentlich nur die fruchtbare Ackerflur, der Humus; weniger der Planet Erde als vielmehr das Element Erde. Aber keine wildtitanische Elementarkraft, keine chaotische Naturkraft stellt sie dar; nicht die Natur im Rohzustand, sondern die gebändigte, gezähmte, durch menschlichen Einsatz in Plan und Ordnung gebrachte Natur. Eine Fruchtbarkeitsgöttin also, Hüterin des Ackerbaus, in der Hand eine blühende Kornähre tragend: so steht das Bild der Göttin Demeter vor unserem geistigen Auge. Persephone, die im Wechsel der Zeit zwischen Unter- und Oberwelt hin- und herschwingt, verkörpert sinnbildhaft die Abfolge der Jahreszeiten: denn das eine Jahresdrittel, das sie an der Seite des Hades zubringt, ist der karge vegetationsarme Winter – die anderen zwei Drittel umfassen Sommer und Herbst. So ist Persephone Herrscherin im Totenreich und Vegetationsgöttin zugleich, wie überhaupt Tod und Leben untrennbar zusammengehören; sie beschließt in sich das ewige Daseinsgesetz des *Stirb und Werde!*

Unter der Oberfläche der olympischen Götterreligion, die Allgemeingut und auch Volksglaube war, lag die verschleierte Religion der Demeter-Geweihten verborgen, die das Wissen um die Naturgeheimnisse, um den heiligen Jahreslauf, um Saat und Ernte, aber auch um das Fortleben nach dem Tode enthalten haben mag. Drei Stufen der Einweihung gab es:

- den *Neophyten*, den noch Einzuweihenden, Neuling und Anwärter auf die Weihen;
- den *Mysten*, d. h. den »Verschleierten«, der streng an die Pflicht der Geheimhaltung gebunden war;
- den *Epopten*, den mit der Gabe der Schau Ausgestatteten, den hellsichtig Gewordenen.

Weiterhin unterscheidet man die Kleinen und die Großen Eleusinischen Mysterien, die zeitlich und örtlich unabhängig voneinander vollzogen wurden: die einen nämlich im Frühjahr, die anderen im Herbst. Die Kleinen Mysterien wurden im Monat Anthesterion, dem »Blütenmonat« (Februar / März) zu Frühlingsbeginn gefeiert, und zwar in Agrai am Flüsschen Ilissos am Südrand von Athen. Jeder Neophyt musste an der Kultfeier von Agrai teilgenommen haben, bevor er die eigentlichen Weihen in Eleusis erhielt. Die Teilnahme stand ursprünglich nur Eleusiniern offen; jeder Fremde musste sich zuvor von einem Einheimischen »adoptieren« lassen, um an der Kultfeier teilnehmen zu können. Daraus entwickelte sich später der Brauch, dass jeder Anwärter auf die Weihen sich einen geistlichen Führer, einen »Mystagogen«, wählen musste, der ihn unterwies und mit ihm an der Einweihungsfeier teilnahm.

Die Großen Mysterien der Demeter fanden im Monat Boedromion (Sept./Okt.) statt, um den 21. September. Die Neophyten, die bereits im Frühjahr eine Vor-Einweihung empfangen hatten, versammelten sich unter dem sternklaren Nachthimmel; dann zogen sie – von Fackelträgern geleitet – in feierlicher Prozession den 22 km langen Weg von Athen nach Eleusis, welches in schützender Bucht gegenüber der Insel Salamis lag. Bis zu 3000 Menschen mögen an einem solchen Prozessionszug teilgenommen haben. Im Kultbezirk angekommen, begaben sie sich zu den Mysterienspielen; anschließend erhielten sie die Weihen. Vorher ertönte noch der Ruf des Hierophanten, des Oberpriesters, mit dem er die Mysten von den Uneingeweihten trennte; denn letzteren war der Zugang zum heiligen Bezirk bei Todesstrafe verboten! Der Oberpriester gebrauchte dazu (nach Aristophanes) etwa folgende Worte: »Euch allen sag' ich's zum erstenmal, zum zweiten- und drittenmal sag' ich's: Hebt auch all hinweg von dem mystischen Chor! Ihr andern beginnt die Gesänge, beginnt die heilige Feier der Nacht, geziemend dem Fest der Geweihten!«[5]

Streng abgeschieden war der zentrale Kultbezirk von Eleusis, das Telesterion, in dem – geschützt vor dem Zugang der Uneingeweihten – Hymnen erklangen, rhythmische Tänze und Weihespiele aufgeführt wurden. Heilige Mysterienspiele waren es, deren Sinn uns Heutigen verloren gegangen ist; und selbst unter den Damaligen hatten nur Wenige Zugang zu diesen Spielen. *Dromena* nannte man sie, und sie waren wohl eine Art Theaterspiel – aber kein weltliches Theater, sondern die sinnbildliche Darstellung und Aufführung höheren Weltenwebens, das als bestimmend für das ganze Erden- und Menschheitsschicksal erkannt wurde. Den Höhepunkt der Spiele bildete das Erscheinen der Göttin Kore selbst; mit fremdartig-uralten Kultnamen wurde sie angerufen, die Herrin beider Reiche, der Unter- und Oberwelt, bis sie schließlich aus dem Dunkel der Erdentiefe ins strahlende Licht der Weihenacht hineintrat: eine geistige Schau war dies Erscheinen der Göttin, die dem Mysten den Grad des »Schauenden«, des Epopten, verlieh.

Den Geweihten wurde nach Beendigung des Zeremonials eine frisch geschnittene Kornähre – Symbol und Hoheitszeichen der Göttin Demeter – ausgehändigt. Dennoch war die Einweihung in die Demeter-Mysterien zu Eleusis mehr als nur der agrarische Fruchtbarkeitskult einer altmediterranen Bauerngesellschaft, auch wenn viele Symboliken noch an diese Herkunft erinnern. Bezweckt wurde durch die Annahme der Weihen vor allem eine geistige Wiedergeburt des Mysten und ein besseres Weiterleben nach seinem Tode im Jenseits. Die Demeter-Geweihten, und zu ihnen gehörte auch Homer, hatten nach griechischer Vorstellung ein anderes Schicksal nach dem Tod als die Normalmenschen. Homer nennt in seinem Hymnus die Eleusinischen Weihen

heilige Bräuche, die keiner verraten, verletzen, erforschen
darf: denn heilige Scheu vor den Göttern bindet die Stimme.
Selig, wer von den irdischen Menschen je sie gesehen!
Wer aber unteilhaftig der Weihen, der findet ein andres
Schicksal, wenn verblichen er weilt im dumpfigen Dunkel.
(Homer, Hymnos an Demeter, 478–482)[6]

An ein ähnliches Schweigegebot hält sich Herodot, der den Demeter-Kult auf ägyptische Ursprünge zurückführen will: »Ebenso schweige ich von den Mysterien der Demeter, den Thesmophorien, wie die Griechen sie nennen, soweit es nicht erlaubt ist, davon zu reden. Die Töchter des Danaos waren es, die sie aus Ägypten mitbrachten und sie bei den pelasgischen Weibern einführten. Später, als die alten Einwohner des Peloponnes von den Doriern verdrängt wurden, hörten die Mysterien auf, und nur bei den Arkaden, den einzigen, die nicht auswanderten, sondern im Lande blieben, haben sie sich erhalten.«[7]

Die Mysterien von Samothrake

Im Norden des ägäischen Meeres, genau in der Mitte zwischen den Küsten Thrakiens und Kleinasiens, liegt in Höhe des Marmarameeres eine wild zerklüftete Insel, Samothrake, gekrönt von dem 1700 Meter hohen Vulkanberg Phengari, von dem aus der Sage nach einst Poseidon das Schlachtgeschehen um Troja beobachtet haben soll. Auf der wenig fruchtbaren Insel gediehen nur Zwiebeln und Fenchel recht gut, und die dichten Waldungen lieferten reichlich Holz. Den Winter über blieb das Eiland von jedem Verkehr mit der Welt so gut wie abgeschnitten, da die Schiffe der Stürme und des hohen Seegangs wegen dort nicht zu landen wagten. Doch selbst in der wärmeren Jahreszeit konnte eine Landung auf Grund der heftigen Meeresströmungen von den Dardanellen nur unter großen Schwierigkeiten vor sich gehen. Nicht nur Stürme, sondern auch Erdbeben suchten diese Gegend der Ägäis immer wieder heim. So lag die Insel Samothrake im wörtlichen Sinne im Abseits, am Rande des hellenischen Kulturbereichs, und die dort gefeierten Mysterien stehen in vieler Hinsicht im Gegensatz zu denen von Eleusis.

Während Eleusis der zentrale Kultort im griechischen Mutterland war und blieb, bildete Samothrake das Initiationszentrum für den nord- und ostgriechischen Raum. Aber anders als in Eleusis wurde dort ein männliches Götterpaar verehrt, vermutlich Vater und Sohn – man nannte sie die Kabiren, doch hießen sie ursprünglich nur »die Großen Götter«. Zweifellos handelt es sich bei ihnen um ganz urtümliche chthonische Mächte der Erdentiefe; Thassilo von Scheffer spricht von einer »den Griechen ursprünglich fremden Religion dämonischer Erdgottheiten«[8]. Es hat später nicht an Versuchen gefehlt, diese »Urdämonen«, vielleicht Abkömmlinge urzeitlicher Riesengeschlechter, mit den Göttern der olympischen Religion zu verschmelzen; in hellenistischer Zeit wurden sie mit den »Dioskuren« Kastor und Pollux gleichgesetzt. Ein Orphischer Hymnus ruft die Kabiren-Götter an, aber mit ihrer kretischen Bezeichnung »Kureten«:

> *Erzdröhnende Kureten,*
> *Die ihr die Waffen des Ares besitzt,*
> *Lebenerweckende Lüfte*
> *Mächtige Helfer der Welt,*
> *Ihr Holden, die ihr das Meer,*
> *Die Erde, den Himmel bewohnt,*
> *Und Samothrakes heiliges Land–*
> *Den meerirrenden Menschen*
> *Abwendend die Gefahr;*
> *Ihr schenktet zuerst*
> *Eine Opferfeier den Menschen.*[9]

Hier erscheinen die Kureten (oder Kabiren) in erster Linie als Retter aus der Seenot, auch als Wind- und Luftgeister; allenthalben handelt es sich um reine Naturgottheiten, deren Schutz und Hilfe man herbeifleht. Ursprünglich waren die Kureten vorgriechische Vegetationsgötter aus Kreta. Die Sage berichtet von ihnen, sie hätten um den kleinen schreienden Zeus, das jüngste Kind der Rheia, einen lauten Waffentanz aufgeführt (daher »erzdröhnende Kureten«), um den alten Gott Kronos, der seinen Sohn Zeus verschlingen wollte, zu täuschen. Ein wilder, waffenlärmender, bisweilen ganz ekstatischer Tanz muss auf Samothrake wohl auch zur Kabiren-Verehrung dazugehört haben; Nonnos beschreibt in seinen *Dionysiaka* einen solchen kultischen Tanz:

> *Und während das dröhnende Kalbfell*
> *wirbelnd geschlagen ward von eifernden, eisernen Schlegeln,*
> *tönte die Doppelflöte und sang den Tänzern zum Ansporn*
> *hauchend ihr Lied in schmiegendem Klange zum Schwingen*
> *des Tanzes. Und die Eichen säuselten leise, es brüllten die Felsen,*
> *und es schüttelten sich bewusst die trunkenen Wälder,*
> *und die Dryaden tosten. Es eilten die Bären in dichten*

Scharen herbei zum Tanz und sprangen paarweis im Kreise;
um die Wette brüllten die Kehlen der Löwen und ahmten
nach das Kriegsgeschrei mysterienfroher Kabiren (....)[10]

Solche orgiastischen Tänze pflegten auch die verzückten Priester der kleinasiatischen Erdgöttin Kybele, die Korybanten, aufzuführen. Auch auf anderen Inseln der Ägäis gab es einen Kabirenkult, und es spannen sich geistige Verbindungsfäden von Samothrake nach Kreta und Kleinasien; denn es besteht kein Zweifel darüber, dass die unterschiedlichen Benennungen – Kabiren, Kureten, Korybanten – denselben Sachverhalt kennzeichnen. Vielleicht stellt die Mysterienreligion von Samothrake mit ihren fremdartigen Kulten das letzte inselhafte Überbleibsel jener altmediterranen Bauernreligion dar, die vor der Einwanderung der indogermanischen Griechen im ganzen Mittelmeergebiet in Blüte stand.

Das Arsinoeion auf der Insel Samothrake

Gefördert wurden die Samothrakischen Mysterien in ganz besonderer Weise von den hellenistischen Herrschern der Diadochen-Reiche; schon König Phillip II. von Makedonien – der Vater Alexanders des Großen – soll seiner späteren Gemahlin Olympias, der liebreizenden Prinzessin von Epidaurus, bei den Einweihungsfeiern von Samothrake erstmals begegnet sein. Die Ptolemäer-Königin Arsinoe II. von Ägypten, selbst eine Eingeweihte der Mysterien, stiftete dem Kultort Samothrake einen schönen Rundtempel, der nach ihr benannt das *Arsinoeion* heißt (erbaut 280 v. Chr.). In der eigentlichen Weihehalle jedoch, dem Anaktoron, konnte man den Grad des »Mysten« erwerben; im Hieron – dem zentralen Heiligtum – wurde der Grad des »Epopten« verliehen. Die Weihen wurden – anders als in Eleusis – das ganze Jahr über erteilt mit Ausnahme der Winterperiode, von April bis September. Die Namensliste der Eingeweihten reicht bis ins 3. nachchristliche Jahrhundert, also bis weit in die Römische Kaiserzeit hinein, und sie zeigt ein buntes Spektrum von Personen: Griechen und Römer, Männer und Frauen, Freigelassene und Sklaven.

Die Orphischen Mysterien

Uralte Mythen berichten uns von Orpheus, einem leierspielenden Sänger, dessen Musik wilde Tiere zähmte, Felsen versetzte, ja selbst die Totengöttin zu rühren vermochte[11] – er galt als Sohn des Flussgottes Oiagros und der Muse Kalliope. Zuweilen wird der Gott Apollon, der Anführer der Musenschar, als der eigentliche Vater des Orpheus genannt; allenthalben erscheint er im Mythos als ein übernatürliches und halbgöttliches Wesen. Wer war Orpheus? Ein Dichter, Sänger, Prophet? Ein Halbgott? Ein großer Eingeweihter?

Mit der überirdischen Macht der Musik wird die Gestalt des Orpheus für immer verbunden bleiben. In der Musik wirken die gleichen harmonikalen Schwingungsgesetze, die überall im Kosmos anzutreffen sind. Musik ist ein Bestandteil der Schöpfungsordnung. Die Leier des Orpheus, der so überirdisch schöne Sphärentöne zu entlocken waren, mag vielleicht auch ein Sinnbild sein für die menschliche Seele überhaupt: ein Instrument, dessen Saiten gespannt sind, und die mitschwingen im Klang der Weltharmonie, wenn nur ein rechter Tonkünstler sie anrührt.

Der Gang des Orpheus in die Unterwelt stellt eines der bekanntesten Motive der griechischen Mythologie dar. Tatsächlich handelte es sich dabei um eine Jenseitsreise, möglich gemacht durch die Aussendung des dem Menschen innewohnenden Astralkörpers, also um eine Seelenreise in das Totenreich. Solche Astralreise ins Jenseits, die man auch aus der Praxis der Schamanen kennt, bildet eine Stufe des Einweihungsweges, die jeder Adept des höheren Wissens erklimmen muss. Orpheus steigt allerdings in die Unterwelt herab, um seine Gattin Eurydike zurückzugewinnen, die er verlor, weil er sich unerlaubterweise nach ihr umblickte: ein Sinnbild für die Gefahren und Verfehlungen, die auf jeder Jenseitsreise auftreten können.

Und dann das Ende des Orpheus: von Mänaden, rasenden Weibern, wird er in wild-orgiastischem Getümmel zerrissen – sein Haupt aber, noch singend, wird mitsamt der berühmten Leier von den Meereswogen an die Gestade der Insel Lesbos getrieben ... Es erweckte die Sangeskraft des Eilandes.

Orpheus gilt als Stifter eines Mysterienbundes, der um 600 v. Chr. in Griechenland – vor allem aber in Thrakien – weit verbreitet gewesen sein muss. Anders als die Mysterien von Eleusis und Samothrake, die jeweils an einen festen Kultplatz gebunden waren, hatte der Bund der Orphiker kein örtliches Zentrum, sondern war vielmehr in kleineren Geheimgruppen über das Land zerstreut, eine Bewegung im Untergrund, die in dem an sich so diesseitszugewandten Griechentum wie ein Fremdkörper gewirkt haben mochte.

Diese von Orpheus begründete geheime Mysterienschule, aus der später die des Pythagoras hervorging (um 500 v.Chr.), war logenartig organisiert und hatte mehrere Grade (zum Beispiel den des »Hirten«) aufzuweisen. Noch in der römischen Kaiserzeit, ja bis ins 3. Jahrhundert n. Chr. hinein, gab es diesen Geheimbund mit seinen Orphischen Weihen, der sein Zentrum in einer Stadt des westlichen Kleinasien, vermutlich in Pergamon, gehabt haben muss.

Die eigentümliche Verbindung von Musik, Jenseitsreise und spiritueller Einweihung scheint für die Gestalt des Orpheus typisch zu sein; eine Ähnlichkeit mit den in Westeuropa heimischen Barden, den singenden und harfespielenden Eingeweihten der Kelten, tritt deutlich ins Auge. Worin aber besteht der Kern und das Wesen der Orphischen Mysterien?

Die angeblich von Orpheus verfassten Hymnen befinden sich in einer Sammlung von Liedtexten, die den Titel *Orphische Hymnen* trägt. Orpheus als Verfasser ist ebenso legendär wie Homer als Verfasser der *Ilias und Odyssee* oder der *Homerischen Götterhymnen*. Auf jeden Fall dienten diese *Orphischen Hymnen* in ihrer endgültigen Form (auch in Deutsch, übersetzt von J. O. Plassmann) dem Mysterienbund der Orphiker als Liederbuch, ja wohl auch als Kultbuch.

Zahlreiche Gottheiten werden in diesen Liedern der *Orphischen Hymnen* angerufen, neben Dionysos auch die Große Göttermutter, die Mondgöttin Selene sowie zahlreiche schemenhafte Naturgeistwesen, die Nymphen, Nereiden und Satyrn – ja selbst die Nacht, die Sterne und der Äther werden durch die Macht des Gesanges beschworen. Wir haben Grund zu der Annahme, dass die Initiation im Sinne der *Orphischen Hymnen* ein Weg stufenweiser Natureinweihung gewesen ist, der schlussendlich zur Erkenntnis der Allbeseeltheit und Allbelebtheit des Kosmos hinführt. Hier der Orphische Hymnus an den Äther:

> *Du hochragendes Haus des Zeus,*
> *Unzerstörbar in ewiger Kraft,*
> *Träger der Sterne, der Sonne, des Mondes,*
> *Allbezwinger, feueratmend,*
> *Alles Lebens entzündender Stoff!*
> *Weithinleuchtender Äther,*
> *Edelster Urstoff des Alls,*
> *Prächtiger Urkeim, Träger des Lichts,*
> *Flammend vom Feuer der Sterne –*
> *Dir ertönt mein flehender Ruf:*
> *O zeige dein heiteres Antlitz!*[12]

Es ist vor allem ein Geist feierlicher und weihevoller Naturverehrung, der aus den *Orphschen Hymnen* zu uns spricht; und der Gott Dionysos, Sohn des Zeus und der Semele, der – wie die Sage zu berichten weiß – von Nymphen großgezogen wurde, tritt uns dort entgegen als ein unversaler Weltengott, dem alle Kräfte des Lebendigen zur Diensten stehen.

Dionysos, zweifellos der Haupt- und Zentralgott der Orphik, stammt ursprünglich aus Thrakien. Dieses wilde zerklüftete Gebiet im Norden galt den Griechen stets als etwas Fremdes, Unheimliches. Dionysos gehörte ursprünglich nicht in den Kreis der lichten olympischen Götter, sondern in den der chthonisches Urwesen: ein Vegetations- und Fruchtbarkeitsgott, verbunden vor allem mit Wein, Rausch und Ekstase. Bacchantinnen, wild tanzende, ekstatisch verzückte Frauen, so hießen ursprünglich die Anhängerinnen des Dionysos-Kultes, die es verstanden, sich durch Tanz in einen Zustand rauschhafter Selbstvergessenheit hineinzusteigern. Die Orphiker betrachteten den »zweimalgeborenen« Dionysos als den Stammvater des Menschengeschlechts, worüber ein entsprechender Mythos Auskunft gibt:

Göttervater Zeus zeugte zusammen mit der Regentin der Unterwelt Persephone den Knaben Zagreus, der auserkoren war, künftiger Weltherrscher zu werden. Die finsteren Widersacher der Götter jedoch, die lehmig-plumpen Titanen, lockten den vielgestaltig verwandelten Zagreus in einen Hinterhalt, zerstückelten ihn, fraßen ihn auf – nur das Herz blieb übrig. Athene brachte es Zeus, der es verspeiste, woraufhin er zusammen mit Semele den Bakchos zeugte. Zagreus ist der gemordete Dionysos, Bakchos der wiedergeborene und auferstandene Dionysos!

Die frevlerischen Titanen aber verbrannte der zürnende Zeus mit seinem Blitzstrahl zu Asche; aus der Asche formte er das Menschengeschlecht. Da die Titanen sich den Gottsohn Dionysos einverleibt hatten, waren sie auch voll göttlich-lichthafter Elemente, die in das neugeformte Menschengeschlecht eingingen. Daher, so lehren die Orphiker, tragen die Menschen seit urher zwei Seelenanteile in sich: einen irdisch-titanischen und einen göttlich-dionysischen. Die Aufgabe wahren Menschentums besteht nach den Lehren der Orphik darin, dass der Mensch den in ihm wohnenden göttlichen Funken, der unbewusst in ihm schlummert, wachrufe und freisetze. Die niedere titanische Natur soll damit zugleich Schritt um Schritt überwunden werden.

Der zu den lichten Höhen des Göttlichen hinführende Menschen-Weg der Orphik beginnt natürlich mit der Annahme der Orphischen Weihen; die Geweihten verpflichten sich zu einer gottgemäßen Lebensweise, die als eine streng diätische und asketische gedacht war. Thassilo von Scheffer teilt uns in seinem Buch *Hellenische Mysterien und Orakel* mehr Einzelheiten mit »...nur linnene Kleider durften getragen werden, wollene Gewebe waren verboten, der Genuss von Fleisch war untersagt, und dieser erste Vegetarismus des Abendlandes steigerte sich sogar zur Ablehnung des Lebenskeime bergenden Eies, dessen Verzehrung als Tötung aufgefasst wurde. (...) Die Orphik fasste eben ganz ungriechisch das leibliche Dasein als ein schlackenbelastetes auf, das der inneren Reinigung und Läuterung durch Abstoßung der titanischen Elemente bedürfe und eigentlich nur eine Durchgangsstation für ein jenseitiges Leben bedeute. Aber auch dieses war nicht von Dauer, denn die Orphik lehrte die Seelenwanderung, einen langen Kreislauf durch verschiedene Stationen zur Erlangung wahrer endgültiger Reinheit bis zum Eingehen in Gott. Erstaunt glaubt man indische Lehren zu hören...«[13]

Die Orphik trägt zweifellos »ungriechische« Züge in sich; keine Spur von dem naiven Weltglauben und der frohen Leichtlebigkeit der Griechen, ihrer Freude an stolzem selbstbewusstem Menschentum. Denn die Orphiker betrachteten, gleich den altindischen Brahmanen, das irdische Leben nur als eine Pilgerreise zu einem eigentlich außerhalb der Welt liegenden göttlichen Lichtreich; daher kommt ein gewisser Zug zum Asketischen in die Orphik hinein sowie ein Hang zur ekstatischen Mystik. Urindisches begegnet uns auch im »Schöpfungsmythos« der Orphiker; dieser lässt die Welt aus einem gigantischen Ur-Ei entstehen, das die Urgöttin der Nacht – ein tiefdunkler Weltenschoß – einst gelegt hatte. Und so lauten die überlieferten Worte:

»Aber die Orphiker sagen, dass die schwarzgeflügelte Nacht, eine Göttin, vor der selbst Zeus in Ehrfurcht stand, vom Wind umworben wurde, und dass sie ein silbernes Ei im Schoß der Dunkelheit legte; und dass Eros, den manche Phanes nennen, diesem Ei entschlüpfte und das All in Bewegung setzte...«[14] Dieser Gott Eros, der dem Welten-Ei entspringt, taucht im altindischen Weltschöpfungsmythos auf als das Urwesen Brahma, das aus dem »Goldenen Ei« Hiranya-Garbha geboren wird. Dieses Ur-Ei schwimmt als der Werde-Keim allen Seins äonenlang im Ozean, bis es von dem symbolischen Schwan Hamsa, dem einzigen Vogel in jener Urwelt, ausgebrütet wird. Das kosmische Ei ist also der Urzeugungs-Same, aus dem alle späteren Dinge hervorgehen werden.

»Dieser Same«, so heißt es in einer Nacherzählung des Mythos, »entwickelte sich zu einem goldenen Ei, das wie die Sonne glänzte und in welchem (...) Brahma geboren werde, er, der Urvater aller Welten. Nachdem er ein Jahr in dem Ei geruht hatte, spaltete Brahma es durch seinen bloßen Gedanken in zwei Hälften. Aus den beiden Schalen bildete er nun den Himmel und die Erde, dazwischen stellte er den Luftraum, die acht Weltgegenden und den ewigen Ort des Wassers. So ordnete Brahma die Welt an.«[15] Der Mythos vom kosmischen Ur-Ei wie auch der Gedanke der Seelenwanderung und die Betonung der Askese als Mittel des geistigen Aufstiegs lassen die Orphischen Mysterien und den indischen Brahmanismus als zwei Pole einer einstmals universalen, West und Ost gleichermaßen umfassenden esoterischen Urreligion erahnen.

Daneben lassen sich in der Orphik auch Züge einer naturreligiösen Mystik sowie Restbestände einer matriarchalen Urreligion auffinden; in den Hymnen an die weiblichen Urgestalten Rhea und Demeter – einst hochverehrte Göttinnen, Urmütter der griechischen Religion – lebt wohl noch die Erinnerung an ein einstiges Matriarchat der frühen Mittelmeer-kulturen fort. Die große Naturnähe der Orphik zeigt sich etwa darin, dass den Nymphen und Nereiden, den scheuen Quellgeistern und Wasserni-xen, die nur das hellschauende Menschenauge wahrzunehmen vermag, Hymnen dargebracht werden. Eine ins Gigantische gesteigerte Gestalt ist jedoch die des Naturgottes Pan. Der große, der gewaltige Pan! Nicht ein idyllischer Waldgott, nicht ein von den Hirten Arkadiens verehrter Lo-kalgott ist er hier, sondern – »Herrscher im Weltall«, »die Gesamtheit des Alls«, ja »wahrer Zeus«. Von ihm heißt es:

> *Pan den starken rufe ich an,*
> *Den Hirtengott, die Gesamtheit des Alls –*
> *Himmel, Meer, Allkönigin Erde*
> *Und das unsterbliche Feuer,*
> *Denn alle sind Glieder des Pan.*
> *Komm, Seliger, Springender, laufend im Kreise,*
> *Der mit den Horen herrscht,*
> *Ziegenfüßiger Gott;*
> *Freund der gottbegeisterten Seelen,*
> *Verzückter, wohnend in Höhlen –*
> *Du spielst die Weltharmonie*
> *Mit scherzendem Flötengesang.*[16]

Alles Lebende – Mensch, Erde und Kosmos – ist Teil und Glied des großen Pan. Der Pan ist also das All: der beseelte Weltenraum mit seinen zahllosen, durch die Unendlichkeit wirbelnden Galaxien, seinen Myria-den von bewohnten und unbewohnten Welten. Und ein Teil der ewig klingenden Weltharmonie, die Pan auf seiner Flöte spielt, sind vielleicht auch die *Orphischen Hymnen* selbst – »zerstückte Glieder des Urgesangs aller Wesen« nannte sie Herder. Das ist Sprache, die aus dem Mythischen schöpft; die Psalmen, die Edda-Dichtungen, die altindischen Vedas atmen verwandten Geist. Aus diesem Geist mag auch Goethe noch seine *Orphi-schen Urworte* gedichtet haben.

Pythagoras – Künder ewiger Harmonie

Der erste Europäer, der sich selbst einen Philosophen, einen Freund der Weisheit nannte, war der Weise *Pythagoras von Samos* (569–471 v. Chr.)[17], ein wahrhaftiger Komet am Geisteshimmel des Abendlandes. Pythagoras verstand sich nicht als Philosoph im heutigen Sinne, sondern das Ziel seiner Bestrebungen lag darin, das Einweihungswissen der Mysterien geistig zu durchdringen. Solche Durchdringung bedeutete für ihn der Inbegriff aller Weisheit. Philosophie, Esoterik, Musik, Heilkunst und Mathematik, die eher Zahlenmystik war als Rechnerei, wurden von Pythagoras zu einer universalen Harmonielehre zusammengeschlossen, die sowohl zur Erkenntnis des Göttlichen als auch zu einer dementsprechenden Lebensführung hinführen sollte.

Über das Leben des Pythagoras wird uns berichtet, dass er seine Heimat Samos, eine Insel vor der ionischen Küste Kleinasiens, schon in jungen Jahren verlassen hatte. Zunächst ging er nach Sidon, wo er sich in die Mysterien und Kulte der Phönizier einweihen liess; dann wandte er sich nach Ägypten. Dort blieb er angeblich 22 Jahre lang. In Heliopolis und Theben wurde er mit den hocherhabenen Lehren ägyptischer Sonnen-Weisheit bekannt gemacht. Ja, er erhielt selbst die Priesterweihen und wurde damit zum Träger des von den Ägyptern gehüteten uralten Einweihungswissens, das man als eine tief durchgeistigte Sonnen-Esoterik bezeichnen kann.

Als aber im Jahre 526 v. d. Ztw. der Perserkönig Kambyses in einem seiner Heereszüge Ägypten eroberte, verbannte er zahlreiche ägyptische Priester – darunter auch Pythagoras – in die Hauptstadt seines Reiches, nach Babylon, das wie eine Drehscheibe zwischen Ost und West die Kulturen des Morgen- und des Abendlandes miteinander verband. In Babylon, wo er weitere 12 Jahre blieb, wurde Pythagoras in das Priester-Wissen der Chaldäer eingeführt. Dort kam er auch mit der Weisheit Indiens in Berührung; dort traf er vor allem seinen Zeitgenossen Zarathustra Spitama, den großen arischen Sonnen-Priester und Sonnen-Eingeweihten, den bedeutendsten Religionsstifter Persiens.

Endlich, nach 34 Jahren des Reifens und Lernens in der Fremde, kehrte der Weise von Samos in seine Heimat zurück. Allein er blieb nicht lange auf dieser Insel in der östlichen Ägäis, sondern begab sich zu den Kultstätten von Delphi und Samothrake, schließlich nach Thrakien, um sich dort in die Orphischen Mysterien einweihen zu lassen. Sein Biograph Jamblichos (gest. um 330 n. d. Ztw.) schreibt: »Im ganzen soll Pythagoras in Redeweise und Gesinnung dem Orpheus nachgeeifert haben; auch ehrte er die Götter ähnlich wie Orpheus.«[18] Pythagoras, ein wahrhaft universaler Geist, hatte in den Lehren des alten Orients ein ewiges Geisteswissen gefunden, und dieses selbe Geisteswissen fand er wieder in den indoeuropäischen Mysterien der Orphik, den Mysterien des Apollo- und

Dionysos-Kultes. Oftmals wird Pythagoras ein Priester des Apollo genannt; aber seine esoterische Philosophie ist das Ergebnis einer weitgespannten Ost-West-Synthese!

Die letzte Station im Leben des Pythagoras war »Großgriechenland« – so nannte man damals die griechischen Kolonien in Unteritalien. Unter den reichen Handelsstädten Großgriechenlands taten sich Sybaris und Kroton besonders hervor. Kroton war es auch, wo der nunmehr 60jährige Pythagoras sich niederließ und seine eigene Schule gründete. Die Schule des Pythagoras – soll man sie einen philosophischen Orden, einen Tempel der Wissenschaft, einen Mysterienbund oder eine kommunitäre Lebensgemeinschaft nennen? Sie war all dies zugleich, eine wahrhafte Pflanzschule des Geistes, und Pythagoras leitete sie bis zu seinem Tod im Alter von 96 Jahren! Die Schule nahm jedoch, trotz ihrer gewaltigen geistigen Strahlkraft, ein tragisches Ende. Von einem aufgehetzten Mob wurde sie gestürmt und in Brand gesetzt, die Schüler teils getötet, teils vertrieben. Worin bestand nun aber der Inhalt des esoterischen Pythagoreismus?

Die geistige Essenz des Pythagoreertums lässt sich zunächst einmal in zwei Sätzen zusammenfassen, von denen der eine heißt: *Die Welt ist Zahl*; der andere Satz lautet: *Die Welt ist Klang, Ton, Musik*. Beide Sätze hängen miteinander zusammen, denn die »Zahl« kann auch »tönen«, und den Zahlengesetzmäßigkeiten entsprechen Tonharmonien. Von besonderer Wichtigkeit waren die kosmischen Ur-Zahlen von 1 bis 10, die gleichsam als Emanationen des kosmischen Ur-Geistes angesehen wurden. Die Zahlen, unmittelbar aus Gott hervorgegangen, sind somit die Schöpfungs-Urprinzipien, und ihre Abbilder finden sich überall im Geschaffenen. In diesem Sinne sagt Philolaos, ein Schüler des Pythagoras: »Alles, was man erkennen kann, lässt sich auf eine Zahl zurückführen; ohne eine solche ist es unmöglich, irgendetwas sich vorzustellen oder zu erkennen. (...) Nicht nur in der Geister- und Götterwelt sieht man die Natur und die Kraft der Zahl ihre Stärke betätigen, sondern auch überall in allen menschlichen Werken und Worten, in allen technischen Arbeiten und in der Musik.«[19]

Da die Addition der Zahlen 1, 2, 3 und 4 die Zahl 10 ergibt, galt die Zehn bei den Pythagoreern als ein Symbol für die Ganzheit der Welt schlechthin. Diese pythagoreische Weltformel wurde in folgendem Sinnbild ausgedrückt, das unter dem Namen *Tetraktys* bekannt ist.

Die okkulte Zahlenlehre der Pythagoreer war weder eine rein »wissenschaftliche« Mathematik – dies wohl auch, aber nicht ausschließlich – noch gar irgendeine abstruse »orientalische Zahlenspekulation«, wie dies namentlich in den üblichen Philosophie-Lehrbüchern immer wieder gesagt wird, sondern sie stellte eine echte esoterische Einweihungslehre dar, die der Schüler sich nicht durch Verstandeskraft, sondern durch geistiges Schauen aneignete. In allen antiken Mysterienschulen, auch in der des Pythagoras, wurde das Schauen mit dem Geistesauge gelehrt, ein Schauen oder Sehen, das weit über die Grenzen der sinnlichen Wahrnehmungsfähigkeit hinausreicht

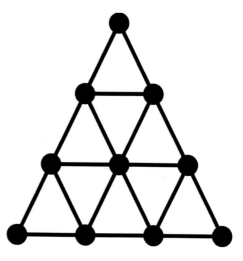

und nach der Erkenntnis der höheren geistig-göttlichen Welten trachtet. Es besteht kein Zweifel darüber, dass Pythagoras, ein vielfach Eingeweihter, die kosmischen Ur-Zahlen in diesem Sinne »geschaut« (und zugleich – als Sphärenharmonie – »gehört«) hat; er erschaute diese »Zahlen« als Urgedanken Gottes, die in Ewigkeit fortbestehen.

Von modernen Geistesforschern wird übrigens gesagt, dass im »Reich der geistigen Urbilder«, auf der höheren Mentalebene, würden wir vielleicht heute sagen, die pythagoreischen Zahlen als schöpferisch-tätige Wesenheiten tatsächlich existieren. Über das »Tönen« der Zahlen, das nur durch geistiges Hellhören wahrgenommen werden kann, schreibt Rudolf Steiner in seinem Buch *Theosophie* (1904): »Sobald nämlich der 'Hellsehende' aufsteigt aus dem Seelen- in das Geisterland [die höhere Mentalebene], werden die wahrgenommenen Urbilder auch klingend. Dieses 'Klingen' ist ein rein geistiger Vorgang. Es muss ohne alles Mitdenken eines physischen Tones vorgestellt werden. Der Beobachter fühlt sich wie in einem Meere von Tönen. Und in diesem Tönen, in diesem geistigen Klingen drücken sich die Wesenheiten der geistigen Welt aus. In ihrem Zusammenklang, ihren Harmonien, Rhythmen und Melodien prägen sich die Urgesetze ihres Daseins, ihre gegenseitigen Verhältnisse und Verwandschaften aus. Was in der physischen Welt der Verstand als Gesetz, als Idee wahrnimmt, das stellt sich für das 'geistige Ohr' als ein Geistig-Musikalisches dar. (....) Die Pythagoreer nannten daher diese Wahrnehmung der geistigen Welt 'Sphärenmusik'. Dem Besitzer des 'geistigen

Ohres' ist diese 'Sphärenmusik' nicht bloß etwas Bildliches, Allegorisches, sondern eine ihm wohlbekannte geistige Wirklichkeit.«[20] In den *Goldenen Versen des Pythagoras* lesen wir:

> *Vor allem sei getrost,*
> *Da ja die Sterblichen göttlicher Herkunft sind,*
> *Und die Natur ihnen das Heilige offenbart*
> *Und sie alles schauen lässt.*[21]

In dem harmonisch klingenden Zahlen-Kosmos hat auch der Mensch seinen Platz: ein ursprünglich gottähnliches Wesen, einst aus dem Göttlichen herausgefallen und nun dazu bestimmt, durch eine lange Kette der Wiederverkörperungen auf der Erde den Weg zu der verlorenen geistigen Lichtheimat zurückzufinden. Aber dieser westlich-abendländische Reinkarnations-Gedanke unterscheidet sich grundlegend von der Seelenwanderungslehre des Buddhismus. Während im Buddhismus die Kette der menschlichen Inkarnationen als ein sinnlos sich drehendes »Rad der Wiedergeburt« gesehen wird, dem es schnellstmöglich zu entrinnen gilt, so ist nach pythagoreischer, auch keltisch-druidischer, überhaupt westlicher Ansicht die Kette der Erdenleben ein Ort der Höherentwicklung und damit ein notwendiges (auch in sich sinnvolles) Durchgangsstadium. Das Ziel des Weltenwanderungsweges der Seele besteht nach Aussage der *Goldenen Verse* darin, sich frei in den Äther zu erheben, um ein »unsterblicher Gott« zu werden:

> *Wenn du aber den Körper verlässt,*
> *Mögest du die Freiheit des Äthers erreichen.*
> *Du wirst nicht mehr zu den Sterblichen gehören,*
> *Du wirst ein unsterblicher Gott sein,*
> *herrlich und heilig.*[22]

Der Reinkarnationsweg des Menschen bleibt stets eingebunden in den Gang der kosmischen Evolution, und diese Weltevolution ist nichts anderes als die stufenweise fortschreitende Selbstverwirklichung des Gottesfunkens, der sich von der Mineral-, Pflanzen- und Tierwelt über die Menschenwelt bis in die Höhen der Geister- und Götterwelt zu immer höheren Formen des Bewusstseins hinaufläutert. Mit den Worten des Pythagoreers Empedokles (geb. um 490 v. Chr. in Agrigent / Sizilien):

> *Selbst schon ward ich geboren als Knabe und Mädchen und war schon*
> *Pflanze und Vogel und stummer Fisch in den Fluten des Meeres.*

Schließlich werden die Weisen zu Sehern und Sängern und Ärzten
oder sie walten als Fürsten im Kreis der irdischen Menschen.
Und aus solchen erwachsen zu Göttern sie herrlich an Ehren,
teilen den Herd und den Tisch der anderen Unsterblichen wieder,
frei und ledig von menschlichem Leid, unwandelbar ewig.[23]

Aus einer solchen spirituellen Entwicklungslehre, die selbst im Menschentum nur die Vorstufe zu etwas Höherem erblickt, entspringt die pythagoerische Ethik. In ihrem Mittelpunkt stand das Verbot, Lebendes zu töten und zu verzehren; es gab somit im Kreis der Pythagoreer weder die üblichen Tieropfer noch überhaupt Fleischgenuss, und zum Zeichen der inneren wie äußeren Reinheit wurden stets weiße (linnene, aber nicht wollene) Gewänder getragen. Gerade wegen seiner ethischen Lebensweise ist Pythagoras, wie später Platon schreiben wird (*Politeia* / 600), »aufs höchste verehrt worden, und seine Anhänger heben sich noch heute durch ihre sogenannte pythagoerische Lebensweise von den übrigen Menschen deutlich ab«[24].

Die Esoterik in der Philosophie Platons

Wenn man die Entwicklung des griechischen Geistes mit dem Ablauf eines Tages vergleicht, so kann man Orpheus den Eingeweihten der griechischen Morgenstunde nennen, Pythagoras den Weisen des hellen Mittags, und Platon als den Philosophen der Abenddämmerung Griechenlands bezeichnen.

Platon, Sproß einer hochangesehenen Athener Adelsfamilie, wurde im Jahre 427 v. Chr. geboren. Als junger Mensch warf er sich zunächst in die Politik seiner Heimatstadt; aber voll Ekel gegen das korrupte politische Treiben seiner Zeit zog er sich ebenso schnell aus der Politik wieder zurück und wandte sich der Philosophie – seiner eigentlichen Lebensaufgabe – zu. Als Zwanzigjähriger traf er seinen Lehrer Sokrates, eine allerdings eher legendäre Figur, dessen Schüler er acht Jahre lang blieb. Nach dem Tod seines Meisters begab er sich auf ausgedehnte Studienreisen, die ihn nach Kleinasien, Ägypten und Unteritalien führten. Möglicherweise kam Platon in Ägypten mit dem dortigen Priesterstand in Berührung und wurde – wie Pythagoras – in die ägyptischen Mysterien eingeweiht. In Unteritalien nahm er die Lehren der orphisch-pythagoreischen Esoterik in sich auf. Nach Athen zurückgekehrt, gründete er dort im Jahr 387 v. Chr. seine eigene philosophische Schule, die sogenannte Akademie.

Dass Platon ein Mysterien-Eingeweihter war, der mit Geistesaugen die übersinnliche Welt direkt wahrnehmen konnte, das kommt in seinen zahlreichen, meist in Dialogform abgefassten Schriften immer wieder zum Ausdruck. Allerdings offenbart sich die Esoterik Platons nur dem in die Tiefe Blickenden. Man muss sie gleichsam zwischen den Zeilen lesen, aus Andeutungen und Seitenbemerkungen herausspüren, denn den inneren esoterischen Kern seiner Lehre hat Platon niemals der schriftlichen Form anvertraut:»Von mir selbst gibt es keine Schrift über diese Gegenstände, noch dürfte eine solche erscheinen; derartiges lässt sich in keiner Weise wie andere Lehren in Worte fassen, sondern bedarf langer Beschäftigung mit dem Gegenstande und des Hineinlebens in denselben; dann aber ist es, als ob ein Funke hervorspringe und ein Licht in der Seele entzündete, das nun sich selbst erhält.«[25]

Platon hat also – wie alle Esoteriker, wie die keltischen Druiden, wie die Brahmanen Indiens – gewisse Dinge öffentlich gelehrt, andere Dinge aber wohlweislich für sich behalten. Aber selbst dem öffentlich Gelehrten liegt deutlich erkennbar Einweihungswissen zugrunde, worüber die dialektische Rhetorik und der stark ausgeprägte Intellektualismus der platonischen Dialoge nicht hinwegtäuschen können. Platons geistiges Ringen und Streben richtete sich immer und in erster Linie auf das Überzeitliche, Ewige, Göttliche, auf die unvergänglichen Urbilder des Seins, die er *Ideen* (von griech. *eidos*, das Bild) nannte. Dass alle sinnlich wahrnehmbaren Dinge nur Nachbildungen der ewigen Urbilder sind, war für Platon ein zentraler Lehrinhalt. Seine Ideenlehre stellt das erste in sich geschlossene System abendländischer Metaphysik dar.

Die Seele des Menschen, so lehrt Platon, stammt aus der höheren Geisteswelt, und ihr Wissen um das Gute ist eine Erinnerung an das dort Gesehene:»Weil nun die Seele unsterblich ist und oftmals geboren und alle Dinge, die hier und in der Unterwelt sind, geschaut hat, so gibt es nichts, was sie nicht in Erfahrung gebracht hätte...«[26] Der Gedanke der wiederholten Erdenleben, der Reinkarnation, war für Platon selbstverständlich, und an manchen Stellen seines Gesamtwerkes gibt er auch Hinweise auf das nachtodliche Leben des Menschen. Die Seele des Weisheitsliebenden, so heißt es etwa im Dialog *Phaidon,* geht »in das Reich, das ihrem Wesen ähnlich ist, das unsichtbare, göttliche, unsterbliche und geistige. Und dort erwartet sie das Glück, Freiheit von Irrsal, Unvernunft und Angst, von wildem Liebestaumel und was es sonst an Übel bei den Menschen gibt.

Und wie es von den Trägern der Mysterienweihen heißt: sie leben wahrhaftig und in alle Ewigkeit im Kreis der Götter«[27].

Den Kern seiner Ideenlehre hat Platon in seinem berühmten *Höhlengleichnis* dargestellt (*Politeia*, Buch VII), einem Sinnbild für die Daseinssituation des Menschen überhaupt. Da heißt es: »Und jetzt will ich dir ein Gleichnis für uns Menschen sagen (...). Denke dir, es lebten Menschen in einer Art unterirdischen Höhle, und längs der Höhle zöge sich eine breite Öffnung hin, die zum Licht heraufführt. In dieser Höhle wären sie von Kindheit an gewesen und hätten Fesseln an den Schenkeln und am Halse, so dass sie sich nicht von der Stelle rühren könnten und beständig geradeaus schauen müssten. Oben in der Ferne sei ein Feuer, und das gäbe ihnen von hinten her Licht. Zwischen dem Feuer aber und den Gefesselten führe oben ein Weg entlang. Denke dir, dieser Weg hätte an seiner Seite eine Mauer, ähnlich wie ein Gerüst, das die Gaukler vor sich, den Zuschauern gegenüber, zu errichten pflegen, um darauf ihre Kunststücke vorzuführen. (...) Weiter denke dir, es trügen Leute an dieser Mauer vorüber, aber so, dass es über sie hinwegragt, allerhand Geräte, auch Bildsäulen von Menschen und Tieren aus Stein und aus Holz und überhaupt Erzeugnisse menschlicher Arbeit.«[28]

Die in der Höhle Gefesselten vermögen diese Gegenstände nicht zu sehen, sondern nur deren Schatten, die durch das von hinten her einströmende Licht an die Höhlenwand projiziert werden. Platon hat mit diesem Gleichnis sagen wollen, dass das von uns als »Wirklichkeit« Wahrgenommene nur »Schatten« ist im Vergleich zur höheren Wirklichkeit der geistigen Welt. Dort befinden sich die geistigen Urbilder aller Dinge, die »Ideen«, die Goethe später als »Urphänomene« bezeichnete. Der geistige Aufstiegsweg des Menschen besteht nach Platon nun darin, dass er – immer noch ein halbblinder Höhlenbewohner – seine Fesseln sprenge, sich herumwende und Schritt um Schritt zur Lichtquelle heraufsteige. Anfangs wird er wie geblendet sein von der Strahlkraft des Lichts, war doch sein Auge bisher nur an Dunkelheit gewohnt. Erst allmählich, im Zuge des Aufstiegs, wird sein Auge die Fülle des Lichts überhaupt ertragen können. Schließlich, außerhalb der Höhle angekommen, wird er die wahre Welt in ihrer eigentlichen Gestalt sehen können – und er wird befreit sein, weil er ein Sehender, ein Wissender geworden ist.

Nur in der geistigen Welt waltet wirkliches Licht, und der Urquell allen Lichts ist das Göttliche als die geistige Ur- und Zentralsonne. Und zweifellos wird der Mensch noch viele Erdenleben durchlaufen müssen, bis er in die Lage kommt, in der geistig-urbildlichen Lichtwelt göttlicher Wesenhaftigkeit anzukommen. Allerdings zeigt sich in diesem *Höhlengleichnis* Platons deutlich ein weltfeindlicher Zug, eine Entwertung des Diesseits, das als bloße Schattenwelt gesehen wird. Die asketische Weltverneinung des Buddhismus, die Diesseitsfeindlichkeit orientalischer Gnosis und der indischen Maya-Lehre, ja selbst die christliche Diffamierung der Welt als »Jammertal«, alle diese Formen und Spielarten religiös begründeter Materieverachtung stehen der Metaphysik Platons näher als die einheitliche Weltschau der Vorsokratiker, die Geist und Materie als zwei Pole einer übergeordneten All-Einheit erschauen konnten.

Der Tod der alten Götterwelt, dieser polytheistischen Naturreligion der Ur-Griechen, der Niedergang der alten Mysterienweisheit und das Aufkommen einer rein verstandesmäßigen Philosophie – all dies vollzog sich im antiken Griechenland in besonders krasser Weise. Das Griechenland zur Zeit Platons, eine Gesellschaft von Dialektikern, Politikern, Händlern und Volksrednern – das ist nicht mehr das Hellas von einst, die versunkene Welt des homerischen Mythos, eine Welt der tanzenden Bacchantinnen und der rasenden Mänaden, der dionysisch begeisterten Mysten: eine Welt, in der die Menschen mit Göttern und Nymphen verkehrten wie mit ihresgleichen. Verfallen sind die Tempel des alten Hellas, um die Marmorbildnisse gestürzter Götter rankt sich Efeu, und Wolken umhüllen den Gipfel des Olymp. An die Stelle lebendiger Göttervielfalt und durchgöttlichter Natur trat das blasse Begriffsgerüst philosophischer Schulsysteme. Auf dem Weg vom Mythos zum Logos, dem eigentlichen Schicksalsweg des Abendlandes, sind die Griechen den anderen Völkern Europas mit unerreichter Schnelligkeit vorausgeeilt.

Etrurien und Rom

Das Geheimnis der Etrusker

Mehr als ein Jahrtausend lang, von den Tagen der frühitalischen Villanova-Kultur (1100 v. Chr.) bis zum Fall der letzen etruskischen Stadt Vulci (281 v. Chr.), lebten die *Etrusker* mitten im Herzen Italiens, ja eigentlich Europas, aber bis heute liegt ein Schleier des Geheimnisses über diesem hochstehenden Kulturvolk, über seine Herkunft, seine Sprache und die Eigenart seiner Kultur. Auf dem Höhepunkt ihrer Kulturblüte, um 500 v. Chr., lebten die Etrusker hauptsächlich in der Toscana, aber das Territorium ihrer Herrschaft weitete sich nach Norden über Bologna bis zur Po-Ebene aus, nach Süden über Rom hinaus bis tief in die Romagna und bis nach Capua. Bei der Gründung Roms standen die Etrusker Pate, ja das frühe Rom war noch ausschließlich von estruskischen Priesterkönigen beherrscht, und erst nach deren Vertreibung wurde Rom, sehr zum Schaden der übrigen damaligen Welt, zur säkularen Republik und eroberungssüchtigen Militärmacht.

Etrurien hat, mehr noch als Griechenland, dem Römertum die Kultur gegeben, die feine Lebensart, die Raffinessen der Zivilisation, vor allem aber die magische Priesterreligion. Dem ganzen Abendland schenkten die Etrusker das *Alphabet*, das von ihrem nahe verwandten Schwestervolk, den Phöniziern, schon vorher entwickelt wurde. So stehen wir Europäer doch alle in der Schuld des Etruskertums – allein, die Frage bleibt: wer waren sie? Wer war und woher kam dieses geheimnisvolle Urvolk, das die Griechen *Tyrsenoi* oder *Tyrrhenoi* nannten, das sich selbst aber mit dem Namen *Rasna* bezeichnete? Wenn wir heute die maskenhaften Gesichter auf den estrukischen Skulpturen ansehen mit ihrem seltsam-hintergründigen Lächeln, einem eigenartig »wissenden« Lächeln, dann überkommt uns der Eindruck, dass dieses Volk ein »Geheimnis« gehabt haben muss, und zwar eines, das vielleicht auch mit ihrer Herkunft zusammenhängt. Wie Hüter eines urzeitlichen Wissens erscheinen sie uns, wie die letzten fossilen Abkömmlinge einer uralten, längst untergegangenen Menschheits-Kultur.

Ja gewiss: Die Etrusker haben, vordergründig betrachtet, zumal in ihrer »orientalisierenden« Phase viel Östliches, aus dem Vorderen Orient

Herkommendes übernommen; sie haben auch in der Kunst ohne Zweifel griechische Motive nachgeahmt, aber dies alles war doch nur äußerliche Firnis, die noch nichts über die wirkliche Identität dieses einmaligen Kulturvolkes verrät. Soviel aber ist sicher: dass die *etruskische Sprache*, die wir aus zahlreichen Inschriften kennen – es gibt deren etwa 9000 –, *keine Verwandtschaft oder Gemeinschaft mit irgendeiner indoeuropäischen Sprache aufweist*; sie gehört auch nicht der semitischen Sprachfamilie oder sonst einer bekannten Sprachengruppe an. So lebten die Etrusker rund ein Jahrtausend lang mitten in Europa wie Fremdlinge, ohne Gemeinschaft mit den Sprachen anderer Völker. Das hat dazu geführt, dass man sie aufgrund eben dieser Tatsache für ein Restvolk der vorindoeuropäischen Urbevölkerung Europas ansah, zusammen mit den Ligurern, Sikulern, Pelasgern, Kretern, zumal die Etrusker in ihrer Freskenmalerei auch Ähnlichkeiten mit der altkretischen, minoischen Kultur erkennen lassen.

Gehören die Etrusker also dem urmediterranen Völkerverband an? Sind sie, wie die Basken in Spanien, die wahren Ureuropäer? Dies hängt nun auch mit der Herkunftsfrage zusammen: nach einem Zeugnis des griechischen Geschichtsschreibers Herodot (I,94) seien die Etrusker, oder die Tyrsener, wie er sie nennt, *aus Lydien in Kleinasien ausgewandert* und von dort nach Italien gekommen, und zwar kurz nach dem Trojanischen Krieg, also zwischen 1250 und 1200 v. Chr., rund 800 Jahre vor seiner eigenen Zeit. Dann aber kam der rationalistische Grieche Dionysios von Halikarnassos (2. Hälfte des 1. Jh. v. Chr.) und stellte fest, dass sich Etrusker und Lyder in Sprache, Religion, Gesetzen, Sitten und Bräuchen stark voneinander unterschieden: die Etrusker seien somit die Ureinwohner Etruriens, die schon immer dort gelebt hätten, die autochthonen Bewohner Italiens vielleicht seit den Tagen der Steinzeit. Aber auch diese Theorie ist, genau besehen, wenig plausibel: sie erklärt nicht *das plötzliche Auftauchen der etruskischen Kultur in Italien*, das ja gerade eher auf eine Einwanderung schließen lässt; außerdem leben steinzeitliche Urbewohner meist in sehr unzugänglichen Rückzugsgebieten, nicht aber in einem so zentral gelegenen und überaus fruchtbaren Land wie die Toscana.

Auf der anderen Seite aber steht definitiv fest: Die Etrusker sind keine Kleinasiaten. Sie haben mit den Lydern nichts gemein, das hat der scharfsinnige Dionysios aus Halikarnassos schon richtig beobachtet. Sie mögen zwar wohl eine Weile lang im kleinasiatischen oder orientalischen Raum gelebt haben, aber zumindest stammen sie nicht von dort. Deshalb wurde schon früh eine dritte Theorie aufgestellt, erstmals 1741 von Freret vorgetragen, wonach die Etrusker aus dem Norden über die Alpen nach Italien eingewandert wären. Die Theorie gründet sich auf gewisse, allerdings eher oberflächliche Ähnlichkeiten zwischen der Villanova-Kultur in Etrurien und dem Kulturkreis entlang der Donau, außerdem auf die Nachricht des Livius (V, 33/11), die Alpenvölker seien etruskischen Ursprungs. Ja sogar zu »Süd-Kelten« wollte man die Etrusker machen! Und doch ist die Theorie der nordischen Herkunft die unwahrscheinlichste von allen. Die Etrusker sind nun einmal keine Indogermanen, das steht für alle Zeiten unwiderruflich fest, aber nördlich der Alpen gab es nur Germanen und Kelten. Dass die Etrusker keine »Nordischen« sind, sondern im weitesten Sinne der urmediterranen Völkerfamilie angehören, dass sie mit Kretern, Pelasgern und Phöniziern mehr Gemeinsamkeit aufweisen als mit jedem Volk nördlich der Alpen, zeigt schon der allererste flüchtige Blick auf die Kultur der Etrusker.

Nun könnte man die ganze Herkunftsfrage als unlösbar betrachten und beiseitelegen, wenn es nicht noch eine weitere Erklärung gäbe, die das Rätsel der Etrusker vielleicht ein für allemal lösen könnte – wobei man dabei freilich den Etruskern ein weitaus höheres geschichtliches Alter zuerkennen müsste als man es bisher zu tun gewillt war. Diese Theorie wurde von dem Vorgeschichtler und Etruskerforscher Hans Mühlestein in seinem Buch *Die verhüllten Götter*[1] dargestellt, eine Außenseiter-Meinung zweifellos, fernab aller Lehrmeinungen des wissenschaftlichen Establishments, nicht »beweisbar« im herkömmlichen Sinne, aber durchaus einleuchtend und plausibel. Die Etrusker wären demnach Teil eines altmediterranen, im wesentlichen libysch-nordwestafrikanischen Völkerverbandes, das sein Zentrum seit ältester Zeit im Gebiet des *Tritonsees*, dem heutigen Schott-el-Djerid in Südtunesien, südlich des Atlasgebirges, gehabt hat. Aus diesem »*libysch-tritonischen*« Völker- und Kulturkreis soll auch die etruskische Religion und Götterlehre stammen.

Der Tritonsee existiert heute längst nicht mehr, aber er bestand in großer Ausdehnung in Zeiten, da große Teile der nördlichen Sahara, zum Beispiel die heutige Wüste Erg südlich vom Schott-el-Djerid, eine blühende Kulturlandschaft war und Trägerin einer schon weit entwickelten eiszeitlichen Kultur, die das Atlasgebirge mit unzähligen Felsmalereien und -zeichnungen bedeckte. Den Tritonsee muss man sich vorstellen als ein großes Binnenmeer, genau südlich der Höhenzüge des Atlasgebirges gelegen, mit einer Seeverbindung zum Mittelmeer auch, einer kleinen schmalen Durchfahrt in jener Meeresbucht südlich von Tunis, die wir heute die *Kleine Syrte* nennen. Hans Mühlestein schreibt: »Der ursprünglich südlich vom Atlas riesig ausgedehnte Tritonsee war einst ein richtiges, tief in die Sahara sich erstreckendes Binnenmeer. Dieses Binnenmeer war der ursprüngliche 'Atlantische Ozean', der denselben (vorgriechischen) Namen trug wie das Atlasgebirge, das ihn im Norden begrenzte und vom Mittelmeer trennte. Es lag für die Frühgriechen, die einen noch sehr begrenzten geographischen Gesichtskreis hatten, am Ende der ihnen bekannten Welt und war für sie voller 'göttlicher' Geheimnisse: es war ihr ursprünglicher 'Okeanos' (.....). Hier, in Nordwestafrika, war für die Frühgriechen die Grenze zwischen Diesseits und Jenseits; hier stützte nicht nur 'Atlas' das Himmelsgewölbe mit seinen Schultern, hier lagen auch die 'Gärten der Hesperiden', der von den Tritonvölkern den Griechen vermittelte Glanz einer paradisisch verklärten Vorzeit....«[2].

Im Zuge der schon früh einsetzenden Austrocknung der Sahara, die sie zu der großen Wüste werden ließ, die wir heute kennen, erfolgte zeitgleich die langsame Versumpfung, Versalzung, Versandung des Tritonsees, der schließlich ganz verschwand, und die Austrocknung der Wasserstraße zum Mittelmeer schnürte die rings um den Restsee wohnenden Völker zunehmend vom Mittelmeer ab. Eine Folge davon war die Auswanderung der Tritonvölker in andere Weltgegenden. Dies muss aber relativ spät geschehen sein, denn die griechische Sage lässt die Argonauten das noch in seiner vollen Ausdehnung vorhandene Tritonmeer befahren und sie dort dem Meergott Triton begegnen (Apoll. Rhod. 4,155 ff.). Auch Jason verirrt sich nach Herodot (IV, 179) »in die Untiefen des Tritonischen Sees« und wird von Triton selbst, gegen Überlassung eines Dreifußes, wieder freigelassen. Auch kannten die Griechen eine *Athene Tritogeneia*, eine vom Tritonsee stammende Athene, die den tritonischen Libyern als oberste Göttin galt – sie ist nichts anderes als die spätere »Minerva« der Etrusker!

Als ein durchaus zuverlässiger Gewährsmann hat uns Herodot die Völkerschaften am Tritonsee, der sich damals vom Maghreb über die tunesische Senke bis zu den Ahaggar-Bergen ersteckte, ausführlich beschrieben. Diese Völker tragen aber meist mythische Namen – Garamanten, Gyzanten, Amazonen, Libyer, Kyklopen und alle zusammen *Atlanter*. So kann man auch von einem *tritonisch-atlantischen Völkerkreis* sprechen, und zu diesem gehörten auch die späteren Etrusker!

Der früheste Bericht von einem sagenhaften Atlantis im Westen stammt übrigens nicht von Platon, sondern von Herodot, der 454 v. Chr.

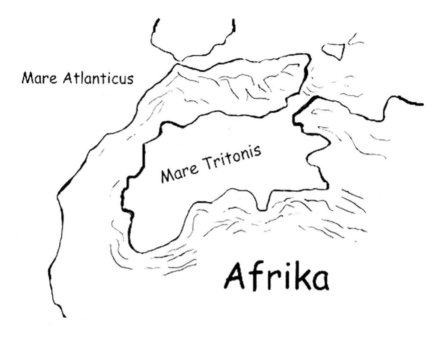

Mare Atlanticus

Mare Tritonis

Afrika

einen Teil seines Geschichtswerkes in Athen vorlas. Im 4. Buch seines Werkes sagt Herodot: »Wieder zehn Tagesreisen von den Garamanten kommt wieder ein Salzhügel und eine Quelle, und wohnen Menschen darum her, die heißen Ataranten... Dann wieder nach zehn Tagesreisen kommt wieder ein Salzhügel und eine Quelle, und wohnen Menschen darum her. Und an diesen Salzhügel stößt ein Berg mit Namen Atlas. Der ist schmal und abgerundet von allen Seiten, und so hoch soll er sein, dass man von seinem Gipfel nichts sehen kann, denn er wäre stets im Sommer und Winter mit Wolken bedeckt. Und die Leute sagen, das wäre die Säule des Himmels. Von diesem Berg haben diese Leute auch ihren Namen, nämlich sie heißen Atlanten«.

Für Herodot waren die »*Atlanten*« lediglich die rings um den Berg Atlas Wohnenden, und zu diesen zählen natürlich auch die Völker des libysch-tritonischen Kulturkreises. Dann aber kam, rund 100 Jahre später, der Grieche Platon, der von ägyptischen Priestern nun die ganze Wahrheit über Atlantis erfuhr, dass dieses nämlich eine Insel im Ozean gewesen sein soll, jenseits der Säulen des Herakles (Meerenge von Gibraltar) gelegen, »größer als Asien und Libyen zusammengenommen«. Als oberste Gottheit der Atlanter hat Platon ausdrücklich den Meergott Poseidon genannt; ihm sei die Insel ja im Losverfahren zugeteilt worden. Von Poseidon sagt aber Herodot (II, 50): »Denn kein anderes Volk besitzt von Anfang an den Namen des Poseidon, außer die Libyer«. Auch die Athene Tritogeneia wird im Mythos als die Tochter des Poseidon und der Meernymphe Amphirite genannt, und wiederum sagt Herodot »nur die, welche am Tritonischen See wohnen, opfern zunächst der Athene, und hernach dem Triton und Poseidon«. Atlantische Götter also wurden von den Völkern des libysch-tritonischen Kreises verehrt, und die Etrusker gehörten diesem Völkerkreis ja auch an. Das Geheimnis der Etrusker besteht demzufolge darin, dass sie wie die Libyer ein westafrikanisch-atlantisches Restvolk waren – *Überlebende des einst weit draußen im Westen liegenden Inselreiches Atlantis!*

Bei der Frage nach der Herkunft der Etrusker muss auch der platonische Atlantis-Bericht einbezogen werden; denn der Berg Atlas in Marokko, der mit seinem himmelwärts strebenden Gipfel bei den dort ansässigen Völkern als die »Säule des Himmels« galt, war ja letztlich nur ein Abbild des eigentlichen Berges Atlas, der einst in der Mitte des atlantischen Inselmassivs stand, das – wie Platon in seinem Dialog *Timaios* ganz richtig schrieb – »vor neuntausend Jahren« durch »gewaltige Erdbeben und Überschwemmungen« im Meer versank. In derselben Schrift macht der Philosoph auch einige Angaben über das Herrschaftsgebiet der Atlanter, das sich nämlich weit in das Mittelmeer hinein erstreckt haben soll: »Auf dieser Insel Atlantis nun bestand eine große und bewundernswürdige Königsherrschaft, welche nicht bloß die ganze Insel, sondern auch viele andere Inseln und Teile des Festlands unter ihrer Gewalt hatte. Außerdem beherrschte sie noch von den hier innerhalb liegenden Ländern Libyen bis nach Ägypten und Europa bis nach Tyrrhenien hin« (Tim. 24e-25b). Hier werden ganz eindeutig *Libyen, Ägypten* und *Tyrrhenien* – das heißt Mittelitalien, das alte Etruskerland – zum atlantischen Herrschaftsbereich dazugezählt, und zwar zu einer Zeit, als Atlantis noch existierte!

In seinem *Kritias* lässt Platon den ägyptischen Neith-Priester zu Solon sagen, dass »es im ganzen neuntausend Jahre her sind«, seitdem die Insel Atlantis im Meer versank – also, da Solon um 600 v. Chr. lebte, um das Jahr 9600 v. Chr.! Der Forscher Otto Muck hat als Datum des Untergangs den 5. Juni 8489 v. Chr. ermittelt, und der von den Maya-Indianern geschriebene *Codex Troanus* datiert das fragliche Ereignis auf »8060 Jahre vor Abfassung dieser Schrift«, wobei die Schrift um die Zeitenwende abgefasst sein könnte. Aber wann immer wir den Untergang des Inselreichs annehmen – in der Wissenschaft, zumal der Geologie, mehren sich die Belege für eine nicht bloß regionale, sondern globale Sintflut-Katastrophe vor ca. 10.000 Jahren[3]. Auf nähere Einzelheiten braucht hier nicht eingegangen zu werden. Interessant ist nur, dass ab 8000 v. Chr. in der zentralen Westsahara, südlich des Atlasgebirges, plötzlich eine neolithische Kultur von Jägern, Sammlern und vielleicht sogar schon Ackerbauern auftaucht, die sich in zahlreichen Felszeichnungen dokumentiert.

Weite Gebiete im Ahaggar-Gebirge, im Tassili und im Fezzan bis hin zum Schott-el-Djerid sind nach dem Stand der heutigen Forschung die reichsten Fundstätten vorgeschichtlicher Kunst auf der Erde überhaupt. Prof. Lohte und seine Mitarbeiter kopierten mehr als 800 Fresken und Zeichnungen auf einer Fläche von 1500 Quadratkilometern. Kein Zweifel: Diese neolithische Westsahara-Kultur ist die Keimzelle des libysch-tritonischen Kulturkreises, der am Fuße des Atlas lebenden Ur-Libyer und Ur-Etrusker. Zu diesem Kulturkreis gehört übrigens auch Südwestspanien mit seiner großen, legendären Seehafenstadt *Tartessos*. Schon Platon hat dieses »Gadeirische Land«, das sich westlich vom Felsen von Gibraltar bis zur Mündung des Guadalquivir erstreckt, dem Herrschaftsbereich der Atlanter zugeordnet, und Diodor von Sizilien nennt Tartessos »die Hauptstadt der Atlantier und Amazonen« (III, 53,6), von denen wiederum Strabo sagt, dass sie schon »6000 Jahre« vor seiner Zeit ihre Annalen in großen Gesängen aufgezeichnet hätten. »Tartessos« soll aber, nach Meinung von Hans Mühlestein, philologisch exakt übersetzt nichts anderes heißen als »Etruskerstadt«[4]. Gemeint ist hier nicht die spätere phönizische Stadt Tartessos, sondern die ursprüngliche Hauptstadt des Gadeirischen Landes (beim heutigen Cadiz), *einst der große Überseehafen nach Atlantis.*

Das erste Ereignis, das die Tritonvölker geschichtlich in Erscheinung treten lässt, ist der Angriff der sogenannten »*Seevölker*« auf Ägypten im 13. vorchristlichen Jahrhundert, der mit einem völligen Sieg der Ägypter über die fremdländischen Invasoren endet. Mit der zunehmenden Austrocknung des Tritonmeeres und der damit einhergehenden Versteppung des einst so fruchtbaren Umlandes hatten die Tritonvölker Grund genug, sich nach anderen besseren Wohnsitzen umzusehen. Damit beginnt die Expansion der »Libyer« (wie man die Tritonvölker allgemein nannte) nach Osten, gegen das fruchtbare Niltal zu, und diese Expansion erfolgte teils auf friedliche, teils auf gewaltsame Art.

Bei den »Seevölkern« in ihrem vereinten Angriff auf Ägypten handelte es sich allerdings um eine Koalition von einer ganzen Reihe von Völkern, unter denen die des libysch-tritonischen Kreises zwar das Hauptkontingent bildeten, aber auch Alt-Kreter, Philister, Lykier und sogar aus dem Norden kommende Indogermanen zu finden waren, ein Bündnis also der »Seevölker« mit den »Nordleuten«.

Ein Stamm unter den Seevölkern, zur libyschen Gruppe gehörig, waren die sogenannten *Tursa*, in denen wir *die ersten historischen Etrusker erkennen können*; denn die *Tursi* sind jene, die man lateinisch *Tusci* oder *Etrusci* nannte; aus derselben Wurzel kommt das Wort *Toscana* als Bezeichnung für den späteren italischen Wohnsitz dieses geheimnisvollen Volkes. Die Seevölker waren nicht insgesamt aus atlantischen Stämmen zusammengesetzt, wie etwa J. Spanuth glaubte, wohl aber bildeten Libyer und Früh-Etrusker gemeinsam das atlantische Kernvolk der Invasionstruppe! Nun ist, wie wir wissen, die Invasion der Seevölker kläglich gescheitert; nachdem im Frühjahr des Jahres 1227 v. Chr. der Angriff erfolgte, gelang es Pharao Merneptach, den Eindringlingen auf der Straße nach Memphis zu begegnen: die Entscheidungsschlacht dauerte sechs Stunden, und sie endete mit einem völligen Sieg der Ägypter. Von der Größe des angreifenden Heeres bekommt man jedoch einen Begriff, wenn man hört, dass Merneptach die Zahl der Erschlagenen bei den Libyern mit 6111 Mann, den Seevölkern mit 2370 Mann, die Gesamtzahl der gefangenen Männer und Frauen mit 9376 angibt. Demnach muss das Gesamtheer 30.000 Mann stark gewesen sein – ein Zeichen dafür, dass es sich hier nicht um einen normalen Kriegszug handelte, sondern um eine Völkerwanderung.

Zwar musste sich noch Merneptachs Nachfolger Pharao Ramses III. einer von Libyern angeführten Koalition von Seevölkern und Nordleuten erwehren, aber auch dieser zweite Krieg endete für die Angreifer vernichtend; die Fresken an den Tempelwänden von Medinet Habu künden in leuchtenden Bildern vom überwältigenden Sieg des Pharao. Nun aber teilt sich der Völkerstrom – während die Geschlagenen desillusioniert in ihre Heimat am einstigen Tritonsee zurückkehrten, die nun immer mehr zur Wüste wurde und in geschichtliche Bedeutungslosigkeit versank, wenden sich die *Tursa* nach Kleinasien, um dort neue Wohnsitze zu finden. Hier waren die Tursa-Etrusker von uralten Hochkulturen rings umgeben, von der mesopotamischen, der phönizischen, hethitischen, altkretischen, der griechisch-mykenischen und nicht zuletzt der trojanischen.

Dass in diesem kulturellen Millieu die Kultur und Götterwelt der späteren Etrusker reifen konnte, dass hier ihre Religion sich herausbildete, unter merklich orientalischem Einfluss, leuchtet unmittelbar ein. Hatten die Etrusker ihre Völkerkindheit in den einstmals paradiesischen Landen am Tritonsee verbracht, ein Nachklang ihrer eigentlichen Urheimat Atlantis vielleicht, so verlebten sie ihr reifes Erwachsenenalter im kulturellen Millieu Kleinasiens, bis sie instand gesetzt waren, ihren eigentlichen geschichtlichen Auftrag zu erfüllen, der sich mitten im Abendland – nämlich in Mittelitalien, in der Toscana – vollziehen sollte.

Die Etrusker in Italien! Damit beginnt erst ihre weltgeschichtliche Größe, der Sprung aus der Vorgeschichte in die Vollgeschichte, der Beginn und das Aufblühen einer großen Kulturnation, wenngleich atlantischer Herkunft, mitten in Europa. Dabei muss die Frage offen bleiben, ob die Träger der bronzezeitlichen Villanova-Kultur in Italien schon als Voll-Etrusker anzusehen sind, oder ob wir erst mit dem Einsetzen des »orientalisierenden Stils«, um 750 v. Chr., mit der Präsenz der Etrusker in Europa zu rechnen haben. Wie es zu der Übersiedlung kam, hat uns Herodot überliefert: Demnach herrschte unter König Atys in Lydien eine große Hungersnot, und um sie ertragen zu können, suchten die Lyder Ablenkung und erfanden zahlreiche Spiele. Den einen Tag spielten sie, ohne zu essen, den anderen Tag aßen sie, ohne zu spielen. Als die Hungersnot nach 18 Jahren immer noch nicht ein Ende nehmen wollte, teilte der König das Volk in zwei Teile. Ein Teil blieb im Lande, der andere wanderte unter Führung des Königssohnes *Tyrsenos* aus. In Smyrna bauten sie Schiffe, fuhren übers Meer und kamen schließlich bei den Umbrern in Italien an, wo sie ihre Städte gründeten und sich nach ihrem Anführer *Tyrsener* nannten. Nach Herodot geschah dies alles kurz nach dem Trojanischen Krieg, zwischen 1250 und 1200 v. Chr., etwa 800 Jahre vor seiner eigenen Zeit.

Die Etrusker haben in Mittelitalien nie ein geschlossenes Staatswesen geformt, sondern als politische Organisationsform lediglich den berühmten »Zwölfstädtebund« gehabt, der eine wohl nur lockere Föderation der wichtigsten estrukischen Metropolen gewesen ist, darunter vor allem *Veji, Vulci, Tarquinia, Volsinii, Volterra* und andere; auch die heutigen Städte Chiusi, Arezzo und Perugia gehörten zur estruskischen Föderation. So sind die Etrusker nie Staatsnation, sondern immer nur Kulturnation gewesen, gegliedert in einen Städtebund, der doch sehr an die griechischen Polis-Bündnisse erinnert. Die »zwölf Städte« oder sogar »zwölf Völker«

Etruriens werden zuerst 434 v. Chr. von Livius erwähnt (IV, 23, 5), wobei er für »Bund« die Worte *concilium* (Versammlung, Zusammenkunft) oder *foedus* (Pakt, Bündnis. Föderation) gebraucht. Es muss auch bei den Etruskern eine regelmäßige Bundeszusammenkunft gegeben haben, die im »Heiligtum der Voltumna« stattfand, einem *fanum Voltumnae*, das Livius im Zusammenhang mit den Kriegen gegen Veji oft erwähnt. Das Heiligtum befand sich vermutlich in Südetrurien, manche glauben in Volsinii, und die letzte Zusammenkunft dort muss 389 v. Chr. stattgefunden haben. Die Gestalt der Voltumna hüllt sich in rätselhaftes Dunkel – aller Wahrscheinlichkeit nach war sie eine Große Muttergottheit, der Athene Tritogeneia vergleichbar, die von den Etruskern vielleicht als die Urmutter ihres Volkes verehrt wurde.

Die etruskischen Städte weisen, sofern es sich bei ihnen um bewusste Gründungen handelt, alle dasselbe Schema auf, in der Regel eine axiale Gliederung mit einer Hauptstraße und sich senkrecht dazu schneidenden Nebenstraßen; auch Ansätze eines sehr guten Kanalisationssystems sind heute noch erkennbar. Jede solche Stadt war – wie die griechische Polis – der Mittelpunkt des administrativen und religiösen Lebens des ganzen umliegenden Landes und konnte insofern eher schon als Stadtstaat gelten. Die Gründung einer Stadt oder eines Tempels galt bei den Etruskern als ein sakraler Akt, der im Einklang mit dem Willen der Götter und den kosmischen, geomantischen und energetischen Bezügen zu stehen hatte. Bei einer solchen Gelegenheit erschien ein etruskischer Magier-Priester, bekleidet mit einem Tutulus als Kopfbedeckung, aus dem später die päpstliche Tiara wurde, einem Obergewand, das sich zur römischen Toga entwickelte, und in der Rechten den Krummstab der Auguren haltend, der sich später zum Bischofsstab wandelte. Dann stellte er sich in die Mitte des gewählten Ortes, blickte gen Süden, schwang mit dem Litus (dem Krummstab) einen Halbkreis über seinem Kopf vom Nordpunkt (hinten) zum Südpunkt (vorne) und zauberte so die Himmelsachse als »Cardo« auf die Erde herab. Mit dieser Zeremonie ging der geweihte und umzirkte Ort in den Besitz der Götter über, und jede Verletzung dieses Bereichs galt als ein todwürdiges Verbrechen. Der Cardo, die Nordsüdachse und zugleich die heilige Weltachse, vom Sitz der Götter im Norden ausgehend und bis zum Kulminationspunkt der Sonne im Süden reichend, wurde zur Hauptorientierungslinie für jede Tempelanlage, jede Stadtgründung, jede Feldverteilung.

Aber nicht nur Städte haben die Etrusker in großer Zahl erbaut, sondern vor allem *Nekropolen*, das heißt *Städte für die Toten*, oft ausgedehnter als die Städte der Lebenden, mit Totenhäusern oder riesigen Tumuli-Anlagen, und darunter ein Labyrinth von unterirdischen Hallen, Gängen, Gewölben, Kuppeln, die Wände mit buntschillernden Fresken bemalt. Denn die Etrusker besaßen einen ausgeprägten Totenkult, ja man kann sagen: kein anderes Volk der Antike, die Ägypter ausgenommen, hatten ein so enges Verhältnis zum Jenseits wie die Etrusker! In Felsina etwa ist die Nekropole gefunden worden, nicht aber die Stadt selbst, ein für die völlige Jenseitsorientiertheit dieses Volkes bezeichnender Sachverhalt. Einige Stützgewölbe und Kuppelkonstruktionen der unterirdischen Städte sind dabei wahre architektonische Meisterleistungen. Die Wandmalereien in den Grabkammern, besonders denen von Tarquinia, geben über den Jenseitskult der Etrusker den wertvollsten Aufschluss. Von den rund 60 ausgemalten Gräbern sind jetzt über 20 zur Besichtigung freigegeben: die Themen der dargestellten Szenen weisen eine große Bandbreite auf, sie reichen von griechischer Mythologie bis zu Jagd-, Tanz- und Bankettszenen, oft von heiterer Ausgelassenheit geprägt: keine Spur von einem dumpfen Schattendasein im Jenseits! In diesen Bildern malten die Etrusker die Erinnerung an ihre »paradiesische« Vorzeit als Fortsetzung des Lebens in einem Jenseits voll orgiastischer Tänze und Bankette – in einem »Garten der Hesperiden« (das einstige Atlantis).

Aber gerade die starke Jenseits-Orientierung der Etrusker hat man als Grund dafür angegeben, dass sie politisch so wenig erfolgreich waren, dass sie noch in der Blütezeit ihrer Kultur stehend von Fremdvölkern im Süden und Norden förmlich zerrieben wurden. Mit der Seeschlacht bei Cumae, im Jahre 474 v. Chr., wo die etruskische und karthagische Flotte – beide Mächte waren miteinander verbündet! – von den Griechen geschlagen wurden, die sich ja seit langem in Italien südlich von Neapel angesetzt hatten, kam der Stern der estruskischen Macht endgültig ins Sinken. Vor allem ging nach dieser Niederlage auch Rom und Kampanien für die Etrusker verloren (Fall von Capua 443 v. Chr.), und gleichzeitig fielen die Gallier, aus ihren Stammsitzen jenseits der Alpen kommend, in Norditalien ein. So wurde das blühende Etrurien wie von zwei Mahlsteinen von Römern und Kelten gleichzeitig zerrieben, die einen von Süden, die anderen aus dem Norden kommend; und wegen des Fehlens einer straffen Organisation und einer politischen Zentralgewalt mussten die Etrusker bei diesen Kämpfen zwangsläufig den kürzeren ziehen. Sie mussten den

Römern vor allem weichen, wurden von ihnen romanisiert, um zuletzt im Amalgam des allgemeinen Italienertums aufzugehen.

Und dabei war die Stadt Rom eine etruskische Gründung – selbst der Name ist zweifelsfrei ein etruskischer: er lautete ursprünglich *Ruma*, was soviel wie »die Hohe«, die »Hochgebaute« bedeutet, ein Hinweis auf die auf sieben Hügeln bebaute Stadt wie überhaupt auf die Neigung der Etrusker, ihre Städte auf Anhöhen zu errichten. Natürlich gab es schon vorher im Gebiet der sieben Hügel Dörfer von Latinern, Sabinern und Ligurern, aber es gab im ganzen Latium vor der Präsenz der Etrusker *noch keinen Steinbau*. Offiziell wird in der römischen Geschichtsschreibung eine Phase der etruskischen Herrschaft über Rom abgestritten, aber tatsächlich dauerte eben diese Herrschaft ungebrochen vom 7. bis zum Ende des 6. Jahrhunderts an; sie erbauten das Fourm, den kapitolinischen Tempel und die Cloaca Maxima als Entwässerungsanlage – das sind kulturgeschichtliche Tatsachen! Offiziell kennt die römische Geschichtsschreibung nur Könige der Frühzeit, wie etwa Tarquinius Priscus, Servius Tullius und Tarquinius Superbus, aber dass diese »Könige« in Wahrheit *etruskische Priesterkönige* waren, wird mit keinem Wort erwähnt.

Allerdings gibt es bei Kaiser Claudius eine Notiz, dass »nach etruskischer Überlieferung« der Etrusker Caele Vibenna bei der Besetzung eines der römischen Hügel einen getreuen Gefährten namens *Mastarna* bei sich hatte, der später unter dem Namen Servius Tullius über Rom »zum großen Nutzen« geherrscht habe. Kaiser Claudius räumt also ein, dass ein etruskischer König Rom beherrscht habe, wenngleich die Tatsache einer etruskischen Eroberung sorgfältig verschleiert wird. Die Überführung der Sibyllinischen Bücher von Cumae nach Rom wird üblicherweise dem letzten Etruskerkönig Roms, Tarquinius Superbus, zugeschrieben, und es ist zutiefst symbolisch, dass diese prophetischen Schicksalsbücher, aus denen bei allen öffentlichen Angelegenheiten geweissagt wurde, stets in den Händen der etruskischen Priester blieben, selbst noch nach dem Untergang der etruskischen Kulturnation. Gleiches gilt für das Amt der Auguren und der *Haruspices*, der Wahrsager durch Eingeweideschau. Politisch standen die Etrusker jedoch gegenüber dem werdenden Rom auf verlorenem Posten. Der Anfang vom Ende war die Eroberung der Stadt Veji, der alten Rivalin Roms (396 v. Chr.), von dem römischen Dichter Propertius in einer seiner Elegien folgendermaßen besungen:

> *O weh dir, altes Veji! Auch du warst ein Königreich einstmals*
> *Und stelltest den goldenen Thron auf, mitten auf deinem Forum.*

Nun tönt in deinen Mauern des trägen Hirten Hornruf,
Und über deinen Gebeinen erntet man heute die Feldfrucht.[5]

Mit dem Fall Vejis rückte das römische Staatsgebiet mit einem Sprung bis an das Ciminische Waldgebirge vor; und bald darauf wurde auch Capena erobert sowie die beiden Bergfesten Nepi und Sutri, die bisher den Zugang nach Inner-Etrurien versperrten. Und es ist wahr, Veji war einst ein Königreich – eine *Lukomonie*, wie man die etruskische Form der Theokratie nennt. Die Amtsinsignien der etruskischen Könige, z. B. Liktorenstab und *fasces* (Rutenbündel), wurden von den Römern, diesem im Grunde kulturlosen Barbarenvolk, übernommen.

Und nun müssen wir, abschließend, auf die *Religion der Etrusker* zu sprechen kommen. Diese war eine rein *magisch ausgerichtete Priesterreligion* – stark jenseitsorientiert, voller Wahrsagung, Ritual, Kult und Zeichendeutung, dabei auch ein wenig orientalisch angehaucht, was an eine Verbindung mit Kleinasien oder Mesopotamien denken lässt. Es gibt natürlich auch etruskische Götter; aber diese tragen alle etwas Unheimlich-Dämonisches an sich: es sind nicht die sinnenfrohen, naiv-weltlebigen Götter der Griechen. Der Hauptgott der Etrusker scheint *Tinia* gewesen zu sein, ein blitzeschleudernder Gott, dem griechischen Zeus oder römischen Jupiter ähnlich, dessen Name aus mehreren Votivinschriften bekannt ist. Zusammen mit den Göttinnen *Uni* (Juno) und *Mera* oder *Menvra* (Minerva) bildet er den Teil einer göttlichen Trinität, einer blitzeschleudernden Dreigewalt, die ursprünglich in Rom auf dem Kapitol waltete, bevor sie durch lateinisch-römische Götter ersetzt wurde. Völlig ungriechisch – und unrömisch erst recht – ist aber die Tatsache, dass auch die weiblichen Götter, Uni und Mera, an der Vollmacht des Blitzewerfens teilhaben; dies wäre bei den Griechen und Römern ausschließlich ein Privileg des männlichen Gottes gewesen. Hier springt ein grundlegender Unterschied zwischen griechischer und estruskischer Götterwelt ins Auge; in der Religion der Etrusker scheint der Restbestand eines Urmatriarchats, vielleicht aus dem tritonisch-libyschen Kultur- und Völkerkreis rund um das Atlasgebirge geerbt, noch durchzuschimmern.

Die Gewalt über das Blitzeschleudern teilte Tinia mit acht weiteren Gottheiten; ihm standen aber drei verschiedene Arten von Blitzen zur Verfügung. Dabei konnte er nur die der ersten Art von sich aus zur Erde senden; bei den Blitzen der zweiten Art musste er sich mit einem Kollegium von zwölf Göttern beraten, und bei Anwendung der dritten Art musste vorher eine Absprache mit jenen geheimnisvollen übergeordneten Göttern erfolgen, deren Namen nicht genannt werden. Diese numinose Obergewalt, die selbst den Göttern alle Macht verlieh, wird nur als der »*Rat der verhüllten Götter*« bezeichnet, und es gibt auch keine Bildnisse von ihnen. Die Absprache mit solchen ungenannten, überkosmischen Göttern unterscheidet die etruskische Religion von jeder anderen antiken Religion, die wir kennen. Zeus und Jupiter sind unumschränkt waltende Autokraten, die keine Instanz über sich kennen; aber Tinia und die anderen Blitzgötter sind nur Sachwalter jener höchsten kollektiven Schicksalsmacht, die einem Reich absoluter Transzendenz anzugehören scheint und nicht durch Bild oder Gleichnis ausgedrückt werden kann. Die »verhüllten Götter« sind etwas zutiefst Esoterisches, ein Mysterium vermutlich – und das zeigt, wie weit die Etrusker in ihrem religiösen Empfinden von der primitiv-anthropomorphen Götterreligion der frühen Mittelmeerwelt entfernt gewesen sind.

Noch ein weiterer Umstand verdeutlicht den esoterischen Charakter der etruskischen Religion, und das ist die ebenfalls ganz ungriechische »*Lehre von der Gottwerdung der Seelen verstorbener Menschen*«, bruchstückhaft bei einigen römischen Autoren wie Servius, Varro, Arnobius zitiert. Sie kommt jedenfalls in der exoterischen griechischen Religion nicht vor, dafür aber in den späteren Mysterienschulen Griechenlands wie der Orphik, bei Pythagoras, Empedokles. Wenn wir bei Arnobius (adv. gent. II, 62) hören, dass man »gewisse Tiere gewissen Göttern opfern« müsse, damit »die Seelen göttlich und den Gesetzen der Sterblichkeit entzogen würden«, dann hört sich das doch sehr nach einer Mysterienpraxis an, die anderswo in der antiken Welt nur im Geheimen, nicht aber im Rahmen der öffentlichen Religion vollzogen wurde. Nebenbei erwähnt verweist die etruskische Lehre von der Gottwerdung der Seelen auf Kleinasien, speziell auf die Hethiter; diese besaßen nämlich für das Hinscheiden eines Menschen angeblich die sprachliche Umschreibung »seine Seele ist Gott geworden«. Daraus will H. Mühlestein den Schluss ziehen, dass »eine eschatologische Gottheit der Hethiter, d.h. eine solche, die mit dem Weiterleben der Seele des Menschen im Jenseits zu tun hat, in das Pantheon der Etrusker übergegangen und also von diesen aus Kleinasien bereits mitgebracht worden ist«[6].

Neben solcher Mysterienpraxis, ganz auf die Vergöttlichung der Seele im Jenseits ausgerichtet, besaß die etruskische Religion auch eine ausgeprägt magisch-zeremonielle Seite. Diese zeigte sich vor allem in der Mantik, neben der Leber- und Eingeweideschau auch die Blitzlehre und die

Vogelflugschau. Teile dieser magischen Praktiken sind von den Römern übernommen worden, aber nur, um sie ganz einseitig-politisch den Zwecken des Staatsorakels dienstbar zu machen. Es gab auch magische Bücher der Etrusker über diese Gegenstände, deren trümmerhafte Überreste heute unter dem Namen *Disciplina Etrusca*, Etruskische Disziplin[7], bekannt sind. Für die Römer hatten diese Bücher, soweit sie noch erhalten blieben, nur die Bedeutung von formelhaften Gesetzestexten, die dazu verhelfen sollten, ein für beide Seiten möglichst günstiges Verhältnis von Menschen und Göttern herzustellen. Die Herkunft dieser Bücher wird auf göttliche Offenbarung zurückgeführt, worüber ein entsprechender Mythos Auskunft gibt: Ein Ackermann namens Tarchun pflügte einst auf den Feldern Tarquinias. Als er einmal den Pflug besonders tief führte, sprang aus der Ackerfurche ein Geist namens *Tages* hervor, von Gestalt zwar noch ein Knabe, aber angefüllt von höchster Weisheit. Tarchun habe vor Erstaunen laut aufgeschrien, da sei von überallher viel Volk herbeigeeilt, darunter auch die Lukomonen, d.h. die hohepriesterlichen Anführer der zwölf etruskischen Städte. Ihnen allen habe der wundersame Knabe in Versen die Geheimnisse der etruskischen Religion vorgesungen; dann sei er plötzlich wieder verschwunden. Eine spätere Überlieferung hat aus ihm den »Sohn eines Genius« und Enkel des Tinia, des obersten blitzeschleudernden Gottes gemacht.

Einen Teil der *Disciplina Etrusca*, dieser großen magischen Gesetzessammlung, bilden die Tagetischen Hymnen, von den Römern *Sacra Tagetica* genannt. Sie sind ihrem Kern nach uralt, und besaßen wohl den Status von liturgischen Texten, die bei religiösen Feiern oder Riten gesungen wurden. Auf die Offenbarungen des Tages geht nach dem Glauben der Etrusker die Lehre vom Deuten der Blitze, die Vogelflugschau und die Haruspicin zurück, die Weissagung aus den Eingeweiden der Opfertiere, allesamt mantische Künste, die ein magisches Weltbild zugrundelegen.

Geweissagt wurde insbesondere aus der Leber des Opfertieres. Seitdem wir die *Bronzeleber von Piacenza* besitzen, die 1878 in der Poebene gefunden wurde, sind unsere Vorstellungen von der Kunst der Leberschau etwas klarer. Die Bronzeleber, vermutlich ein Demonstrationsmodell für Priesterschulen, zeigt sich in 40 Regionen eingeteilt, die den 40 Himmelsregionen der etruskischen Religion entsprachen, denen je eine bestimmte Gottheit vorstand. Das zugrundeliegende Weltbild beruht demnach auf der Korrespondenz von Unten und Oben, auf dem hermetischen »Wie oben, so unten«. Wie auch der Religionsforscher Raffaele Pettazoni auf dem Internationalen Etruskerkongress in Florenz (1928) ausführte: »Die Haruspicin gründet sich auf die Idee einer Wechselbeziehung zwischen dem Makrokosmos, der das Universum ist, und jenem Mikrokosmos, den das der Gottheit zum Opfer gebrachte Tier darstellt, besonders aber der empfindlichste Teil seines Wesens, seine Eingeweide.«[8]

Die Eingeweide- und besonders Leberschau, diese uns heute vielleicht obskur erscheinende Priestertechnik, wurde seit ältester Zeit in Babylonien geübt; zahlreiche Lebermodelle aus Ton, die zweifellos auch zu Lehrzwecken bei der Priesterausbildung dienten, sind schon aus der Zeit Sargons (um 2850 v. Chr.) bekannt. Auch die den Babyloniern benachbarten Hethiter praktizierten die Leberschau; also auch hier wieder Hinweise auf Kleinasien und die Welt des Orients! Und H. Mühlestein äußert gar die Vermutung, »dass 'Tages', der Offenbarungsgott der Etrusker selbst, mit einem kleinasiatischen Weisheitsgott identisch ist, der seinerseits aus einer babylonischen Mythe stammt«[9], wobei sich die im anatolischen Hochland lebenden Hethiter als Vermittler betätigt haben müssen. So stehen die Etrusker, obgleich vom Tritonsee stammend, in einer rätselhaften und bis heute nicht geklärten Beziehung zu einem anderen geheimnisvollen Kernvolk der Urgeschichte, den Hethitern.

Numa – Magier und Priesterkönig

Unter den etruskischen Priesterkönigen, die in der Frühzeit Roms über die spätere Hauptstadt des Römischen Weltreiches regierten, ragt die Gestalt des *Numa Pompilius* (reg. 715–627 v. Chr.) besonders hervor. Er war der sagenhafte zweite König Roms, Nachfolger des Romulus und ein großer Mystagoge, Magier und Stifter zahlreicher Tempeldienste. Mythisch verklärt erscheint uns die Gestalt dieses Sakralherrschers, dessen etruskische Herkunft von der späteren römischen Geschichtsschreibung sorgfältig vertuscht wurde, wohl um die an sich unbestreitbare Tatsache einer Herrschaft der Etrusker über Rom zu verschleiern. Über die wirklich historische Figur des Königs Numa wissen wir nur wenig. Allerlei Sagen haben sich um seine Person gesponnen, vor allem die, dass er mit einer Nymphe (oder Göttin) namens *Egeria* verheiratet gewesen sein soll, die ihn in alle Mysterien und göttlichen Geheimnisse einweihte.

Der griechische Gelehrte *Plutarch* (etwa 50 bis 125 n. Chr.), der seit dem ersten nachchristlichen Jahrhundert zu den meistgelesenen Autoren der antiken Welt gehörte, hat uns unter anderem Biographien bedeutender Persönlichkeiten der Alten Welt überliefert. Über den legendären Magierkönig Roms, Numa, sagt er folgendes: »Numa verließ nun die Stadt, lebte meist auf dem Lande, ging gern allein umher und hielt sich in den Hainen der Götter, auf heiligen Auen und in der Einsamkeit auf. Von daher nicht zum wenigsten ist die Erzählung über die Göttin aufgekommen, dass nämlich Numa nicht aus Betrübnis und seelischer Erschütterung das Leben unter den Menschen aufgegeben habe, sondern zum Umgang mit höheren Wesen zugelassen, ja der Vermählung mit einer Göttin gewürdigt, durch die Liebe und das innige Zusammenleben mit Egeria ein glückseliger, mit göttlichem Wissen erfüllter Mann geworden sei.«[10] Dass diese Geschichte vielen der uralten Sagen gleicht, die von durch die Liebe einer Göttin beglückten Menschen berichten, liegt auf der Hand. Und Plutarch hält es für möglich, dass Männer wie Minos, Zoroaster, Numa und Lykurg, die über große Königreiche regierten, mit den Göttern in engerer Verbindung standen und ständig Umgang mit ihnen hatten.

Zu den zahlreichen Weihen, Kulten und Orakeln, die Numa in Rom gestiftet haben soll, gehört vor allem der *Priesterdienst der Vestalinnen*, geweihte Jungfrauen der Herdgöttin Vesta, die über ein ewiges, nie verlöschendes Feuer zu wachen hatten. Über die Riten des Vestakultes ist historisch wenig bekannt. Ursprünglich wohl der Kult einer Großen Göttin, vielleicht dem Ur-Matriarchat des Früh-Etruskertums entsprungen, wurde der Vestalinnen-Dienst unter den Römern zu einem reinen Staatskult, indem die ewig brennende und nie verlöschende Flamme das Wohl des Staates symbolisieren sollte. Darin kann der eigentliche Sinn des Dienstes aber nicht gelegen haben. Vielmehr haben es die Römer ja gerade vermocht, jeden Mysteriendienst in einen Staatskult umzubiegen, womit alles Esoterische ins Äußerliche, Exoterische, Politische gewendet wurde. Darum kennen wir auch den Dienst der Vestalinnen nur in seiner römisch-verfälschten Form, nicht aber in der Form, wie er von König Numa gestiftet wurde.

Aussagen zu diesem Thema, wenn auch dürftige, finden wir wieder bei Plutarch. Dieser sagt nämlich: »Auch die Weihung dieser Jungfrauen (der Vestalinnen) und überhaupt die Pflege und die Verehrung des ewigen Feuers, das die Jungfrauen zu hüten hatten, schreibt man dem Numa zu, sei es, dass er die reine und unvergängliche Substanz des Feuers nur unberührten und unbefleckten Personen anvertrauen wollte (....). Denn auch wo in Griechenland nieverlöschendes Feuer unterhalten wird (wie in Delphi und Athen), führen allerdings nicht Jungfrauen, aber doch Frauen, die über die Jahre der Gebärfähigkeit hinaus sind, die Aufsicht darüber.

Und wenn es einmal durch einen Zufall ausgeht – wie in Athen unter der Gewaltherrschaft des Aristion die heilige Lampe erloschen sein soll und in Delphi, als der Tempel von den Medern verbrannt sein soll, das Feuer mitsamt dem Altar verschwand –, so darf es nicht von einem andern Feuer her entfacht werden, sondern man muss ein neues und frisches machen, indem man von der Sonne her eine reine, unbefleckte Flamme entzündet....«[11]

Feuerkulte und Verehrungen der heiligen Flamme muss es überall in der Antike gegeben haben. Selbst das berühmte Orakel von Delphi war ursprünglich nicht dem Licht- und Sonnengott Apoll geweiht, sondern der Herdgöttin *Hestia*, die mit der römischen *Vesta* weitgehend identisch ist. Der Vermerk, dass man das einmal erloschene Feuer nicht an einem anderen Feuer, sondern direkt an der Sonne wieder neu entfache, weist auf die Tatsache hin, dass es damals schon Brennspiegel oder Linsen gab – nur damit kann man Feuer direkt an der Sonne entzünden! Demnach müssen die Menschen der frühen Antike in technischer Hinsicht nicht so primitiv gewesen sein, wie man sie heute hinstellen will.

Das Wenige, das wir über den Kult der Vestalinnen wissen, ist nur: dass Numa zuerst vier jungfräuliche Priesterinnen berief, welchen sein Nachfolger Servius Tullius – auch er ein etruskischer Sakralkönig! – zwei weitere hinzufügte, und dass es bis in die klassische Zeit hinein bei dieser Zahl von sechs Tempeldienerinnen blieb. Vom König wurde ihnen eine 30jährige Keuschheit vorgeschrieben: 10 Jahre lang erlernten sie die heiligen Weihen; 10 weitere Jahre lang übten sie den Kult; und die letzen 10 Jahre über bildeten sie selbst Novizinnen aus. Nach Ablauf all dieser Zeit konnten sie sich, sofern sie es wollten, ins Privatleben zurückziehen. Es stand ihnen dann auch frei, zu heiraten. In römischer Zeit stand der Dienst der Vestalinnen unter der Oberaufsicht des Pontifex Maximus; aber die Tempelfrauen genossen auch große Privilegien. Sie nahmen an zahlreichen öffentlichen Feierlichkeiten teil, besonders an den Festen der Fruchtbarkeitsgöttinnen *Tellus Mater*, *Ops* und *Bona Dea*, was nochmals auf den ursprünglich matriarchalen Charakter des Kultes hinweist. Die Institution der Vestalinnen hat den Sieg des Christentums bis zu Theodosius dem Großen überlebt.

Eine andere Sage über König Numa berichtet, dass er auf dem Aventin einst zwei Faune eingefangen haben soll, die ihn ebenfalls – wie die Nymphe Egeria – in den göttlichen Geheimnissen unterrichteten. Dazu noch einmal Plutarch: »Den Aventin, der noch kein Teil der Stadt und noch nicht besiedelt war, sondern reichlich sprudelnde Quellen und schattige Täler enthielt, pflegten zwei Dämonen, Picus und Faunus, zu besuchen, die im übrigen wohl dem Geschlechte der Satyrn und Pane zuzurechnen wären, aber durch ihre Arzneikunde und ihre Zaubermacht der Gottheit gegenüber ähnliche Künste übten wie die sogenannten Idäischen Daktylen der Griechen und in Italien umherzogen. Sie brachte Numa in seine Gewalt, indem er die Quelle, aus der sie zu trinken pflegten, mit Wein und Honig mischte. Als sie gefangen waren, verwandelten sie sich auf mancherlei Weise, wechselten ihr Wesen und nahmen absonderliche, furchtbar anzusehende Gestalten an. Als sie aber merkten, dass sie fest und unentrinnbar gefangen waren, weissagten sie viele zukünftige Dinge und lehrten Numa die Blitzsühne...«[12]

Ob die Geschichte wörtlich zu nehmen ist oder nicht – sie weist auf jeden Fall darauf hin, dass Numa, dieser magiekundige König aus der Frühzeit Roms, sich doch immer mit numinosen und übernatürlichen Mächten verbündet hat, um göttliches Wissen zu erwerben. Als ein spirituell interessierter Monarch steht er in deutlichem Kontrast zu den späteren Kaisern Roms, denen es in erster Linie um Macht und weltlichen Glanz ging. Aber als Etrusker gehörte Numa einem anderen Volkstum an, das noch aus Menschheits-Urerinnerungen schöpfte und sich mehr am Jenseits als am Diesseits orientierte. Der Charakter Numas kommt in folgender Notiz anschaulich zum Ausdruck: »Numa selbst soll sich mit so festem Vertrauen mit der Gottheit verbunden gefühlt haben, dass er einmal, als ihm, während er opferte, gemeldet wurde, die Feinde rückten an, lächelnd sagte: 'Und ich opfere.'«[13]

Orakelwesen und Zukunftsschau

Ein Zweig der praktischen Magie, kulturgeschichtlich hochbedeutsam und im Altertum weit verbreitet, war die Kunst des Weissagens und der seherischen Vorausschau, Divination (*divinatio*) genannt oder Mantik. Man spricht in diesem Zusammenhang auch vom *Orakel*, vom lateinischen *oro*, ich rede, und versteht darunter jede Art von Zukunftsdeutung, Schicksalsspruch, Weissagung, rätselhafte Aussage oder Wahrsagung; auch gewisse, zufällig auftretende Zeichen können die Funktion eines Orakels innehaben. Unter »Orakel« versteht man im engeren Sinne auch den heiligen Sprechort, wo eine Gottheit durch einen Priester Fragen beantwortete und Weissagungen erteilte. Beispiele hierfür wären in Griechenland die Zeus-Orakel von Dodona und Olympia, die Apollon-Orakel von Delphi, Klaros bei Kolophon, Didyma bei Milet sowie in Ägypten das Ammonium in der Oase Siwa. In Italien war besonders das Orakel von Präneste bekannt, wo mit Losen geweissagt wurde; außerdem gab es ein Toten-Orakel am Avernersee bei Cumae, wo man einen Eingang zur Unterwelt zeigte und wo Odysseus den Geist des toten Sehers Teiresias heraufgeschworen hat und Äneas einst um Rat gefragt haben soll.

In Delphi, der berühmtesten aller antiken Orakelstätten, sprach die *Pythia* – eine Priesterin der Erdmuttergöttin, zumindest ursprünglich – in einem Zustand der rauschhaften Begeisterung, der Verzückung rätselvolle Weissage-Worte, die danach ein Kollegium von Priestern in die Versform des Hexameters zu fassen hatte. Die begeisterte »Raserei« der Pythia wurde von Platon, dem Philosophen, als »heiliger Wahnsinn« bezeichnet. Worunter er einen Zustand des Erfülltseins von Gott verstand. Platon sagt, es würden uns »die größten der Güter durch Wahnsinn zuteil, freilich nur einem Wahnsinn, der durch göttliche Gabe gegeben ist. Denn die Prophetin zu Delphoi und die Priesterinnen zu Dodona haben ja vieles und Schönes in besonderen und öffentlichen Angelegenheiten unserer Hellas im Stande des Wahnsinns geleistet, in dem der Besinnung aber noch weniges oder gar nichts« (*Phaidros* 244a/b).

Das lateinische Wort für Mantik (*divinatio*) bezeichnet nach einer Definition von Bouche-Leclercq die »Kenntnis des göttlichen Denkens, das sich entweder durch sinnlich wahrnehmbare Zeichen äußert oder sich der Seele unmittelbar durch Eingebung oder seelische Erregung übernatürlicher Art mitteilt«. Der Legende nach ließ Tarquinius Superbus, ein König aus der Frühzeit Roms, die Sibyllinischen Bücher erwerben, die fortan für Orakelzwecke verwendet wurden.

Außerdem gab es im Alten Rom die *Auguren*, ein Priesterkollegium, das den Königen und später den Magistraten der Republik bei der Einholung der Vorzeichen zur Seite stand. Die Gründung des Kollegiums wird bald Romulus, bald Numa zugeschrieben; die Anzahl der weisen Männer betrug zuerst 9, dann 15 und unter Cäsar zuletzt 16. Die Auguren waren nicht eigentlich Priester, da sie keine Opfer darbrachten oder Kulthandlungen vollzogen, sondern die Bewahrer der staatlichen Weissagung, die stets getrennt war von der etruskischen Mantik der Eingeweideschau und von der griechischen Mantik, die in Rom durch die Sibyllinischen Bücher vertreten war. In der Burg des Kapitols saßen die Auguren bei monatlichen Treffen zusammen, wo sie an Jupiter Fragen richteten, die das unmittelbare Handeln des Magistrats betraf; die Fragen wurden nur mit »Ja«

oder »Nein« beantwortet. In freier Natur zeichneten die Auguren mit ihrem *Augurenstab* (den sie von den Etruskern übernommen haben) ein viereckiges Beobachtungsfeld am Himmel, in dem sie alle Vorzeichen beobachteten, die sich aus dem Flug der Adler oder Geier, aus dem Schrei der Raben, Krähen oder anderer Vögel ergaben. Auch Blitze und Donnerschläge waren in der Auguralwissenschaft von großer Bedeutung. Offiziell hat das Kollegium der Auguren noch bis zum Ende des 4. Jhs. n. Chr. existiert.

Die älteste Form des Orakels scheint der *Loswurf*, das *sortilegium*, gewesen zu sein. Ein Beispiel hierfür gibt es aus dem Alten Testament: »Saul sprach: Werft das Los über mich und meinen Sohn Jonathan! Da fiel das Los auf Jonathan. Und Saul sprach zu Jonathan: Was hast du getan?« (1. Buch Samuel 14,42). Etwas anderes als solcher Loswurf, der wieder nur die beiden Möglichkeiten einer Antwort, »Ja« oder »Nein« besitzt, ist das in Vollmacht gegebene, *inspiratorische Orakel* eines israelitischen Propheten: es konnte, wie aus dem Munde Gottes gesprochen, die Verwerfung oder Begnadigung eines Einzelnen oder eines ganzen Volkes durch Jahwe zum Inhalt haben. Bei den Alten Germanen war als Losorakel das *Werfen der Runen* üblich. Die Runen waren kleine Holzstäbe, in die man heilige Zeichen einritzte; sie galten als von Odin eingesetzt und sollten Auskunft über den Willen der Götter geben. Über die Germanen berichtet uns Tacitus: »Vorzeichen und Losorakel beobachten sie wie kaum ein zweites Volk. Das herkömmliche Verfahren beim Losorakel ist recht einfach: sie schneiden von einem fruchttragenden Baum ein Reis ab, zerschneiden es in Stäbchen, versehen diese mit bestimmten (runenartigen) Zeichen und streuen sie planlos über ein weißes Tuch, wie sie ihnen gerade unter die Hand kommen. Dann betet der Stammespriester, wenn eine Befragung von Stammes wegen erfolgt, bei privater Befragung der Hausherr persönlich, zu den Göttern und hebt – den Blick zum Himmel gewendet – dreimal (hintereinander) eins auf und deutet die aufgehobenen Stäbchen nach dem vorher eingeritzten Zeichen.« (*Germania* Cap. 10)

Neben der Vogelflugschau – die nach Tacitus auch die Germanen kannten – gibt es zahlreiche Formen der Mantik: die Eingeweideschau, das Tierorakel, das Totenorakel, das Traumorakel, die Traumdeutung, der heilige Tempelschlaf, die Quellenschau, die »haluzinatorische Mantik«, das Schauen auf glänzende, spiegelnde Gegenstände, und nicht zuletzt – die Weissagung aus den vier Elementen. Diese dachte man sich ja als beseelt, von tätigen Wesenheiten bewohnt, die man auch nach zukünftigen

Ereignissen befragen konnte. Entsprechend den vier Elementen – Erde, Wasser, Luft, Feuer – gibt es als Wahrsagearten die *Geomantie, Hydromantie, Aeromantie* und *Pyromantie,* also die Vorausschau aus den Wesenskräften der Erde, des Wassers, der Luft und des Feuers.

In *Doctor Fausti Weheklag,* einem der populärsten Zauberbücher an der Wende vom Mittelalter zur Neuzeit, werden diese vier Orakeltechniken wie folgt beschrieben: »Hydromantia, da zaubert man die Geister in das Wasser, wo sie sich sehen lassen müssen, wie Marcus Varro bezeuget, wenn er schreibt, er habe einen Knaben im Wasser gesehen, der ihm den Ausgang des Mithridatischen Krieges in anderthalbhundert Versen verkündigt habe. Auch Numa Pompilius hat eine sonderliche Art gehabt, daraus er zukünftige Dinge hat erlernen mögen. Geomantia geschieht fürnehmlich mit einem Würfel von 16 Ecken; damit werfen die Künstler auf die Erde, sprechen etliche Coniurationes, Psalmen und andere von ihnen erdichtete oder erlernte Worte (....) Pyromantia, da man aus dem Feuer wahrsagen will, wie die Flammen brennen, ob sie ganz oder zerteilt sind. Aeromantia, wenn man die Luft beschwört und nach den vier Winden oder Teilen der Welt prophezeien will.«[14] Der bisherige kulturgeschichtliche Überblick dürfte schon deutlich genug gezeigt haben, dass die Mantik, wie alle anderen Arten der Magie auch, ursprünglich eine heilige Priesterwissenschaft war, nur wenigen Eingeweihten vorberhalten, dass sie später aber der Dekadenz anheimfiel und dabei zu Aberglauben oder zu Schwarzer Magie verkommen musste; dieser schlechte Ruf schädigte der Magie insgesamt und trug zu ihrem Untergang bei.

Spätrömische Sonnenkulte

In der Spätantike, der Verfalls- und Untergangszeit des Römischen Weltreiches, finden wir in Rom eine unübersehbare Vielzahl von Mysterienkulten und Einweihungswegen: wilde, ekstatische, orgiastische, oft auch blutrünstige Kulte meist kleinasiatischer, ägyptischer oder orientalischer Herkunft, die das Kainsmal der Dekadenz und der Entartung nur allzu deutlich an sich trugen[16]. Ein weitgehend entartetes Mysterienwesen, gegründet auf die Verehrung orientalischer Gottheiten, daneben eine wild aufblühende ekstatische Mystik, wie sie sich vollendet in den *Enneaden* des Plotin (203–270 n. Chr.) findet, dies sind die Merkmale, die das Geistesleben der römischen Spätantike kennzeichnen.

Im Vergleich zu solchen Kulten trug der spätrömische Sonnenkult, der auf eine Vergöttlichung des Herrschers abzielte, eher das Gepräge eines

Staats- und Kaiserkultes. Die Erhebung des Staates zur Gottheit, zum säkularen Ersatz-Gott, war ja von Anfang an im Römertum angelegt, wobei der Staat indes mit der Person des Kaisers gleichgesetzt wurde. Längst dahingeschwunden waren die altrömischen republikanischen Tugenden, und immer mehr gingen die Kaiser des *Imperium Romanum* dazu über, einen orientalischen Herrscherkult in Rom einzuführen, wie man ihn in Ägypten oder Syrien vorgefunden hatte. Nach orientalischem Herrschaftsverständnis galt der Kaiser nicht bloß als politisch unumschränkt waltender Autokrat, sondern darüber hinaus als Hohepriester und menschgewordener Gott. Und was lag näher, als den Kaiser für die menschliche Inkarnation des Sonnengottes zu halten?

Die Annahme eines solchen kaiserlichen Sonnenkultes begann eigentlich erst mit den sogenannten Soldaten-Kaisern. Unter den Adoptiv-Kaisern *Trajan* (Regierungszeit 98–117 n. Chr.) und *Hadrian* (117–138) hatte das Römische Weltreich seinen größten Umfang nach außen und seinen höchsten Glanz im Inneren, den Gipfelpunkt seiner Zivilisation erreicht; mit *Marc Aurel* (161–180) saß noch einmal ein wahrer Philosoph auf dem Kaiserthron. Mit Kaiser *Commodus* (180–192) begann indes die Folge der Soldatenherrscher, militärische Glücksritter und Abenteurer allesamt, ebenso schnell gestürzt und ermordet wie auf den Thron gehoben, stets abhängig von der Gunst der Truppe; und gierig griffen solche Militärdespoten nach dem Sonnen-Mysterium, um es ihren höchsteigenen politischen Zwecken dienstbar zu machen. Gewaltsam erzwangen sie oft ihre Einweihung in die höchsten Mysterien, weil der Kaiser eben nicht nur politischer Herrscher sein wollte, sondern auch »sterblicher Gott«!

So ließ sich Commodus gewaltsam in die Sonnen-Mysterien des Mithras einweihen, obgleich innerlich völlig unwürdig solcher Weihen; andere Kaiser huldigten als Gott dem Herakles oder dem Serapis, mit dem sie sich in maßloser Selbsterhöhung identifizierten. Schon der größenwahnsinnige Nero hatte sich für einen sterblichen Gott gehalten. Die römischen Soldaten-Kaiser waren ihrer Herkunft nach keineswegs Römer, sondern Spanier, Nordafrikaner, Syrer, Araber, Thraker und Illyrer: daher auch die zunehmende Orientalisierung Roms unter ihrer Herrschaft. Dem mittelmeerischen Vielvölkerstaat, der das Römische Weltreich damals war, wollten sie durch einen synkretistischen Kult eine einheitliche geistige Grundlage verschaffen. Als Kaiser *Caracalla* (211–217), ein Säbelheld, der mit orientalischer Pracht und Verschwendungssucht residierte, von einem seiner Präfekten in Mesopotamien ermordet wurde, rief ein in Syrien stationiertes Heer den vierzehnjährigen Jüngling Elagabal – Sonnenpriester von Emesa in Syrien – zum Kaiser aus. Unter dem Namen *Heliogabal* (218–222) war er der erste Sonnenpriester auf dem römischen Kaiserthron!

Seinen syrischen Heimatgott ließ er als *Sol Invictus*, als »unbesiegbaren Sonnengott« zum obersten Reichsgott ausrufen; der Kultstein des Gottes wurde von Emesa nach Rom gebracht. Allerdings trieb der Kaiser und »Hohepriester« aus Syrien derartig wilde Orgien (und dazu noch in aller Öffentlichkeit), dass die Soldaten ihn alsbald ermordeten; Heliogabal wollte wohl Nero nachahmen, blieb aber doch nur eine schwächliche Imitation. Die Regierungsgeschäfte lagen faktisch in den Händen seiner Großmutter Julia Maesa.

Ein anderer Sonnenherrscher auf dem römischen Kaiserthron, glaubwürdiger als der haltlose Heliogabal, war *Aurelian* (270–275), der sich auf Münzen mit der Strahlenkrone des Helios abbilden ließ. Er war seiner Herkunft nach Illyrer; seine Mutter soll eine Sonnenpriesterin in einer Stadt an der unteren Donau gewesen sein. Seinen Sieg über das palmyrische Reich der Königin *Zenobia* (im Jahre 273) schrieb er dem Eingreifen des Helios zu; deshalb ließ er ihm in Rom einen Tempel errichten und ihn als *Sol Invictus* zum obersten Reichsgott ausrufen. Im Zusammenhang damit standen Kalenderreformen, die noch bis heute nachwirken: Aurelian ließ die Woche mit dem Sonntag als dem »Dies Solis« beginnen (und nicht mehr, wie in der Antike üblich, mit dem Samstag als dem »Dies Saturnis«). Gleichzeitig wurde der 25. Dezember, der Tag der Wintersonnenwende, zum offiziellen Festtag erklärt.

Helios, Sol Invictus, Apollo und der syrische *Baal von Emesa* schmolzen in der Religion Aurelians zusammen und bildeten eine einzige göttliche Heilsgestalt, die in der Person des Kaisers menschliche Gestalt annahm: ließ sich Aurelian doch als »deus et dominus natus«, als »Gott und Herrscher von Geburt an« verehren! Hier wird nochmals deutlich, dass das Sonnen-Mysterium nicht bis in seine Tiefen spirituell ausgeschöpft wurde, sondern nur als ein Mittel der Selbstüberhöhung und der Rechtfertigung kaiserlicher Alleinherrschaftsansprüche dienen sollte. Aurelian wollte seiner Herrschaft, die reine Soldatenherrschaft war, den Anschein einer sonnenkaiserlichen Theokratie geben. Die falschen Sonnenkaiser der spätrömischen Epoche erscheinen wie Wiederverkörperungen jener entarteten Atlanter, die angeblich das Wissen der Sonnen-Mysterien missbrauchten, um rein egoistisch Macht und Reichtum zu erwerben. Oft enthüllt die Weltgeschichte nur dann ihren tieferen Sinn, wenn man sie unter karmischen und esoterischen Gesichtspunkten betrachtet.

Wie eine Wiederverkörperung des Pharao Echnaton (1370–1352 v. Chr.), dieses großen Sonnenkult-Reformators im Neuen Reich der Ägypter, erscheint die Person des Kaisers *Julian Apostata* (331–363), der von den Christen als »der Abtrünnige« bezeichnet wurde, weil er das von seinem Onkel Konstantin dem Großen geförderte Christentum zugunsten eines mystisch-philosophisch vertieften Heidentums zurückdrängen wollte. Aber während der Pharao Echnaton seinerzeit beim Kultus der äußerlich sichtbaren Sonnenscheibe stehengeblieben war, so erfüllt das Herz des Kaisers Julian eine reine und hochgeistige Sonnenmystik, die ihn in der Sonne nur das äußerliche Bild der ewig schaffenden göttlichen Allnatur erblicken lässt. Selbst der katholische Theologe Hugo Rahner bescheinigt dem Julian Apostata eine »Heliosverehrung, von der man nie recht weiß, ist sie eine trunkene Naturmystik oder eine am irdischen Gestirnssymbol sich entzündende Transzendenz über alles Geschaffene hinaus«[17].

Helios bedeutete für den Sonnen-Eingeweihten Julian Apostata das Erscheinen der Transzendenz in der Immanenz, den Widerschein der göttlichen Allnatur in der sichtbaren Sonnennatur. Und in seinen mystisch-philosophischen Bekenntnisschriften schildert der heidnische Reformator auf dem Kaiserthron sein eigenes Erleben, »die Verzückung, die seine Augen an den Himmelsäther festgebannt hält, die Erschütterung vor dem Gott, der ihn mit alles durchdringendem Blicke betrachtet, die Aufwallung der Liebe und der Sehnsucht nach dem Glanz am Hofe seines Vatergottes Helios-Mithras, nach dem sich seine Seele zurücksehnt wie nach einem verlorenen Paradies, die Ekstase, in der er sein irdisches Bewusstsein aufgibt und sich von den himmlischen Strahlen erleuchten lässt«[18]. Und dann bekennt Kaiser Julian Apostata: »Manchmal, am hellen Tage, geschah es ihm, dass dieser Sonnengeist ihn mit seinen Strahlen einhüllte, ihn an sich zog und ihn in einer mystischen Entrückung seine Allmacht erkennen, lieben und verehren lehrte.«[19]

Ist es nicht eine tiefempfundene Sonnen-Frömmigkeit und Helios-Mystik, die aus diesen Zeilen zu uns spricht? Dennoch blieb der Kaiser Julian wie auch sein Vorläufer (oder gar frühere Inkarnation?) Pharao Amenophis / Echnaton bei seinem Versuch einer religiösen Reform erfolglos: nur eine kurze Regierungszeit blieb ihm beschieden; er starb an der Reichsgrenze im Krieg gegen die Perser, eine ebenso überragende wie tragische Figur. Knapp 30 Jahre nach seinem Tod, im Jahr 391, wurde das Christentum unter Kaiser Theodosius I. zur Staatsreligion erhoben.

Die Mithras-Mysterien

Von Kleinasien, diesem Brückenkopf zwischen Ost und West seit jeher, gelangte der Kult um den stiertötenden Gott Mithras durch Orientalen, die im römischen Heer Dienst taten, nach Westeuropa. In Rom selbst konnte er erstmals unter den Flaviern nachgewiesen werden, und unter ihrem ersten Repräsentanten Kaiser *Vespasian* (69–79) wurde er im niederösterreichischen Carnutum, dem berühmten römischen Befestigungsmittelpunkt an der Donau, gepflegt. Im Verlauf des 2. nachchristlichen Jahrhunderts sehen wir die Mithras-Religion den Limes entlang bis an die Nordsee, im Donauraum bis ins Gebiet von Siebenbürgen und Rumänien, in Britannien bis an die schottische Grenze vordringen[19].

Um 250 bis 300 n. Chr. stand sie in höchster Blüte im römischen Reich und hatte sich praktisch über ganz Europa ausgebreitet: Mithras-Heiligtümer konnten an 420 Orten nachgewiesen werden; etwa 1000 Inschriften, 650 Stiertötungsreliefs und 400 weitere Reliefs sind heute noch erhalten. Die erste uns bekannte Inschrift stammt aus dem Jahr 158, in der Mithras ausdrücklich mit dem *Sol Invictus* der römischen Religion, dem unbesiegbaren Sonnengott also, gleichgesetzt wird.

Die Gestalt des Mithras entstammt der persisch-altindischen Götterwelt. Wenn in den Hymnen der altindischen Vedas die Sonne als das »allsehende Auge des Varuna« bezeichnet wird, so wird dieses Sonnenauge wahlweise Indra, Agni, Surja oder Mitra genannt; der Gott Mitra gehört offensichtlich dem Pantheon des frühen Ariertums an. In der alten Hauptstadt des Hethiter-Reiches (heute in Boghazköy/Zentralanatolien) findet sich eine Inschrift aus dem 14. vorchristlichen Jahrhundert, die einen gewissen »Mitra« als Schwur- und Vertragsgott anruft. Im Angesicht des allsehenden Sonnenauges pflegten die alten Arier nämlich ihre Eide zu bekräftigen und ihre Verträge zu besiegeln.

Das Aufschlussreichste über Mithras erfahren wir indes aus den heiligen Schriften der persischen Zarathustra-Religion, aus den Gathas des Zend-Awesta. Zarathustra, der große Sonnenprophet des arischen Persertums, hatte vor unser geistiges Auge das Bild eines gesamtkosmischen und äonenlang dauernden Entscheidungskampfes zwischen Ahura Mazda und Ahriman gestellt, zwischen Gut und Böse, Gott und Antigott. Dabei wird Ahura Mazda unterstützt durch zahlreiche Yazatas, Heerscharen lichthafter Engel- und Erzengel-Wesen, die für das Gute streiten. Als der mächtigste und gottnächste in dieser himmlischen Hierarchie der Yazatas wird uns Mithras genannt.

Somit steht Mithras als Sonnen-Erzengel an der Spitze aller Weltwesen, und auf Geheiß steigt er als Abgesandter des obersten Gottes bis auf die physische Sonne herab, um von dort aus einzuwirken in die Erden- und Menschheits-Entwicklung. Wenn der herabgestiegene Mithras sich mit der physischen Sonne verbindet, wenn er eintaucht in die Aura ihrer ätherisch-astralen Kraftfelder, dann zieht er ein in das Haus des Helios, ja dann wird er selber Mithras-Helios. Gleichzeitig bleibt er aber mit der geistigen Ur- und Zentralsonne Ahura Mazda verbunden, bleibt als Sohnesgott wesensgleich mit dem Vatergott, und insofern wirkt Mithras als Mittler zwischen der Menschheit und der höchsten Gottheit.

Bei den Mithras-Mysterien handelt es sich eigentlich um einen Aufstiegsweg der menschlichen Seele durch die Planetensphären zum höchsten Göttlichen hin, von Helios über Mithras bis zu Ahura Mazda, dem All-Einen und Ewig-Einen. Im Mittelpunkt des Kultes stand die geistige Wiedergeburt und Himmelfahrt der Seele, die sich in immer höhere Sphären emporhebt, während der Körper in einem komahaften Tiefschlaf liegenbleibt. Wenn die Seele am Ende der Astralreise in den Körper zurückkehrt, hat der Mensch eine innere Neugeburt vollzogen, eine Einweihung im Sinne eines Vordringens in höhere Bewusstseinssphären. Im Laufe der Mysterien-Einweihung konnte der Mithras-Geweihte ein mystisches Sonnen-Erleben erlangen, ja er konnte sich in mystischer Einung mit dem göttlichen Sonnenwesen selbst verbinden.

Um zu dieser erlösend-transformierenden Helios- und Mithras-Begegnung zu gelangen, um also in die mystische Sonnensphäre einzugehen und mit ihr einzuwerden, musste der Geweihte zuvor im körperfreien Zustand einen siebenfach gestuften Aufstiegs-Weg beschreiten:

1. Auf der ersten Stufe wird die Seele des Mysten in die »Region der Luft« des »oberen Kosmos«, also in die Äthersphäre, versetzt.
2. Auf der zweiten Stufe öffnet sich die Sonnenscheibe, und in ihrem unermesslichen Kreis sieht er feurige Tore, die abgeschlossen sind.
3. Auf der dritten Stufe erscheint der Zeitgott Aion und öffnet die Feuertore der Sonnenscheibe: das Sonneninnere tut sich auf, und der Myste tritt ein in strahlende Geisteswelten.

4. Auf der vierten Stufe in der Sonnen-Innenwelt begegnet er einem Gott mit feurigen Locken, scharlachrotem Mantel und goldfarbigem Strahlenkranz: Helios, der Sohn des Mithras.

5. Auf der fünften Stufe öffnen sich dem Mysten neue Tore zum Übersonnenraum; es erscheinen die sieben Schicksalsgöttinnen mit goldenen Szeptern in der Hand.

6. Auf der sechsten Stufe, nunmehr in der Fixsternsphäre angelangt, begegnet er den sieben Polgöttern oder Weltachsenwächtern.

7. Auf der siebten und letzten Stufe ist die Seele des Initianden die Weltachse hochgestiegen und begegnet dort dem jugendlichen Gott Mithras, dem Sonnen-Erzengel des hocherhabenen Ahura Mazda.

In diesem siebenstufigen Sonnen-Einweihungsweg (nach A. Dieterich, *Eine Mithrasliturgie*, 1910) scheinen der Zeitgott Aion, die sieben Schicksalsgöttinnen und die sieben Weltachsenwächter die Rolle von »Schwellenhütern« innezuhaben. Dreimal muss der Myste solche Schwellen überschreiten, auf der dritten, fünften und sechsten Stufe; erst danach kann er längs der Weltachse in immer höhere Geistesregionen aufsteigen.

Unter den Jüngern des Mithras gab es – im Rahmen einer streng hierarchischen, logenartigen Organisation – verschiedene Weihegrade, die entsprechend der spirituellen Reife verteilt wurden. Der unterste Grad war der des »Raben«, der höchste der des »Vaters«. Insgesamt kennen wir sieben Grade unter den Anhängern der Mithras-Religion, die den sieben Planetenphären entsprechen, sie heißen:

Corax / Rabe	Merkur
Nymphus / Schmetterling	Venus
Miles / Soldat	Mars
Leo / Löwe	Jupiter
Persa / Perser	Mond
Heliodromos / Sonnenläufer	Sonne
Pater / Vater	Saturn

An den Graden wird nochmals erkennbar, dass auch die Esoterische Astrologie einen festen Bestandteil der Mithras-Religion bildete. Die Mitglieder der Kultgemeinde trafen sich indes regelmäßig in den Mithras-Heiligtümern, geheimen Tempeln, die meist in unterirdische Höhlen hin-

eingebaut waren, im Inneren wie eine Kapelle eingerichtet, mit einem Vorraum, einem Gemeindesaal, der etwa 20 Personen Platz bot, mit einer Apsis und einem Altarbild. Das Altarbild zeigt in der Regel den Gott Mithras, der – umgeben vom Kranz der Tierkreiszeichen – den kosmischen Urstier tötet. Er trägt dabei meist einen Umhang und als Kopfbedeckung die »phrygische Mütze«, wird auch von zwei Fackelträgern begleitet, die wohl den Morgen- und Abendstern symbolisieren. Am Rande des Geschehens stehen noch andere Symboltiere: Hund, Schlange und Skorpion. Sehr deutlich ist dies alles auf dem Altarrelief von Heddernheim bei Wiesbaden zu erkennen.

Bei der Stiertötung handelt es sich nicht um eine Vernichtung, sondern um eine Verwandlung und Verklärung des Opfertieres: aus dem Leib des getöteten Stieres geht neues Leben hervor. Der Stier, hier im kosmischen Sinne aufzufassen, stellt den heiligen Himmelsstier dar, der wie der Urriese Ymir / Purusha die noch im Ätherzustand befindliche Urmaterie bedeutet. Und wie im germanischen Schöpfungsmythos durch die Tötung des Urriesen Ymir die sinnlich-materielle Welt geformt wird, so muss wohl auch hier im Persischen die Stiertötung durch den Gott Mithras als ein Weltschöpfungsgeschehen aufgefasst werden. Mithras wurde von seinen eingeweihten Jüngern nicht nur als Menschheits-Erlöser, sondern auch als Weltschöpfer angesehen.

Über ein Stiertötungs-Zeremonial, das am Fuße einer symbolischen Weltensäule stattfindet, berichtet übrigens Platon in seiner Schrift über die untergegangene Königsinsel Atlantis. Platon sagt, die zehn Könige von Atlantis trafen sich alle fünf bis sechs Jahre in der Königsstadt, und dort »jagten sie den im Weihbezirk Poseidons freigelassenen Stieren mit Knüppeln und Schlingen, ohne eine Eisenwaffe, nach, den Gott anflehend, sie das ihm wohlgefällige Opfer einfangen zu lassen; den eingefangenen Stier aber führten sie zur Säule und opferten ihn...«[20] Hier könnte man natürlich viel spekulieren über den geheimen »atlantischen« Ursprungsort aller westlichen Mysterienreligionen. Dem Mithras-Kult erwuchs jedoch auf dem Boden des Römischen Reiches der unerbittlichste Gegner in Gestalt des neu aufgekommenen Christentums.

Vom Mithras-Kult zum Christentum

Vom Mithras-Kult, aber auch von anderen römischen Reichsgöttern wie Sol Invictus, Helios und Apollo führt ein direkter Weg zu dem als Sonnengott vorgestellten Christus, dessen Religion im Römischen Reich die beherrschende wurde. Denn die tiefste Sehnsucht der spätantiken Welt lag in der Hoffnung auf einen göttlichen Sonnengeist, der aus den Himmelssphären auf die Erde herabsteigen werde, um den Erdkreis mit friedlicher Hand zu regieren. Ein göttliches Kind, das aus den höchsten Sphären des Himmels auf die Erde herabkommt, um als Friedensfürst das Erbe seines Vaters anzutreten – in diesem Bild hatte einst der römische Dichter Vergil (70 v. bis 19 n. Chr.) die entscheidende eschatologische Hoffnung seiner Zeit ausgedrückt. In seiner berühmten *vierten Ecloge* schreibt er:

Nun ist gekommen die letzte Zeit nach dem Spruch der Sibylle;
Neu entspringt jetzt frischer Geschlechter erhabene Ordnung.
Schon kehrt wieder die Jungfrau, Saturn hat wieder die Herrschaft,
Schon steigt ein Erbe herab aus himmlischen Höhen.
Sei nur dem nahenden Knaben, mit dem die eisernen Menschen enden,
und allen Welten ein goldenes Alter erblühet
gnädig sei ihm, du Helferin, Reine! schon herrscht dein Apollo!
Jener empfängt das Leben der Gottheit, schauet die Götter an

und Heroen vereint, wird selber von ihnen geschauet.
Friedlichen Erdkreis regiert er mit Kraft, vom Vater ererbet.[21]

Die Herkunft des Christentums aus den spätrömischen Sonnenkulten, besonders seine Ähnlichkeit mit dem Mithras-Kult, lässt sich in der Frühzeit der Kirche noch deutlich erkennen. So wurde auf dem Konzil von Nizäa im Jahre 325 der »Geburtstag Christi« offiziell auf den 25. Dezember, auf den Tag der Wintersonnenwende, gelegt. Die Mithras-Geweihten verehrten ebenfalls einen zur Wintersonnenwende geborenen Weltheiland, ja sie feierten auch ein gemeinsames Abendmahl und vollzogen einen Taufritus. Dies ähnelt in der Tat sehr dem späteren Christentum.

Die frühe Kirche hat viele äußere Kultformen aus den Mithras-Mysterien übernommen, allerdings ohne deren tieferen esoterischen Sinn überhaupt zu kennen. Die geistige Enteignung des Heidentums ging stets einher mit einer rückhaltlosen Bekämpfung aller heidnischen Kulte, bis hin zur physischen Vernichtung seiner Heiligtümer, auf deren Grund meist christliche Kirchen errichtet wurden. Unter den auf Julian Apostata folgenden Kaisern (ab 363) begann eine intensive und blutige Verfolgung der heidnischen Religionen, die auch eine völlige Ausrottung des Mithras-Kultes mit sich brachte. Ein Beispiel hierfür: Um das Jahr 400 schrieb der Verfasser der sogenannten lateinischen Vulgata, der Kirchenvater Hieronymus, einen Brief an eine Christin, in dem er den Stadtpräfekten von Rom der Jahre 376/377 lobte: »Ich will nur hinweisen auf euren Verwandten Gracchus, in dessen Namen bereits die Herkunft aus altem Patriziergeschlecht anklingt. Hat er nicht vor wenigen Jahren, als er das Amt des Stadtpräfekten bekleidete, die Höhle des Mithras und alle die unnatürlichen Bildnisse (...) zerstört, zerstückelt und verbrannt? Nachdem er sich auf diese Weise für seine Gesinnung verbürgte, hat er dann nicht nach der Taufe Christi verlangt?«[22]

In ihrer Blindheit und Unwissenheit richteten die Kirchenoberen, stets mit den politisch Mächtigen verbündet, ihren Eifer besonders gegen die heidnischen Sonnenkulte, etwa die des Apollo, des Dionysos und des Mithras, die sie mit Stumpf und Stiel auszurotten trachteten. In diesem Sinne sagt der katholische Theologe Hugo Rahner: »Die Begegnung der Kirche mit dem antiken Sonnenkult bedeutet zunächst durchaus eine *Entthronung* des Helios (...) Nichts liegt so klar zutage, vor allem in den Schriften der Apologeten des zweiten Jahrhunderts, als die völlige Ablehnung jeglicher Sonnenverehrung durch die Christen.«[23] Der Gott der Christen sollte zwar »Sol Invictus« sein, aber im übertragenen Sinne, nicht wörtlich im Sinne einer Naturverehrung der physischen Sonne.

Tatsächlich benutzten die missionierenden Christen das alte Heidentum nur noch als Schale oder Gefäß, in das sie ihren eigenen Inhalt hineingossen; Festtage und Bräuche wurden übernommen, so manche heidnische Priesterin oder Göttin verwandelte sich in eine christliche Heilige, und auf den Trümmern der zerstörten heidnischen Kultplätze wurden christliche Kirchen oder Klöster errichtet. »Denn wenn die Tempel gut gebaut sind«, empfiehlt Papst Gregor III. dem Bischof von London um das Jahr 600, »ist es notwendig, sie vom Dämonenkult zum Dienst des wahren Gottes umzuwandeln, damit das Volk, wenn es sieht, dass seine eigenen Tempel nicht zerstört werden, von seinem Irrtum lässt und, den wahren Gott erkennend und verehrend, umso vertrauter sich an den gewohnten Orten versammelt. So muss jedes Fest zu Ehren ihrer Götzen ... in ein anderes umgeformt werden.«[24]

Es ist für ein tieferes Verständnis des abendländischen Schicksalsweges von entscheidender Bedeutung, dass am Ende der Antike das Christentum, und zwar in seiner römisch-imperialen Form, überall in Europa Oberhand gewann. In diesem seit Konstantin dem Großen zur Herrschaft gelangten Kirchen-Christentum vereinigte sich seit der Zeit der frühen christlichen Apologeten die rein intellektuelle Tradition der griechischen Philosophie mit den rationalen Traditionen des Judentums, und beide fanden gleichsam ihr materielles Gefäß im Römertum, das als eine rein diesseitige Macht seine höchste und einzige Erfüllung im Weltherrschafts-Gedanken findet. Freilich gab es im Abendland, von der offiziellen Kirche ins Abseits gedrängt, auch Strömungen eines verborgenen esoterischen Christentums[11], die heutzutage weitgehend in Vergessenheit geraten sind. Hierzu gehören etwa die gnostischen Manichäer, die in Anknüpfung an die alten heidnischen Mysterien ein kosmisches Sonnen-Christentum vertraten. Gegen sie richtet sich die sogenannte *Große Griechische Abschwörungsformel*, wo es heißt: »Ich verdamme die Leute, die sagen, Zarathustra, Buddha, Christus, Mani und die Sonne seien ein und dasselbe. Ich verdamme die, welche sagen, dass die menschlichen Seelen mit Gott wesensgleich ... seien und dass Gott jetzt damit beschäftigt sei, diese Seelen durch Sonne und Mond, die sie auch Schiffe nennen, von unten heraufzuschöpfen.«[25] Hier wird gegen einen gnostischen Erlösungsmythos polemisiert, der Sonne und Mond als Durchgangsstationen ansieht, die von der erwachenden Seele auf ihrer Lichtreise durchlaufen werden.

Es gibt vier Hauptströmungen des esoterischen Christentums, die spätantiken Geist, griechische Philosophie und orientalische Mysterien-Einweihung mit der Essenz des Christentums zu verbinden trachteten:

1. die *urchistliche Gnosis*, einschließlich des Manichäismus, bis hin zu den »neu-manichäischen« Bewegungen des Mittelalters, den Bogomilen und Katharern;

2. die ihrem Ursprung nach »neuplatonische« *Mystik*, die im hohen Mittelalter die Zeit ihrer Hochblüte durchlebt und über die Reformation bis in die Neuzeit hineinreicht;

3. die *Alchemie*, die erst um das Jahr 1100, aus dem arabischen Kulturraum kommend, in das Abendland hereinbricht;

4. der *Gralsimpuls*, der ursprünglich aus dem keltisch-britannischen Kulturraum stammt, sich dann aber mit gnostischem, mystischem und alchemistischem Gedankengut verband.

Die im Abendland herrschende Kirche musste jedoch in dem Maße, in dem sie sich zu einer durchorganisierten Machtkriche entwickelte, diese esoterischen Strömungen des Christentums als Bedrohung ihrer Existenz betrachten und sie daher mit allen Mitteln bekämpfen.

Gnosis im Abendland

Ich bin die Weisheit der Griechen
Und die Erkenntnis der Barbaren,
Ich bin das Recht für Griechen und Barbaren
Ich bin eine, die viele Bilder in Ägypten
Und die kein Bild bei den Barbaren hat,
Ich bin die überall gehasst
Und die überall geliebt wurde.
Worte der gnostischen Sophia[1]

Erscheinungsformen der Gnosis

Es gibt einen Konzilsbeschluss der katholischen Kirche, der – im Jahre 543 in Konstantinopel gefasst – alle Christen, die an die Prä-Existenz der Seele und an die »Apokatastasis« als endgültiges Heilsziel glauben, mit Bannfluch belegt. Dieser folgenschwere Konzilsbeschluss, im Jahre 553 auf dem V. Ökumenischen Konzil in der Hagia Sophia neuerlich bestätigt, lautet im Original: »*Si quis fabulosam animarum praeexistentiam et quae ex illis sequitur: monstruosam restitutionem (apokatastasin) assuerit, anathema sit.*«[2] Es liegt klar auf der Hand: Wird die Prä-existenz der Seele, ihre vorgeburtliche Existenz in der geistigen Welt, in Frage gestellt, so entfällt damit auch jegliche Möglichkeit einer Wiederverkörperung. Der Gedanke der Reinkarnation, der wiederholten Erdenleben, wurde damit endgültig aus dem offiziellen Lehrkanon des Christentums verbannt; er galt von nun an als »ketzerisch« und wurde in den Untergrund abgedrängt.

Der Konzilsbeschluss von 543 bedeutet vor allem den endgültigen Sieg der Kirche über die Gnostiker[3], die nicht nur die Lehren der Präexistenz und Reinkarnation vertraten, sondern auch die oben genannte »Apokatastasis« als endzeitliches Heilsziel ansahen. Unter diesem Begriff, der wörtlich die »Wiederbringung (aller Dinge)« bedeutet, verstanden die Gnostiker: die Auflösung der irdisch-stofflichen Welt und die Rückkehr der gottbewussten Seelen in die göttliche Lichtwelt. Denn die Gnostiker vertraten die Ansicht, dass der unsterbliche Teil des Menschen aus der göttlichen Lichtwelt herstamme; dort »präexistierte« die Seele seit Ewigkeit. Und nach vielen Wanderungen durch die Stoffes-Welt, durch eine ganze

Kette von Erdenverkörperungen hindurch, werde die Seele letzten Endes geläutert und befreit in die göttliche Lichtwelt zurückkehren.

Unter dem Namen Gnostiker (von griech. *gnosis* = Wissen, Erkenntnis) versteht man eine ganze Anzahl frühchristlicher Kultvereine und geheimer christlicher Mysterienschulen, die am Rande der Großkirche etwa vom 2. bis zum 5./6. Jahrhundert im Abendland bestanden haben, vorwiegend im Gebiet des östlichen Mittelmeers: Ägypten, Palästina, Syrien, Kleinasien, Mesopotamien. In Städten wie Alexandria, Antiochia, Edessa und Ephesus bildeten sie schon früh kleine Gemeinden. Von dort aus breiteten sie sich nach Westen aus; vor allem Rom mit seinen vielen Kulten war schon früh ein Hauptziel ihrer Mission. Den Gnostikern ging es, wie der Name schon sagt, um Erkenntnis; sie betrachteten sich selbst als Erkennende, Wissende, Eingeweihte. Das »Wissen« der Gnostiker stammt nicht aus dem Verstand; es ist befreiendes, erlösendes Wissen. Die Gnosis, so heißt es in einem Fragment, gibt Antwort auf die Frage, »wer wir sind und was wir geworden sind; woher wir stammen und wohin wir geraten; wohin wir eilen und wovon wir erlöst sind; was es mit unserer Geburt, was es mit unserer Wiedergeburt auf sich hat«[4].

In diesem Sinne schreibt der »antihäretische«, in Wahrheit aber der Gnosis sehr nahestehende Kirchenlehrer Clemens von Alexandria (etwa 140–215) die folgenden Worte, die das Selbstverständnis der Gnosis geradezu programmatisch ausdrücken: »Die Gnosis ist die Vollendung des Menschen als Menschen, da die Vollendung durch das Wissen von den göttlichen Dingen entsteht, indem sie durch Sinnesart, den Lebenswandel und das Wort in Einklang und Übereinstimmung mit sich selbst und dem göttlichen Logos ist. Denn durch sie wird der Glaube vollendet, weil nur allein durch sie der Gläubige vollkommen wird. Denn der Glaube ist ein im Innern niedergelegtes Gut. Auch ohne zu suchen, bekennt er, dass Gott ist, und preist ihn als Seienden. Daher muss man von diesem Glauben höhergeführt werden und in der Gnade Gottes selbst wachsen, und soweit es möglich ist, die Erkenntnis von ihm erringen. Denn wir behaupten, dass sich die Gnosis von der Weisheit unterscheidet, die man durch (äußere) Belehrung empfängt.«[5] »Erkenntnis« und »Glaube« bilden hier noch keinen Gegensatz; der gnostischen Erkenntnis kommt die Aufgabe zu, den Glauben zu erleuchten und der Vollendung zuzuführen.

Tatsächlich haben wir es bei der spätantiken Gnosis mit einer rein esoterischen Strömung des Christentums zu tun, die auch an die heidnischen Mysterien der Antike anknüpft; dabei konnte viel ägyptisches, jüdisches und griechisches Geistesgut in die Gnosis einfließen. Dem von der Kirche geforderten »Glauben«, griechisch *pistis*, aufzufassen als ein Für-wahr-Halten bestimmter Lehrmeinungen, stellten die Gnostiker kühn das Hochziel der *gnosis*, der Vervollkommnung durch eigene Erkenntnis entgegen. In der Gnosis lebt ein Geist der metaphysischen Revolte, der nicht davor zurück scheut, wie einst Prometheus das Feuer vom Himmel zu stehlen – das Göttliche aus eigener Kraft zu erringen. Deswegen wurden die »himmelstürmenden« Gnostiker von den Vertretern der christlichen Amtskirche als »Häretiker« gebrandmarkt.

In der Zeit, da das Christentum sich zunehmend zu einer Amts- und Machtkirche entwickelte, verfassten frühchristliche Kirchenlehrer Streitschriften gegen die Gnostiker, der bekannteste unter ihnen Irenäus von Lyon (etwa 140–200), der aus Kleinasien stammte und unter Kaiser Mark Aurel nach Lyon ins Land der Kelten ging, wo er den Märtyrertod erlitt; sein Hauptwerk trägt den Titel *Adversus haereses* (»Wider die Häresien«). Auch Hippolyt von Rom (gest. 235) betätigt sich als Ketzerbekämpfer; sein gegen die Gnostiker gerichtetes Werk heißt *Refutatio omnium haeresium*, »Widerlegung aller Häresien«. Und als Dritter wäre noch der Kirchenlehrer Tertullian (150–225) zu nennen, von dem das berühmte Wort stammt: »credo quia absurdum« – »Ich glaube, weil es absurd ist«, eine Verteidigung der kirchlichen »pistis« gegen die ketzerische »gnosis«. Auf diese Weise wurde die christliche Esoterik ins Abseits gedrängt; sie trug den Stempel der Häresie, der Ketzerei, der ihr bis heute noch anhaftet. Eine solch weltverneinende Spiritualität wie die der Gnostiker hatte keinen Raum mehr in einer Kirche, die sich anschickte, das Erbe des untergegangenen Römischen Weltreichs anzutreten.

Lange Zeit kannte man die Ideen der Gnostiker überhaupt nur aus den Schriften der christlichen Ketzerbekämpfer – Irenäus, Hippolyt und Tertullian, während Kirchenlehrer wie Origines (185–254) und Clemems von Alexandria eher als von der Gnosis beeinflusst gelten dürfen. Die wissenschaftliche Gnosis-Forschung tat sich anfangs schwer damit, aus den zitierten Bruchstücken und Fragmenten in den Schriften dieser frühkirchlichen Autoren die ursprüngliche Gestalt der gnostischen Heilslehre wiederherzustellen. Diese Situation änderte sich schlagartig mit der Entdeckung gnostischer Originalschriften in Ägypten – in koptischer Sprache verfasste Papyrustexte, die in der Nähe des Weilers *Nag Hammadi* am Mittellauf des Nils im Jahre 1945 gefunden wurden.

Den Fundort in der Nähe von Nag Hammadi, in geschichtsträchtiger Landschaft zwischen ägyptischen Pharaonengräbern und Stätten altchristlicher Mönchssiedlungen gelegen, hat H.-C. Peuch 1953 anschaulich geschildert: »Eine hohe Kalksteinklippe, deren Südhang der Schleife gegenüberliegt, die der Nil in seinem Lauf, von Luxor etwa 100 Kilometer stromabwärts, bildet: Das ist der Dschebel-et-Tarif. Seine weiße nackte Wand überragt die Ebene, in der, auf dem linken Stromufer, der kleine Flecken Nag Hammadi liegt und in der, auf dem rechten Ufer, Zuckerrohrfelder die Dörfer Debba, el-Kasr und es-Sayyad umgeben – die Stätte des alten Schemeset-Chenoboskion, wo im vierten Jahrhundert der heilige Pachomius seine ersten Klöster gründete. Im Osten wendet sich die Klippe scharf nordwärts und erhebt sich über dem Sand der Wüste, öd und steil, aber von zahlreichen Höhlen durchbohrt, deren jede Eingang zu einer Grabstätte ist. In halber Höhe der Hügelflanke sind es die Pharaonengräber der sechsten Dynastie; an ihrem Fuß und bis in eine Höhe von etwa hundert Metern liegen die bescheideneren Grabstätten der griechisch-römischen Zeit. Und hier nun scheint (...) um 1945 eine der erstaunlichsten Entdeckungen unserer Zeit gemacht worden zu sein.«[6]

Dem sensationellen Fund von Nag Hammadi ging schon voraus die Entdeckung gnostisch-manichäischer Originalmanuskripte in der Oase Turfan, Turkestan (1902–1914) und in Medinet Madi in Ägypten (1930). Solche Textfunde setzen uns in die Lage, die Ideen der Gnostiker aus erster Quelle zu studieren, und wir blicken hinein in die fremde und doch faszinierende Welt der gnostischen Mythologie – eine Welt ewigen Kampfes zwischen »Licht« und »Finsternis«, zwischen guten und bösen Weltmächten, eine in unzählige Seins-Stufungen gegliederte Welt, angefüllt von myriaden Geistwesen: Göttern, Dämonen, Archonten und Engel-Hierarchien. Die Materie im ganz diesseitigen Sinne kommt in diesem gnostischen Kosmos fast gar nicht vor; sie erscheint wie ein flüchtiger Schatten, der dem Suchenden den Zugang zum Göttlichen verwehrt. Ein Hauch von altindischer Maya-Lehre weht durch die Schriften und Lehrgebäude der Gnostiker, die alles Materielle als nichtig erachten und nur das Geistige als wirklich anerkennen.

Die Lehrmeinungen, Schulen und Richtungen der urchristlichen Gnosis stellen sich dem heutigen Betrachter durchaus nicht einheitlich dar. Schon die Kirchenväter rügten die verwirrende Vielfalt gnostischer Richtungen, so zum Beispiel Clemens von Alexandria in seinen *Stromata*: »Was aber die Sekten betrifft, so sind sie teils nach dem Namen ihrer

Gründer benannt wie die Schule des Valentinos und des Marcion und des Basilides (...). Andere Sekten sind nach einem Ort benannt wie die Peratiker, andere nach einem Volk wie die Sekte der Phryger, andere nach einem Verhalten wie die Enkraiten, andere nach eigenartigen Lehren wie die Doketen und die Haimatiten, andere nach Grundgedanken und dem, was sie verehrt haben, wie die Kainisten und die sogenannten Ophianer, andere nach den gesetzwidrigen Handlungen, deren sie sich vermaßen, wie von den Simonianern die sogenannten Entychiten.«[7]

Einige der hier genannten Gruppen besaßen wohl nur lokale Bedeutung; doch immerhin nennt der Theologe einige der einflussreichsten gnostischen Schulen – vor allem die des Markion, des Valentinos und des Basilides. Den Manichäismus freilich, der als »gnostische Weltreligion« die weitaus größte Bedeutung erlangte, führt er noch nicht auf, da dieser zu seinen Lebzeiten noch nicht existierte. Aus heutiger Sicht können wir die folgenden 12 Strömungen der Gnosis[8] als die wichtigsten betrachten:

Die Simonianer	Anhänger des Simon Magus
Die Basilidianer	Anhänger des Basilides
Die Valentinianer	Anhänger des Valentinus
Die Markioniten	Anhänger des Marcion
Die Naassener	Verehrer der heiligen Schlange
Die Ophiten	ebenfalls Schlangenverehrer
Die Peraten	auch Verehrer der Schlange
Die Barbeliker	Verehrer der Barbelo-Sophia
Die Sethianer	führen sich auf Seth zurück
Die Kainiten	führen sich auf Kain zurück
Die Karpokratianer	von 'Harpokrates'
Die Manichäer	Anhänger des Propheten Mani

In einer Zeit, in der die Kanonisierung des Neuen Testament beschlossen wurde (382 n.Chr.) und man sich um die Ausgestaltung einer möglichst einheitlichen christlichen Theologie bemühte, musste eine solche Vielfalt von Lehrmeinungen verwirrend wirken. Und zweifellos wurde im Zuge einer solchen Vereinheitlichung der christlichen Theologie so manche andersdenkende Gruppe als »häretisch« ins Abseits gestellt. Die Schriften solcher Gruppen, die nicht in den Kanon der als orthodox geltenden Lehrschriften mit aufgenommen wurden, verschwanden als »apokryph« im Untergrund. Und doch findet man die wichtigsten Ansätze einer christlichen Esoterik in den »apokryphen« Schriftstücken solcher

»häretischen« Gruppen. Die wissenschaftliche »Häresiologie«, zu deutsch Ketzererforschung, die sich seit dem 19. Jahrhundert als eigener Forschungszweig etablierte, kann auf diesem Gebiet noch viel unbekannte, verdrängte und vergessene Weisheit des Urchristentums zutage fördern.

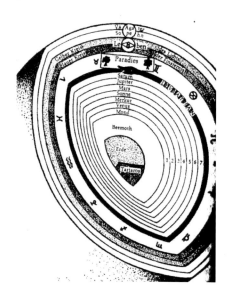

Kosmologie und Erlösungsweg

Der Kirchenlehrer Origines behandelt in seiner Streitschrift gegen Celsus ein *Diagramm der Ophiten* (Abb. oben), das den Stufenbau der Schöpfung schematisch darstellt und somit die Kosmologie der Gnostiker recht deutlich zum Ausdruck bringt. Der irdische Kosmos zunächst besteht aus Körper, Geist und Seele. In seiner Mitte befindet sich die Erde mit der Unterwelt, dem Tartaros; um sie schließen sich in einem Schema konzentrischer Kreise mehrere überirdisch-übersinnliche Sphären: 1. die Behemot-Sphäre (Luftregion oder Äthersphäre), 2. die sieben Planetensphären (Astralebenen), 3. die Sphäre der Weltenschlange, des Leviathan, und 4. die Fixsternsphäre mit den 12 Tierkreiszeichen.

Erst jenseits der Fixsternsphäre (in der sich auch das »Paradies« befindet) beginnt die Geistige Welt im eigentlichen Sinne; sie besteht aus reinem Geist, *pneuma*, und setzt sich aus zwei Kreisen zusammen, dem des »Vaters« und des »Sohnes«. In diesen Höhen der göttlichen Kreise wohnt auch Sophia, die Weisheit Gottes. Die sich selbst in den Schwanz beißende Schlange, der Leviathan, der die sieben Planeten-Sphären umschlingt, gilt den ophitischen Gnostikern als der eigentliche »Herr der Welt«. Die Schlange symbolisiert in ihrer Allgewalt den Unheils-Charakter des Kosmos, der gesamten astralen und ätherisch-stofflichen Welt, die in ewigem Werden und Vergehen befangen bleibt. Diese Unheils-Welt des diesseitigen Kosmos wird beherrscht von den Archonten, machtgierigen Planeten-Göttern, die den Menschen kraft eines unerbittlichen Schicksalsgesetzes zu immer neuen Erdenverkörperungen zwingen. Die sieben Archonten, die den sieben Haupt-Planeten der antiken Himmelskunde entsprechen, werden von den Ophiten mit folgenden, phantastisch klingenden Namen bezeichnet:

1. Jaldabaoth   (Saturn)
2. Jao   (Jupiter)
3. Sabaoth   (Mars)
4. Adonaios   (Sonne)
5. Astaphaios   (Venus)
6. Aiolaios   (Merkur)
7. Horaios   (Mond)

Der oberste der Archonten, *Jaldabaoth*, wohl eine Verballhornung von »Jehova«, wird auch der Demiurg genannt. Er gilt als der große Weltenbaumeister, da er (mit Hilfe der anderen Archonten) die sinnlich-materielle Welt überhaupt erst erbildete. Die in den Astralebenen herrschenden Archonten stehen dem Menschen natürlich feindlich gegenüber, da sie seinen Aufstieg in die geistige Lichtwelt nach Kräften zu verhindern trachten.

Hier begegnet uns ein Grundgedanke, der in allen gnostischen Systemen vorkommt: dass der sinnliche Kosmos nicht von »Gott«, sondern von einem anderen Wesen – eben dem Demiurgen – erschaffen wurde. Dieser wird meist mit dem biblisch-alttestamentlichen Schöpfergott, Jahwe oder Jehova, gleichgesetzt. Der eigentliche und oberste Gott hat indes mit der Weltschöpfung gar nichts zu tun; er weilt in einer rein geistigen Lichtwelt, die sich jenseits der Tierkreissphäre aufspannt. Zwischen »Gott« und dem »Demiurgen« unterschied schon der frühe Gnostiker *Kerinth*, ein Zeitgenosse des Märtyrers *Polykarp von Smyrna* (gestorben 156 oder 157), über den Irenäus von Lyon berichtet: »Ein gewisser Kerinth aus der Provinz Asia lehrte, das Universum sei nicht von dem ersten Gott erschaffen worden, sondern von einer anderen Kraft, die durch weiten Abstand von der obersten Macht – sie ist über dem Universum – getrennt und entfernt sei. Ja sie kenne den Gott, der über allem ist, nicht einmal.«[9]

Den ersten und obersten Gott, der über dem Universum schwebt, nennen die Valentinianer »Voranfang«, »Vorvater« und »Grund« – ein in unermesslichen Höhen weilender, unerkennbarer Gott. Die *Geheimschrift des Johannes*, ein gnostischer Nag-Hammadi-Text, beschreibt diesen obersten überweltlichen Gott in poetischen Formulierungen als reines Licht, wesenloses Licht: »Der [wahre] Gott, der Vater des Alls, der heilige [Geist], der Unsichtbare, der über dem All ist, der in seiner Unvergänglichkeit ist, indem er [im] reinen Licht [ist], in das kein Augenlicht hineinzublicken vermag. Über ihn, den Geist, ziemt es sich nicht wie über einen Gott zu denken oder dass er von einer (bestimmten) Art ist. Denn er ist vorzüglicher als die Götter: eine Herrschaft (arche), über die niemand herrscht, ist er; denn keiner ist vor ihm, er braucht sie (die Götter) auch nicht; er braucht auch kein Leben, denn er ist ewig. Er braucht nichts, denn er ist unvollendbar, da er es nicht nötig hatte, dass man ihn vollende, sondern er ist alle Zeit ganz vollendet. Er ist Licht. Er ist unbegrenzbar, denn es gibt niemanden vor ihm, ihn zu begrenzen.«[10]

Hier tritt ein gänzlich unerkennbarer, »überseiender« Gott an die Stelle der meist so menschlich dargestellten antiken Götter, die als Archonten oder kosmosbeherrschende Mächte im gnostischen Weltbild zwar noch vorkommen, jedoch gegenüber dem höchsten und wahren Gott in ihrer ganzen Nichtigkeit erscheinen. Aber der oberste der Archonten, Jaldabaoth, trachtet danach, sich zum höchsten Weltherrscher aufzuschwingen. Im *System der Ophiten* (nach Irenäus) lesen wir: »Daher habe sich dann Jaldabaoth über alles, was unter ihm ist, erhoben, sich gerühmt und gerufen: Ich bin Vater und Gott, und über mir ist keiner! Als aber das die Mutter hörte, habe sie ihm entgegengerufen: Lüge nicht, Jaldabaoth, denn über dir existiert der Vater des Universums, der Erste Mensch, und der Mensch, der Sohn des Menschen!«[11]

In dem von Irenäus überlieferten *System der Valentinianer*, dem wohl einflussreichsten gnostischen System vor Entstehung des Manichäismus, wird dargestellt, wie es überhaupt zur Erschaffung des materiellen Kosmos kam – im Grunde nämlich durch ein Versehen, durch einen Betriebsunfall. Die Valentinianer schildern in ihrem Lehrsystem, wie Sophia, die Göttliche Weisheit, die sie auch hebräisch Achamoth (die Weisheit) nennen, durch ihre »Erregung« aus der oberen Lichtwelt abgegrenzt und zwangsweise in die Räume des Schattens und der Leere hinausgeworfen wird; dort bringt sie ohne Hilfe des Christus, ihres männlichen Duals, ein halbgöttliches Zwitterwesen hervor, den Demiurgen, der daraufhin die Archonten und den sinnlichen Kosmos erschafft. Da der Demiurg, selbst nur psychischer Natur, die Geistnatur seiner Mutter Sophia nicht kennt, glaubt er, der einzige Gott zu sein, und er postuliert, dass es neben ihm keinen anderen Gott gäbe. Der Demiurg der Valentinianer entspricht ziemlich genau dem Schöpfergott des Alten Testaments.

Der »Fall der Sophia« – ihr Austritt aus der oberen Lichtwelt und ihre eigenmächtige Erschaffung des Demiurgen – steht somit am Anfang allen Weltwerdens. Seit diesem Uranfang besteht der niedere, von der Weltenschlange umringte Kosmos, der sich nach eigenen Gesetzen entwickelt, beherrscht von der Macht der Archonten. Dem Fall der Sophia entspricht der Fall der menschlichen Seele. Denn als der Demiurg aus psychischem Urstoff das Menschengeschlecht erschafft, pflanzt Sophia-Achamoth den Menschen einen pneumatischen Geistfunken ein, der aus der oberen geistigen Lichtwelt stammt. Daher, sagen die valentinianischen Gnostiker, sei das Wesen des Menschen dreifaltig, nämlich *materiell*, *psychisch* und *pneumatisch*: »Sie (die Menschen) haben also ihre Psyche von dem Demiurgen, den Leib vom Boden, das Fleisch von der Materie, aber den pneumatischen Menschen von der Mutter Achamoth.«[12]

Kosmologie und Menschenbild der Gnosis münden nun unmittelbar ein in den gnostischen Heils- und Erlösungsweg. Wir folgen weiterhin dem *System der Valentinianer*: Die aus der geistigen Lichtwelt verbannte Sophia, die überdies in der Gefahr steht, selbst unter die Macht der von ihr geschaffenen Archonten zu geraten, ruft ihre männliche Zwillingsseele – den Christus – zu Hilfe. Dieser vernimmt den Hilferuf Sophias und steigt in die niedere, von den Archonten beherrschte Welt hinab, um die arg bedrängte Sophia zu erretten und in ihre göttliche Urheimat zurück zu führen. Mit der Befreiung der Sophia geht auch die Erlösung der »gefallenen« menschlichen Seele einher. Im *Naasenerpsalm*, einer wahren Perle gnostischer Poesie, erfahren wir, wie der Kosmische Christus in die niederen Welten hinabsteigt, um die bedrängten Menschenseelen zu erlösen, d.h. ihnen den Funken der Selbsterkenntnis einzupflanzen:

> *Da sprach Jesus: »Schau doch, Vater!*
> *Als Beute des Bösen schweift's über die Erde,*
> *Und doch von deinem Hauche gebildet,*
> *Versucht's zu fliehen bitteres Chaos,*

Und weiß doch nicht, wie durchzukommen.
Aus diesem Grunde schick mich, Vater.
Mit Siegeln will herab ich steigen,
Will jeden der Äonen durchwandern,
Mysterien, sie alle offen machen.
Die Gottesgestalten will ich alle weisen:
Das Abgetrennte des heiligen Weges,
Gnosis rufend, will ich bereiten«[13]

Christus erscheint hier nur als Impulsgeber zur Selbsterkenntnis; er eröffnet Mysterien und lehrt Gnosis, kurzum er wirkt in all seinem Reden und Tun als Wegweiser zum Heil; ähnlich wie Buddha weist er einen Weg, den nur der einzelne Jünger selbst zu gehen vermag. Denn »Erlösung« heißt im Sinne der Gnosis nur: Selbsterlösung des Menschen durch Geist-Erkenntnis; sie bleibt eine wahrhaft freie prometheische Tat des Menschen selbst, wozu der aus der Lichtwelt herabgestiegene Christus eigentlich nur Hilfsdienste leistet. Genau darin liegt denn auch der Hauptunterschied zwischen der gnostischen Christologie und der Erlösungslehre der Kirche, die den Menschen eher zu einem rein passiven Objekt der Erlösung erklärt.

In der Gnosis wird der Christus grundsätzlich als Kosmischer Christus gesehen, als eine allwirkende Schöpfungskraft, die das ganze Universum durchpulst. Im *Evangelium nach Thomas*, einem gnostischen Nag-Hammadi-Text, lesen wir: »Es sprach Jesus so: Ich bin das Licht, das über allem ist. Ich bin das Universum. Das Universum ist aus mir hervorgegangen und das Universum ist zu mir gelangt. Spaltet ein Holzscheit: Ich bin dort! Hebt einen Stein hoch, und ihr werdet mich dort finden!«[14] Dieser Kosmische Christus, der Sohn nicht etwa des Demiurgen, sondern des obersten Lichtgottes, wird nun recht scharf unterschieden von dem sterblichen Menschen Jesus von Nazareth, der mit seinem Leib dem Kosmischen Christus nur vorübergehend als Wohnort diente. Mit den Worten des Gnostikers Kerinth (nach Irenäus):

»Jesus aber sei nicht aus der Jungfrau geboren, denn das schien ihm unmöglich. Er sei vielmehr Sohn des Joseph und der Maria gewesen, genau so wie wir übrigen Menschen auch. Jesus habe aber mehr als alle andern durch Gerechtigkeit, Weisheit und Einsicht vermocht. Nach der Taufe [am Jordan] sei auf ihn, von der obersten Macht kommend (...) der Christus gestalthaft als Taube herabgestiegen. Und darauf habe er den unbekannten Vater offenbart und Machttaten gewirkt. Am Ende aber habe sich der Christus wieder von Jesus getrennt, und Jesus sei gekreuzigt worden und auferstanden. Der Christus aber sei leidensunfähig geblieben, da er ja vom Geiste sei.«[15]

Einer der einflussreichsten Gnostiker des 2. Jahrhunderts, der aus Sinope am Schwarzen Meer stammende Schiffsreeder Markion (85–160 n. Chr.), hat aus der gnostischen Christologie die Konsequenz gezogen, dass er nur das Neue Testament als christlich anerkennen wollte, das Alte jedoch gänzlich verwarf – denn dieses kündet ja von Jehova, dem finsteren Demiurgen der Diesseits-Welt, aus dessen Macht es sich ja gerade zu entwinden gilt. Nachdem er aus der Christengemeinde Roms ausgeschlossen wurde, wohl um das Jahr 144, gründete er seine eigenen, »markionitischen« Gemeinden, wobei er einen Missionseifer entfaltete wie seinerzeit der Apostel Paulus. Bereits im Jahre 150 konnte der Kirchenmann Justin entsetzt schreiben, dass sich die Gemeinden der Markioniten »über den ganzen Erdkreis« erstreckten – eine Art gnostische Gegenkirche, die für die sich gerade bildende römisch-katholische Kirche eine ernsthafte Bedrohung darstellte. Die Auseinandersetzung mit der Gnosis wurde für die Kirche zur Überlebensfrage.

Das System des Manichäismus

Im Manichäismus, der im 3. Jahrhundert n. Chr. aus dem Boden der spätantiken Gnosis herauswuchs, begegnen wir einem umfassenden und in sich geschlossenen Religionssystem, das – von den Kirchenvätern heftig bekämpft – lange Zeit den gefährlichsten Rivalen des offiziellen, kirchlich verfassten Christentums darstellte. Selbst ein so bedeutsamer Theologe wie Augustinus (354–430) hatte elf Jahre lang den Lehren des Manichäismus angehangen, bevor er zum offiziellen, das heißt zum Kirchen-Christentum übertrat. Begründet von dem Propheten Mani (215–277), stellt der Manichäismus eine Mischung dar zwischen christlicher Gnosis und neupersischer Theosophie. Herausgewachsen aus einem Kulturraum, der sich zwischen Mesopotamien, Persien und Nordwestindien aufspannt, strebte der Manichäismus danach, das Christentum, den Zarathustrismus und den Buddhismus zu einer Synthese zu vereinen. Mit Fug und Recht kann man ihn als eine »gnostische Weltreligion« bezeichnen.

Im Mittelpunkt seines Systems steht zwar durchaus Christus, aber Zarathustra und Buddha werden als seine »Brüder« bezeichnet, und Mani selbst gilt als Verkörperung des Heiligen Geistes, des von Christus einst verheißenen »Parakleten«. Die Seelen der Menschen betrachtet der Manichäismus als göttliche Lichtpartikel, die durch eigene Schuld in die Welt der Materie, eine ihnen an sich fremde und feindliche Welt, herabgefallen waren; dort verbleiben sie als Gefangene der Materie, und ihre Erlösung liegt allein in der Rückkehr in die göttliche Ursprungs- und Lichtwelt. Dem Propheten Mani als Träger des Heiligen Geistes fällt mit dem Anbruch des »Dritten Zeitalters«, der Endzeit, der Auftrag zu, die gefallenen Lichtpartikel, also die auf Erden verkörperten Seelen der Menschen, zum Paradies zurückzuführen; dies geschieht durch konsequente Askese und Verneinung der Materie. Die folgende Zusammenfassung der Lehren des Mani stammt aus der Quellensammlung manichäischer Originaltexte, die im Jahre 1930 in Medinet Madi, Oberägypten, aufgefunden wurde:

»Drei Zeiten, lehrte Mani, bestimmen die Geschichte der Erde. In der dritten und letzten Zeit aber, die jetzt herrscht, werden die himmlischen Lichtteile aus der Welt in ihre Heimat zurückkehren. Der lebendige Geist läutert die Lichtpartikel aus Mensch und Natur und macht daraus die beiden Lichtschiffe, Sonne und Mond, andere aber erhebt er zu Gestirnen am Firmament. In der ersten Hälfte des Monats steigen die Lichtpartikel in einer Säule der Herrlichkeit zum Monde hinauf, bis dieser zum Vollmonde erfüllt ist. Danach werden die Lichtteile zur Sonne emporgetragen und von dort zum Lichtparadiese, sichtbar an dem zur Mondsichel verjüngenden Mond, dem sichtbaren Zeichen des leeren Schiffes. Die Seele aber steigt zusammen mit dem Bilde ihres Meisters und den drei Engeln, die bei ihm sind, auf, sobald sie den Körper des Menschen verlassen hat. Dann tritt sie vor den Richter der Wahrheit und empfängt den Siegespreis, das Lichtkleid und die Kronen, Kranz und Diadem, des Lichtes.«[16]

Das Hochziel der manichäischen Gnostiker besteht also darin, das ewige Lichtkleid der Unsterblichkeit zu erlangen und in die geistig-göttliche Sonnensphäre einzugehen. Hier offenbart sich deutlich das Erbe der altpersischen Zarathustra-Religion, die Mani zunächst zugrunde legte, dann aber als religiöser Reformer zu überwinden trachtete. Wie schon der Zarathustrismus trägt die Lehre des Mani weitgehend den Charakter einer esoterischen Lichtreligion, die den Gedanken des »inneren Lichtes« im Sinne eines dem Menschen einwohnenden Göttlichen in den Mittelpunkt stellt. In den »großen Himmelslichtern« Sonne und Mond sahen die Manichäer allerdings keine wirklichen Astralgötter, ja eigentlich überhaupt keine Götter im üblichen Sinne, sondern nur Stellvertreter und Repräsentanten der höchsten überkosmischen Gottheit. In diesem Sinne schreibt ein unbekannter griechischer Autor um das Jahr 300 n. Chr. über die Manichäer, sie »verehren am meisten den Helios und die Selene, doch nicht als Götter, sondern als Weg, durch den sie zu Gott gelangen«.

Denn die Sonnen- und Mondensphäre sieht der Manichäismus ja nur als Durchgangsstationen, die die Seele auf ihrer Reise zum transzendenten Lichtparadies – ihrer eigentlichen Urheimat – zu durchlaufen habe. Aber während Zarathustra noch auf ein kommendes Gottesreich auf Erden hoffte, predigte Mani – infiziert vom Geist der Gnosis – bedingungslose Weltflucht und Ablehnung der Materie. Den Schülern des Mani war »Materie« durchaus nichts Durchgeistigtes, und schon gar nichts Durchgöttlichtes, sondern im Gegenteil Bestandteil einer »gefallenen Natur«, gleichsam ein »Werk des Teufels«. Diese Sicht führte sie zu einer konsequenten Weltablehnung, die sie asketisch und wirklichkeitsfremd werden ließ. So konnte der an sich hochfliegende Geistesimpuls des Manichäismus im realen Leben nicht Fuß fassen; ja das Scheitern »neumanichäischer« Sekten wie die Katharer in Südfrankreich war im Grunde schon vorprogrammiert durch eine falsche und einseitige, nämlich dualistische Sichtweise.

Der Manichäismus gleicht einem Baum, dem nach jeder Seite hin viele Äste entsprossen – religiöse Bewegungen, Sekten, gnostische Kirchen, die mit ihrer Lehre vom »Inneren Licht« das Morgen- und das Abendland gleichermaßen erschüttern. Mani selbst, auch ein begnadeter Dichter und Schriftsteller, hatte schon zu seinen Lebzeiten eine rege Missionstätigkeit entfaltet, sodass seine Lehre bald ins frühe Christentum eindrang; in Babylonien, Syrien, Kleinasien, Ägypten und Nordafrika traten ganze Christengemeinden geschlossen zu ihm über. Schließlich reichte das Einflussgebiet der von Mani begründeten Religion von der Grafschaft Toulouse im Westen – der Hochburg des Katharertums in Südfrankreich – bis nach Turfan, Chinesisch-Turkestan, im Osten.

Im wilden Bergland am oberen Euphrat, in Armenien und Syrien, bildete sich um das Jahr 500 n. Chr. ein weiterer Ast aus dem Baum des Manichäismus: die Bewegung der Paulikianer: ein Volk von Kriegern, die den ganzen Osten Kleinasiens eroberten – anfangs von Byzanz heftig bekämpft, dann aber unter dem Einfluss der bilderstürmerisch gesonnenen Kaiser der Isaurier-Dynastie, seit Leon III. (717–741), offiziell geduldet, ja sogar gefördert. Zu Beginn des 9. Jahrhunderts, also zur Zeit Karls des Großen, begünstigt durch den Kaiser Nikephoros (803–811), konnten sie im ganzen oströmischen Reich ungehindert ihre Ideen verbreiten – vor allem auf dem Balkan, wo man sie schon vorher ansiedelte. Damit war

der Funke der Gnosis von Asien nach Europa übergesprungen; die Paulikianer, nunmehr in Thrakien heimisch geworden, bildeten den Saatbo-
den, dem nur kurze Zeit später die rein manichäische Bewegung der Bogomilen entspringen konnte.

Die Mission des Bogomilentums

Unter der im Wesentlichen friedlichen Regierung des gutmütigen und
gebildeten, ja gelehrten bulgarischen Zaren Peter (927–967) konnte Bo-
gomil auf dem gesamten Balkan als Reformator und Religionsstifter ungehindert auftreten. Er begründete dort im zweiten Viertel des 10. Jahrhunderts ganz im Geiste des gnostischen Manichäismus die Bewegung
der Bogomilen, die sich von ihrem Zentrum Philipolis in Thrakien bis
nach Konstantinopel ausbreitete, wo sie zu Beginn des 12. Jahrhunderts
blutig unterdrückt wurde. Allerdings, in anderen Teilen des Balkans und
in Kleinasien konnte sich das Bogomilentum noch bis zur osmanischen
Eroberung halten; ja es spricht für die Kraft der bogomilischen Lehre, dass
einer der letzten national unabhängigen slawischen Könige des Balkans,
König Twrtko von Bosnien (regierte von 1376–1391), in einem Augenblick, da das siegreiche Vordringen der türkischen Eroberer nicht mehr
aufzuhalten schien, die bogomilische Lehre in seinem Land zur Staatsreligion erhob!

Die Mission der bogomilischen Lehre entfaltete eine solche Spreng-
kraft, dass sie im Laufe des 11./12. Jahrhunderts auch große Teile der gebildeten Oberschicht der byzantinischen Gesellschaft und sogar Mitglieder der Hocharistokratie als Anhänger gewinnen konnte. Ihrem Kern und
Wesensgehalt nach war der Bogomilismus eine streng dualistische Erlösungsreligion, die den Gedanken des »Inneren Lichtes« – wie schon zuvor
der Manichäismus – in den Mittelpunkt stellte. Die Bogomilen hielten sich
für die einzig wahren Christen, da ihnen der Logos – das göttliche Prinzip
– einwohne; als Träger und Hervorbringer des Logos wirkt jeder Bogomile als *Theotokos*, als »Gottesgebärer«. Die Gottesgeburt findet in jedem
einzelnen Menschen statt; es liegt also der Lehre ein stark ausgeprägter
mystischer Individualismus zugrunde, der kirchliche und staatliche Insti-
tutionen als überflüssig erscheinen lässt. Kein Wunder, dass die bogomilische Häresie von den weltlichen und geistlichen Obrigkeiten aufs Heftigste bekämpft wurde: vom bulgarischen ebenso wie vom byzantinischen
Reich und zuletzt von den siegreichen Osmanen.

Die Bogomilen als »Gottesgebärer«, *Theotokoi*, sahen sich als Bürger der himmlischen Stadt *Christopolis*, des neuen Jerusalem – nicht jedoch als Bürger dieser Welt. Allem weltlichen Glanz, allen Herrschafts- und Machtansprüchen, aber auch allen Sinnenreizen, die an sie herangetragen wurden, verweigerten sie sich standhaft. Die Gemeinde gliederte sich in die größere Menge der *auditores*, der Zuhörer – Anhänger im eigentlichen Sinn des Wortes – und die kleine Schar der *perfecti*, der Vollkommenen, die als gesonderter Priesterstand besondere Vorschriften der Askese befolgten. Die Enthaltung von allem Welthaften, die sich bei den genannten beiden Gruppen wohl nur graduell unterschied, folgt unmittelbar aus der bogomilischen Theologie und Kosmologie, die deutlich Elemente eines altpersisch-zarathustrischen Dualismus aufweist. Auf der Grundlage eines solchen Dualismus wurde das Problem von »Gut« und »Böse« überraschend einfach gelöst:

Die Bogomilen sahen das Weltendrama allen irdischen Geschehens als ein ewiges Ringen zwischen Christus und dem Erzengel Satanael, dem insgeheimen Bruder Christi, der als zweiter, aber verstoßener Sohn Gottes auch göttlichen Ursprung besitze. Gott, der nach der häretischen Lehre der Bogomilen demnach zwei Söhne hat, den Guten und den Bösen, bleibt selbst »jenseits« von Gut und Böse (wie bei Nietzsche!). Der ewige Kampf zwischen dem göttlichen Zwillingspaar Christus und Satanael gleicht indes ganz dem Weltendrama der alten Zarathustra-Religion, dem Kampf zwischen Ahura Mazdao, dem Lichtgott, und Ahriman, dem Fürsten der Finsternis. So kann man das Bogomilentum in gewisser Hinsicht als einen radikalisierten Zarathustrismus betrachten.

Die irdisch-stoffliche Welt sehen die Bogomilen als die Schöpfung Satanaels, des antigöttlichen Widersachers; daher muss jeder »wahre Christ«, also Bogomile, der als »Gottesgebärer« den Logos Christi aus sich selbst hervorbringt, danach trachten, sich aus den Klauen dieser an sich feindlichen und widergöttlichen Welt zu befreien. Dies geschieht in erster Linie durch Askese, aber auch durch Verweigerung gegenüber allen weltlichen wie auch geistlichen Autoritäten. Auf diese Weise erhält das Bogomilentum einen sozialrevolutionären, gegen Staat und Kirche gerichteten Impuls; als radikale Opposition gegen den Feudalismus konnte es darum trotz seiner an sich weltflüchtigen Lehren die breiten Volksmassen für sich gewinnen. Als die Bogomilen dann allerdings nicht nur die Kirchen, sondern auch die Burgen und Schlösser, die Stammsitze der lokalen feudalen Macht, stürmten und dem Erdboden gleichmachten, wurden sie mit Feuer und Schwert verfolgt und vielerorts ausgerottet. Die wenigen Überlebenden flohen nach Dalmatien und Istrien, nach Oberitalien und von dort aus nach Südfrankreich, wo sie den Keim des Katharertums legten!

Aber der Gerechtigkeit halber muss gesagt werden, dass sich die Bogomilen auf dem Balkan nicht nur als »Bilderstürmer« betätigten, sondern auf dem Gebiet der Kunst durchaus schöpferische Kulturleistungen hervorbrachten. In der Vermittlung volkstümlicher Literatur an die südslawische und westmittelmeerische Welt hat sich das Bogomilentum große Verdienste erworben. Ein gründlicher Kenner der Materie, Heinrich von Wlislocki, sagt hierüber: »Der Bogomilismus hat aber das Verdienst, auch unter der Türkenherrschaft 'altkirchenslawische' Schriftwerke der Nachwelt vererbt zu haben. Ein Hauptbuch der Bogomilen blieben *Die Fragen des heiligen Johannes von Bogoslaw*, die er auf dem Berge Tabor an den Herrn gestellt haben soll; neben der Schilderung des Weltuntergangs eine Kosmogonie, worein die altheidnischen Überlieferungen der Ugrier aufgenommen und der Bogomilenlehre angepasst sind; aus Bulgarien gelangten sie zu den Russen und Serben, in der lateinischen Übersetzung des oberitalienischen [bogomilischen] Bischofs Nazarius nach Italien und Frankreich.«[17] Auch die bogomilische Ikonen-Malerei darf nicht unerwähnt bleiben, die schon zwei Jahrhunderte vor Giotto den Goldgrund zugunsten einer dreidimensionalen Darstellung überwand – eine kühne Vorwegnahme der italienischen Renaissance!

Die Mission der bogomilischen Ideen in Italien begann wohl schon im 11./12. Jahrhundert, und sie erhielt seit der Zerschlagung der bogomilischen Bewegung auf dem Balkan neuen Auftrieb; denn Italien blieb immer »der Hauptsitz und die Pflanzschule des neuen Manichäismus«[18], wie Ignaz von Döllinger in seiner *Sektengeschichte des Mittelalters* (1890) schrieb. Die Mission konzentrierte sich auf den wirtschaftlich und politisch fortgeschrittenen Norden Italiens, auf die Lombardei, Piemont und die Toskana; von dort aus griff sie über auf die Provence und die Grafschaft Toulouse, auf Aquitanien und das Languedoc. Aber schon um 1028 wurde auf Schloss Monteforte bei Turin eine asketisch-dualistische Sekte ausgehoben, deren Lehren, wie aus Landulfus' *Mailänder Geschichte* hervorgeht, »aus dem Orient herübergebracht worden sei«[19]. Das Bogomilentum wirkte als verbindendes Glied zwischen vorderasiatischem Manichäismus und südfranzösischem Katharertum, wobei Norditalien bei diesem Transport gnostischer Ideen von Ost nach West die entscheidende Drehscheibe bildete.

Die Bewegung des Katharismus

Der anfangs nur kleine Funke manichäischer Ketzerei, der vom Balkan nach Westeuropa überspringt, weitet sich in kürzester Zeit zu einem wahren Flächenbrand aus. Dem Siegeszug der neuen Ketzer – man nennt sie nun Katharer[20], das heißt die Reinen – steht nichts mehr im Wege. Schon 1143 findet man sie in Köln, im Jahr darauf in Lüttich. In Südfrankreich, zumal in der Gegend um Albi, Carcassonne und Toulouse wimmelt es schon von Katharern, denen sich später sogar die weltlichen Obrigkeiten, etwa der Graf Raimund VI. von Toulouse (1194–1222) und Raimund-Roger von Foix (1188–1223) anschließen. Aber auch im Norden Frankreichs, vor allem in Burgund, in der Champagne und in Flandern, tauchen plötzlich überall Katharer auf. In Mont-Aimé in der Champagne wurde wohl das erste abendländische Bistum der Katharer gegründet. In Deutschland findet man sie in den Städten am Rhein entlang, vor allem in den Bischofssitzen, auch in Wien und Passau. Aber die Hochburg des Katharertums bleibt nach wie vor Norditalien, die Lombardei, die zerklüftete Welt verwinkelter Städte von Mailand bis Udine, von Como bis Viterbo.

In den von Menschenmassen prall angefüllten Vorstädten, auf den labyrinthisch engen Gassen, in den Tavernen und auf den Märkten, überall treten nun katharische Wanderprediger auf und verkünden die von den Bogomilen ererbte Lehre vom »Inneren Licht«. Die neue Anhängerschaft, die den Katharern massenweise zuströmt, besteht vorwiegend aus Handwerkern und Tagelöhnern, Schreibern und Tuchwebern, aber auch ehemalige Priester und entlaufene Mönche kommen hinzu. Reiche Kaufleute, fürstliche und adelige Personen betätigen sich, selbst im Hintergrund stehend, als Gönner und Förderer der neuen Bewegung. Diese hat sich mittlerweile schon als Kirche formiert, eine Art gnostische Gegenkirche im Untergrund, die sich in Bistümer und Diözesen gliedert – nicht als isolierte Einzelerscheinung, sondern als wohl organisierte Macht steht das Ketzertum nun der römisch-katholischen Kirche gegenüber! In Südfrankreich residierten bereits vier katharische »Bischöfe«, nämlich in Toulouse, Albi, Carcassonne und Val d'Aran. Und in Italien gibt es anfangs vier, später sechs Diözesen der Katharer, die lebhaften Kontakt zu den noch verbliebenen Bogomilen-Gemeinden auf dem Balkan unterhalten.

Von den Bogomilen haben die Katharer so gut wie alles übernommen, sowohl die gnostisch-manichäische Theologie als auch die kirchliche Organisation. Denn auch die Katharer kennen die übliche Zweiteilung der Gemeinde – hier die große Masse der *credentes*, der Gläubigen, dort die kleine Schar der *perfecti*, der »Vollendeten«, die als die eigentlichen Geweihten der Katharer-Religion eine Art Priesterstand bilden. Beide Gruppen, *auditores* und *perfecti*, gab es ja schon bei den Bogomilen. Für die *perfecti*, in der Regel Wanderprediger, die in freigewählter Armut lebten, galt vor allem das Gebot der Ehelosigkeit, ja der völligen sexuellen Enthaltsamkeit, das die breite Anhängerschaft der Gläubigen weder einhalten konnte noch wollte. So bildeten die *perfecti*, aus deren Kreis natürlich auch die Bischöfe gewählt wurden, eine religiöse Elite innerhalb des Katharertums, dem die restliche Anhängerschaft in Bezug auf Glaube und Lebensführung nachzueifern hatte. Die Ethik der katharischen Geweihten forderte strengste Askese; die Enthaltung von allem Weltlichen stand in ihrem Mittelpunkt.

Denn der Katharismus trägt das Profil einer reinen Jenseits-Religion, wie schon zuvor der Manichäismus. Ausgegangen wird von einer streng dualistischen Sicht der Wirklichkeit, die zwischen dem »Reich der Materie« als dem eigentlichen Reich des Bösen – der Schöpfung Satans – und dem »Reich des Geistes« als einem rein transzendenten Lichtreich eine unüberbrückbare Trennmauer annimmt. Ähnlich wie sich die Bogomilen des 10. Jahrhunderts für »Himmelsbewohner« hielten, die aus der Gefangenschaft der Materie auszubrechen und in das Himmelreich zurückzukehren strebten, so sahen sich die Katharer als »gefallene Geister« aus einer reineren Welt, ja als ursprüngliche Himmels- oder Engelwesen, die es nur durch Irrtum oder Verführung in die ihnen an sich wesensfremde Materie-Welt verschlug. Durch Askese, Enthaltung von allem Weltlichen, soll die ursprüngliche Engelnatur – das dem Menschen einwohnende Göttliche, das Innere Licht – wieder neu herausgeläutert werden, sodass ein Aufstieg zum Himmel erfolgen kann: ein Weg der Selbsterlösung, der jede Heilsvermittlung durch eine Kirche überflüssig macht.

Die *perfecti* hießen deswegen »Vollendete«, weil sie – so glaubte man – am Ende ihrer großen Weltenwanderung stehen und mit ihrem Tod unmittelbar in die himmlische Lichtwelt zurückkehren. Da ein solcher Zustand der Vollendung gewiss nicht in einem Erdenleben erreicht werden kann, zumal sich der Engelsturz und der Fall der Menschengeister in die Materie vor äonenlangen Zeiträumen ereignet hat, muss die gefallene

Seele mehrere Erdenverkörperungen durchlaufen – ein Weltenwanderer durch die Reiche der Stoffeswelt, immer angetrieben von der Sehnsucht nach dem göttlichen Ursprung. Dieser Seelenwanderungs- oder Reinkarnations-Gedanke, wohl ein Erbteil der alten Gnosis, wurde schon von den Bogomilen vertreten, die ihn an die Katharer weitergaben. Die Katharer stehen somit in einer Traditionslinie mit den antiken Orphikern, mit den Pythagoreern und den keltischen Druiden, die ja alle den im Abendland an sich ungewohnten Gedanken der Wiederverkörperung lehrten. Dass die Seelenwanderung neben der dualistischen Weltkonzeption und dem »Inneren Licht« einen festen Platz im Lehrgebäude des Katharismus innehatte, wurde von dem Historiker Arno Borst (*Die Katharer*, Erstausgabe 1953, neu als Taschenbuch 1991) erstmals quellenmäßig nachgewiesen.

Die Essenz der bogomilisch-katharischen Lehre fasst Borst zusammen in den Satz: »Meine Seele ist die Seele eines gefallenen Engels, die seither schon durch viele Körper wie durch wechselnde Käfige hindurchgewandert ist«[21] – die sowohl orphische als auch platonische Lehre vom Körper als dem »Kerker« der Seele schimmert hier durch. Arno Borst verweist auch auf den »Karma«-Gedanken, der offensichtlich der katharischen Reinkarnations-Lehre zugrundelag: »Der sonst den Katharern fehlende Lohn- und Strafgedanke, der in der christlichen Volkslogik eine große Rolle spielt, bemächtigte sich des Glaubens von der Seelenwanderung. In welchen Leib die Seele in ihrem nächsten Dasein eintreten wird, das hängt von ihrem jetzigen Wohlverhalten ab; der Gute wird das nächste Mal ein König oder Fürst sein, der Böse wird zum Pferd, zum Rind, zum Esel oder gar zur Schlange werden. Ein Armer erfährt voll Freude, dass er im letzten Leben ein mächtiger König war; ein 'Vollendeter' berichtet seinen Gläubigen von seinem früheren Dasein als Pferd – sogar das Hufeisen, das er damals an einer bestimmten Stelle verlor, finden die hocherfreuten Gläubigen verrostet wieder.«[22]

Die Reinkarnations-Lehre bestimmte auch die alltägliche Moral der Katharer, insbesondere ihre Speisevorschriften. Denn da eine gefallene und büßende Menschen- bzw. Engelseele sich ihrer Meinung nach auch in Tiergestalt verkörpern konnte, war der Fleischgenuss und überhaupt das Töten von Tieren untersagt: die Katharer lebten, wie seinerzeit schon die Pythagoreer, streng vegetarisch! Dazu noch einmal Arno Borst: »Die Praxis wird nun durch das Dogma gestützt; das Fleisch, das bei dem mythischen Kampf der abgefallenen Engel entstanden ist und in dem vielleicht unerlöste Menschenseelen ein tierisches Dasein abbüßen, darf nicht genossen werden; Käse, Eier und Milch sind ebenso verwerflich, nicht dagegen Fische, die nach katharischer Auslegung nicht aus der Zeugung, sondern aus dem Wasser hervorgehen.«[23] Auch andere Einschränkungen gelten: Man darf, sagen die Katharer, nur solche Tiere nicht töten, in denen etwa gefallene Engel wandern könnten, also Vierfüßler und Vögel; diese können, als Säugetiere und Warmblütler, Menschenseelen in sich aufnehmen. Für Insekten und Reptilien gilt dies nicht; die darf man töten.

Überhaupt: Das fünfte Gebot »*Du sollst nicht töten!*« wurde von den Katharern recht wörtlich genommen. Abgelehnt wurde die Todesstrafe an Übeltätern, auch der Krieg, gleich zu welchem Zweck und unter welchem Vorwand, ja selbst die persönliche Notwehr! Diese radikale Gewaltlosigkeit in Verbindung mit dem Vegetarismus lässt uns die Katharer geradezu als westliches Pendant zu den indischen Jain-Mönchen, zu den Buddhisten, zu den Anhängern Gandhis im 20. Jahrhundert erscheinen. Überhaupt trägt der Katharismus etwas zutiefst Östliches, Indisches, Buddhistisches an sich, wodurch er im christlich geprägten Abendland bestenfalls nur ein Fremdkörper bleiben konnte. Tatsächlich handelt es sich ja beim Katharertum um eine aus dem Vorderen Orient stammende Gnosis, die über Byzanz und den Balkan in den Westen Europas importiert wurde. Aber trotz dieser Fremdheit konnte er sich binnen kurzer Zeit in Europa als eine in sich geschlossene gnostische Gegenkirche formieren, die immer größere Menschenmassen an sich zog.

Der Kreuzzug gegen die Katharer

Die römische Machtkirche, nach vier »erfolgreichen« Kreuzzügen auf dem Höhepunkt ihrer Macht angelangt, erkennt spät – aber nicht zu spät! – die ihr drohende tödliche Gefahr; sie erkennt im Katharismus den eigentlichen Feind im Innern. 1179 wendet sich zwar das dritte Laterankonzil mit scharfen Worten gegen die Ketzer, die sie aber nur als Landplage, noch nicht als wirkliche Bedrohung betrachtet. Aber die »neuen Ketzer«, *novi haeretici*, gibt es mittlerweile schon überall – im Süden und Norden Frankreichs, in Italien, Deutschland, vereinzelt auch in Spanien: die neue Ketzerei, selbst schon eine Kirche, sitzt tief im Herzen Europas! Die römische Kirche rüstet sich zum Gegenangriff; sie schickt Missionare aus, verfasst Sendbriefe und Streitschriften gegen die Häretiker, fasst Konzilsbeschlüsse. Die auf dem Laterankonzil von 1215 gefassten Bestimmungen gegen die Ketzer werden 1220 von Kaiser Friedrich II. zum weltlichen Gesetz erhoben. Weltliche und geistliche Obrigkeit, ehedem noch Todfeinde im Ringen um die Obermacht, vereinen sich nun in selten gesehener Eintracht, um die Katharer, diese gewaltlosen Vegetarier und an sich harmlosen Prediger der Weltflucht, physisch auszurotten – und zwar mit Feuer und Schwert!

Als dann am 14. Januar 1208 der päpstliche Legat in Südfrankreich, Peter von Castelnau, von einem Pagen des den Katharern nahestehenden Grafen Raimund VI. von Toulouse ermordet wird, nimmt dies Papst Innozenz III. zum willkommenen Anlass, zum Kreuzzug gegen die Katharer aufzurufen – zum Albigenserkrieg, der eines der dunkelsten Kapitel der Kirchengeschichte, ja der abendländischen Kulturgeschichte überhaupt werden sollte! Am 24. Juni 1209 beginnt der Kreuzzug; Simon von Montfort, Graf von Leicester, ein kleiner Adeliger aus der Ile-de-France, wird nun zum Vorkämpfer der Christenheit. Aber immer mehr schieben sich politische Anliegen in den Vordergrund – vor allem das Bestreben des französischen Königs Phillip II., sich den politisch unabhängigen, kulturell und wirtschaftlich blühenden Süden Frankreichs mit der Grafschaft Toulouse als Mittelpunkt einzuverleiben. Von Spanien her mischt sich Peter II. von Aragon ein, der – ein Feind der französischen Krone – den »ketzerischen« Grafen Raimund von Toulouse unterstützt.

Der Kreuzzug wurde von den einträchtig verbündeten Mächten, Krone und Kirche, mit nahezu unvorstellbarer Brutalität geführt – ein Krieg nicht etwa gegen die fernen Sarazenen, Seldschuken, Mauren, die dem Islam anhängen, sondern gegen das eigene Volk: gegen die geistig hochstehende okzitanisch-katalanische Kulturnation im Süden! Mit dem an 12. April 1229 geschlossenen Vertrag von Paris, der diese sogenannten »Albigenserkriege« offiziell beendet, wird der Einfluss Aragons in Südfrankreich völlig ausgeschaltet, die Grafschaft Toulouse dem französischen Kronland unmittelbar einverleibt. Aber das Ende des Kreuzzugs bedeutet keineswegs den Untergang des Katharertums; auch die Erstürmung der letzten Katharer-Fluchtburg Montsegur im Jahre 1244 signalisiert das Ende noch nicht.

In Südfrankreich fühlt sich, sagt Arno Borst, »noch um 1245 ein Großteil der Bevölkerung den Katharern eng verbunden«[24], auch wenn nun immer mehr nach Oberitalien abwandern. In Spanien haben sich viele in Katalonien und Leon festgesetzt; auch der Norden Frankreichs, vor allem die Champagne, das Artois und Flandern, beherbergt noch viele Katharer, die allerdings ab 1233 blutig unterdrückt werden. Und in Deutschland? Wir finden ihre Spuren immer noch von Köln bis Straßburg, von Goslar bis Erfurt; und der grimmige Konrad von Marburg verbrennt sie in Scharen. Das Schicksal der Katharer war erst dann besiegelt, als der Papst, gestützt auf kaiserliche Reichsgesetze, die Inquisition einführte – damit stand der physischen Vernichtung des Katharertums in Europa nichts mehr im Wege! Ab 1233 begann die Inquisition ihr scheußliches Werk; im Jahr davor verkündete Kaiser Friedrich II. die Ketzerverbrennung als Reichsgesetz.

Die Verfolgungen ziehen sich noch jahrzehntelang hin; die Stadtkommunen in Norditalien und Südfrankreich sträuben sich gegen die Einführung der Inquisition. Bemerkenswert, dass um 1260 in Norditalien, in den Städten zwischen Alessandria und Verona, überall noch katharische Diakone sitzen; ja es gibt eine vollständige Bischofsliste bis 1280! Aus dieser Zeit der Verfolgung stammt auch das *Liber de duobus principiis*[25], eine Selbstdarstellung der katharischen Lehre aus gelehrter Feder; erst 1937 wurde dieses Manuskript in Florenz aufgefunden. Aber die Inquisition, getragen vom Dominikaner-Orden, breitete ihr Spinnen-Netz über das ganze Abendland aus; gründlich und gewissenlos verrichtete sie ihr Werk. Um 1300 fliehen die letzten Katharer nach Sizilien; in anderen Schlupfwinkeln Italiens, in der Bergfestung Piemont, halten sich die letzten Standhaften. Und dann verliert sich ihre Spur irgendwann im Nichts. Die Kirche der Katharer, *ecclesia catharorum*, ging den Weg in den Flammentod – und verschwand für immer von der Bildfläche der Geschichte.

Der Gralsimpuls

Der große Artus schläft noch,
All seine Krieger um ihn versammelt,
Das Schwert stets in seiner Hand.
Wenn es Tag wird über Cambry,
Wird der große Artus wieder losziehen
Und sein Leben zu ihrem Wohle einsetzen.[1]

Hintergründe der Artussage

Die Tafelrunde des König Artus[2] gehört in jene geheimnisvolle Zeit an der Schwelle von der Spätantike zum Frühmittelalter, in der in England urbritisches Keltentum, germanisches Angelsachsentum und Christentum miteinander ringen und sich gegenseitig durchdringen – eine Zeit, deren Atmosphäre Marion Zimmer-Bradley in ihrem zum Kultbuch gewordenen Bestseller *Die Nebel von Avalon* so treffend dargestellt hat. In dieser Übergangs- und Wendezeit hat jener historische Artus gelebt, der dem späteren sagenumwobenen »König Artus« als Vorbild diente. Aber von den höfischen Schriftstellern des Mittelalters, besonders Chrestien de Troyes (1130–1190), wurde Artus und die um ihn gruppierte Tafelrunde zum Idealbild ritterlichen Lebens und gerechten Königtums hochstilisiert. Die Tafelrunde des König Artus – ein unerhörter Zauber geht von dieser Mythe aus, und die Namen der Artus-Ritter klingen noch heute an unser Ohr, als wollten sie Unvergessenes aus den Tiefen unserer Seele wachrufen.

Versetzen wir uns einmal zurück in die Zeit des untergehenden Römischen Weltreichs. Im Jahre 417 entsendet Kaiser Konstantius eine letzte römische Legion nach Britannien, um die keltischen Briten gegen die anstürmenden Angelsachsen zu verteidigen. Diese wurden ursprünglich von einem keltischen Lokalfürsten namens Vortigern als Hilfstruppen ins Land gerufen, begannen aber zunehmend, sich des Landes zu bemächtigen. Als die römischen Truppen nun endgültig aus Britannien abziehen, wohl um das Jahr 440, übernimmt der romanisierte Britenkönig Ambrosius Aurelianus die Macht; es gelingt ihm zunächst, den Rivalen Vortigern und die mit ihm verbündeten Angelsachsen zu schlagen. Aber ab etwa 500 n. Chr. gewinnen die Angeln, Sachsen und Jüten in Britannien zunehmend wieder an Boden.

Da erst betritt König Artus, freilich nur schattenhaft und undeutlich erkennbar, die Bühne der Weltgeschichte. Doch die Nachrichten über ihn bleiben anfangs spärlich. Im 9. Jahrhundert erwähnt Nennius, ein lateinisch schreibender Mönch aus Wales, in seiner *Historia Brittorum* erstmals einen »Artus« als Heerführer (*dux bellorum*), der die Britenstämme gegen die Angelsachsen verteidigt hätte: »Dann kämpfte Artus zusammen mit den anderen Britannierkönigen gegen die Sachsen, und er war ihr oberster Befehlshaber.«[3] In zwölf Schlachten habe der walisische Feldherr Artus seine Widersacher bezwungen, entscheidend in der Schlacht am Mount Badon, die heute etwa auf das Jahr 510 datiert wird. Ähnliche Hinweise auf Artus finden wir in den *Annales Cambriae*, den »Jahrbüchern von Wales«, dem Werk eines unbekannten Autors, und in dem altkeltischen Heldenlied *Gododdin*, das Aneirin, einem Barden des späten 6. Jahrhunderts, zugeschrieben wird.

Bezeichnenderweise sprachen all diese altkeltischen Quellen zwar von »Artus«, aber nicht von einem »König« Artus; auch Nennius nennt ihn ja ausdrücklich einen Heerführer. Aber in einem Preislied auf den verdienstvollen Artus-Ritter Gereint aus dem 10. Jahrhundert hören wir erstmals von einem »Kaiser« Arthur, der in Südwestengland Seite an Seite mit Gereint kämpft:

> *In Llongborth sah ich Arthur –*
> *Tapfere Männer schlugen mit Stahl –*
> *den Kaiser, Herrscher der Kampfesmüh.*[4]

Nach Nennius vergehen noch einige Jahrhunderte, bis wieder ein bedeutender Artus-Chronist aus dem Dunkel der Geschichte tritt. Es ist der englische Bischof und Chronist Geoffrey of Monmouth (etwa 1100–1154), der in seiner *Geschichte der Könige Britanniens* (1136–1139), die Geschichtliches und Fabulöses durcheinandermischt, König Artus ausführlich beschreibt. Auch die erste wundersame Lebensbeschreibung des Zauberers Merlin stammt von ihm, die *Vita Merlini*, ein Dichtwerk von 1525 lateinischen Hexametern, etwa ein Jahrzehnt später entstanden.

Der anglo-normannische Reimchronist Robert Wace (1100–1175), der das fabulöse Geschichtswerk des Geoffrey of Monmouth unter dem Titel *Roman de Brut* in französische Verse übertrug, brachte den Artus- und Merlin-Sagenkreis von den Britischen Inseln nach Frankreich und damit in die Welt des höfischen Europa. Bei Wace wird im Zusammenhang mit Artus und Merlin der Tafelrunde- und Grals-Mythos ausgestaltet, insbesondere die Person des legendären Josef von Arimathäa eingeführt, der angeblich den Gral von Palästina direkt nach Britannien gebracht haben soll. Die umfangreichste Artus-Dichtung stammt indes aus dem ausgehenden Mittelalter, der *Morte Darthur* von Thomas Mallory (1408–1471), erschienen im Jahre 1485.

Im Verlauf des hohen Mittelalters wuchs Artus, eine mythische Gestalt wie Siegfried oder Dietrich von Bern, zu einem sagenhaften Heldenkönig heran, ja er wurde zum Idealbild eines christlichen Universalkönigs, dessen Ruhm sich über den ganzen Erdkreis verbreitet. In höchsten Tönen lobt ihn Pseudo-Alanus in seiner *Prophetia Anglicana*, die zwischen 1167 und 1174 entstand: »Wohin, soweit das Christentum reicht, wäre nicht der Name Arthurs, des Briten, auf den Flügeln des Ruhms gedrungen? Wer, frage ich, spricht nicht von Arthur, dem Briten, der, wie uns die Pilger aus dem Osten berichten, den Völkern Asiens fast ebenso bekannt ist wie den Britanniern. Die Völker des Ostens sprechen von ihm ebenso wie die des Westens, mögen sie auch durch die Weite des Erdkreises voneinander getrennt sein. Rom, die Königin der Städte, besingt seine Taten, die auch ihrer einstigen Rivalin Carthago nicht unbekannt sind, und ebenso feiern ihn Antiochien, Armenien und Palästina...«[5]

Das Mysterium der Tafelrunde

Im Mittelpunkt der Tafelrunde des König Artus steht ein Mysterium, das Geheimnis des Heiligen Grals. Der Heilige Gral[6], dem menschlichen Begreifen entrückt und unzugänglich, wird als eine Art göttliche Schale geschildert, als ein ewig fließender Springquell, aus dem göttliche Lichtkräfte in die Diesseits-Welt einfließen. Den Christen gilt der Heilige Gral bald als der Abendmahlskelch Christi, der das Erlöserblut in sich birgt, bald als das Gefäß des Heiligen Geistes, der sich bei Anbruch der Endzeit über die Menschheit ausgießt. Aber es gibt auch eine noch ältere vorchristliche Gralstradition, ja man könnte vom »Gral« als einem menschheitlichen Ur-Mythos sprechen!

Demgemäß wollte der Stifter und Begründer der Tafelrunde, der keltische Magier Merlin, ausdrücklich sowohl Christen als auch Heiden zum Gral zugelassen wissen – dem Weltimpuls des Heiligen Grals zu dienen, darin besteht die wahre Aufgabe der Tafelrunde! Das Symbol der Runden Tafel wählte Merlin deswegen, weil er damit die weltumfassende, universale Geltung des Gralsimpulses zum Ausdruck bringen wollte. »Einst ließ Merlin die Runde Tafel herstellen«, heißt es bei Thomas Mallory, »als

Gleichnis für die runde Gestalt der Welt; und die Runde Tafel bezeichnet die Welt mit Recht, denn Christen wie Heiden kommen zu dieser Tafel. Nachdem sie zu Mitgliedern der Tafelrunde erwählt werden, halten sie sich für begnadeter und berühmter, als wenn sie die halbe Welt erobert hätten. (....) Nachdem Merlin die Runde Tafel hatte herstellen lassen, verkündete er, durch die Mitglieder der Tafelrunde werde die Wahrheit des Heiligen Grals überall bekannt werden.«[7]

Die Mitglieder der Tafelrunde, allesamt Geweihte des Heiligen Grals, bilden untereinander eine Mysteriengemeinschaft. Es wird hier deutlich, dass der Begriff »Tafelrunde« durchaus nicht eine Gruppierung historischer Persönlichkeiten bezeichnet, sondern sich als überzeitlicher Begriff auf eine lichthafte Bruderschaft von Wissenden bezieht. Überhaupt handelt es sich bei der König-Artus-Mythologie nicht um eine gewöhnliche Rittergeschichte, sondern vielmehr um eine verschleierte Esoterik aus der Zeit des keltischen Heidentums. In der offiziell voll christianisierten Gesellschaft des frühen Mittelalters konnte das esoterische Wissen der einstmals krafterfüllten keltischen Religion nur noch im Untergrund weiterleben, unter dem Schutzmantel einer poetisch ausgestalteten religiösen Mythologie, in wundersamen Erzählungen und Gedichten, die von den umherziehenden Barden meist in Begleitung von Harfenmusik vorgetragen wurden. In christlicher Zeit war die bardische Sagen-Dichtung ein Zufluchtsort, an dem die Alte Religion der Druiden inmitten einer im Grunde feindlichen Umgebung noch überleben konnte.

Denn mit der gewaltsamen Christianisierung West-, Mittel- und Nordeuropas wurde den dortigen Völkern die Möglichkeit genommen, ihre eigenen organisch gewachsenen Religionen schöpferisch weiterzuentwickeln. »Das Wachstum der heidnischen Religionen Nordeuropas«, schreibt Heinrich Zimmer, »ist mit dem Eintreten ihrer Völker in den christlichen Raum in der Blüte geköpft worden; mehr als die römische Kultur hat die Kirche bei den Kelten und Germanen und der breiten vorkeltischen Urbevölkerung Frankreichs und der Britischen Inseln ihrem Mythos seine Lebenssphäre, die alte Religion, entzogen. Schwebend und bodenlos lebte er weiter, ward ohne Kult und Ritual wie anderwärts in gleicher Lage zu Sage und Dichtung, ward weltlich und scheinbar unverbindlich, der Kirche als Gegner schwer greifbar und bildete dabei fort und fort die innige Nahrung der Seele im Mittelalter, der die Heilslehre der Kirche nichts Entsprechendes bereithielt. Mit keltisch-vorkeltischen Mythen und Sagen hat der mittelalterliche Mensch seine verschüttete Frühzeit und Völkerjugend ausgeträumt in Bildern und Gestalten, im Artus- und Gralszyklus wurden sie zu Gesellschaftsromanen des ritterlich-höfischen Europa.«[8]

Die Frage, ob König Artus und Merlin als historische Persönlichkeiten tatsächlich gelebt haben, tritt als belanglos in den Hintergrund zurück, wenn man beide in erster Linie als übergeschichtliche und transzendente Gestalten betrachtet. König Artus könnte man mit dem vedischen Gott Indra, mit dem ägyptischen Osiris, mit dem Drachentöter Georg oder mit dem heiligen Michael vergleichen, denn als Lichtheld und Sonnenkrieger tritt er ein für Wahrheit und Gerechtigkeit. In der Tat: König Artus erweist sich in esoterischer Sicht als ein machtvoller Sonnen-Eingeweihter und Sonnenheld, als ein menschheitserlösender Weltkönig. In diesem Sinne schreibt J. Sharkey: »Artus mag durchaus eine historische Gestalt gewesen sein, ein militärischer Führer der Briten des 6. Jahrhunderts; seine eigentliche Bedeutung jedoch ist die eines mythischen Helden: eines unsterblichen Sonnenkriegers. Er ist der beliebteste und der romantischste der keltischen Sonnenhelden. (....) Artus, Sohn des Uther Pendragon, ist mythisch eng verwandt mit dem Heiligen Michael als dem Herrn des Lichts, der die Drachenmächte der Finsternis niederwirft.«[9]

Merlin dagegen – er hat nicht das Hellstrahlende der Sonne an sich, sondern etwas Dunkles, Tiefnächtliches, und zu dem stark lunaren Element seines Wesens gesellt sich auch etwas Merkurisches; man könnte ihn mit dem gallischen Lug, mit dem germanischen Magier-Gott Odin, mit dem ägyptischen Hermes Trismegistos vergleichen. Stets hält er sich im Hintergrund, sieht aber vermöge seiner Fähigkeit der Zukunftsschau alles voraus: daher dient er dem König Artus als unentbehrlicher Ratgeber und Seelenführer. Während König Artus eigentlich eine Erlöserfigur ist, ein keltischer Messias, ein indogermanischer Weltheiland, so spielt Merlin eher die Rolle des Propheten und Verkünders; er weist auf einen Größeren hin, der nach ihm kommen wird. Wie Johannes der Täufer dient er mit seinem Werk bloß der Vorbereitung. Er führte einst Uther Pendragon mit Igraine zusammen, damit Artus aus ihrer Ehe hervorgehe; sodann verkündete er Artus als den künftigen König Britanniens, schützte ihn vor Feinden und verschaffte ihm sein wunderkräftiges Schwert *Excalibur*.

König Artus und Merlin, beide eher transzendente Gestalten, unterliegen nicht dem Tod, sondern werden durch den Tod entrückt und erhöht. Von Merlin erfahren wir, dass er von seiner Begleiterin und Gefährtin Nimue in das Innere einer Felsenhöhle hineingezaubert wird. Und da bleibt er nun, wie Barbarossa im Kyffhäuser, im Felsen eingeschlossen, alterlos und unberührt vom Gang der Zeit, nur noch wartend auf seine dereinstige Auferstehung und Wiederkehr. Von König Artus berichtet die Sage, dass er von dem Verräter Mordred, seinem unehelichen Sohn, getötet wurde, und zwar in der Schlacht von Camlann, die auf das Jahr 537 datiert wird. Doch Artus starb nicht, sondern wurde auf die fern im Westen liegende Nebelinsel *Avalon* entführt, wo er im Kreis seiner Schwester Morgaine le Fay und ihrer weisen Frauen weiterlebt. Von seinen Wunden genesen, wird er dereinst wiederkehren, um sein Volk, die von den Angelsachsen geknechteten keltischen Briten, endgültig zu erlösen: ein keltischer Weltheiland und ein wiederauferstandener Sonnengott!

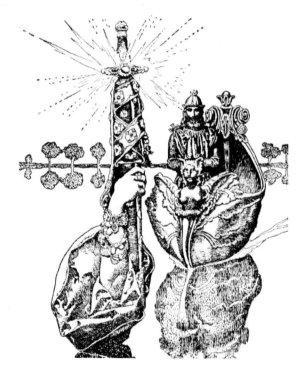

Avalon, die wundersame Apfelinsel, die fern im Westen entrückte »Insel der Seligen«, wo – von Hesperiden gehütet – die »Äpfel der Unsterblichkeit« wachsen, bedeutet keine geographische Insel wie das einstige Atlantis, sondern wohl eher ein transzendentes Paradies, eine Insel der Anderswelt. Kurz vor seinem Ableben, in der Kapelle von Glastonbury, spricht König Artus die folgenden Worte: »Dort, hinter den Wogen, liegt Avalon, die blühende Insel. Und ich will nach Avalon fahren, wo kein Hagel fällt, und die Winde schlafen, und die Wiesen sich breiten bis hinunter zur Sommer-See, dorthin, wo Friede ist und das Glück. Dort wohnt die schönste aller Königinnen, Argante, die Fee. Sie wird meine Wunden heilen, und ich werde liegen und warten auf einer goldenen Bank. Dereinst will ich wiederkommen zu meinem Königreich und mit meinen Briten wohnen in Eintracht und Glück.«[10]

Nicht in der Diesseits-Welt liegt die Nebelinsel Avalon, sondern in der jenseitigen Astralwelt, und es mutet an wie die Nachtmeerfahrt des Gottes Re auf der Sonnenbarke, als König Artus seine Jenseitsreise antrat. Denn als Artus den Tod nahen fühlt, »da ging über den Hügel ein wunderbarer Regen nieder, und über das Wasser nahte ein Boot, gleitend mit den Wellen; darin saßen drei Feen, von Schleiern umweht. Die Eine rief König Artus und winkte ihm mit der Hand. Es war Morgane, des Königs Schwester. Artus erkannte sie und ging ihr entgegen. Er stieg in das Boot und zog sein Pferd am Zügel mit sich. Sie umfingen Artus, trugen ihn sanft und legten ihn nieder. Das Boot trieb vom Ufer weg; kaum war es zwei Bogenschuss weit entfernt, da kam Girflet zurück und sah ihm nach, wie es im grauen Regen entschwand. Einst, bei des Königs Geburt, eine Stunde nach Mitternacht, erstrahlten die Sterne, nun fiel Regen über das Land, als König Artus nach Avalon fuhr«[11].

Merlin – ein keltischer Eingeweihter

In Merlin, dem keltischen Myrddyn[12], begegnet uns ein Eingeweihter, der noch in den höfischen Dichtungen des Mittelalters als Ratgeber des König Artus, als Stifter der Tafelrunde und als Künder des Heiligen Grales auftritt. Der historische Merlin war vermutlich ein nordbritischer Barde, der im 6. Jahrhundert n. Chr. in der ausgedehnten Waldeinsamkeit Caledoniens – heute das südliche Schottland – gelebt hat. Nur wenig wissen wir über den historischen Merlin. Selbst die älteste Quelle über ihn, die *Historia Brittorum* des Nennius aus der ersten Hälfte des 9. Jahrhunderts, nennt keine biographischen Daten, sondern schildert Merlin als einen mit fast übermenschlichen Fähigkeiten ausgestatteten Seher und Magier. Merlin war schon damals ein Mythos, aber ein stets lebendiger Mythos, der auch heute noch in den Herzen der Menschen weiterlebt.

Mit Aneirin und Taliesin zählt Myrddyn zu den legendären Barden des 6. Jahrhunderts. Einige altwalisische Gedichte, die im *Black Book of*

Carmarthen (um 1250) gesammelt sind, werden ihm zugeschrieben – vor allem zwei, sie heißen: *Afallennau* (Apfelbäume) und *Oianua* (Grüße). Im Mittelalter gab es merlinische Prophezeiungen, immer wieder übersetzte und kommentierte Handschriften, die weitverbreitet waren.

Myrddyn, der historische Merlin, war ein keltisch-britischer Weiser, der noch altes druidisches Wissen in sich trug: Dichter, Prophet, Magier und politischer Ratgeber zugleich – einer der letzten großen Eingeweihten der druidischen Religion! Heinrich Zimmer, der bedeutende Indien-Kenner, schreibt über Merlin, er stelle »mit einsamer Vollendung im Abendlande dar, was anderen Kulturvölkern, zum Beispiel Indien oder den Indianern, eine geläufige und gebietende Figur ist: der Zauberer als Lehrer und Seelenführer...«[13]. Die Vita Merlins gleicht in der Tat einem Heiligenleben: übernatürlich sind die Umstände seiner Geburt wie seines Todes, voller Wundertaten ist sein Leben; aber Merlin ist kein christlicher Heiliger. In ihm lebt nicht der Geist der Weltentsagung, sondern der sinnenfrohe schöpfung̃zugewandte Geist des keltischen Heidentums.

In christliche̦ ̦eit sah man in Merlin ein innerlich zwiespältiges Wesen, das sowoł ̦euflische als auch göttliche Züge in sich trug. Der Sage nach, berichte ̦ ̦n dem walisischen Abt Geoffrey of Monmouth in seiner *Vita Merlini (̦ ̦ 1150), ist Merlin nicht auf natürliche Weise gezeugt worden, sonder ̦ us der Verbindung zwischen einer jungfräulichen Prinzessin und ei̦ ̦ Incubus, einem Nachtdämon, hervorgegangen. Die Incubi galten im ̦ ttelalterlichen Volksglauben als naturgeistige Wesenheiten aus der ̦ ̦den-Sphäre, die den Menschen böse Träume senden. So trug Merlin, ̦ ̦h christlicher Deutung, sowohl Dämonisches als auch Jungfräulic' ̦arianisches in sich; das Dämonische aber war es, das ihm gewalti̦ ̦acht über die okkulten Naturkräfte verlieh, das ihn zum Magier im V ̦inn des Wortes werden ließ!

̦ ̦er Nacherzählung eines mittelalterlichen Textes, *Lancelot und Gine-vr̦* ̦nem Liebesroman aus dem 13. Jahrhundert, heißt es über Merlin: »̦ ̦annte den Keim aller Dinge, ihre Verwandlung und Erneuerung, er ̦ ̦nte das Geheimnis von Sonne und Mond, die Gesetze, nach denen die ̦rne den ihnen zugeteilten Himmelsraum durchlaufen, kannte die Zau̦ ̦ergebilde von Wolken und Luft, die Rätsel des Meeres. Er kannte die Dä̦nonen unterhalb des Mondes, die Träume senden. Er verstand den heiseren Schrei des Reihers, den singenden Flügelschlag der Schwäne, des Phönix Auferstehen. Er wusste den Zug der Kraniche, die Bahn der schwimmenden Fische zu deuten und die blinden Ahnungen der Menschen, und er sagte alle Dinge so, wie sie später geschehen sind, voraus.«[14]

Mit anderen Worten: Merlin war tief in alle Naturgeheimnisse eingeweiht! Er war, darüber besteht kein Zweifel, ein Druide; denn auch die Druiden beobachteten den Sternenlauf, weissagten aus dem Vogelflug, hörten Götterstimmen im Rauschen der Eichenbäume. Ein solches Naturwissen aber als »dämonisch« zu bezeichnen – diese Wertung stammt aus dem christlichen Mittelalter, aus einer Zeit, da alle Gewalten der Nacht, alles Mondhafte, Traumwelthafte dämonisiert wurde, da es das Kainszeichen des Heidentums an sich trug. Merlin aber stand mit dieser, längst vergessenen oder verdrängten, Nachtseite der Welt in inniger Verbindung. Aus dieser tiefnächtlichen Welt- und Bewusstseinsseite schöpfte er seine große Kraft.

Wie alle Priester und Eingeweihten des Keltentums, ja überhaupt des Alten Europa, besaß Merlin offenkundig ein Wissen um das Wirken der Erd-Energien. Die folgende Geschichte vom einstürzenden Turm des Königs Vortigern gibt dies deutlich zu erkennen: Zu der Zeit, da die Truppen des untergehenden Römischen Weltreiches Britannien verließen, wurde der mächtige Vortigern zum König der Inselkelten. Eines Tages wollte er einen Wehrturm erbauen, der jedoch – kaum aufgebaut – sofort wieder zusammenstürzte. Dies wiederholte sich mehrmals. Niemand wusste diesem Übel Abhilfe zu verschaffen. Die falschen Sterndeuter rieten dem König, sich eines etwa 7-jährigen Knaben zu bemächtigen, der keinen natürlichen Vater habe; dieser sei die Ursache des Einsturzes und müsse auf dem Grundstein des Turmes als Bauopfer getötet werden.

Die Häscher des Königs ergriffen schließlich in Carmarthen den siebenjährigen Merlin. Dieser – vor den König geführt – entlarvte die falschen Wahrsager, womit er sich dem ihm zugedachten Opfertod entzog, und deckte zugleich die wahre Ursache des Einsturzes auf. Zum König sprach er: »Jetzt höre, warum der Turm nicht stehen will. Nicht tief unter der Erde, auf dem Fleck, wo der Bau angefangen wurde, ist ein großer Fluss. Unter dem Bett des Flusses liegen zwei Drachen, die sich einander nicht sehen, der eine ist weiß, der andere ist rot; sie liegen unter zwei sehr großen wunderbaren Felsen. Diese Drachen nun fühlen die Last des Gebäudes zu schwer auf sich, darum bewegten sie sich und schüttelten die Last, die sie drückte, von sich.«[15] Der König ließ unter dem Fundament des Turmes nachgraben; in der Tat kamen die beiden Drachen zum Vorschein, die sich gegenseitig vernichteten. Das Bauwerk konnte nun errichtet werden und stand felsenfest.

Die auf den ersten Blick etwas naiv erscheinende Geschichte birgt einen tieferen Sinn in sich; man muss sie nur nicht allzu wörtlich nehmen. Der Turm des Königs Vortigern stand offenbar über einer unterirdischen Wasserader. Die zwei darunter liegenden Drachen sind zwei sich überkreuzende Erdkraftlinien. Unser Heimatplanet Erde wird – wie die uralte Wissenschaft der Geomantie lehrt – von Meridianen feinstofflicher Energie durchzogen; diese unsichtbaren Kraftströme werden *ley lines* oder *Drachenlinien* genannt. Merlin muss nicht nur Magier und Zukunftsseher gewesen sein, sondern auch praktizierender Geomant: ein Meister über die chthonischen Kräfte, der die Drachenkraft der Erde freizusetzen und zu bezwingen vermochte.

Eine andere Merlin-Sage, die ebenfalls von Geoffrey of Monmouth berichtet wird, bringt die Person Merlins mit dem prähistorischen Felsendom *Stonehenge* in Verbindung. Erzählt wird von einem Kreis mächtiger wundertätiger Steine, die vor Urzeiten ein Riese irgendwo in Irland aufgestellt haben soll. Uther Pendragon, der König der Briten, wollte sich in den Besitz der magischen Steine bringen und schickte daher seine Heere nach Irland. Merlin begleitete die Heerschar. Schließlich fand man den Steinkreis. Aber die Steine waren tonnenschwer, sodass man sie nicht von der Stelle rücken, geschweige denn nach England transportieren konnte. Da trat Merlin in den Steinkreis hinein; von seinen Lippen kamen lautlose Beschwörungsformeln, und die Steine wurden auf Grund des Besprechungszaubers plötzlich federleicht, sodass man sie ohne alle Mühe mitnehmen und in der Ebene von Salisbury wiederaufrichten konnte.

Diese Sage ist sicherlich Ursache für das schier nicht ausrottbare Vorurteil, dem schon die Romantiker des 19. Jahrhunderts, erst recht aber die New-Age-Esoteriker unserer Tage zum Opfer gefallen sind: das Vorurteil, die keltischen Druiden hätten den Bau von Stonehenge errichtet und in Gebrauch gehabt. Merlin aber rückt im Lichte dieser Sage gänzlich in die Dämmerung des Unbekannten zurück und entpuppt sich als einer der letzten Wissenden der Vorzeit. Er steht im Wissens- und Überlieferungsstrom der vorgeschichtlichen europäischen Megalith-Kultur, und er kennt die astronomische und kultische Bedeutung von Stonehenge, wenngleich er sicherlich nicht die Anlage erbaut oder mit Hilfe eines Besprechungszaubers von Irland nach England verpflanzt hat.

Hinter dem Merlin der Legende steht, schattenhaft und nur in Umrissen erkennbar, eine historische Gestalt. Es ist jener anfangs schon erwähnte Myrddyn, ein nordbritischer Barde, der im 6. Jahrhundert n. Chr. gelebt haben muss. Er war Dichter und Prophet, aber auch in weltlichen Dingen einflussreich. Als sein Schutzherr Gwenddolau im Jahr 573 in der Schlacht von Ardeydd getötet wurde, floh Myrddyn in die Einöde der südschottischen Wälder, wo er sich vor den Nachstellungen des Königs Rhydderch verborgen hielt. Vorher aber, in der Entscheidungsschlacht, soll Myrddyn den Verstand verloren haben. Darauf versank er tagelang in Trauer: »Drei Tage lang hatte er schon geweint und alle Speisen verweigert, so groß war der Schmerz, der ihn verzehrte. Immer von neuem ganz außer sich, füllte er mit lautem Klagegeschrei die Luft, dann entwich er ungesehen in die Wälder. So hielt er seinen Einzug in den Hain und war froh, unter den Eschen verborgen zu liegen; und er staunte über die wilden Tiere, die in den Lichtungen weideten. Bald lief er ihnen nach, bald eilte er ihnen voraus. Er nährte sich von den wilden Kräutern und ihren Wurzeln, er genoß die Früchte der Bäume und die Beeren des Dickichts; er wurde ein Waldmensch, gleichsam ein den Wäldern Geweihter.«[16]

Alles deutet darauf hin, dass Myrddyn nach seinem einschneidenden, lebenswendenden Schlacht-Erlebnis nicht zum Wahnsinnigen, sondern vielmehr zum Druiden wurde. Die Worte: »So hielt er seinen Einzug in den Hain« weisen deutlich darauf hin. Die Druiden waren in vorchristlicher Zeit die »Geweihten der Wälder«, und die Haine, die heiligen Waldlichtungen, waren ihre geheimen Tempelstätten. So wurde auch für Myrddyn der Wald zum Mysterienort. Mit den Wesenheiten des Waldes stand er in inniger Verbindung, und noch ein Nikolaus Lenau (1802–1850) konnte dichten:

> *Wie Merlin*
> *Möcht' ich durch die Wälder ziehn;*
> *Was die Stürme wehen,*
> *Was die Donner rollen,*
> *Und die Blitze wollen,*
> *Was die Bäume sprechen,*
> *Wenn sie brechen,*
> *Möcht' ich wie Merlin verstehen.*[17]

Wolfram von Eschenbachs Parcival

In den frühen britisch-keltischen Fassungen der Gralssage tritt König Artus als eine Art endzeitlicher Weltkönig und Menschheitserlöser auf – sonnengleich steht er im Mittelpunkt der Tafelrunde. Die Kunde von einem besonders ausgezeichneten Artus-Ritter namens Parcival wird uns erstmals in einem in Kymrisch abgefassten, frühen walisischen Text namens *Peredur* gebracht, der zur Sammlung der Mabinogion-Texte gehört. In Peredur begegnen wir dem walisischen Prototyp des Parcival; hier tritt der keltische Ursprung der Parcival-Sage klar zutage.

Überhaupt geht der Gralsmythos auf britisch-keltische und irische Ursprünge zurück: denken wir doch nur an den »Kessel der Wiedergeburt« des Hochgottes Dagda, an den Wunderkessel des Riesen Bran oder an Caridwens Zauberkessel. Der Kessel dient hier stets als ein Symbol für magische Transformation und Wiedergeburt. Im Lauf der Zeit wandelte sich der Gralskessel in eine kosmische Schale oder ein himmlisches Kelchgefäß, aus dem wie aus einem Jungbrunnen geistige Erneuerungskräfte verströmen. Das Wort »Gral« stammt allerdings nicht aus dem Keltischen, sondern aus dem Altfranzösischen; es bedeutet dort so viel wie ein kunstvoll gearbeitetes Trinkgefäß (»*graal*«).

Eine Christianisierung des ursprünglich keltischen Grals-Mysteriums wurde erst spät von den christlichen Minnesängern des Mittelalters vorgenommen. Es war der französische Troubadour Robert de Boron, der als erster diese keltische Grals-Schale ausdrücklich mit dem Abendmahls-Kelch Christi gleichsetzte, und zwar in seiner auch die Person des Josef von Arimathäa einbeziehenden Dichtung *Estoire du Saint Graal*, die wohl im 12. Jahrhundert entstanden sein mag. Hieran schließen sich die beiden großen Parcival- und Gralsdichtungen des hohen Mittelalters an: das Werk *Perceval ou li Contes del Graal* des Chrestien de Troyes, das Fragment blieb, und der *Parcival* des deutschen Minnesängers Wolfram von Eschenbach (1170–1220), eine monumentale epische Versdichtung in 16 Büchern, die in vielem an den Vorgänger Chrestien anknüpft, das Motiv jedoch zu einem echten Einweihungsgeschehen ausgestaltet.

Einen Dreistufenweg zum Heiligen Gral muss Wolfram von Eschenbachs Parcival beschreiten. Die drei Stationen dieses Gralsweges sind zuerst der Unschuldszustand des Naturburschentums, dann der durch Irrsal und Suche gekennzeichnete Übergangszustand des Artusrittertums, und zuletzt der lichtvolle Vollendungszustand des Gralskönigtums, das in der Person des Parcival-Sohnes Lohengrin fortgesetzt wird und seinen

Ausdruck in einer universellen, Okzident und Orient versöhnenden Grals-Spiritualität findet. Genau darin unterschiedet sich Wolfram auch von all seinen Vorgängern, etwa Hartmann von Aue (1170–1215), der mit seinen beiden höfischen Romanen *Erek* und *Iwein* die König-Artus-Thematik in Deutschland einführte – all diese Vorläufer nämlich, einschließlich Chrestien de Troyes, gelangen in der Entwicklung ihrer Heldenfigur über das Artusrittertum nicht hinaus; es fehlt ihnen die spirituelle Ausrichtung. Wolfram von Eschenbach hat jedoch mit seinem *Parcival* nicht einen Ritterroman, sondern einen echten Einweihungsroman geschaffen.

Als Sohn des fahrenden Ritters Gachmuret und der Königin Herzeloyde wächst Parcival in der Waldeinsamkeit von Wales zu einem naiven Naturkind heran, ohne auch nur eine Ahnung zu haben von der Größe seiner Aufgabe und Schicksalsbestimmung. Eine zufällige Begegnung mit Rittern weckt in ihm den Wunsch, selbst Ritter zu werden, und so verlässt er die heimatlichen Gefilde, um – wie es sich für einen Ritter gehört! – auf Abenteuerfahrt auszuziehen. Seine kindlich-naive »Unschuld« verliert er Schritt um Schritt auf diesem mühevollen Weg zur Ritterschaft. Sein Lehrer wird der Ritter Gurnemanz, der ihm eine vollendete höfische Erziehung angedeihen lässt. Im Gebrauch der Waffe unschlagbar, wird er recht bald in den Kreis der Artusritter aufgenommen.

Auf einer seiner ritterlichen Fahrten gelangt Parcival in die Gralsburg Monsalvat, wo er den leidenden »Fischerkönig« Amfortas vorfindet, seinen eigenen Oheim, wie es sich später herausstellen wird. Es versäumt es jedoch, ihm die entscheidende Erlösungs-Frage zu stellen, die Frage: »Was fehlt Dir, Oheim«; und so zieht er unverrichteter Dinge weiter. Bei diesem ersten – erfolglosen – Besuch auf der Gralsburg sieht Parcival auch den Gral selbst, wie er in feierlicher Prozession in den Festsaal hineingetragen wird, ein lichtverströmendes Mysterium, dessen Gegenwart dem siechen Amfortas sichtlich Linderung verschafft. Wolfram von Eschenbach beschreibt diese Szene in der Gralsburg so:

> Dann kam die Königin herein;
> Ihr Antlitz gab so lichten Schein:
> Die meinten all, es wolle tagen.
> Als Kleid sah man die Jungfrau tragen
> Arabiens schönste Weberei.
> Auf einem grünen Achmardei
> Trug sie des Paradieses Preis,
> Des Heiles Wurzel, Stamm und Reis.

Das war ein Ding, das hieß der Gral,
Ein Hort von Wundern ohne Zahl.[18]

Betrübt über sein schmachvolles Scheitern in der Gralsburg, ange-spornt auch durch die Zornesworte der Magierin Kundrie, begibt sich Parcival auf den Weg einer individuellen Gottsuche, die immer auch Gralssuche bedeutet, ritterliche »Quete«: denn der Gral stellt ja etwas durchaus Transzendentes dar, das über den Bereich der sinnlichen Wirk-lichkeit hinausgeht. Auch die Gralsburg – Monsalvat, der »Berg des Heils« – gehört nicht der sinnlichen Wirklichkeit des dreidimensionalen Raum-Zeit-Universums an, sondern der Region eines jenseitigen göttli-chen Lichtreiches; und der Weg zur Gralsburg ist ein Lichtweg. Parcival hat es als seine zentrale Lebensaufgabe erkannt, diesen Weg zum Licht in aller Bewusstheit zu beschreiten; dazu muss er allerdings durch sämtliche Zweifelsphasen und Läuterungszustände hindurchgehen, er muss – gleich dem Adepten der alten Mysterien – Prüfungen bestehen und Schwellen überschreiten, bevor er zum Gipfelerlebnis der Erleuchtung durch das Göttliche gelangen kann.

Parcival schien lange Zeit nicht zu wissen, dass es ein geheimes Schicksalsgesetz gibt, das ihn zur Erlösungstat bestimmt; denn seine Auf-gabe wäre es doch gewesen, den leidenden Amfortas durch die Mitleids-frage »Was fehlt Dir, Oheim?« von seiner Qual zu befreien und selbst das Amt des Gralskönigs zu übernehmen. Aber der Erlöser muss sich zuerst selbst erlösen, und dies geschieht durch eine spirituell vertiefte Selbster-kenntnis. Parcivals Dreistufenweg zur Gralskönigswürde erweist sich somit letzten Endes als ein Weg der Selbsterkenntnis, der bis zur tatkräf-tigen Verwirklichung des Geistig-Göttlichen im Menscheninneren hin-führt. Und während die anderen Ritter der Tafelrunde – vor allem Gawan – noch ganz im Weltlichen befangen bleiben und lediglich traditionelle Ritterethik ausleben, entwickelt sich Parcival zu einem echten Gottsucher, der die Selbst- und Gotteserkenntnis, beide untrennbar miteinander ver-bunden, zunehmend als seine zentrale Lebensaufgabe erfasst.

Das Gralsgeheimnis nach Trevrizent

Als Parcival nach langen Irrfahrten und Wanderungen schließlich in die Klause des Einsiedlers Trevrizent gelangt, da erst erfährt er die Wahrheit über seine Herkunft und Bestimmung, da erst wird ihm das Wesen des Heiligen Grals enthüllt. Trevrizent wird nun Parcivals Lehrer, aber er ist kein ritterlich-höfischer Lehrer wie Gurnemanz, sondern ein echter Mystagoge. Den Gral beschreibt er als einen »makellos reinen Stein«, der aus höheren Geisteswelten auf die Erde hinabgelangt sei; und nur Menschen reinen Herzens sind berufen, diesen Wunderstein zu hüten. Diese zum Hüteramt berufenen Menschen stellen eine ritterliche Gemeinschaft dar, eine universelle Grals-Bruderschaft, in die allerdings nur diejenigen aufgenommen werden, die sich eines solchen Amtes als würdig erweisen. Man kann den Gral nicht aus eigener Kraft erringen, sondern nur durch höhere Sendung zum Dienst am Gral berufen werden.

Die Deutung des Grals als Stein kommt nicht so häufig vor wie das Kessel-, Kelch- oder Schalen-Motiv; sie tritt erstmals im sogenannten *Jüngeren Titurel* auf, der lange Zeit dem Minnedichter Albrecht von Scharffenberg zugeschrieben wurde, tatsächlich aber aus der Feder Wolfram von Eschenbachs stammt. Auch dort wird der Gral geschildert als ein ein Stein: und zwar jener Edelstein, der dem Erzengel Luzifer aus der Krone fiel, als dieser sich von Gott abwandte und in tiefere Ebenen herabstürzte. Wolfram von Eschenbach beschreibt das Wirken des Grals allerdings so, dass man dabei an den alchemistischen »Stein der Weisen« denken muss.

Was hat es nun mit diesem Gral auf sich? Der Einsiedler Trevrizent erwähnt als ersten Gralsforscher einen »Heiden« namens Flegetanis, der den Gral »in den Sternen« gesehen haben will – ein deutlicher Hinweis auf den Gral als kosmisches Weltprinzip. Deshalb geht jene Deutung auch völlig fehl, die den Gral als eine irdische Trinkschale betrachtet, als ein materielles Gefäß, das angeblich sogar in irgendeinem Versteck (in Südfrankreich? Oder in den Pyrenäen?) verborgen liegt. Nein: Der Gral ist ein astrales Urgeheimnis; die Worte des Trevrizent belegen es eindeutig: »Einst lebte ein Heide mit Namen Flegetanis, der für seine Gelehrsamkeit hochberühmt war. Dieser Naturforscher stammte von Salomon ab und war aus altem isrealischem Geschlecht. Dieser Mann zeichnete die Geschichte des Grals auf. (...) Der Heide Flegetanis besaß Kenntnisse über die Bahnen der Sterne und ihre Umlaufzeit. Mit dem Kreislauf der Sterne ist aber das Geschick der Menschen eng verbunden. So entdeckte der Heide Flegetanis in der Konstellation der Gestirne verborgene Geheimnisse, von denen er selbst nur mit Scheu erzählte. Er erklärte, es gäbe ein Ding, das 'der Gral' heiße; diesen Namen las er klar und unzweideutig in den Sternen.«[19]

Aber der eigentliche Ursprung des Grals liegt nicht allein im Kosmisch-Astralen, sondern – noch darüber – in den höchsten Reichen göttlicher Transzendenz; Engel brachten ihn nämlich auf die Erde herab: »Jene edlen und erhabenen Engel, die im Kampf zwischen Lucifer und der göttlichen Dreieinigkeit für keine Seite Partei ergreifen wollten, wurden zur Strafe auf die Erde verbannt, um den makellos reinen Stein zu hüten. Ich weiß nicht, ob Gott ihnen verziehen oder ob er sie endgültig verworfen hat. Wenn es seine göttliche Gerechtigkeit zuließ, hat er sie vielleicht wieder in Gnaden aufgenommen. Seitdem hüten den Stein die Menschen, die Gott dazu berufen und denen er seinen Engel geschickt hat. Herr, so steht es also um den Gral!«[20]

Durch den Sturz der Engel auf die Erde wurde der himmlisch-kosmische Gral zu einem irdischen Gral; denn Wolfram bezeichnet ihn ja auch als »Ding« (»Das war ein Ding, das hieß der Gral / ein Hort von Wundern ohne Zahl«). Der Gral ist somit die Gestaltwerdung eines Göttlich-Transzendenten; und er untersteht ja immer noch dem Hüteramt der Engel. Mit den oben zitierten Worten des Einsiedlers Trevrizent wird das Grals-Mysterium vor allem mit dem gnostischen Mythos vom Engelsturz in Verbindung gebracht; der ewige Kampf zwischen Licht und Finsternis, Gott und Luzifer, Gut und Böse stand stets im Mittelpunkt aller gnostisch-manichäischen Häresie. Und haben sich nicht die gnostischen Katharer, deren Kultur in Südfrankreich noch in hoher Blüte stand, als Wolfram seinen *Parcival* schuf (wohl zwischen 1200 und 1210), selbst als »gefallene Engel« begriffen, wie schon seinerzeit die Bogomilen auf dem Balkan? Waren die Katharer vielleicht jene auf die Erde gestürzten Engel, die den »Gral« mit sich brachten?

Zweifellos besitzt Wolframs Parcival-Dichtung einen gnostisch-manichäisch-katharischen Hintergrund; es besteht jedoch kein Anlass, den Gral für einen ganz realen Kultgegenstand der Katharer zu halten. Der Gral in Wolframs Beschreibung trägt nämlich so ausgeprägt märchenhafte Züge, dass man ihn nur als einen mythischen Gegenstand betrachten kann. Trevrizent schildert ihn als einen »makellos reinen Stein (....) Er heißt *lapsit exillis*. Die Wunderkraft des Steines lässt den Phönix zu Asche verbrennen, aus der er zu neuem Leben hervorgeht. Das ist die Mauser des Phönix, und er erstrahlt danach ebenso schön wie zuvor. Erblickt ein totkranker Mensch diesen Stein, dann kann ihm die folgende Woche der Tod nichts anhaben. Er altert auch nicht, sondern sein Leib bleibt wie zu der Zeit, da er den Stein erblickt. Ob Jungfrau oder Mann: wenn sie, in der Blüte ihres Lebens stehend, den Stein zweihundert Jahre lang ansehen, ergraut lediglich ihr Haar. Der Stein verleiht den Menschen solche Lebenskraft, dass der Körper seine Jugendfrische bewahrt. Diesen Stein nennt man auch den Gral«[21].

Der Gral, ein himmlisches Mysterium, das im Irdischen Gestalt annahm, empfängt seine Wunderkraft direkt aus den himmlischen Sphären. Wir wollen nochmals, anstatt den Gedanken nur zu referieren, den Dichter selbst zu Wort kommen lassen:»Heute haben wir Karfreitag, und an diesem Tag kann man sehen, wie eine Taube vom Himmel herabfliegt und eine kleine weiße Oblate zum Stein trägt. Nachdem sie die Oblate auf den Stein gelegt hat, kehrt die blendendweiße Taube zum Himmel zurück. Wie gesagt: Jedes Jahr am Karfreitag legt sie eine solche Oblate auf den Stein, die ihm die Wunderkraft verleiht, die köstlichsten Getränke und Speisen dieser Erde in überströmender Fülle darzubieten, alles, was die Erde hervorbringt, auch alles Wildbret unter dem Himmel, ob es fliegt, läuft oder schwimmt. Die Wunderkraft des Grals sichert das Dasein seiner ritterlichen Bruderschaft.«[22]

Um den Wunderstein, von diesem auch genährt und am Leben erhalten, gruppiert sich eine geheime Bruderschaft – die auf Schloss Monsalvat lebende Gemeinschaft der Gralsritter. Anders jedoch als die weltverneinenden Katharer sehen diese Gralsritter ihre Hauptaufgabe im Dienst an der Welt:»Mir ist bekannt, dass in Munsalwäsche beim Gral viele wehrhafte Ritter leben, die häufig auf Abenteuer ausreiten. Diese Tempelherren sehen im Kampf, ob er Niederlage oder Ruhm bringt, eine Buße für ihre Sünden.«[23] Mit dieser Beschreibung, die ja das Schwergewicht auf ritterliches Tun legt, scheiden die Katharer als Gralshüter von vornhinein aus; man könnte eher an einen geheimen esoterischen Ritterbund denken wie z. B. die Templer, die als kämpfender Orden im Jahre 1118 von dem hl. Bernhard, Hugo von Payen und acht anderen französischen Rittern begründet wurde. Diese können Wolfram vielleicht als Vorbild für seine ideele Gralsrittergemeinschaft gedient haben.

Parcival erfährt beim Gespräch mit Trevrizent, dem Höhepunkt der ganzen Dichtung, auch etwas über die erbliche Gralskönigswürde. Der erste Gralskönig war nämlich Titurel, der den Gralstempel von Monsalvat zu der Zeit errichtete, als der Gral noch über der Erde schwebte, bereit, sich alsbald im Reich der Materie zu inkarnieren. Im *Jüngeren Titurel*, auch von Wolfram verfasst, findet sich eine anschauliche Beschreibung des von Titurel erbauten Gralstempels:»Er war von kreisrunder Form mit zweiundsiebzig achteckigen Chören, von denen je zwei ein Glockenhaus trugen. In der Mitte erhob sich ein von vielen Fenstern und spitzbogigen

Öffnungen durchbrochener Turm, dessen Knauf ein glühroter Rubin bildete, darüber ein Kreuz von hellem Kristall und auf demselben ein Adler aus Gold mit ausgebreiteten Flügeln. Wo im Innern die Bogen sich kreuzten, waren Karfunkel angebracht, die bei Nacht Tageshelle verbreiteten. (...) Die hochgewölbte Decke bestand aus blauem Saphir, wie das Firmament anzusehen; daran bewegten sich, ein Wunder der Kunst, Sonne, Mond und Sterne in derselben Ordnung, wie die himmlischen Lichter um die Erde sich bewegen.«[24] Die Gralsburg ist also ein Astraltempel.

Und dieser Titurel nun, Erbauer der Gralsburg und Begründer der Gralsdynastie, hatte drei Söhne – Amfortas, Trevrizent und Gachmuret, den Vater Parcivals. Die Gralskönigswürde ging zunächst auf Amfortas über; dieser beging jedoch eine Verfehlung (er begehrte eine Frau, aber nicht jene, die ihm vom Schicksal zugedacht war), wurde daher seines Amtes enthoben und musste zeitlebens an jener Wunde leiden, die nur der Gral selbst zu lindern vermochte. Auf wen sonst sollte nun das Gralskönigstum übergehen, wenn nicht auf Parcival, da Amfortas und Trevrizent doch beide kinderlos waren? In dem Augenblick, da Parcival sein Amt als Gralskönig antritt, wird Amfortas endgültig von seinem Leiden erlöst sein.

Ein Exkurs über die Lohengrin-Sage

Mit Lohengrin, dem Sohn des Parcival und seiner Gemahlin Kondwiramur, wird die Dynastie der Gralskönige fortgesetzt. Eines Tages kommt er auf einer von Schwänen gezogenen Barke der von Widersachern bedrängten Herzogin Elsa von Brabant zu Hilfe; doch muss er sie nach glücklicher Ehe wieder verlassen, da sie die verbotene Frage nach seiner Herkunft stellt, indem sie ihn nach seinem Namen befragt. Wolfram von Eschenbach stellt diese seltsame Sage an das Ende seines *Parcival*. Eine höfische Dichtung der 2. Hälfte des 13. Jahrhunderts, aus zwei Teilen von verschiedenen Verfassern, behandelt sie nochmals in der Nachfolge Wolframs. Durch Richard Wagners Oper *Lohengrin* – 1850 in Weimar uraufgeführt – erlangte der Sagenstoff erstmals weitere Verbreitung. Was hat es mit diesem Schwanenritter Lohengrin auf sich?

Ein Geheimnis liegt über dem Namen Lohengrins; vermutlich handelt es sich hierbei um einen Mysterien-Namen, der nur auf der Stufenfolge der Einweihung erlangt werden kann und in dem sich gewissermaßen das Wesen des Eingeweihten ausdrückt. Das höhere, geistig-göttliche Selbst des Eingeweihten liegt in seinem Mysterien-Namen beschlossen. Üblicherweise bedarf ein solcher Einweihungs-Name strengster Geheimhaltung; nur unter dem Schutzmantel des Schweigens darf er bewahrt werden, damit das in diesem Namen beschlossene Wissen nicht allzu unbedacht preisgegeben werde.

Mit dem Namen Lohengrins hängt auch Herkunft, Ziel und Auftrag dieser Gestalt zusammen. Elsa von Brabant darf ihn weder nach seinem Namen noch nach seiner Herkunft befragen! Denn Lohengrin – als der Sohn Parcivals – entstammt den Lichthöhen der Gralsburg Monsalvat, und die von dort ausgesandten Gralsritter haben den Auftrag, unerkannt unter den Menschen zu wirken! Ein Gralsritter, da in höherem Auftrag zum Weltwirken ausgesandt, darf sich nie als Gralsritter zu erkennen geben; denn der Gral kann nur im Geheimen wirken. Deshalb soll man nie einen Diener des Grals nach seinem Mysterien-Namen befragen. Als Elsa ihn dann doch nach seinem Namen befragt, und er nicht ausweichen kann, gibt er sich als Gralsgesandter zu erkennen:

> *Wer nun dem Gral zu dienen ist erkoren,*
> *Den rüstet er mit überirdischer Macht, –*
> *An dem ist jedes Bösen Trug verloren,*
> *Wenn ihn er sieht, weicht dem des Todes Nacht;*
> *Selbst wer von ihm in ferne Land' entsendet,*

Zum Streiter für der Tugend Recht ernannt,
Dem wird nicht seine heilge Kraft entwendet,
Bleibt als sein Ritter dort er unerkannt;
So hehrer Art ist doch des Grales Segen,
Enthüllt muss er des Laien Auge fliehn:-
Des Ritters drum sollt Zweifel ihr nicht hegen,
Erkennt ihr ihn – dann muss er von euch ziehn. – [25]

Archetypisch verkörpert der Gralskönig den göttlichen Sonnenhelden. Auch Lohengrin zeigt sich bei näherem Hinsehen ganz deutlich als Sonnenheros, sein Schwan – Geleittier auf allen Reisen – als Sonnentier. Galt doch schon den Völkern des Altertums – besonders im hohen Norden – der Schwan als Kulttier des Sonnengottes. Da der Wegzug der Schwäne im Herbst und ihre Wiederkehr im Frühjahr dem Lauf der Sonne entsprach, lag es nahe, den Schwan als ständigen Begleiter des Sonnengottes zu betrachten.

Insbesondere gibt es Ähnlichkeiten zwischen Lohengrin und dem griechischen Sonnengott Apoll. Über diesen berichtet uns Himerios: »Apoll kommt zu den Hyperboreern auf einem mit Schwänen bespannten Schiffswagen, und zwar vom Meere her.«[26] Die antiken Völker nannten die Insel der Hyperboreer die Schwaneninsel. Ähnlich auch Älian: »Die Hyperboreerinsel liegt im nördlichen Ozean, sie wird von den Griechen auch Schwaneninsel genannt, weil zur Zeit der Feste Apollons unzählige Scharen von Schwänen das Heiligtum umschweben. Auch kreisen die Schwäne siebenmal singend um die Insel, worauf Apollon sieben Saiten auf seine Lyra spannt, weil die Schwäne siebenmal sangen.«[27]

Lohengrin in seinem Schwanenwagen erscheint geradezu als eine Nachbildung des von den Griechen verehrten »hyperboreischen Apoll«; sein Gralsreich ist die Insel der Hyperboreer. Vermutlich handelt es sich bei der Lohengrin-Geschichte um eine uralte Volkssage, ein ganz eigener Sagenkreis wahrscheinlich nordischen Ursprungs, den Wolfram seinem Parcival-Zyklus mehr oder minder übergangslos angehängt hat.

Die Quellen der Gralserzählung

Wolfram von Eschenbach bekennt, dass er die Urfassung der Gralserzählung einem provencalischen Dichter namens *Kyot* (richtiger wohl: Guijot) verdanke: »Kyot, der berühmte Meister der Dichtkunst, fand in Toledo in einer unbeachteten arabischen Handschrift die Erstfassung dieser Erzählung. Zuvor musste er die fremde Schrift lesen lernen, allerdings ohne die

Zauberkunst zu studieren. Ihm kam zustatten, dass er getauft war, sonst wäre die Erzählung bis heute unbekannt geblieben. Keine heidnische Wissenschaft reicht nämlich aus, das Wesen des Grals zu entschlüsseln und in seine Geheimnisse einzudringen.«[28]

Seinen Vorgänger Chrestien de Troyes, dessen Werk *Perceval* er freilich über weite Strecken hin fast wörtlich paraphrasiert, wirft Wolfram vor, die ursprüngliche, von Guijot stammende Gralsgeschichte verfälscht zu haben: »Hat Meister Chrestien de Troyes diese Geschichte nicht wahrheitsgetreu berichtet, dann darf Kyot, der sie uns in der richtigen Fassung überlieferte, wohl zürnen. Der Provencale berichtet am Schluss, wie Herceloydes Sohn nach seiner Bestimmung die Gralsherrschaft errang, die Amfortas verwirkt hatte. Die authentische Erzählung mit dem richtigen Schluss ist also aus der Provence nach Deutschland gekommen, und ich, Wolfram von Eschenbach, schließe dort, wo der provencalische Meister den Schlusspunkt setzte.«[29]

Die Provence, der Ursprungsort der Erzählung, lag nicht nur nahe am maurischen Spanien, sondern es bildete im 13. Jahrhundert regelrecht eine kulturelle Drehscheibe zwischen West und Ost, über die alchemistisches, gnostisches uns magisch-kabbalistisches Gedankengut in die europäische Kulturwelt einfließen konnte. Allerdings, seltsam genug: Ein provencalischer Dichter namens *Guijot* (oder ähnlich) konnte bis heute nicht ausfindig gemacht werden, noch existiert eine von ihm verfasste Urfassung der Gralserzählung! Allerdings bekennt Chrestien de Troyes, dass er seiner Parcival-Dichtung ein – von ihm nicht näher bestimmtes – »Quellenbuch« zugrundegelegt habe, das er von seinem Schutzherrn Graf Philipp von Flandern erhalten habe. Stammt dieses Buch vielleicht von jenem unbekannten Guijot de Provence?

Gehörte Guijot möglicherweise den verfolgten Katharern an, oder war er ein den Katharern nahestehender Troubadour, der mit der Gralserzählung einen geheimen gnostischen Mythos überlieferte? Die Idee eines Erlösers, der sich – wie Parcival – selbst erst seiner Rolle als Erlöser bewusst werden muss, weil er beim Herabstieg in die Erdenwelt seinen Auftrag vergaß, stammt auch aus dem Umkreis der Gnosis; sie wird im gnostischen *Perlenlied*, das zu den apokryphen *Thomasakten* gehört, in allerdings recht märchenhafter Form entfaltet. Aber Wolfram von Eschenbach schöpft auch aus dem Quellborn der arabisch-alchemistischen Weisheit, die er mit der westeuropäisch-keltischen Gralstradition und dem höfischen Ritterethos seiner Zeit zu einer umfassenden und großartigen Synthese verbindet, zu einer west-östlichen Grals-Spiritualität. Wolframs Parcival-Dichtung könnte man als ein alchemistisches Mysteriendrama betrachten, ähnlich wie Goethes *Faust*, das am Werdegang des Ritters Parcival einen gnostischen Selbsterkenntnis- und Selbsterlösungsweg veranschaulichen möchte.

Parcival steht dabei als Sinnbild für den durch spirituelle Transformation umgewandelten und geläuterten »neuen Menschen«; Amfortas für den in Unwissenheit und Leiden befangenen »alten Menschen«. Daher muss der »alte Adam« Amfortas von dem »gnostischen Heiland« Parcival immer wieder neu erlöst werden! Aber sowohl das gefallene Menschentum des Amfortas als auch die faustisch nach Höherem strebende Lichtnatur Parcivals bilden Bestandteile des Menschen selbst. Amfortas und Parcival sind nicht nur konkrete Einzelpersönlichkeiten, sondern Archetypen des Menschlichen überhaupt. Amfortas lebt in uns als das Herabziehende, aber auch Parcival als das Hinaufstrebende, und stets muss die niedere Menschennatur durch die höhere Menschennatur neu erlöst werden, wenn der Mensch denn je zu dem göttlichen Urbild seines Menschentums hingelangen will.

Die Hermetik / Alchemie

Hermes, dich rufe ich an,
der du das All umfassest,
mit jeglicher Stimme, in jeglicher Sprache;
dich besinge ich, wie dich zuerst besang
den du bestelltest und dem du bewährtest
all deine Kunde von dir.

Das Doppelgesicht der Alchemie

Was hat es eigentlich mit der Alchemie[1] auf sich, jener »Königlichen Kunst«, die von dem legendären Hermes Trismegistos begründet wurde und – ausgehend von der formlosen Urmaterie, der *prima materia* – durch die Vermengung der drei Ursubstanzen *Sal*, *Sulphur* und *Mercurius* den »Stein der Weisen« zu erlangen hoffte? Trägt sie nicht etwas zutiefst Janusköpfiges an sich, diese eigentümliche, schon in der Spätantike hie und da aufflackernde Geheimwissenschaft, die sowohl esoterische Weisheitslehre ist als auch eine Vorläuferin der modernen Naturwissenschaft?

Zweifellos ist die *Alchemie* ein Nachfahre wie auch eine praktische Anwendungsform antiker Mysterienreligionen. Aber seit dem ausgehenden Mittelalter wurde unter »Alchemie« fast nur noch die künstliche Herstellung von Gold verstanden, die oftmals von Scharlatanen und Wundertätern im Dienste geldgieriger Fürsten ausgeübt wurde. So erlangte die Alchemie einen überaus schlechten Ruf, den sie eigentlich gar nicht verdient hätte, wenn man bedenkt, dass sie ursprünglich ein Einweihungsweg war, der den Menschen aus der materiellen Wandelwelt befreien und im Durchgang durch die Sternensphären zu seinem göttlichen Ursprung zurückführen wollte. Es stand nicht die Veredelung der Metalle, die magische Verwandlung von Blei in Gold, sondern die Veredelung der eigenen Seele im Mittelpunkt. Daher der Satz: »*Aurum nostrum non est aurum vulgi*« – »Unser Gold ist nicht das gewöhnliche Gold«

Es mag daher angebracht sein, zwischen »wahrer« und »falscher« Alchemie zu unterscheiden. In seinem *Dictionnaire Mytho-Hermetique* (1740) versucht Dom Pernetty den Unterschied zwischen beiden Arten der Alchemie folgendermaßen klarzumachen: »Die meisten Auroren definieren diese Wissenschaft unterschiedlich, weil es zwei Arten gibt, eine echte und eine falsche..... Die echte Alchemie besteht in der Vervollkommnung der Metalle und in der Aufrechterhaltung der Gesundheit, die falsche dagegen in der Zerstörung des einen wie des anderen. Die erstere benutzt die Mittel der Natur und ahmt ihre Verfahren nach. Die zweite geht von irrigen Grundsätzen aus und verwendet als Mittel den Tyrannen und Zerstörer der Natur. Die erstere bildet aus einer kleinen Menge niedriger Materie ein höchst kostbares Ding. Die zweite schafft aus einem höchst kostbaren Stoff, dem Gold selber, etwas höchst Minderwertiges, nämlich Rauch und Asche.«[2]

Der wahre Alchemist ist der gottverbundene Weißmagier, dem es nicht um Machtausübung, sondern nur um Selbstvervollkommnung geht: »Echte Alchemisten machen nicht viel Aufhebens von ihrer Wissenschaft; sie versuchen nicht, andere Leute um ihr Geld zu beschwindeln oder zu betrügen, weil, wie Morien zu König Chalid sagte, derjenige, der alles hat, nichts braucht. Sie geben von ihrem Besitz den Notleidenden. Sie verkaufen ihr Geheimnis nicht; und wenn sie ihr Wissen einigen wenigen Freunden anvertrauen, dann nur denen, die sie für würdig erachten, es zu besitzen und gemäß dem Willen Gottes zu verwalten. Sie kennen die Natur und deren Verfahrensweisen, und sie benutzen dieses Wissen, um, wie der heilige Paulus sagte, das des Schöpfers zu erlangen.«[3]

Die wahre Alchemie, gleichbedeutend mit der Hermetischen Philosophie, ist eine gottgemäße Wissenschaft; sie verwendet die Erkenntnis der Gesetze des Kosmos nur zu dem einen Zweck, die eigene Seele zu veredeln, um zu einem rechten Verständnis der Geheimnisse Gottes zu gelangen. Die falsche Alchemie verwendet die Erkenntnis der Gesetze des Kosmos zu dem Zweck, sich gegen die Schöpfung aufzulehnen und sie zu beherrschen; sie will der Natur ihre Geheimnisse gewaltsam entreißen, und dies allein zu Zwecken egoistisch-materieller Glückssteigerung. Dieser Gegensatz lässt sich verdeutlichen an den beiden Personen *Paracelsus* und *Faust*: Paracelsus, der edle Heilkundige, der Freund des Volkes, der Mystiker – Faust, der gewissenlose Betrüger, der sich immer in den Dienst des meistzahlenden Fürsten stellt, zuletzt den symbolischen »Pakt mit dem Teufel« schließt. Gemeint ist hier nicht die ideale Faustgestalt der Goethe-Dichtung, sondern der historische »Doktor Faustus«.

Die Hermetische Philosophie ist wahre Alchemie und damit auch Weißmagie, die – im Sinne einer gottgemäßen Wissenschaft – die Kenntnis der Gesetze der Natur nur als Mittel für den rechten Umgang mit der Natur nutzt. Das Geheimnis der Stoffes-Umwandlung ist dabei Bestandteil einer umfassenden esoterischen Wissenschaft, in der Naturerkenntnis und Selbsterkenntnis nur zwei Seiten derselben Münze bilden, wobei beides in Gotterkenntnis gipfelt. Die äußerliche Metallveredelung ist nur ein Symbol für die eigentlich zu leistende Arbeit der Seelenveredelung, die Gewinnung des Goldes nur ein Metapher für die Geburt des höheren geistig-göttlichen Selbst, das den eigentlichen »Stein der Weisen« darstellt. Die Hermetische Philosophie lehrt, dass der Mensch bei seinem Aufstiegsweg durch die Planetensphären immer gottähnlicher wird; denn Gleiches kann nur von Gleichem erkannt werden, und wer Gott erkennen will, der muss selbst gottgleich werden. In diesem Sinne dichtet *Angelus Silesius* (1624–1677) in seinem *Cherubinischen Wandersmann*:

> *Soll ich mein letztes End und ersten Anfang finden,*
> *So muss ich mich in Gott und Gott in mir ergründen,*
> *Und werden das, was er: ich muss ein Schein im Schein*
> *Ich muss ein Wort im Wort, ein Gott im Gotte sein.*[4]

Eine solche *Alchemie der Seele*, der es zuerst auf die Gewinnung des *inneren Goldes* ankommt, wird auch in der Rosenkreuzer-Philosophie gewiesen. In den frühen Rosenkreuzer-Manifesten, zu Anfang des 17. Jahrhunderts entstanden, wird das »Goldmachen« der zeitgenössischen Alchemisten mit scharfen Worten zurückgewiesen und als ein unnötiges Beiwerk in der Arbeit des wirklichen Adepten bezeichnet. In der *Fama Fraternitatis* von 1614 lesen wir: »Was aber zu unserer Zeit das gottlose und verfluchte Goldmachen betrifft, das so sehr überhand genommen hat, so ist zu sagen, dass viele dahergelaufene Lecker eine große Büberei damit treiben, indem sie die Neugierde und die Glaubwürdigkeit vieler missbrauchen. (....) So bezeugen wir hiermit öffentlich, dass solches falsch und es mit den wahren Philosophen so beschaffen ist, dass ihnen Gold zu machen ein Geringes und nur ein Parergon (Nebenwerk) ist, derengleichen sie wohl noch etliche tausend bessere Stücklein haben.«[5]

Auf der Basis einer esoterischen Alchemie arbeitete die *Hermetische Maurerei*, ein im Frankreich des 18. Jahrhunderts entstandenes freimaurerisches System, das Begriffe der Alchemie: Vitriol, Kalzination, Quecksilber, Schwefel, als Symbole für die Umwandlung des Menschen verwandte. Die Spuren dieses *Rite hermetique*, der in 9 Grade und einen Abschlussgrad eingeteilt war, finden sich bei den späteren Gold- und Rosenkreuzern. »Die Alchemie ist nicht nur die Kunst oder Wissenschaft der Metallumwandlung, sondern vielmehr eine wahre und solide Wissenschaft, die uns lehrt, wie man die Mitte aller Dinge erkennt«, sagt Pierre-Jean Fabre in *Le Secrets chymiques* (1636)[6].

Das Wort »Alchemie« stammt aus dem Arabischen; es setzt sich zusammen aus den beiden Worten *al* und *cheme*, »schwarz«, der alten Bezeichnung für Ägypten. Tatsächlich geht die Alchemie auf ägyptische Ursprünge zurück; als ursprünglich geheiligtes Priesterwissen streng geheimgehalten, flackert sie gegen Ende der Antike vor allem in der oberägyptischen Stadt *Alexandria* auf, von wo aus sie im Laufe des 2. bis 4. Jahrhunderts n. Chr. die ganze jüdisch-hellenistische Kultur der östlichen Mittelmeerwelt beeinflusst. Im Jahre 296 verfügte der römische Kaiser Diocletian, dass alle Bücher über »Goldmacherei« verbrannt werden sollten, was auf die weite Verbreitung der Alchemie schon im *Imperium Romanum* hinweist. In Alexandria befand sich die spätantike Alchemie in unmittelbarer Nachbarschaft zu orientalischen Mysterienkulten, griechischem Heidentum, Neuplatonismus und vor allem zur hellenistischen Gnosis, jener oft in christlichem Gewande auftretenden, in Wahrheit aber zutiefst synkretistischen Erlösungsreligion, die eine Befreiung des Menschen aus den Banden der Materie und zugleich seine Gottwerdung aus eigener Kraft versprach.

Die frühen Alchemisten der alexandrinischen Schule, wie etwa Bolos von Mendes, Zosimos, Cleopatra, befinden sich noch in unmittelbarer Nachbarschaft zur Gnosis; sie schildern, wie Allison Coudert schreibt, »chemische Reaktionen in gnostischen Begriffen und präsentieren gnostische Lehrmeinungen im Gewand der Chemie«[7]. In diesem geistigen Umfeld entstand auch das Corpus der Hermetischen Schriften, in denen die Grundlagen einer solchen gnostischen Alchemie der Seele dargestellt werden. Aber Europa erreichte die Alchemie nur über einen Umweg, über das Arabertum. Während griechische Philosophie und Wissenschaft in Europa zwischen dem 6. und dem 12. Jahrhundert fast völlig in Vergessenheit geriet, wurde sie von den Jüngern Mohammeds nicht nur gepflegt, sondern auch über alle Gebiete des arabischen Weltreiches verbreitet. So geriet die Alchemie zunächst in arabische Hände. Der erste Förderer dieser Geheimen Kunst war Prinz Khalid Ibn Yazid, Sohn des Kalifen, der von einem gewissen Morienus, einem christlichen Asketen aus Alexandria, in die Alchemie eingeführt wurde.

In allen Zentren arabischer Kunst und Wissenschaft wurden Alchemie und griechische Philosophie gepflegt. Der berühmte Arzt und Philosoph Avicenna (eigentlich Ibn Sinna, 980–1037), ein großer Aristoteles-Kenner, stand in dem Ruf, die Alchemie zu betreiben. Er sollte zu einem der großen Lehrer des Abendlandes werden, in der Philosophie wie auch in der Medizin; denn seit der Rückeroberung des maurischen Spanien durch die Kreuzritter im 11. Jahrhundert kam die Christenheit erstmals mit der geistig weitaus höher stehenden Weisheit der Araber in Berührung. Eine rege Übersetzertätigkeit setzte ein, die dazu führte, dass auch alchemistische Werke ins Lateinische übertragen und damit dem Abendland zugänglich gemacht wurden. Erzbischof Raymond von Toledo richtete ein Übersetzer-Kollegium ein, und so wurde Toledo zu einer Art Drehscheibe zwischen maurischer und christlicher Kultur. Zu den arabischen Autoren, die den nachhaltigsten Einfluss auf die westliche Alchemie ausübten, zählt Johannes Geber, eigentlich Dschabir Ibn Hayyan (geb. um 721).

Die Tabula Smaragdina

Um diese Zeit nun, im 12. Jahrhundert, taucht im Abendland erstmals in lateinischer Übersetzung eine kurze Rätselschrift auf, die oft als eine Gebrauchsanweisung zur Gewinnung des berühmten »Steins der Weisen« gesehen wurde – die Smaragdene Tafel oder *Tabula Smaragdina*, die auf den legendären Hermes Trismegistos, den großen Weisheitslehrer Ägyptens und Begründer der Alchemie, zurückgehen soll. Viele Legenden ranken sich um diese Schrift, in der alle Geheimnisse der Königlichen Kunst zu finden sein sollen. Die einen sagen, Alexander der Große habe sie einst im Grab des Hermes gefunden; die anderen behaupten, Sarah – die Frau Abrahams – habe sie in einer Höhle nahe Hebron entdeckt.

Die 16 aphoristischen Sätze der Smaragdenen Tafel enthalten tiefe Schöpfungsgeheimnisse, aber in einer verschlüsselten Form; es sind Sätze, die nur auf dem Weg meditativen Gewahrwerdens erschlossen werden können. Einer der Kernsätze, oft verkürzt auf die Formel »Wie oben, so unten«, drückt die Entsprechung von Makrokosmos und Mikrokosmos aus. Wir wollen nunmehr den Text der Smaragdenen Tafel in vollem Wortlaut zitieren, zumal da es sich hierbei um einen zentralen Text der westlichen Einweihungstradition handelt:

1. *Es ist wahr und ohne Lüge, gewiss und sehr wahr: Was das Obere ist, ist wie das, was das Untere ist.*
2. *Und das, was das Obere ist, dient wie das, was das Untere ist, um das Wunder einer Sache zustande zu bringen.*

3. *Und wie alle Dinge von dem Einen herstammen, durch den Plan des Einen, so stammen alle geschaffenen Dinge von dieser einen Sache her durch Adoption.*
4. *Sein Vater ist die Sonne, seine Mutter der Mond. Der Wind trug es in seinem Bauche, seine Nährerin ist die Erde.*
5. *Es ist der Vater aller Vollendung der ganzen Welt, seine Tugend ist vollkommen, wenn es in Erde verwandelt worden.*
6. *Trenne die Erde vom Feuer, das Subtile vom Dichten sukzessiv und mit großer Geschicklichkeit.*
7. *Es steigt von der Erde zum Himmel und dann wieder zur Erde hinab und enthält die Kraft der Oberen und Unteren.*
8. *So hast Du den Ruhm der ganzen Welt. Daher wird von Dir fliehen jegliche Finsternis.*
9. *Das ist die Stärke aller Stärke, weil sie jede subtile Sache besiegt und jede feste durchdringt. So ist die Welt erschaffen.*
10. *Daher stammen die wundersamen Anpassungen, deren Maß dieses ist.*
11. *Deswegen heiße ich der Dreimalgrößte Hermes, der ich habe drei Teile der Philosophie der ganzen Welt.*
12. *Es ist vollendet, was ich vom Wirken der Sonne gesagt.*

Es hat schon Kommentatoren gegeben, die in diesem Text lediglich eine Gebrauchsanweisung zur Gewinnung des *lapis philosophorum* sehen wollten, jenes magischen Universalmittels der Alchemie, das Blei in Gold zu verwandeln vermag. Doch geht es in diesem Text eigentlich um die innere Goldwerdung des Menschen: um die Geburt seines höheren, geistig-göttlichen Selbst. Dieses Selbst ist in Wahrheit der vielgesuchte »Stein der Weisen«, der nicht durch äußere Prozeduren und Operationen im chemischen Labor gewonnen werden kann. Wie das Metapher »Blei« die niedere, sterbliche, saturnische, egoverhaftete Natur des Menschen meint, so bezieht sich das Metapher »Gold« auf die höhere, solare, unsterbliche und spirituelle Menschennatur. Gemeint ist das, was Mystiker wie Meister Eckhart das »Seelenfünklein«, das »Innere Licht«, die indischen Upanishaden das »Atman« nannten.

Der Sage nach soll die Tabula Smaragdina zuerst von dem Magier Apollonios von Tyana (1. Jahrhundert n. Chr.) aufgefunden worden sein; später gelangte sie in die Hände des Priesterarztes Sergios von Ris-Aina (6. Jahrhundert n. Chr.), der sie aus dem Altsyrischen ins Lateinische übersetzte. In lateinischer Fassung ist die Smaragdene Tafel des Hermes Trismegistos mindestens seit dem 11. / 12. Jahrhundert bekannt, denn aus dieser Zeit stammt ein ebenfalls in lateinischer Sprache verfasster Kommentar dazu aus der Feder eines Mönchs namens Hortulanus. Aber die von Hermes Trismegistos angeblich verfassten Schriften des *Corpus Hermeticum*, Einweihungsschriften in griechischer Sprache, aus dem Geist einer spätantiken alexandrinischen Gnosis entstanden, wurden in Europa erst seit der Renaissance bekannt, vor allem durch die Übersetzung des Florentiner Platonikers Marsilio Ficino.

Wer war Hermes Trismegistos?

Hermes Trismegistos zählt zusammen mit Zarathustra, Pythagoras und Lao-Tse zu den größten Geisteslehrern der Menschheit; als ein solcher wird er auch von allen Esoterikern geehrt. »Zeitgenosse von Abraham und, wenn die Legenden wahr sein sollten, Lehrer dieses verehrungswürdigen Weisen, war und ist Hermes auch heute noch die große zentrale Sonne des Okkultismus, deren Strahlen die zahlreichen Lehren erleuchtet haben, die seit seinen Zeiten verkündet worden sind«, so heißt es in einer anonymen Schrift aus dem Jahre 1906 mit dem Titel *Kybalion*[8]. Für K. O. Schmidt war Thot-Hermes »der Begründer der ägyptischen Kultur und der größte Erleuchtete und Prophet der Völkerschaften des Nillandes«[9]. Aber hat Hermes Trismegistos tatsächlich gelebt? Verbirgt sich hinter diesem Namen eine historische Persönlichkeit? Oder handelt es sich um eine reine Symbolfigur?

Die frühesten Belege für die Existenz einer gnostischen Geheimlehre des Hermes Trismegistos finden sich erst in der Literatur der Kirchenväter, so bei Cyrill, Athenagoras, Tertullian, Laktanz und bei dem einflussreichsten Kirchenlehrer der ausgehenden Antike, Augustinus (354–430). Sie alle kennen einen in Dialogform abgefassten Corpus von Hermetischen Schriften, aus dem sie Bruchstücke zitieren; Augustinus geht indessen noch weiter, indem er uns einen mythischen Stammbaum des Hermes Trismegistos mitteilt, der Rückschlüße auf seine historische Existenz erlaubt. In seinem Hauptwerk *Der Gottesstaat* schreibt Augustinus: »Denn was jene Philosophie betrifft, die angibt, etwas zu lehren, wodurch die Menschen selig werden [die Hermetische Philosophie], so wurden ihre Studien in jenen Ländern [Ägypten] erst ungefähr zur Zeit des Mercurius, den sie Hermes Trismegistos nannten, berühmt. Das war zwar lange vor den Weisen oder Philosophen Griechenlands, aber doch nach Abraham, Isaak, Jakob und Joseph, ja sogar später als Moses. Denn man hat ermittelt, dass zur Zeit der Geburt Mosis Atlas gelebt hat, der Bruder des Prometheus und mütterlicher Großvater des älteren Mercurius, dessen Enkel jener Mercurius (Hermes) Trismegistos gewesen ist.«[10]

Hier haben wir zunächst einmal zwei Hermes, einen älteren und einen jüngeren; letzter ist der Enkel des älteren und zugleich der Begründer der Hermetischen Philosophie. In seinem Dialog *Asclepius* sagt der Dreimalgrößte Hermes selbst, dass er einen Großvater habe, der auch Hermes hieß. Und dessen Großvater soll Atlas gewesen sein! Hier freilich geht der Stammbaum ins Mythische über; die Menschen erscheinen als mit den Göttern verschwistert, indem sie von diesen abstammen. Atlas galt bei den Griechen als der Sohn des Titanen Japetos und der Okeanide Klymene, auch als Bruder des Prometheus, und er hatte die Aufgabe, das Himmelsgewölbe zu stützen. Die Alten sahen in diesem Atlas bald die Personifizierung der Weltensäule, bald den legendären König von Atlantis, nach dem Bericht Platons, bald den großen Astronomen, Mathematiker und Philosophen. Seine zahlreichen Töchter teilen sich in drei Gruppen: die Plejaden, die Hyaden und die Hesperiden. Zu den Töchtern des Atlas gehört auch Maia (»Mutter«), die Mutter des Götterboten Hermes, dessen Vater Zeus ist. Anfänglich war Maia nur eine lokale Spielart der Muttergottheit, dann die erste der Nymphen des arkadischen Kyllene-Gebirges, in dessen Höhle sie ihren Sohn Hermes empfing und gebar. Indes lässt der Hermes-Mythos die Gestalt der Maia wenig hervortreten; Züge einer Schatzhüterin sind ihr wohl erhalten geblieben. Seit Hesiod und Simonides wurde die Berggöttin Maia unter die Plejaden eingereiht. Wir können nun folgenden Stammbaum aufstellen: Atlas → Maia & Zeus → Hermes der Ältere → Hermes Trismegistos.

Somit steht Hermes Trismegistos in einer illustren Ahnenreihe, die bis auf Atlas, den himmelstützenden Titanen, zurückgeht. Und nun sagt Augustinus, dass eben dieser Atlas (oder vielleicht ein König gleichen Namens?) »zur Zeit der Geburt Mosis« gelebt habe. Das Wirken des Hermes Trismegistos in Ägypten glaubt er, wie wir gehört haben, »lange vor den Weisen oder Philosophen Griechenlands«, aber »nach Abraham, Isaak, Jakob und Joseph, ja sogar später als Moses« ansetzen zu können. Diese Worte des Kirchenvaters beinhalten eine recht konkrete Zeitangabe: Die historische Lebenszeit des israelitischen Stammesführers Moses dürfte im Neuen Reich, wohl zwischen der 19. und 21. Dynastie liegen; der Auszug israelitischer Stämme aus Ägypten dürfte sich um 1250 v. Chr. zugetragen haben. Die »Philosophen Griechenlands« beginnen in der kleinasiatischen Landschaft Ionien ab ca. 600 v. Chr. öffentlich aufzutreten: von Thales

(624–546), Anaximander (611–546) und Anaximenes (586–525) bis zu Pythagoras (580–500) und Heraklit (535–470).

Es bleibt also ein Zeitraum, der sich ganz grob zwischen 1250 und 600 v. Chr. aufspannt: hier könnte sich die Lebenszeit des Hermes Trismegistos abgespielt haben, falls er denn je mehr gewesen ist als eine bloße Legende. Er wäre sodann ein Zeitgenosse der israelitischen Könige Saul (um 1010), David (1006–969) und Salomo (966–926) gewesen, ein Zeitgenosse auch der Religionsstifter Konfutsius und Lao-Tse im Alten China. Er wäre der Zeuge einer Zeit gewesen, da im Industal die spätvedische Kultur, in Griechenland die mykenische Kultur sich ihrem Ende entgegenneigte. Einer Zeit auch, da in Hellas das Mysterienwesen noch in hoher Blüte stand: man denke etwa an das Orakel von Delphi, an die Kultstätten von Eleusis und Samothrake – lange vor dem Auftreten der ersten Philosophen, Jahrhunderte vor dem Weisen Solon (640–561), und noch mehr Jahrhunderte vor Pythagoras, Heraklit und Platon.

Die historische Lebenszeit des Hermes Trismegistos würde demnach in einen größeren Zeitraum hineinfallen, der sich in etwa zwischen dem 13. und dem 6. Jahrhundert v. Chr. aufspannt. Dieser Zeitabschnitt ist in der Geschichte Ägyptens politisch und kulturell eine Zeit des Niedergangs und des Verfalls gewesen. In der Spätzeit, von der 25. Dynastie an, ist Ägypten nur noch von Fremdvölkern beherrscht worden: ab 662 v. Chr. von dem Assyrerkönig Assurbanipal, ab 525 vom Perserkönig Kambyses, ab 332 von Alexander dem Großen und seinen Diadochen, ab 30 v. Chr. schließlich von den Römern. Und diese Niedergangszeit ist von Hermes Trismegistos schon vorhergesehen worden, sagt er doch in der Schrift *Asclepius* eine Zeit voraus, »wo die Ägypter umsonst frommen Sinnes die Götter anbeten werden; und all unsere heilige Andacht wird nutzlos und unwirksam gefunden werden. Denn die Götter werden von der Erde zum Himmel zurückkehren; Ägypten wird dann verlassen sein; jenes Land, das einst die Heimstatt der Religion genannt wurde, wird leer zurückbleiben, der Anwesenheit der Götter beraubt. Fremde werden sodann dieses Land und diese Region anfüllen«[11].

Wenn Thot-Hermes nun tatsächlich ein »Zeitgenosse des Moses« war, der den Niedergang Ägyptens in der Spätzeit voraussagte – wie passt es denn damit zusammen, dass die ihm zugeschriebenen Schriften, vor allem das *Corpus Hermeticum*, eindeutig aus einer hellenistisch geprägten spätantiken Zeit stammen? Sind sie nicht ganz zweifelsfrei ein Produkt der sogenannten Alexandrinischen Schule, der auch Philon, Ammonios

Sakkas und Plotin entstammen, aus der Zeit zwischen 250 und 350 n. Chr.? Klafft da nicht eine Lücke von mehr als einem Jahrtausend zwischen dem Leben des Hermes Trismegistos und seinen Schriften? Gewiss, eine solche Lücke ist vorhanden, aber wäre es nicht denkbar, dass es mehrere Personen mit dem Namen Hermes gegeben hat, Ältere und Jüngere, Frühere und Spätere, Götter und Menschen? Vielleicht kann man Edouard Schuré beistimmen, der in seinem Buch *Die Großen Eingeweihten* (1909) die Ansicht äußert, dass der Name Thot-Hermes eine Sammelbezeichnung darstellt: »Hermes ist ein genereller Name wie Manu oder Buddha. Er bezeichnet zugleich einen Menschen, eine Kaste und einen Gott. Als Mensch ist Hermes der erste, große Eingeweihte Ägyptens; als Kaste ist er die Priesterschaft der okkulten Tradition; als Gott ist er der Planet Merkur, dessen Sphäre mit einer Kategorie von Geistern, von göttlichen Eingeweihten assimiliert ist.«[12]

Wer war also dieser Thot-Hermes, der auch der Dreimalgrößte genannt wird, als historische Persönlichkeit? Wer war dieser Schöpfer einer gnostischen Geheimlehre, deren Wirkung sich auf das frühe Christentum, die jüdische Mystik, die Alchemie, die gesamte arabische Philosophie, Astronomie und Medizin erstreckte? War er überhaupt ein Mensch, oder nicht vielmehr ein Gott – oder ein aus eigener Kraft zu den Göttern Aufgestiegener? Lehrt nicht die Hermetik selbst, dass der Mensch ein seinem Ursprung nach göttliches Wesen ist, das sich aus Unwissenheit und Irrtum an diese Welt der Materie gekettet hat, aus der es sich durch echte Gott-Erkenntnis wieder befreien kann? Zeigt die Hermetik nicht einen Weg der Selbst-Gottwerdung? In diesem Sinne schrieb der Dichter Novalis (1772–1801), damit Wesen und Hauptziel der Hermetischen Einweihung zusammenfassend: »Wir werden die Welt verstehn, wenn wir uns selbst verstehn, weil wir und sie integrante Hälften sind. Gotteskinder, göttliche Keime sind wir. Einst werden wir sein, was unser Vater ist.«[13]

Die hermetischen Schriften

In der ausgehenden Antike und im Mittelalter galt Hermes Trismegistos – der Beiname bedeutet der »Dreimalgrößte« – als einer der größten Wissenden aller Zeiten. Seine Weisheit soll angeblich in vielen Büchern niedergelegt worden sein, doch die Angaben hierüber gehen stark ins Legendäre. Ganz fabelhafte Angaben über die Schriften des Hermes Trismegistos finden sich bei Jamblichus, wonach Seleukos ihre Zahl auf 20.000, Manetho auf 36.525 angab; letztere Zahl entspricht den Jahren von 25

Sothisperioden. Der Kirchenvater Clemens Alexandrinus spricht von insgesamt 42 Büchern, von denen 36 die gesamte ägyptische Philosophie enthielten und von den Priestern auswendig zu lernen wären; vier von den 36 Büchern seien astronomischen Inhalts und 6 weitere medizinischen Inhalts. Von drei der astronomischen Bücher gibt Clemens den Inhalt an: Beschreibung des Sternhimmels; Sonnen- und Mondphasen; Sternaufgänge. Alte Texte dieser Art mochte es in Ägypten tatsächlich gegeben haben; und sie wurden später auf Geheiß der Ptolemäer ins Griechische übersetzt.

Was immer die Legende über die Bücher des Hermes Trismegistos sagen mag – tatsächlich erhalten geblieben ist ein Corpus authentischer Hermetischer Schriften religiös-philosophischen und esoterischen Inhalts, offensichtlich aus einer Spätzeit stammend und in griechischer Sprache verfasst. Diese Texte wurden gegen Ende der Antike von unbekannten Autoren geschrieben, vermutlich in Alexandria; als Verfasser wird meist der legendäre Hermes Trismegistos genannt. Zum eigentlichen Corpus der Hermetischen Schriften zählen wir, abgesehen von der berühmten Tabula Smaragdina und einigen arabischen Fragmenten, insbesondere folgende Texte: 1. das *Corpus Hermeticum*, in griechischer Sprache; 2. den lateinischen Dialog *Asclepius*; 3. das als Fragment erhaltene Buch *Kore Kosmou*.

Das *Corpus Hermeticum* ist eine handschriftlich überlieferte Sammlung, oft nach der ersten darin enthaltenen Schrift auch *Poimandres* genannt, die wir vermutlich Michael Psellos zu verdanken haben; in diesem Zusammenhang verdient auch die Aussage des Kirchenlehrers Cyrill Beachtung, dass die Bücher des Hermes Trismegistos »in Athen geschrieben worden seien«. Die vollständige Sammlung besteht aus 15, nach Reitzensteins Zählung 18 kurzen Dialogen mystisch-philosophischen Inhalts. Da der Alchemist Zosimos, der dem 4. Jahrhundert n. Chr. anzugehören scheint, das ganze Corpus unter dem Titel Poimandres kennt, so wurde es – wohl in neuplatonischen Kreisen – sicherlich schon gegen Ende des Altertums zusammengestellt. Von allen Hermetischen Schriften ist das *Corpus Hermeticum*, das eindeutig den Geist einer spätantiken, alexandrinisch-hellenistischen Gnosis atmet, philosophisch das bedeutsamste; es dürfte nach E. Zeller keiner früheren Zeit als »den letzten Jahrzehnten des dritten Jahrhunderts n. Chr.«[14] angehören.

Das *Corpus Hermeticum* enthält eine Kosmologie (vor allem im »Poimandres«-Dialog), eine Anthropologie und einen Seelen-Erlösungsweg, eine Bekehrungspredigt, zahlreiche Lehrgespräche, mehrere Hymnen mystisch-religiösen Inhalts, daneben auch eher philosophische Dialoge im Stil Platons. In den Dialogen treten als Gesprächspartner Hermes, Tat und Asclepius auf, die beiden letzteren aber bloß als Fragende; Tat (wohl hergeleitet von Thot) scheint der leibliche Sohn des Hermes Trismegistos zu sein, der von diesem in die Grundthemen der Hermetischen Philosophie eingeweiht wird. Aber die stark an Platon erinnernde Sprache, auch die Übernahme einiger seiner Philosopheme, wie insbesondere der »Ideenlehre«, darf nicht den Eindruck aufkommen lassen, das *Corpus Hermeticum* sei ein philosophischer Text, im schulmäßigen, akademischen Sinne. Wir haben es hier vielmehr mit einem nur äußerlich gesehen philosophischen – und auch das nur an einigen Stellen –, im Wesenskern aber eindeutig mystischen Text zu tun, mit der kanonischen Schriftensammlung einer mystisch-gnostischen Geheimreligion.

Obgleich im hellenistischen Ägypten des 3. nachchristlichen Jahrhunderts entstanden, trägt das *Corpus Hermeticum* doch nirgendwo Spuren ägyptischer Götterlehre; das Ägyptische dient fast nur als Einkleidung und symbolische Ausschmückung. Man hat geradezu den Eindruck, dass es dem Verfasser dieser Schriften – wer immer er war – nicht um Ägyptisches ging, sondern dass er universelles, der ganzen Menschheit zugedachtes Weistum vermitteln wollte; dass er nicht nur zu seinen Zeitgenossen und Mitbewohnern seines Landes, sondern zu den Menschen aller Länder und Zeiten sprechen wollte. Deshalb hat der Verfasser sich offenkundig bemüht, dem Einfluss irgendwelcher Kulturprägungen nicht stattzugeben, sondern einen Text zu verfassen, der über allen Zeiten steht, indem er vom Ewigen im Menschen handelt. Er zählt seiner überzeitlichen Botschaft wegen zu den Grundtexten der mystischen Weltliteratur.

Der Hermetische Dialog mit dem Titel *Asclepius* liegt uns nur in einer lateinischen Fassung vor, die lange Zeit fälschlich dem aus Nordafrika stammenden, römischen Autor Apuleius (geb. um 125 n. Chr.) zugeschrieben wurde. Dem Kirchenlehrer Lactantius war jedoch um das Jahr 310 n. Chr. noch das griechische Original bekannt. Es ist zu vermuten, dass der Text in den Jahren zwischen 270 und 300 n. Chr. entstanden sein muss. Der Verfasser ist natürlich unbekannt; es könnte sich aller Wahrscheinlichkeit nach um einen Ägypter – möglicherweise gar um einen Priester – mit hellenistischer Bildung und einigen Kenntnissen der griechischen Philosophie gehandelt haben. Die ganze Abhandlung gliedert sich in drei Teile: 1. Vom Menschen; 2. Vom Ursprung des Bösen; 3. Vom

Kult der Götter. Der *Asclepius* war im Altertum auch unter dem Namen *logos teleios* – die »Krönungsrede« des Hermes Trismegistos – bekannt; es handelt sich dabei um eine sehr vertrauliche Unterredung, die Hermes einst mit seinem Lieblingsschüler Asclepius sowie mit Ammon und Tat geführt hat. Die Reden des Dialoges sind also als geheime Tempellehren zu verstehen.

Zum Corpus der Hermetischen Einweihungsschriften gehört auch das Buch *Kore Kosmou*, das in griechischer Sprache abgefasst und unter den Stobaeus-Fragmenten zu finden ist. Johannes Stobaios war ein Schriftsteller des 5. Jahrhunderts n. Chr. aus der Stadt Stobi in Makedonien, Verfasser der letzten heidnischen *Anthologie*[15] einer Sammlung von Auszügen von etwa 500 griechischen Dichtern und Prosaikern. In dieser Sammlung befindet sich auch eine stattliche Anzahl von bisher unbekannten Hermetischen Fragmenten, die somit durch Stobaeus für die Nachwelt gerettet wurden. Die Anthologia des Stobaeus hat lange Zeit nachgewirkt, so auf den Patriarchen Photios und auf die führenden Geister der Renaissance. »Kore Kosmou« bedeutet »kosmische Jungfrau«: die Allgöttin Isis ist damit gemeint, die ihren Sohn Horus in den Geheimlehren des Hermes unterweist. Den Mittelpunkt des Textes bildet ein gnostisch oder orphisch anmutender Sündenfall-Mythos, der den Sturz der Seelen aus den Regionen des Himmels in die Elementarwelt veranschaulicht.

Grundgedanken der Hermetik

Nach den Lehren der Hermetik ist »Gott« keine von der Welt getrennte, über oder außerhalb der Welt schwebende Wesenheit, auch kein »Erster Beweger«, der die Schöpfung von außen her anstößt, sondern vielmehr eine der Welt immanente, schaffende und bewegende Urkraft, die Alles in sich beschließt und beständig am Sein erhält. Diese immanente Welten-Gottheit wird als das »Gute« bezeichnet und zugleich als Strahlquelle allen geistigen Lichts. Selbst der Geist, eigentlich ja das höchste Prinzip im Universum, ist nur eine Abstrahlung jenes Gottes, der »Alles in Allem« ist und insofern Schöpfer und Geschöpf zugleich.

In dieser pantheistischen Sicht des Weltganzen kann es keinen Dualismus zwischen »Gott« und »Welt« geben, die gleichsam nur zwei unterschiedliche Aggregatzustände derselben Wirklichkeit darstellen. Ähnlich wie in der Vedanta-Philosophie Indiens herrscht in der Hermetik ein nicht-dualistisches Denken vor; denn Gott ist ja das All in seiner Gesamtheit. In einem Dialog mit seinem Jünger Asclepius sagt Hermes Trismegistos: »Denn alles Bestehende, oh Asclepius, *ist in Gott*; es ist von Ihm erschaffen worden und daher auf Ihn hingeordnet (...). Es gibt nichts, das nicht in Gott wäre; und es gibt nichts, in dem nicht Gott wäre. Nein, ich sage nicht, dass Gott Alles in sich enthält, sondern ich sage, um die volle Wahrheit auszusprechen, *dass Gott Alles ist*.«[16] In einem Gespräch mit seinem Sohn Tat sagt Hermes: »*Gott ist das All*, und es gibt nichts, was nicht im All eingeschlossen wäre. Daher gibt es weder Größe noch Raum, noch Qualität, Form oder Zeit außerhalb Gottes, der ja Alles ist, allumfassend und alldurchdringend. Diesen Gott, mein Sohn, bitte ich dich zu verehren und anzubeten; es gibt aber nur eine Form der Gottverehrung: frei von Übel zu sein!«[17]

Ein bekanntes alchemistisches Symbol ist der Drache Ouroboros, die sich selbst in den Schwanz beißende Schlange, und unter ihrer Abbildung findet sich die Aufschrift: *hen to pan –Eins ist Alles*. Dieses *hen to pan* ist die Devise der Hermetik: aus dem all-einen Gott ist das All hervorgegangen, und dorthin wird es dereinst wieder zurückkehren. Die Hermetik ist eine Philosophie des Lebendigen und der All-Einheit; und in ihrem Mittelpunkt steht der Gedanke der Identität von Ich, Welt und Gott. Es wäre in dieser Sicht ein Irrtum anzunehmen, das Ich sei eine isolierte, von der Welt losgelöste Monade. Denn eigentlich sind Ich und Welt eins; nur Irrtum und Verstrickung hindert das Ich daran, dies zu erkennen. Und wenn das Ich sein Einssein mit der Welt erkannt hat, dann hat es auch die Einigung mit dem All-Gott vollzogen, der nicht als ein transzendenter Schöpfergott, sondern als ein immanenter Weltengott aufgefasst wird. Deshalb kann man Professor G. Quispel, Utrecht, zustimmen, wenn er sagt, alle Schriften der Hermetik seien nur verschiedene Variationen zu dem Thema »*Wer sich selbst erkennt, kennt das All*«.

»Erkenne Dich selbst«, *gnothi seauthon*, so soll die Inschrift auf dem Tempel des Apollo-Orakels zu Delphi gelautet haben. Wahre Selbsterkenntnis ist nach den Lehren der Hermetik gleichbedeutend mit All- und Kosmos-Erkenntnis, die zugleich auch wahre Gott-Erkenntnis beinhaltet. Erkenntnis Gottes bedeutet hier nicht einen Akt theoretischer Reflexion, sondern vielmehr ein wesensmäßiges Einswerden mit Gott, wie es etwa in der Mystik vollzogen wird. Ein solcher Weg der Selbst-, All- und Gott-Erkenntnis wird nicht nur in der Hermetischen Philosophie gewiesen, sondern auch im Neuplatonismus sowie in der mystischen Geheimlehre des Hinduismus, die in den ab 800 v. Chr. entstandenen *Upanishads* schriftlich niedergelegt wurde. Der Zentralgedanke der Upanishaden ist die wesensmäßige Einheit des *atman* mit dem *brahman*, der Einzelseele mit der Universalseele. In der *Brihad-Aranyaka-Upanishad* heißt es: »Nur das Brahman war hier am Anfang. Dies kannte nur sich selbst: 'Ich bin Brahman'. Darum wurde es zu der ganzen Welt. Wer immer von den Göttern das erkannte, der wurde dazu (zur ganzen Welt). Ebenso ist es bei den Rishis, ebenso bei den Menschen. (....) Darum wird auch jetzt der, der so weiß: 'Ich bin Brahman', zur ganzen Welt.«[18]

Die Identität des *atman* mit dem *brahman* – das ist im Grunde genommen ganz »hermetisch« gedacht. Zusammen mit den Upanishaden, dem *Tao-te-king* des Lao-Tse, den Schriften Plotins, der mittelalterlichen Mystiker und der islamischen Sufis zählt das *Corpus Hermeticum* zu den Grundtexten der mystischen Weltliteratur.

Magie und Mystik der Kabbala

Die ganze Schöpfung gleicht einem Baume,
der nur aus seinen Wurzeln lebt;
also leben alle Kreaturen
nur aus der ‚Ursache aller Ursachen',
welche die allbelebende Wurzel ist.
Reschith Chochmah, Schaar I

Salomon – der zauberkundige König

König *Salomon* (966–926 v. Chr.) eine der unvergleichlichsten Gestalten des 10. vorchristlichen Jahrhunderts, reformierte die Verwaltung Israels, sandte Expeditionen nach Ostafrika und wahrscheinlich nach Indien aus, ließ Bauwerke errichten, die noch nach drei Jahrtausenden dem Zahn der Zeit trotzen. Der reichbegabte König der Könige widmete sich naturwissenschaftlichen Studien, und seine »Weisheit« wurde so berühmt, dass man ihm später magische Kräfte zusprach. Auch das *Buch der Könige* sagt, »dass die Weisheit Salomos größer war als die Weisheit von allen, die im Osten wohnen, und als die Weisheit der Ägypter« (5,10). Salomon war ein Mysterien-Eingeweihter; der syrischen Göttin Astarte ließ er in Jerusalem einen Tempel errichten, sehr zum Ärger der späteren Propheten, die gegen seine »Abgötterei« wüteten. Aber Salomons eigentliche Göttin hieß *Weisheit*, griechisch *Sophia*.

Diese »Weisheit« des Salomo ist nicht bloß eine Allegorie, sondern tatsächlich eine Göttin, eine reale Wesenheit. Sie gibt sich zu erkennen als die Erstgeborene Gottes, als eine von Anfang an präexistierende Schöpfungskraft: »Mich hat Jahwe geschaffen als Erstling seines Waltens, als frühestes seiner Werke von urher. Ich ward vor aller Zeit gebildet, von Anbeginnen, vor den Uranfängen der Erde. Ward hervorgebracht, als die Urfluten noch nicht waren, noch nicht die wasserreichen Quellen, bevor die Berge gegründet waren, vor den Hügeln ward ich hervorgebracht. Als er das Land und die Fluten noch nicht gemacht, nicht die ersten Schollen der Erde, ich war dabei, als er den Himmel erstellte, einen Kreis in die Fläche der Urflut zeichnete.« (Sprüche 8, 22-28). Weisheit, griechisch *sophia*, heißt im Hebräischen *chockmah*, und in der Mystik des Judentums ist Chockmah eine der schöpferischen Weltpotenzen, die in ihrem Zusammenwirken den kabbalistischen Lebensbaum bilden.

Sophia als die Erstgeborene Gottes war bei der Weltenschöpfung mindestens zugegen, wenn auch nicht aktiv daran beteiligt; das Patriarchat hat die Große Göttin zwar zurückgedrängt, aber nicht gänzlich ausgelöscht. Und »der Geist Gottes schwebte (brütend) über der Wasserfläche«, so erzählt der alttestamentliche Schöpfungsbericht (Gen. 1/1-5): der »Geist Gottes« ist aber hier niemand anderes als die heilige Geistin, die göttliche Sophia, zumal da »Geist« im Hebräischen, »ruach«, immer in weiblicher Form vorkommt (im Sinne von Atem, Lufthauch, Geisthauch, wie das griechische *pneuma*). Nicht der übermächtige Wille des männlichen Vatergottes Jahwe, sondern das Wirken der Weisheit hat diese Welt hervorgebracht und zu einer sinnvollen Schöpfung gestaltet. In der *Weisheit Salomons* heißt es von Sophia: »Sie ist ein Glanz des ewigen Lichtes und ein unbefleckter Spiegel der göttlichen Kraft und ein Bild seiner Güte, sie ist eine, und tut doch alles. Sie bleibt, was sie ist, und erneut doch alles; und für und für gibt sie sich in heiligen Seelen und schafft Gottes Freunde und Propheten.« (7, 26-27)

Diese die Weisheit verherrlichenden Sinnsprüche sowie das von erotischer Mystik geprägte *Hohelied Salomons* legen Zeugnis ab von dem dichterischen Wirken dieses Priesterkönigs, der den Alchemisten, Freimaurern, Esoterikern und Okkultisten späterer Zeit als ein Magier hohen Grades galt. Vor allem soll er den berühmten Stein der Weisen besessen haben, dem er seinen Goldreichtum hauptsächlich zu verdanken habe; auch gilt er als der Verfasser eines okkulten Werkes namens *Clavicula Salomonis*, das von der Geisterbeschwörung handelt. Ganze Generationen von Adepten haben hiernach ihre Rituale gestaltet. Besonders in der islamischen Tradition stieg Salomon – der dort Suleiman heißt – in den Rang eines Zauberkundigen auf, der selbst noch in den Märchen von Tausendundeinernacht die bösen Geister in geschlossene Gefäße bannt und auf einem fliegenden Teppich durch die Lüfte eilt. Miftah El-Qulub schreibt: »Wahrlich, Salomo war der größte unter den Magiern. Er besaß Macht über Vögel und wilde Tiere und auch über Menschen, vom edelsten bis zum niedrigsten.«[1]

Der Orientalist Joseph von Hammer-Purgstall (1774-1856), zweifellos ein profunder Kenner seines Faches, hat das islamische Salomon-Bild wie folgt zusammengefasst: »Suleiman, den wir Salomon nennen, Prophet und König zugleich, wie sein Vater David, ist der größte Weltbeherrscher, dessen die Geschichte alter und neuer Zeiten erwähnt. Ihm war die Herrschaft gegeben, nicht nur über die Menschen und Tiere, sondern auch über die Dschinnen und Peris; er war der Herr und Meister der Körper und der Geister. Er war mit Gaben und Vorzügen ausgezeichnet, die keinem seiner Vorfahren und Nachfolger zu Teil geworden. Er besaß den Siegelring, dessen Zaubermacht ihm die Herrschaft über die Geister verlieh. Statt eines Reitpferdes diente ihm der Ostwind, der ihn auf sein Geheiß in einem Augenblicke über weite Strecken führte, so dass er gewöhnlich in Ciuds, d. i. in Jerusalem, zu frühstücken, in Istadiar, d. i. in Persepolis, zu Mittag zu speisen, und in Tadmor, d. i. in Palmyra, zu nachtmahlen pflegte. Die herrlichen unübertroffenen Werke der Baukunst, die sich in diesen drei Städten erhoben, und deren Ruinen den Wanderer noch heute mit heiligem Erstaunen ergreifen (...), sind das Werk Salomons des großen Baumeisters.«[2]

Nicht nur unter Ritualmagiern, auch unter den Freimaurern gelangte Salomon zu höchstem Ansehen. Als Bauherr des großen Tempels von Jerusalem galt er auch als Hüter der geheimen Bauhüttenüberlieferung, und sein magischer Siegelring, auf dem sich das heilige Sechseck befand (das »Siegel Salomons«, wie man es später nannte), spielt in der Kabbalah ebenso eine Rolle wie im Talmud und in den Rosenkreuzerüberlieferungen. Durch seine Verknüpfung mit der Bausage ist Salomon in die Ritualistik der Freimaurerlogen eingegangen. Während er in den Johannisgraden kaum von Bedeutung ist, tritt er im Alten und Angenommenen Schottischen Ritus durchaus als handelnde Person auf, und im Schwedischen Ritus erscheint der oberste Beamte als *Vicaruis Salomonis*, als Stellvertreter Salomons auf Erden.

Das Weltsystem der Kabbala

Auf die christliche Religionsphilosophie, überhaupt auf die abendländische Philosophie der Neuzeit hat die »Kabbala«[3] – die mystisch-gnostische Geheimtradition des Judentums – einen Einfluss ausgeübt, der gar nicht hoch genug veranschlagt werden kann. Hier wäre vor allem der Philosoph und Naturforscher Mercurius van Helmont (1614–1699) zu nennen, Sohn des Kabbalisten und Alchemisten Jan Baptist van Helmont (1577–1644), der schon die chemische Beschaffenheit der Gase untersuchte. Mercurius van Helmont, der ein abenteuerliches Leben an verschiedenen europäischen Höfen verbrachte, weihte den Philosophen Leibniz (1646–1716) in die Geheimlehre der Kabbala ein, worauf dieser auf kabbalistischer Grundlage seine berühmte »Monadenlehre« entwickelte.

Nachdem Christian Knorr von Rosenroth (1636–89), selbst Alchemist, einige kabbalistische Texte ins Lateinische übersetzt und unter dem Titel *Kabbala Denudata* (1677) veröffentlicht hatte, konnte die in den Schriften der Kabbala niedergelegte jüdische Urweisheit die esoterischen Systeme der Barockzeit nachhaltig beeinflussen, besonders die frühe Rosenkreuzer-Bewegung. Das Wort Kabbala (auch Quabalah) bedeutet im Hebräischen zunächst nur »Überlieferung«; es bezeichnet eine uralte, vielleicht 5000-jährige Überlieferungtradition esoterischen Wissens. Freilich taucht der Name »Kabbala« und mit ihm die schriftliche Niederlegung der Tradition erst im 13. Jahrhundert auf, seitdem sie sich als esoterische Lehre von einigen rabbinischen Schulen Spaniens und Südfrankreichs über den ganzen abendländischen Kulturraum ausbreitete.

Das Hauptbuch der Kabbala, das *Sefer-al-Sohar*, das *Buch vom göttlichen Lichtglanz*, wurde vermutlich in großen Teilen erst von dem 1305 verstorbenen Moses ben Schemtob de Leon verfasst. Dann gibt es noch, neben einer Vielzahl von anonymen und apokryphen Schriften, das *Sefer-al-Jezirah*, das *Buch von der Weltformung*, das von der Urerschaffung der Welt durch die Kraft der 10 Zahlen und der 22 Buchstaben des hebräischen Alphabets kündet. Ein Hauch von phythagoräischer Zahlenmystik weht durch diese Schrift, die nach Meinung von Experten auf das 3. bis 6. Jahrhundert n. Chr. datiert werden kann, nach kabbalistischem Glauben jedoch direkt auf den Stammvater Abraham zurückgeht. Abraham stammte aus Ur in Chaldäa, und er war in die altbabylonische Sternenweisheit eingeweiht, ähnlich wie Moses in die Mysterien der Ägypter.

Da nach rabbinischer Ansicht »alles, was der Heilige, Gebenedeite (Gott) an seiner Welt geschaffen hat, er auch am Menschen geschaffen« hat, ergibt sich hieraus das Weltbild der wechselseitigen Entsprechung von Oben und Unten. Demnach wurde »die ganze untere Welt nach dem Vorbilde der oberen (himmlischen) gemacht«, und der Mensch ist ein Universum im Kleinen[4]. Denn nach jüdisch-rabbinischer, auch nach kabbalistischer Ansicht kommt der Menschengestalt universelle Bedeutung zu; sie stellt den Prototyp alles Geschaffenen dar. Selbst der Weltenschöpfer, der Unaussprechliche, hat die Menschengestalt angenommen – Jahwe, der oberste Gott der Juden, wird auch in den Traditionen jüdischer Mystik mit letzter Konsequenz anthropomorph gedacht. So lesen wir etwa im *Sefer-al-Sohar*: »Die Gestalt des Menschen schließt alles in sich, was im Himmel und auf Erden ist, die oberen und die unteren Wesen. Darum hat der Alte der Alten sie zu der seinen gemacht.«[5] Auch das Universum trägt

Menschengestalt, ja als *Adam Kadmon* bildet es einen großen makrokosmischen Menschen. Adam Kadmon ist der Ur- und All-Mensch; unmittelbar aus der schöpferischen Kraft der Gottheit hervorgegangen, sozusagen das personifizierte Universum, trägt er alle schöpferischen Energien des Universums in sich. Als Weltenbaum oder Sephiroth-Baum durchragt er alle Ebenen des Seins, von der dichtesten Materie über die kosmisch-astralen Zwischenebenen der Planetensphären bis hoch hinauf zu den Engel- und Erzengel-Welten und den Reichen der schöpferischen Urgeister. In seiner ausladenden Wucht beinhaltet dieser kosmische Baum mit Wurzel, Stamm und Krone die zehn schöpferischen Potenzen des Universums: die zehn Sephiroth.

In den zehn Sephiroth verkörpern sich die Planeten-Intelligenzen, die schöpferischen Potenzen des Universums, in denen die oberste Gottheit selbst sich stufenweise Gestalt und Bewusstheit errungen hat. Neun der Sephiroth werden in drei Dreiergruppen oder Triaden geordnet; es gibt jeweils eine Triade

1. in *Azilut*, der göttlichen Ursprungswelt
2. in *Beriah*, der geistig-intelligiblen Überwelt
3. in *Jezirah*, der feinstofflich-astralen Zwischenwelt

Unterhalb der Astralwelt liegt noch Asijah, die Welt der materiellen Ausgestaltungen, die für uns allein wahrnehmbare Realwelt. Sie stellt die Manifestation einer weiteren, einer zehnten Sephirah dar. Die zehn Sephiroth sind nichts anderes als verschiedene Stufungsgrade gestaltgewordener Göttlichkeit; denn sie alle sind aus dem Urlicht Gottes hervorgegangen und bilden, untereinander verbunden durch ein Netzwerk göttlicher Energiekanäle, den Gesamtorganismus des Universums.

An der Spitze des kabbalistischen Weltgebäudes thront *Ain Soph*, das ungeschaffene Urlicht Gottes, und darunter, unmittelbar daraus hervorgegangen, leuchtet die höchste und oberste Sephirah, *Kether*. Der Name Kether bedeutet Krone; dabei wäre wohl in erster Linie an die Krone eines Lebensbaumes zu denken. Kether stellt die Krönung des ganzen Universums dar. Diesbezüglich lesen wir im Buch *Sefer-al-Sohar*: »So hat die 'Ursache der Ursachen' zehn Sephiroth hervorgebracht und nannte die 'Krone' Ursprung: in ihr ist kein Ende des Strömens und Quellens: deshalb nannte Er sich selbst: 'Endloser'. So hat Er nicht Bild und Form, und kein Gefäß ist, Ihn zu fassen, von Ihm irgend nur zu wissen.«[6] Im höchsten Ursprung bleibt die Gottheit in der Tat noch form- und gestaltlos, trägt aber schon verborgen eine männlich-weibliche Polarität in sich, die sich in weiteren Emanations-Stufen anthropomorph ausgestaltet zu den Sephiroth *Binah* und *Chockma*, den Kräften des Urweiblichen und des Urmännlichen, die zusammen mit Kether die Triade der höchsten göttlichen Ursprungswelt bilden.

So stellt denn der kabbalistische Lebensbaum ein in sich geschlossenes System dar, indem gegensätzlich-polare Weltkräfte sich in dynamischen Spannungszuständen ergänzen und in einem höheren Dritten ihren Ausgleich finden. Alles im Weltsystem der Kabbala ordnet sich triadisch, alles läuft hinaus auf den »größten Menschheitsgedanken« (E. Bischoff), die »Trinitätssidee«: In der geistig-intelligiblen Welt sind es die Sephiroth Geburah und Chesed, die in der vermittelnden Kraft Tipherets ihren Ausgleich finden; in der Astralwelt finden wir die männlich-weibliche Polarität von *Hod* und *Netzach*, die durch *Jesod* als dem höheren Dritten reguliert und zur in sich ruhenden Triade zusammengebunden wird. Somit lauten die drei Triaden:

Kether – Binah –Chockma
Geburah – Chesed –Tipheret
Hod – Netzach – Jesod

Der Sephirot-Baum als makrokosmischer Mensch, als Adam Kadmon, umfasst natürlich auch alle Planeten-Sphären des Universums. Die Sphäre Jesod wird dem Mond zugeordnet, Hod und Netzach dem Merkur und der Venus; Tipheret bedeutet die Sonnensphäre, Geburah und Chesed symbolisieren Mars und Jupiter, Binah bedeutet den Saturn und Chockma trägt den ganzen Tierkreis mit allen Planeten und Sternbildzeichen in sich. Malkuth, als die zehnte und unterste Sephirah, ist die Erde. Hier muss zweifellos orientalische Sternenweisheit in das mystische System der Kabbala eingedrungen sein; die planetarischen Sphären als Organe Adam Kadmons stehen auch zu den entsprechenden Zentren des menschlichen Organismus in Bezug. Uraltes, Balylonisch-Astrales, hat ebenso wie Reste einer matriarchalen Urreligion seinen Niederschlag in der Kabbala, der mystischen Tradition des Judentums, gefunden. Ja es scheint, dass die altmesopotamische Mutterreligion in der Kabbala noch viel deutlichere Spuren hinterlassen hat als in den offiziellen Lehren des Judentums. Betont doch die Kabbala immer wieder, dass ein Weltgleichgewicht nur durch den rechten Ausgleich zwischen männlichen und weiblichen Formkräften des Universums geschaffen werden kann.

Die Seele des Menschen, so lehrt die Kabbala, entspricht ihrem eigentlichen Wesen nach dem »himmlischen Menschen«, dem Adam Kadmon aus der oberen Sephiroth-Welt. Demzufolge ordnet sich die Seele des Menschen triadisch: sie besteht aus *Neschamah*, der Vernunftseele, die als der dem Absoluten verwandte Seelenanteil direkt von der Sephirah Kether oder vom Ain Soph herstammt; sodann aus *Ruach*, der Astralseele, die von der Sephirah Tipheret abgeleitet wird; und schließlich aus *Nephesch*, der animalischen Seele, die – die unteren Seelenkräfte umfassend – von der Sephirah Malkuth herkommt. So stellt der Mensch mit seiner Seelen-Organisation ein Abbild des großen Universums dar.

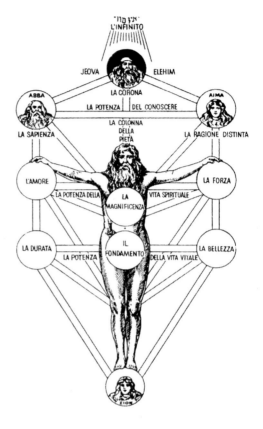

Die menschlichen Seelen präexistieren seit Anbeginn der Schöpfung; sie müssen aber zwecks Läuterung und Vervollkommnung verschiedene Daseinsformen in der stofflichen Welt durchlaufen, um schlussendlich wieder an ihren himmlischen Ursprungsort zurückzukehren. In diesem Zusammenhang entwickelt die Kabbala die Lehre von der Seelenwanderung, d.h. der wiederholten Erdenverkörperung des Menschen (*Gilgul*), die wir im Hauptbuch der Kabbala, dem *Sefer-al-Sohar*, wie folgt ausgedrückt finden: »Alle Seelen sind den Prüfungen der Seelenwanderung unterworfen, und die Menschen wissen nicht, was die Wege des Allerhöchsten sind. Sie wissen nicht, wie sie jederzeit gerichtet werden, bevor sie in diese Welt kommen, und wenn sie aus dieser Welt gehen. Sie wissen nicht, wieviele Seelenwanderungen und geheimnisvolle Prüfungen sie durchzumachen genötigt sein werden, ferner wieviele Geister und Seelen in diese Welt kommen, die nicht in den Palast des himmlischen Königs zurückkehren werden...«[7]

Eine andere kabbalistische Schrift, Rabbi Isaak Lurjas *Buch von der Seelenwanderung*, nennt sogar konkrete Beispiele für wiederholte Erdenleben: »Der König Salomo, über den der Friede sei, war eine von den Wiedereinkörperungen unseres Lehrers Mose, über dem der Friede sei. Er war auch eine Wiedereinkörperung des Nimrod, der den Turm von Babel baute. Und weil der König Salomo, über dem der Friede sei, die Tochter des Pharao heiratete und diese ihn in jener (Hochzeits-) Nacht zum Irrtum verführte und die Israeliten (durch seine Abwesenheit) am Morgengottesdienst (und Opfer) im Tempel verhindert waren, wurde er wieder eingekörpert in den Propheten Jeremiah, zu dessen Zeit der Tempel zerstört wurde.«[8]

Im Zusammenhang mit dem Reinkarnationsgedanken hat die Kabbala eine Lehre von den »göttlichen Funken« herausgebildet, die seit Weltenurbeginn allen geschaffenen Dingen einwohnen. Bei dem alleshervorbringenden Schöpfungsprozess, d. h. bei der Ausstrahlung der zehn Sephiroth aus dem Ain Soph, sind göttliche Funken in die Tiefen der Materie herabgefallen, die – nun von materiellen Verschalungen umgeben – ihrer Erlösung harren, die nur allein der Mensch zustande bringen kann. »Dem Menschen liegt es ob,« so deutet der jüdische Religionsphilosoph Martin Buber (1878–1965), »die Funken aus den Dingen und Wesen zu läutern, denen man im Alltag begegnet, und sie zu immer höheren Stufen, zu immer höheren Geburten zu erheben, von Mineral zu Pflanze, von Pflanze zu Tier, von Tier zu Mensch, bis der heilige Funke zu seinem Ursprung zurückkehren kann.«[9] Dies erinnert doch sehr an den gnostischen Erlösungsmythos (etwa im Manichäismus!), ja es darf überhaupt angenommen werden, dass die Kabbala – mit der ägyptischen Hermetik und der aus ihr hervorgegangenen Alchemie wesensverwandt – in unmittelbarer Nachbarschaft zur hellenistischen Gnosis entstanden sein muss.

Eliphas Lévi – Magier und Kabbalist

Auf der Grundlage der Kabbala entwickelte der französische Okkultist *Eliphas Lévi* (1810–1875) ein umfassendes System der Transzendentalen Magie, das er in zahlreichen Buchveröffentlichungen propagierte – was ihm den Ruf einbrachte, der erste Wegbereiter des modernen Okkultismus zu sein. Unter dem Namen *Alphonse Louis Constant* wuchs er im Pariser Armenviertel auf, besuchte auf Grund seiner hohen Begabung das Priesterseminar und wurde zum Diakon geweiht. Die Priesterweihe wollte er nicht empfangen, doch trug er noch lange den Titel *Abbé*. Tatsächlich hielt er lebenslang an der katholischen Religion fest, die er für vereinbar mit der Kabbala hielt, dem – seiner Meinung nach – einzig wahren Schlüssel zum Verständnis der höheren geistig-göttlichen Welten.

Die *Identität von Katholizismus und Kabbala* stand für ihn im Mittelpunkt all seines Wollens und Strebens als Magier. Ungeachtet dieser Außenseiter-Meinung entfaltete er mit seinem schriftstellerischen Werk eine enorme Breitenwirkung. Ein praktizierender Okkultist wurde Eliphas Lévi erst nach 1848; in den 1830er Jahren vertrat er einen ziemlich utopischen »christlichen Kommunismus« und verfasste radikale Flugschriften, die ihm kürzere Gefängnis-Strafen einbrachten. Eine *Initiation*, eine Einweihung in spirituelles Wissen, erhielt er durch den mysteriösen polnischen Exilanten *Jozef Hoene-Wronski*, der ihn mit der Kabbala und gnostischen Lehren bekannt machte. Alphonse Constant erkannte, dass eine Änderung äußerer Verhältnisse nur durch eine innere Wandlung und Erleuchtung zustande käme – und nannte sich von nun an Eliphas Lévi. Unter diesem Namen propagierte er vier Grundprinzipien der Magie:

> ➢ *Savoir* (Wissen)
> ➢ *Vouloir* (Wollen)
> ➢ *Oser* (Wagen)
> ➢ *Se taire* (Schweigen).

Als weiteres Grundgesetz sah er das immerwährende Gleichgewicht von zwei Kräften in der Natur, Willenskraft und Astrallicht. Er nahm drei Grundgesetze der Magie an: das Gesetz des Willens, des Astrallichts und der Korrespondenz. In einem seiner Hauptwerke, der *Geschichte der Magie* (1860), schreibt Eliphas Lévi: »Das Wissen Abrahams, Orpheus, Confuzes, Zoroasters war Magie. Ihre Dogmen wurden von Enoch und Hermes in Steintafeln gegraben. Moses reinigte und verhüllte sie wieder, der Sinn des Wortes ,Enthüllung'. Er gab ihnen einen neuen Schleier in der heiligen Kabbala, die er zum ausschließlichen Erbe Israels und zum unantastbaren Geheimnis seiner Priester machte.«[10] Zu den großen Verdiensten von Eliphas Lévi gehört, dass er den Begriff des »Astrallichts« einführte; auch war er der Erste, der die *Tarot*-Karten populär machte, indem er die 21 Großen Arkana des Tarot mit den Verbindungswegen zwischen den 10 Sephiroth in Bezug setzte. Eliphas Levi hat magische Rituale, Geisterbeschwörungen und spiritistische Seancen durchgeführt; das bekannteste Beispiel hierfür ist seine *Anrufung des Geistes von Apollonios von Tyana*, geschehen in London am 24. Juli 1854. In seinem Buch *Dogma und Ritual der Hohen Magie* (1855–56) beschreibt er die Evokation wie folgt:

»Alles war am 24. Juli bereit. Es sollte der Geist des göttlichen Apollonios angerufen und über zwei Geheimnisse befragt werden (…). Das für die Beschwörung vorbereitete Kabinett war ein Turmgemach. Es befanden sich darin vier konkave Spiegel und eine Art von Altar, dessen Oberteil aus weißem Marmor von einer Kette aus magnetischem Eisen umgeben war. Auf dem Marmor war das Pentagramm (…) eingeschnitten und vergoldet. Das gleiche Zeichen befand sich in verschiedenen Farben auf einer weißen frischen Lammhaut, die unter dem Altar ausgespannt hing. Mitten auf der Marmorplatte stand ein kleines kupfernes Kohlebecken, gefüllt mit Holzkohlen von Erlen und Lorbeer. Vor mir auf einem Dreifuss stand ein weiteres Kohlebecken. (…) Nun entzündete ich die beiden Feuer mit den hierzu nötigen und vorbereiteten Substanzen und begann die Formeln des Rituals erst mit leiser, dann mit erhobener Stimme herzusagen. Der Rauch verbreitete sich, die Flamme zuckte über die Gegenstände hin und schien sie zu beleben, dann erlosch sie. Ein weißer Rauch stieg langsam über dem Marmoraltar empor, und ich vermeinte eine Erschütterung wie von einem Erdbeben zu spüren. Es klang mir in den Ohren und mein Herz schlug heftig. Ich warf Zweige und Wohlgerüche auf die Kohlenbecken und beim Schein der auflodernden Flamme gewahrte ich deutlich vor dem Altar die überlebensgroße Gestalt eines Mannes, die sich auflöste und verschwand.«[11]

Magie der Renaissance

Unter Göttern bleibt keiner ungezaust von Momus.
Unter Heroen jagt nach jedweden Ungeheuern Herkules.
Unter Dämonen wütet der König der Unterwelt
Pluton gegen alle Schatten.
Unter Philosophen lacht über alles Demokritus.
Dagegen weint über das Ganze Heraklitus.
Nichts weiß von gar nichts Phyrron.
Und alles zu wissen dünkt sich Aristoteles.
Verächter des Ganzen ist Diogenes.
Von all dem nichts fehlt hier Agrippa.
Verachtet, weiß, weiß nicht, weint, lacht, wütet, jagt,
zaust alles, selbst Philosoph, Dämon, Heros, Gott
und die ganze Welt.[1]

Agrippa von Nettesheim – der Urfaust

Der das obige Motto seinem Buch *Von der Eitelkeit der Wissenschaften* vorangestellt hat, ist niemand Geringerer als der große Renaissance-Philosoph, Magier, Mystiker und Alchemist *Heinrich Cornelius Agrippa von Nettesheim* (1486–1535), Verfasser des Werkes *De Occulta Philosophia*, den man den »wahren Faust« nennen kann; denn faustisches Erkenntnisstreben kommt nirgendwo so deutlich zum Ausdruck wie bei ihm. Seine Ähnlichkeit mit dem Faust Goethes ist verblüffend: er trägt denselben Vornamen wie jener, nämlich Heinrich; er hat einen Famulus, der allerdings nicht Wagner heißt, sondern Johannes Wier (1513–1585), und zu seinem Gefolge zählt nicht zuletzt ein schwarzer Hund, der ihn begleitet wie ein Schatten, und den manche für den Teufel in Person halten. Mephistopheles? Steckt er wieder einmal in des Pudels Kern? Der eben erwähnte Famulus Johannes Wier berichtet: »Da nun Agrippa Wochen lang seine Wohnung nicht verließ und dennoch alles wusste, was in verschiedenen Ländern der Welt vorging, so gab es Schwätzer, welche aussprengten, sein Hund (ein schwarzer namens ‚Monsieur‘) sei ein Teufel, der ihn über alles unterrichte.«[2]

In dem eingangs zitierten Motto bezeichnet sich Agrippa von Nettesheim als »Philosoph, Dämon, Heros, Gott und die ganze Welt«. In dieser Selbstbezeugung kommt eine philosophische Aussage zum Ausdruck, die den Aussagenden als einen Adepten der Hermetik ausweist. Wenn er nämlich sagt, er sei »die ganze Welt«, so meint er damit, dass er identisch sei mit dem Makrokosmos, der sich nach dem hermetischen Axiom »*Wie oben so unten*« im Mikrokosmos widerspiegelt. Wir alle sind »die ganze Welt«, insofern wir den Makrokosmos abbildhaft in uns tragen. Außerdem bezeichnet sich der Verfasser des Mottos in einem Atemzuge als »Gott« und »Dämon«. Er erweist sich damit als eine Art magischer Übermensch, der wie Nietzsches *Zarathustra* »jenseits von Gut und Böse« steht.

Agrippa von Nettesheim wurde in eine unruhige Zeit hineingeboren, in eine Zeit des Umbruchs und der Wende, und er führte ein unstetes Wanderer-Leben, stets auf der Flucht vor dem ihn bedrohenden Klerus, ähnlich wie sein Zeitgenosse Paracelsus. Geboren am 14. 9. 1486 in Köln, studierte er die Rechte ebenso wie die Okkulten Wissenschaften, lebte in Paris, London, Turin und Pavia, Genf, Avignon und Metz, er erwarb den Doktor beider Rechte und der Medizin, betätigte sich als Syndikus, Advokat und Vortragender, hielt öffentliche Vorlesungen über Kabbala, Magie und über Hermes Trismegistos, den Ahnherrn des Zauberwesens; ja er übte sogar das Handwerk des Soldaten aus: so zog er als Hauptmann im Heer Kaiser Maximilians I. gegen Venedig, wobei er sich derart auszeichnete, dass er für seine Tapferkeit direkt auf dem Schlachtfeld zum Ritter geschlagen wurde. Er wurde auch als Kaiserlicher Rat zur Verbesserung des Bergwerkswesens eingesetzt, und Papst Leo X. lobte ihn (in einem Brief vom 12. Juli 1513) wegen seiner außerordentlichen Treue zum apostolischen Stuhl. Bei all dieser Vielfalt der Betätigungen besaß Agrippa von Nettesheim einen überragenden, brillanten Intellekt – schon im Alter von 24 Jahren schrieb er sein Hauptwerk, *De Occulta Philosophia*, eine gelehrte Zusammenfassung alles dessen, was aus der Antike als »Magie« in das christliche Europa gekommen war.

So war Agrippa von Nettesheim eine überragende, vielseitige, aber auch vielfarbige, irisierend schillernde Persönlichkeit – geehrt, geachtet, gefürchtet und gehasst zugleich. Er starb im Alter von nur 48 Jahren, und er hinterließ 7 Kinder aus insgesamt 3 Ehen. Da er auf Grund seiner Veröffentlichungen als Kapazität auf dem Gebiet der okkulten Philosophie und Geheimwissenschaft galt, wurde er nicht selten von seinen Gegnern als Zauberer, Schwarzkünstler, Betrüger, Scharlatan gebrandmarkt. Er selbst blieb jedoch zeitlebens der katholischen Kirche treu, deren Dogma er nicht in Frage stellte und sogar in Übereinstimmung mit der magischen Philosophie zu sein glaubte. Mit seinem Hauptwerk *De Occulta Philosophia* hat er »eine Synthese von Christentum und Magie auf dem Boden der neuplatonischen Mystik« (Hans Biedermann) angestrebt. Es ist ein dickleibiges Kompendium der Astrologie, der Zahlenmagie, der Engel, Dämonen und Geister und aller magischen Praktiken wie der Traumdeutung, Totenbeschwörung, der Verfertigung von Amuletten und Talismanen und selbst der Geomantie. Es ist ein wichtiges Dokument unserer Geistesgeschichte und überdies in vielen Passagen durchaus modern – vieles, was heute wieder diskutiert wird, die Parapsychologie, die Suggestion, Hypnose und Telepathie, ja sogar die Astralreise und die Projektion des Astralkörpers, findet man bei ihm bereits vorgezeichnet.

Deshalb greifen wir immer noch gern zur *Occulten Philosophie* des Agrippa von Nettesheim, weil sie ein umfassendes Kompendium der praktischen und philosophischen Esoterik ist, ähnlich wie später die *Isis entschleiert* oder die *Geheimlehre* von H. P. Blavatsky. Inspiriert wurde das Werk von dem Würzburger Abt Johannes Trithemius (1462–1516), der nicht nur ein großer Gelehrter war, sondern auch in dem Ruf stand, ein praktizierender Magier zu sein. Agrippa von Nettesheim setzte sich um 1509 mit diesem außergewöhnlichen Mann in Verbindung, den er bald darauf in seinem Kloster zu Sponheim besuchte. Auf dessen Anregung schrieb er noch im Jahr 1509 bis zum Frühjahr 1510 die Erstfassung seines Grundlagenwerkes über Magie nieder, die jedoch lange Zeit unveröffentlicht blieb – erst 1531–33 ließ er es in stark überarbeiteter und erweiterter Form im Druck erscheinen, es ist seitdem immer wieder neu aufgelegt worden.

Was versteht Agrippa von Nettesheim unter Magie, und wie teilt er sie ein? Er sieht die Magie als die heiligste aller Wissenschaften, als die Universalwissenschaft des Okkulten, die dem Ersten Prinzip, dem Schöpfer oder dem Urgrund aller Dinge durch das Studium der Natur auf die Spur zu kommen versucht. »Die magische Wissenschaft, der so viele Kräfte zu Gebot stehen, und die eine Fülle der erhabensten Mysterien besitzt, umfasst die tiefste Bedeutung der verborgensten Dinge, das Wesen, die Macht, die Beschaffenheit, den Stoff, die Kraft und die Kenntnis der ganzen Natur. Sie lehrt uns die Verschiedenheit und die Übereinstimmung der Dinge kennen. Daraus folgen ihre wunderbaren Wirkungen; indem sie die verschiedenen Kräfte miteinander vereinigt und überall das entsprechende Untere mit den Gaben des Oberen verbindet und vermählt. Die Wissenschaft ist daher die vollkommenste und höchste, sie ist eine erhabene und heilige Philosophie, ja sie ist die absolute Vollendung der edelsten Philosophie. Jede regelmäßige Philosophie wird in Physik, Mathematik und Theologie geteilt.«[3]

Gemäß der Dreiteilung der Welt, nämlich in die elementarische, himmlische und geistige Welt, muss es auch drei Arten der Magie geben – die *natürliche*, die *himmlische* und die *theurgische* Magie. Die natürliche Magie befasst sich mit den vier Elementen, ihrer Natur, Eigenart und gegenseitiger Vermischung; die himmlische Magie befasst sich mit den beseelten Himmelskörpern und der Weltseele als dem *Primum mobile*, dem All-Bewegenden; sie wird auch die *Quintessenz* genannt, da sie als die fünfte geheime Essenz allen vier grobstofflichen Elementen zugrunde legt. Die theurgische Magie schließlich befasst sich mit den Archetypen als den Urbildern allen Seins und den göttlichen Intelligenzen, die sie durch Rituale und Evokationen herbeizurufen sucht. Denn im Gesamtbau der Schöpfung wirkt alles von oben nach unten, von den Archetypen auf die Weltseele und von der Weltseele auf die niederen, elementarischen Dinge. Alle Dinge in dieser großen Stufenleiter des Seins sind als Glieder in einer »*Goldenen Kette des Seins*« aufgereiht.

Als Hauptaxiom der Magie erweist sich somit der Grundsatz der Korrespondenz von Oben und Unten, das berühmte »*Wie oben so unten*« der hermetischen Philosophie. »Die Akademiker behaupten zugleich mit *Hermes Trismegistus*, und auch der Brahmine *Jarchas*, sowie die hebräischen Kabbalisten sind der Meinung, dass alles, was unter der Mondscheibe auf dieser unteren Welt der Erzeugung und der Verwesung unterworfen ist, auch in der himmlischen Welt sich befindet, aber auf eine himmlische Weise, ebenso in der geistigen Welt, aber in einer noch weit größeren Vollkommenheit, und endlich auf die vollkommenste Art im Archetypus. (...) Denn es herrscht in der Natur ein solcher Zusammenhang und eine solche Übereinstimmung, dass jede obere Kraft durch das einzelne Untere in langer und ununterbrochener Reihe ihre Strahlen austeilend bis zum Letzten strömt, und andererseits das Untere durch die einzelnen Stufen des Oberen bis zum Höchsten gelangt. Das Untere ist mit dem Oberen gegenseitig so verbunden, dass der Einfluss vom Endpunkte des Letzteren, von der ersten Ursache aus, bis zum Untersten sich erstreckt, wie bei einer angespannten Saite, die, wenn man ein Ende derselben berührt, plötzlich ihrer ganzen Länge nach erzittert, indem die Berührung auch am andern Ende wiederhallt. Wird daher etwas Unteres in Bewegung gesetzt, so wird es auch das Obere, dem es entspricht, wie die Saiten an einer wohlgestimmten Zither.«[4]

Die niedere, grobstoffliche, elementarische Welt wird auch die *sublunare Welt* genannt, die unterhalb des Mondes sich befindliche; denn der Mond galt als die Grenzscheide zwischen der niederen und der höheren Welt. »Beim Monde beginnt auch im Himmlischen die Reihenfolge der Dinge, welche *Plato* die goldene Kette nennt, durch welche ein jedes Ding, eine jede mit einer anderen verbundene Ursache von einer höheren abhängt, bis man zu der höchsten Ursache von allem gelangt, von der alle Dinge abhängen.«[5] Aber mit dem Mond als Grenzscheide der Welten ist nicht der physische Himmelskörper gemeint, den wir als den Trabanten der Erde kennen, sondern die *lunare Sphäre*, die als die niederste der himmlischen Sphären gilt.

Aber auch die unterhalb des Mondes liegenden vier Elemente werden nicht als rein grobstofflich angesehen. Agrippa glaubt nämlich an einen *universellen Lebensäther*, den er mit der *Luft* gleichsetzt: »Nun bleibt mir noch von der Luft zu sprechen übrig. Diese ist der Lebensgeist, der alle Wesen durchströmt, allen Leben und Bestand verleiht, der alles bindet, bewegt und erfüllt. (...) Denn sie nimmt zunächst die Einflüsse aller Himmelskörper in sich auf und teilt sie sowohl den Elementen, als den einzelnen, aus den verschiedenen Elementen bestehenden Naturgegenständen mit. Ebenso nimmt sie die Gestalten aller sowohl natürlichen, als künstlichen Gegenstände, sowie die Laute jeglicher Rede wie ein göttlicher Spiegel auf, hält dieselben fest, führt sie mit sich und indem sie in die Körper der Menschen und Tiere durch die Poren eintritt, drückt sie ihnen diese Bilder nicht nur im Schlafe, sondern auch im wachen Zustande ein und gibt auf diese Weise Anlass zu verschiedenen wunderbaren Träumen, Ahnungen und Weissagungen.«[6] Wenn der Lebensäther wie ein „göttlicher Spiegel« wirkt, der die Abdrücke aller Dinge in sich aufnimmt, so entspricht das dem Begriff der *Akasha-Chronik.*

Die eigentliche Quintessenz aller Dinge ist indessen nicht der Lebensgeist, sondern die *Weltseele.* Sie wirkt als eine universelle Vermittlerin, insoweit sie die Kräfte der göttlichen Archetypen in sich aufnimmt und sie der materiellen Natur aufdrückt. Alles, was in der Natur existiert, stammt von der Weltseele. Es gibt nichts, was nicht einen Funken von ihr in sich trüge. Vermöge der in ihr wohnenden Archetypen – der göttlichen Ideen – ist die Weltseele in der Natur die eigentliche Schöpfungskraft. Von Agrippa wird sie auch als ein »Mittelding« bezeichnet, da sie Geist und Materie miteinander verbindet: »Da nun die Seele das *Primum mobile,* selbständig und an und für sich beweglich, der Körper aber oder die Materie an und für sich bewegungslos und von der Seele selbst zu verschieden ist, deshalb, sagen jene Philosophen, ist ein Mittelding nötig, das gleichsam kein Körper, sondern sozusagen schon Seele, umgekehrt gleichsam keine Seele, sondern sozusagen schon Körper sein muss, und wodurch die Seele mit dem Körper verbunden wird. Ein solches Medium ist der Weltgeist, den wir als die Quintessenz (fünfte Essenz) bezeichnen, denn er besteht nicht aus den vier Elementen, sondern steht als ein fünftes über und außer ihnen. Ein solcher Geist muss notwendig vorhanden sein, als ein Mittelding, wodurch die himmlischen Seelen den dichten Körper bewohnen und ihm wunderbare Gaben verleihen können.«[7]

Die Weltseele also regiert alles, und die Instrumente ihres Wirkens sind die Strahlen der Gestirne. Deshalb müssen die Gestirne als beseelte Wesenheiten angesehen werden: »Da der Himmel und die Himmelskörper einen kräftigen Einfluss und eine unverkennbare Wirkung auf die Dinge unserer Welt äußern, so müssen sie notwendig beseelt sein, indem von einem reinen Körper keine derartige Wirkung ausgehen kann. Die ausgezeichneten Dichter und Philosophen behaupten daher insgesamt, dass sowohl die Welt als auch die Himmelskörper eine Seele und zwar eine vernünftige Seele besitzen.«[8] Das ganze All ist demnach beseelt, und die planetarischen Intelligenzen wirken als Sachwalter und ausführende Organe der Weltseele, indem sie die schöpferischen Energien in die Welt der Materie hinab tragen.

Die Hauptaufgabe des Magiers besteht darin, sich die Kräfte der Weltseele anzueignen, um mit deren Hilfe selbst schöpferisch tätig zu sein. Gewinnung der »Quintessenz« ist also das Ziel aller Magie. Denn wer diese besitzt, übt Macht über die vier Elemente aus. Die Kunst der Alchemie liegt darin, die Quintessenz aus den Metallen herauszuziehen, sie gewissermaßen in Reinform zu destillieren, um damit andere, unedle Metalle zu veredeln. Über die Quintessenz sagt Agrippa: »Denn alle Zeugungs- und Samenkraft ist darin enthalten, weshalb die Alchemisten diesen Geist auch aus dem Silber und dem Golde auszuscheiden suchen. Wenn derselbe richtig abgesondert und ausgezogen ist, und man bringt ihn nachher mit irgendeiner Materie der ähnlichen Gattung, d.h. mit irgendeinem Metalle in Verbindung, so kann man augenblicklich Silber und Gold hervorbringen. Auch wir verstehen dieses Geheimnis und haben schon die Ausübung desselben gesehen; aber wir konnten nicht mehr Gold machen, als das Gewicht des Goldes war, aus dem wir den Geist ausgezogen hatten. Denn da jener Geist die äußere und keine innere Form ist, so kann er nicht über sein Maß hinaus einen unvollkommenen Körper in einen vollkommenen verwandeln. Dass jedoch solches auf eine andere Weise geschehen könne, möchte ich keineswegs leugnen.«[9]

Als echter Adept erweist sich Agrippa von Nettesheim, wenn er auf die Praxis des Seelenreisens, die Aussendung des Astralkörpers zu sprechen kommt. Das willentliche Heraustreten der Seele aus dem Körper und das freie Herumreisen der Seele in den kosmischen Räumen war eine Praxis in den alten Mysterienschulen, die früher einmal weitverbreitet war. Auch das Seelenreisen der Schamanen gehört hierzu. Agrippa erwähnt Beispiele für solches Astralwandern: »Nach der Erzählung des *Herodot* befand sich in Proconnesus ein wunderbar gelehrter Philosoph, namens *Atheus*, dessen Seele auch bisweilen aus dem Körper trat, und nachdem sie weite Räume durchwandert, mit neuen Kenntnissen bereichert, zurückkehrte. Dasselbe erzählt *Plinius* von der Seele des Klazomenier *Harmon*, die auch ihren Körper verlassen, umherzuschweifen und aus der Ferne vieles und wahres zu berichten pflegte. Noch heutzutage trifft man bei den Norwegern und Lappen sehr häufig Personen, die sich volle drei Tage von ihrem Körper zu trennen imstande sind und zurückgekehrt aus fernen Gegenden vieles verkündigen.«[10]

Agrippa von Nettesheim, dieser Philosoph der Magie, ein getreuer Schüler des Hermes Trismegistos, hat eine breite geistesgeschichtliche Wirkung entfaltet. Paracelsus, Giordano Bruno und John Dee waren seine Schüler, er wirkte nachhaltig auf die Rosenkreuzerbewegung ein, ebenso auf Rabbelais, Christopher Marlowe und Goethe. Immer auf Reisen, von seinen Feinden hartnäckig verfolgt, bewundert und verunglimpft zugleich, wurde er zum Prototyp des »Faust«. Seine *Occulte Philosophie* muss als eines der Grundlagenwerke der modernen westlichen Esoterik gelten. Es enthält zeitlose Weisheit, die uns im Rosenkeuzertum, in der Theosophie sowie in den Lehren aller wahren Adepten wiederbegegnet. Die *Occulte Philosophie* ist die *philosophia perennis*, in das Gewand der Renaissancemagie gekleidet. Ihre zentrale Botschaft lässt sich in jenem Distichon zusammenfassen, das Agrippa als Motto seines Lebens gewählt hat:

> NOS HABITAT, NON TARTARA, NEC SIDERA COELI,
> SPIRITUS IN NOBIS, QUI VIGET, ILLA FECIT.
> Nicht Gestirn noch Unterwelt:
> In uns allein der Geist ist's, der alles bewirkt.

Das spätmittelalterliche Faustbuch

Es war die Zeit, da in Italien die Renaissance in voller Blüte stand, in Deutschland aber noch finsteres Mittelalter herrschte – in dieser Zeit nun, im frühen 16. Jahrhundert, war ein berüchtigter Magier und Schwarzkünstler aufgetaucht, der recht bald in dem zwielichtigen Ruf stand, einen Pakt mit dem Teufel geschlossen zu haben. Er trat unter dem Namen *Dr. Johannes Faust* auf; in Wirklichkeit war er wohl eher jener Georg Faust, der um 1480 in Knittlingen geboren wurde und um 1539 in Staufen im Breisgau unter sonderbaren Umständen verstarb. Als historische Figur ist dieser Faust nur schwer fassbar. Seit 1506 machte er mit magischen Kunststücken und als Horoskopsteller von sich reden; 1507 war er Schulmeister in Kreuznach, wo er sich aber unwürdig benahm. In den Jahren darauf war er an verschiedenen Orten zu sehen, wurde aber immer wieder nach kurzem Verweilen ausgewiesen. Man nannte ihn spöttisch den *Halbgott aus Heidelberg,* da er in dieser Stadt immerhin ein theologisches Studium absolviert hat. Der große Humanist Mutianus Rufus schrieb:»Vor acht Tagen kam ein gewisser Chiromant nach Erfurt, namens Georgius Faustus, der Halbgott aus Heidelberg, ein bloßer Aufschneider und Schwätzer. Seine und aller Wahrsager Profession ist eitel. Die Ungebildeten bewundern sie.....«[11]

Dieses Urteil über Faust ist nicht gerade schmeichelhaft. Dem stimmt ein anderer großer Humanist jener Zeit zu, Trithemius von Sponheim, der selbst in dem Ruf stand, ein Magier zu sein, auch ein Freund und Mentor des Kurfürsten Joachim I. von Brandenburg. Über eine kurz zuvor stattgefundene Begegnung mit Georg Faust schrieb er in einem Brief vom 20. August 1507 an seinen Freund, den kurpfälzischen Hofastrologen Johann Wirdung:

»Dieser Mann, über den du mir schriebst, Georgius Sabellicus, der es gewagt hat, sich als Fürsten der Nekromanten zu bezeichnen, ist ein Landstreicher, Schwätzer und Herumtreiber (...). Denn was sind die Titel, die er sich zugelegt hat, anderes als Anzeichen eines höchst törichten und unsinnigen Geistes, der bezeugt, dass er ein Schwätzer und kein Philosoph ist? So machte er sich denn den folgenden Titel zurecht, von dem er glaubt, dass er ihm zustünde: Magister Georg Sabellicus, Faustus junior, Quellbrunn der Nekromanten, Astrologe, Zweiter der Magier, Chiromant, Aeromant, Pyromant, Zweiter in der Hydromantie. Betrachte nur die törichte Verwegenheit dieses Menschen! – welch ein Wahnsinn gehört nicht dazu, sich als Quellbrunn der Nekromantie zu bezeichnen – zumal sich einer, der in fast allen schönen Wissenschaften unwissend ist, sich lieber einen Schwätzer hätte nennen sollen, denn einen Magister!«[12] Trithemius erwähnt in demselben Brief, dass er den besagten Georg Faust selbst zweimal getroffen hätte, einmal in der Nähe von Gelnhausen und dann später in Würzburg. In Kreuznach habe Faust erklärt, „dass er in der Alchemie von allen, die es je gegeben habe, der bedeutendste sei, und dass er wisse und zuwegebringen könnte, was die Leute sich nur wünschten«[13].

Seinen Vornamen hatte Faust inzwischen von Georg zu Johann geändert; unter diesem Namen kannte ihn auch der große Humanist und Reformator Philipp Melanchthon. Dieser erwähnt, dass eben jener Faust an der Universität Krakau in Polen die Schwarze Magie studiert hätte: »Ich habe einen gekannt namens Faustus aus Kundling, einem Städtchen, das meiner Heimat benachbart ist. Als er zu Krakau studierte, hatte er die Magie erlernt, die dort einst groß im Schwange war und über die öffentliche Vorlesungen gehalten wurden.«[14] Diesen Sachverhalt erfahren wir auch in dem berühmten Faustbuch von 1587. Dort heißt es, Faust habe sich nach seinem Studium in Polen nicht mehr einen »Theologen« genannt; er sei vielmehr ein »Weltmensch« geworden, ein Mediziner, Astrologe und Mathematiker. Schon zu Fausts Lebzeiten setzte die Legendenbildung ein, indem sich alle möglichen Zaubersagen und Schwänke, die teilweise schon vorher bestanden, um seine Person herum neu kristallisierten. Ja man kann sagen, dass diese dubiose und unbedarfte Figur, die der historische Dr. Faust im Grunde genommen war, dank ihrer ungeheuren Popularität in kürzester Zeit zu *der* Zentralfigur des spätmittelalterlichen Zauberwesens wurde.

Hierzu muss auch das oben erwähnte Faustbuch von 1587 wesentlich beigetragen haben – unter dem Titel *Historia von D. J. Fausten* erschienen, wurde es nach dem Verleger J. Spiess aus Frankfurt das »Spiess'sche Faustbuch« genannt. Welche große Popularität dieses Buch genoss, sieht man daran, dass es von ihm bis 1593 nicht weniger als sechs Neu- oder Nachdrucke gab; außerdem wurden noch Ende der 80er Jahre eine niederdeutsche, eine französische und zwei englische Übersetzungen herausgebracht. Es gehörte zu den populärsten Volksbüchern jener Zeit überhaupt. Johann Spieß, ein streng lutherischer Verleger, gab das Buch heraus als ein »*erschrecklich Exempel, dem Teufel abzusagen und in Christo selig zu werden*«; dies änderte aber nichts an dem Welterfolg des Buches. Der erste Teil ist voller Fragen, die Faust an Mephisto richtet, um hinter die »Elementa« zu kommen; der zweite Teil schildert Fausts Fahrten zur Hölle, in den Sternenhimmel, über die ganze Erde hinweg, immer mit dem Wunsch, »alle Umstände zu erfragen«. Der dritte Teil schließlich bringt all die Zauberschwänke: das Beschwören Alexanders des Großen vor Karl V. und Helenas vor Studenten; Helena dann als Konkubine, mit der Faust den Justus Faustus erzeugt und vieles mehr. Im vierten Teil endlich: nach vielerlei »Weheklag« wird Faust auf grauenhafte Weise vom Teufel geholt; die Studenten finden die übel zugerichtete Leiche.

Bereits um 1575 unternahm ein Unbekannter den Versuch, das Leben Fausts in größerem Umfang darzustellen. Aber schon zu Fausts Lebzeiten setzte die Legendenbildung ein. Aus der Verbindung zeitgenössischer Berichte über Faust mit Zauberergeschichten aus älterer Zeit, die teilweise bis in die Spätantike zurückgehen, entstand der *Faustmythos*. In seinem Mittelpunkt steht die Geschichte vom *Teufelspakt*. Die Idee des Teufelsbundes wurzelt wahrscheinlich im *Kischuph*, der Schwarzen Magie des Judentums. Diese tritt schon in den letzten vorchristlichen Jahrhunderten auf, zu einer Zeit, als neben dem Talmud und der Kabbala die ersten Zauberbücher auftauchten. Auch das Element der Blutmagie kommt dort vor: Faust unterschreibt seinen Vertrag mit dem eigenen Blut, wie schon die Jidonim, die altjüdischen Zauberer, wenn sie sich mit der von Gott abgefallenen Welt der Schedim und der Satanim verbanden.

Aus frühchristlicher Zeit sind vor allem zwei Teufelsbündner bekannt geworden, Cyprianus und Theophilus. Der Magier Cyprianus, so erzählt die Legende, verband sich mit dem Teufel, damit er ihm helfe, eine Jungfrau namens Justina zu gewinnen. Diese bekannte sich jedoch zum Christentum, und sie ehelichte den Cyprianus erst dann, als dieser dem Teufel abschwor und Christ wurde. Man glaubt es kaum, aber dieser zum Christentum konvertierte Schwarzmagier wurde später sogar Bischof von Antiochia und ein Heiliger (um 300 n. Chr.)! Die Legende von Theophilus klingt ganz ähnlich. Dieser, ein geweihter Priester, rief die Hilfe des Teufels an, um seinen Rivalen zu besiegen und selbst Bischof zu werden. Kaum war ihm dies aber gelungen, da bereute er und wurde von der Gottesmutter Maria gerettet. Auch er erhielt am Schluss einen Heiligenschein.

Auf eine weitere frühchristliche, ja sogar ausgesprochen gnostische Wurzel des Faustmythos müssen wir noch hinweisen – auf den Magier *Simon Magus*. In alten Quellen heißt es über ihn, er sei ein Essener, ein Junger Johannes des Täufers und der Begründer des gnostischen Christentums gewesen. Im Jahre 62 n. Chr. wurde er gar zum »Bischof von

Jerusalem« bestellt, und aufgrund seiner magischen Wundertaten genoss er große Anhängerschaft. Die Apostelgeschichte sagt über ihn, dass er »zuvor in der Stadt Zauberei trieb und das Volk von Samaria in seinen Bann zog, weil er vorgab, er wäre etwas Großes« (Apg. 8,9). Das Interessante ist nun, dass diesem Mann der lateinische Beiname »*Faustus*« verliehen wurde; das bedeutet »*der Erwählte*«. Außerdem zog er ständig in Begleitung einer Frau namens *Helena* umher, von der er behauptete, sie sei die wiedergeborene Helena von Troja und der gefallene »Gedanke Gottes«, der von ihm – dem gnostischen Heiland – durch seinen Herabstieg ins Irdische erlöst werde. Dadurch gewinnt Helena vor dem Hintergrund der gnostischen Heilslehre auch einen Sophia-Aspekt. Denn Simon Magus entspricht dem gnostischen Christus, Helena der von ihm zu erlösenden Sophia. Zweifellos haben wir es hier mit einer entscheidenden Quelle des späteren Faustmythos zu tun.

Die Idee des Teufelspakts war im Mittelalter weitverbreitet; sie findet sich ausformuliert auch bei Thomas von Aquin, dem großen Denker der Scholastik. Dass Heilige, Bischöfe und sogar Päpste ihre Seele dem Teufel verschrieben, um gewisse Ziele zu erreichen, war durchaus nichts Ungewöhnliches. Die Liste der mit dem Teufel verbündeten Päpste ist lang; sie reicht von Johannes XIII. bis zu Gregor VII., umfasst auch große Gelehrte wie Albertus Magnus, Roger Bacon und Raimundus Lullus. Überhaupt war man im Mittelalter der Ansicht, dass wissenschaftliches Erkenntnisstreben wohl nur vom Teufel stammen könne, da es einem frommen Christen ohnehin nicht zustehe.

Wie bei Johannes Faust steht schon bei *Gerbert dem Magier*, der später unter dem Namen Sylvester II. Papst wurde, der Erkenntnisdrang als Motiv für den Teufelspakt an zentraler Stelle. Gerbert wurde um 950 in Aurillac in der Auvergne geboren, wurde Bischof von Reims, stieg zuletzt gar zum Amt des Papstes auf und starb 1003 in Rom. Die Salmansweiler Handschrift aus Heidelberg aus dem beginnenden 13. Jahrhundert beschreibt Gerberts Begegnung mit dem Teufel folgendermaßen: »Geboren in den berühmten Mauern der Stadt Reims, wurde Gerbert zur Schule geschickt, auf dass er sich bilde. Doch er konnte nicht lernen. Deshalb erzitternd, flüchtete er und ging in die Wälder. Da begegnete ihm Satanas: Weshalb flüchtest du, Gerbert? – und wohin gehst du so eilig? Ich kann nicht lernen, erwiderte er, und ich fliehe vor dem Lehrer. Ei, sagte jener, wenn du dich mir nur ergeben willst, siehe, dann will ich machen, dass niemand gelehrter sei als Gerbert.«[15] Und tatsächlich – als Sylvester II.

war Gerbert einer der größten Gelehrten seiner Zeit. Er führte die indisch-arabischen Ziffern in Europa ein und verfasste Lehrschriften der Geometrie, des Teilens der Zahlen und des Rechnens mit dem Abakus. Wegen seiner ungewöhnlichen mathematischen Kenntnisse hielt man ihn im gewöhnlichen Volk für einen Hexenmeister.

Wenn Johannes Faust nun, wie die Sage zu berichten weiß, einen Pakt mit dem Teufel geschlossen hat, dann steht er damit in einer alten, sehr weit zurückreichenden Tradition. Über den Pakt selbst weiß das historische Faustbuch näheres zu berichten. Dieser wurde in Form eines juristischen Vertrages abgefasst und beginnt mit den folgenden Worten: »Ich, Johannes Faustus D., bekenne mit meiner eigenen Hand öffentlich, zu einer Bestätigung und in Kraft dieses Briefs: Nachdem ich mir fürgenommen, die Elementa zu speculieren, und aber aus den Gaben, die mir von oben herab bescheret und gnädig mitgeteilet worden, solche Geschicklichkeit nicht befinde und solches von den Menschen nicht erlernen mag, so hab ich dem gegenwärtigen, gesandten Geist, der sich Mephostophiles nennt, ein Diener des höllischen Prinzen im Orient, mich untergeben....«[16]

Als Datum des Paktes wird der 23. Oktober 1514 genannt; und das Motiv ist *die Elementa zu speculieren* – also wissenschaftlicher Erkenntnisdrang. Der dienstbare Geist Mephistopheles war übrigens nur ein untergeordneter Dämon; er untersteht dem *höllischen Prinzen im Orient*, womit kein anderer gemeint ist als Lucifer. Denn man dachte sich im späten Mittelalter die Hölle hierarchisch in Legionen und Regimenter gegliedert; nach dem Faustbuch sind Lucifer im Orient, Astaroth im Okzident, Beelzebub im Norden und Belial im Süden die Obersten der Höllenhierarchie. Lucifer war nun in besonderem Maße um die Steigerung der menschlichen Erkenntniskräfte bemüht. Im biblischen Schöpfungsbericht war er derjenige, der das erste Menschenpaar dazu verführte, die verbotenen Früchte des Paradieses zu essen, indem er ihnen verhieß: »*Und ihr werdet sein wie Gott*« (Gen. 3.4). Die Diskussionen, die Faust in der Studierstube mit seinem Mephisto führt, drehen sich daher meist um naturphilosophische Fragen.

Interessant sind die dem Faust zugeschriebenen Zauberbücher, die seit Anfang des 16. Jahrhunderts gedruckt vorlagen. Man findet in ihnen schwarzmagische Beschwörungsformeln zur Herbeirufung der höllischen Geister. Das bekannteste davon war *Dr. Johann Faustens Miracul-, Kunst- und Wunderbuch*, auch der *Dreifache Höllenzwang* genannt. Es enthält die

Siegel oder Wappenzeichen der sieben höchsten Höllenfürsten Aziel, Ariel, Marbuel, Mephistophiles, Barbuel, Aziabel und Anifel. Die Siegel müssen bei der Beschwörung vor den magischen Kreis gelegt werden, den man auf den Boden gezogen hat; da die Geister auf ihre Siegel Gehorsam geschworen haben, müssen sie im Kreis erscheinen und den Willen des Beschwörers ausführen. Dieser besteht in der Regel darin, dass der herbeizitierte Geist Unmengen an Gold und Silber beschaffen soll. Ein anderes Zauberbuch trägt daher den vielsagenden Titel: *Doctor Fausts großer und gewaltiger Höllenzwang. Mächtige Beschwörung der höllischen Geister, besonders des Aziels, dass dieser Schätze und Güter von allerhand Arten gehorsamvoll, ohne allen Aufruhr, Schreckensetzung und Schaden vor den gestellten Krays seiner Beschwörer bringen und zurücklassen müsse.* – Hier geht es also ausschließlich um materielle Bereicherung.

Der Faustmythos, zweifellos ein abendländischer Urmythos, ist in die Dichtung, die Theaterkunst, ja in die Weltliteratur eingegangen. Schon 1588 kam in London Christopher Marlowes Tragödie *Doctor Faustus* auf die Bühne, und über die englischen Komödianten ging der Stoff ins deutsche Puppenspiel ein, als eine Art Volksschauspiel, zuerst auf der Marionettenbühne Hamburg 1746 aufgeführt. Ob der junge Goethe ein solches Faust-Puppenspiel in seiner Jugend irgendwann gesehen hat? Das ist sicherlich anzunehmen. Ein Faust-Fragment gibt es auch von Lessing, und der Romantiker Lenau schrieb 1836 ein dramatisches Gedicht mit dem Titel *Faust.* Klingers Roman *Fausts Höllenfahrt* von 1791 wäre vielleicht noch zu erwähnen, doch gab es in der Nachfolge Goethes keine Faustdichtung von Weltrang mehr bis auf Thomas Manns *Doktor Faustus* (1947), wo die Thematik vollends auf die Gegenwart übertragen wird.

So hat die Faustgeschichte tiefe Spuren in der europäischen Dichtung hinterlassen. Oswald Spengler hat gar den Begriff des »Faustischen« geschaffen, als Inbegriff der abendländischen Seele überhaupt, doch wurde so viel ideologischer Missbrauch damit getrieben, dass man heutzutage kaum noch unbefangen damit umgehen kann: Faust als das Vorbild der »faustischen, maßlosen, willensstarken, in alle Fernen schweifenden Seele« – und dies dann übertragen auf die Tatkraft des deutschen Reiches …. Und dennoch: Faust bleibt eine Weltgestalt, besonders in der Form, in der Goethe sie schuf. Sie lässt auch erkennen, wie tief die »Magie« in unserem kollektiven Seelengedächtnis verwurzelt ist.

John Dee – Mathematiker und Magier

Man nannte ihn einen »englischen Faust«, den Geheimagenten Ihrer Majestät Königin Elisabeth, gar den »James Bond der Tudorzeit« – gemeint ist *John Dee* (1527–1608), der nicht nur ein großer Adept, Magiosoph und Hermetiker war, sondern auch einer der führenden Gelehrten seiner Zeit. Aus einem alten walisischen Adelsgeschlecht stammend, studierte er an der Universität Cambridge, wo er sich besonders für Mathematik und Logik interessierte und 1548 den Magistergrad erwarb; anschließend ging er nach Löwen, Antwerpen und Paris, wo er bereits in jungen Jahren Vorlesungen über Euklid hielt. Er wurde bald der Privatlehrer von Robert Dudley, dem späteren Earl of Leicester, der ihn bei Hofe einführte. Der Königin Elisabeth I. diente er als Berater und Hofastrologe, sodass er in kurzer Zeit in höchste Positionen aufstieg. Francis Yate urteilt über diesen einmaligen bahnbrechenden Geist wie folgt: »Dee war zu jener Zeit der führende wissenschaftliche Kopf und Lehrer in England. Er war stets auf dem Laufenden, was neue Entwicklungen betraf, das Werk des Nikolaus von Kues und das des Kopernikus waren ihm bekannt. Gleichzeitig blieb er der Vergangenheit durch seine exzellente Bibliothek und das Studium mittelalterlicher Werke verbunden. Seine Bibliothek und sein Labor in Mortlake standen seinen Freunden offen, und seinen Bemühungen war es größtenteils zu verdanken, dass der von Oxford abgeleitete Strom der Philosophie in London wieder fließen konnte.«[17]

John Dee's Einfluss bei Hof war beträchtlich. So regte er die Gründung einer englischen Nationalbibliothek an, und forderte in einer Denkschrift sogar die Kolonisierung Nordamerikas und Grönlands, als Keim eines künftigen britischen Weltreiches – mit dieser Vision war er seiner Zeit um Jahrhunderte voraus! Leider fanden seine hochfliegenden Pläne nicht die Unterstützung, die sie verdient hätten. Daneben hatte er sich auf seinem Landsitz Mortlake eine Privatbibliothek (mit über 4.000 Bänden eine der größten seiner Zeit!) und ein alchemistisches Laboratorium eingerichtet, denn schon in jungen Jahren hatte er sich – wie Faust – »der Magie ergeben«. Geistig stand er vor allem unter dem Einfluss der Okkulten Philosophie des Agrippa von Nettesheim, daneben auch der Schriften von Roger Bacon, Marsilio Ficino und Pico della Mirandola. In der Astrologie war er ebenso bewandert wie in der Kabbala und den okkulten Wissenschaften, die er in einmaliger Weise mit den naturwissenschaftlichen Kenntnissen seiner Zeit (z. B. kopernikanisches Weltsystem) in Einklang brachte.

Das lebenswendende Ereignis bei John Dee trat ein, als im Frühjahr 1583 sich bei ihm ein dubioses Subjekt namens *Edward Kelly* (1555–1597) meldete, der dem hochberühmten Mann sogleich seine Dienste als Medium anbot. Kelly muss – obgleich ein entlaufener Vorbestrafter – ungeheure Überzeugungskraft besessen haben, denn Dee sagte sofort zu! Von da an begann eine intensive Zusammenarbeit zwischen diesen beiden so ungleichen Personen auf spiritistischem Gebiet, wobei Kelly der Akteur war und Dee die Protokolle schrieb. Als Hilfsmittel diente ihnen eine große geschliffene Kristallkugel, mit der Kelly Engel und die Geister Verstorbener heraufbeschwor. Damals waren Kristallkugeln noch selten: »Zu jener Zeit hatte Dee gerade mit seinen Experimenten in der Zukunftsdeutung begonnen. Er hatte eine Glaskugel und eine Scheibe aus poliertem Obsidian, die von einem der frühen Amerikaforscher aus Mexiko mitgebracht worden waren; sie befinden sich jetzt beide im British Museum. Er nannte diese beiden Gegenstände seine ‚Zeigesteine‘, er selbst hatte jedoch nicht die Gabe des ‚Sehens‘ und musste ein Medium anstellen, das die Visionen, die in ihnen auftauchten, sah und beschrieb. Kelly erwies sich als geschickter Seher, und bald verbrachten er und Dee jeden verfügbaren Augenblick, um Visionen von Geistern und Engeln heraufzubeschwören.«[18]

Als Ergebnis dieser kristallomantischen Übungen wurde dann auch eine Engelsprache entwickelt, das *Henochische*, das über einen eigenen Wortschatz und sogar über eine eigene rudimentäre Grammatik verfügte, später vom Orden des *Golden Dawn* aufgegriffen wurde und bis heute in Magierkreisen Verwendung findet. Bei den spiritistischen Seancen wurde auch der »*Engel vom westlichen Fenster*« herbeigerufen; seine Farbe ist grün, da den vier Himmelsrichtungen Farben wie auch spirituelle Qualitäten zugeordnet sind. Der okkulte Schriftsteller Gustav Meyrink (1868–1932) hat in seinem 1927 erschienenen Roman über John Dee, *Der Engel vom westlichen Fenster*, diese Beschwörung auf unnachahmliche Art wiederaufleben lassen: »In die Totenstille hinein klang da eine helle Kinderstimme: ‚Ich heiße Madini und bin ein armes kleines Mädchen. Ich bin das vorletzte der Kinder meiner Mutter und habe noch ein Wickelkind zu Hause.‘ Zugleich sah ich draußen in freier Luft dicht vor dem Fenster die Gestalt eines niedlichen kleinen Mädchens von sieben bis neun Jahren schweben; sein Haar war vorn gelockt und hing hinten lang herab; es war mit einem rot und zugleich grün schillernden seidenen Schleppkleid angetan, das aussah, als sei es aus den Flächen des Edelsteins Alexandrit geschnitten, der bei Tag grün erscheint und des Nachts rot wie dunkles Blut. – So lieblich das Kind auf den ersten Blick zu sein schien, so grauenhaft war dennoch der Eindruck, der von ihm ausging: es schwebte und flatterte wie straffe glatte Seide vor dem Fenster und die Umrisse hatten keine räumliche Tiefe; die Züge des Gesichts waren wie gemalt: ein Phantom, bestehend nur aus zwei Dimensionen. Ist das die verheißene Erscheinung des Engels?«[19]

Was hier geschildert wird, bezeichnet man mit einem Fachausdruck als eine *astrale Larve*, also eine abgelegte astrale Hülle, die keinen Geistkern mehr besitzt, aber noch ein gewisses Eigenleben zu führen scheint. Diese Astralhüllen schweben in der grauen Zwischenzone zwischen Diesseits und Jenseits umher und können von niederen Medien jederzeit herbeizitiert werden, ohne dass es hierzu großer Kunst bedarf. Der Rest der Geschichte ist schnell erzählt. Die beiden Kristallomanten Dee und Kelly wurden von dem polnischen Fürsten Albert Laski (1536–1605), der den berühmten Giordano Bruno in seinem Gefolge hatte, mit nach Krakau genommen (1583). Von dort gingen sie weiter nach Prag, wo sie am Hofe des melancholischen Grüblers Kaiser Rudolph (1552–1612) die okkulten Studien pflegten. Hier fertigte der vielbeschäftigte John Dee für die anstehenden Arbeiten einen neuen Zauberspiegel an, der aus einem Stück blankpolierter und geschnittener Steinkohle bestand, und ließ dies Gerät in der *Zeitschrift der Magier* ankündigen. Dass es diese Zeitschrift gab, kommt nicht von ungefähr, denn Prag unter Kaiser Rudolph war das Mekka der Magier zu jener Zeit. Schließlich wurden, aufgrund zahlreicher Intrigen, Dee und Kelly 1586 per Dekret ausgewiesen; sie gingen zunächst nach Böhmen, wo Kelly blieb, zu hohen Ehren aufgestiegen, während Dee 1589 nach England zurückkehrte. Hier hatte sich die Stimmung am Hofe zu seinen Ungunsten verändert. Selbst Königin Elisabeth I. war es nicht mehr möglich, ihn zu protegieren. So starb er verarmt und vergessen – trotz aller Wirrsale einer der herausragensten Geister seiner Zeit.

Schon bald ging John Dee in die Literaturgeschichte ein, doch bleib sein Nachruhm zweifelhaft. Christopher Marlowe's Faustdichtung – unmittelbarer Vorläufer von Goethes *Faust* – war auf ihn gemünzt, und in Shakespeare's *Der Sturm* (1611) gab er das Modell für den Zauberer Prospero ab; erst Gustav Meyrinks bereits erwähnter Dee-Roman ließ dem großen englischen Magiosophen Gerechtigkeit widerfahren. Hier begegnen wir Baron Müller, dem Ururenkel John Dee's, der sich mit dem Ahnen zunehmend identifiziert, bis zur Verschmelzung. Man höre: »Es gibt keinen Zweifel mehr für mich: John Dee, mein ferner Ahnherr, lebt! Er ist gegenwärtig, er ist hier, hier in diesem Zimmer, hier neben meinem Stuhl, neben mir – – vielleicht in mir! – Ich will es hart und unzweideutig aussprechen: es ist sehr wahrscheinlich, dass – dass ich John Dee bin! (...) John Dee ist keineswegs tot; er ist eine – sagen wir der Kürze wegen: jenseitige Persönlichkeit, die mit deutlich gesetzten Wünschen und Zielen weiter wirkt und weiter sich zu verwirklichen strebt. Die geheimnisvollen Bahnen des Blutes mögen die ‚guten Leiter‘ dieser Lebenskraft sein; immerhin: das ist Nebensache. – Nehme ich an, der unsterbliche Teil John Dees kreise in dieser Bahn wie der elektrische Strom im Metalldraht, dann bin ich eben das Ende dieses Kupferdrahtes, und der elektrische Strom ‚John Dee‘ staut sich an der Mündung dieses Drahtes mit seinem ganzen Jenseitsbewusstsein.«[20]

Robert Fludd – der erste Rosenkreuzer

Der Alchemist und Magier *Robert Fludd* (1574–1637), ein »angenommener« Freimaurer der Londoner *Society of Freemasons*, der auch als Begründer des Rosenkreuzertums in England gelten kann, gehörte, wie John Dee, der intellektuellen Elite seines Landes an. Er entstammte einer hochadeligen Familie, studierte seit 1591 in Oxford klassische und orientalische Literatur, Philosophie, Mathematik, Theologie und Medizin, reiste in den Jahren 1599 bis 1605 durch Frankreich, Italien und Deutschland, erwarb schließlich den medizinischen Doktorgrad und ließ sich in Oxford nieder, wo er bis zu seinem Lebensende als praktizierender Arzt in hohem Ansehen stand. Nachdem er von König Jakob zum Ritter geschlagen wurde, nannte er sich lateinisch *Robertus a Fluctibus*. Von dem Alchemisten Michael Mayer, damals kaiserlicher Leibarzt Rudolfs II., für die Sache des Rosenkreuzertums gewonnen, verteidigte er diese in zwei bedeutsamen Streitschriften, nämlich *Summum Bonum* (1629) und *Clavis Philosophiae et Alchemiae* (1633). Fludd's Schriften, darunter auch *Historia Utriusque Cosmi* (1617), gelten heute als bibliophile Kostbarkeiten.

Philosophisch vertrat Robert Fludd eine Licht-Metaphysik auf hermetischer Grundlage, die ihm als die Essenz aller magischen Wissenschaften galt. Die Quellen, aus denen sie sich speist, sind eindeutig das *Corpus Hermeticum*, Jakob Böhme, Agrippa von Nettesheim und die fälschlich dem Zarathustra zugeschriebenen *Chaldäischen Orakel*, die sich unter den Magiern der Renaissance großer Beliebtheit erfreuten. Fludd geht von einer Dreiteilung der Wirklichkeit aus: »Der Makrokosmos ist in drei

Hauptregionen eingeteilt: *Empyreum* (spirituelle Welt), *Aetherium* (Astralregion) und *Elementarregion* (materielle Welt). Jede ist mit himmlischem Feuer angefüllt und von unzähligen Ozeanen von Astrallicht durchdrungen, dessen Quantität und Qualität sich verringert, je weiter entfernt die Region von der Zentralsonne ist. Die Vereinigung des himmlischen Feuers und des Astrallichts konstituiert die Seele des Universums.«[21]

Die *Zentralsonne* – damit ist der zentrale Begriff in der magischen Philosophie Robert Fludd's gegeben. Die Zentralsonne ist ein Denkmotiv, das in der Esoterik aller Zeiten auftaucht; schon in den antiken Mysterienschulen kommt sie vor, und sie findet sich in den geheimen Lehren der Alchemisten, Freimaurer, Rosenkreuzer und in den Schriften der Helena Blavatsky. Für Fludd ist die Sonne das Herz des Makrokosmos. Sie befindet sich genau im Mittelpunkt der beiden Pyramiden des Lichts und der Finsternis, in der Sphäre des Gleichgewichts von Form und Materie. In ihr wohnt die lebensspendende Weltseele. Durch Marsilio Ficinos Übersetzung des *Corpus Hermeticum* erlebte der sich auf ägyptische Mysterien gründende Sonnenkult in der Renaissance einen großen Aufschwung. Für Ficino verkörperte die Sonne in absteigender Stufenfolge Gott, göttliches Licht, geistige Erleuchtung und körperliche Wärme. Fludd zeigt auf, wie Gott am Anfang der Schöpfung sein heiliges Tabernakel in die Sonne setzt und dadurch den ganzen Kosmos beseelt und erleuchtet. Er schreibt in seinem Werk *Philosophia Moysaica* (1638): »Die Erhabenheit und Vollkommenheit der Makrokosmischen Sonne tritt offen zu Tage, als da der königliche Phöbus genau im Zentrum der Himmel in seinem Triumphwagen sitzt und seine goldenen Haare flattern lässt. Als einziger sichtbarer Herrscher hält er den königlichen Zepter in Händen und die gesamte Regierung der Welt...«[22]

Es gibt in der Schöpfung jedoch auch ein dem Licht widerstreitendes Prinzip. Das göttliche Licht bestrahlt zwar alles gleich, doch wird es auf unterschiedliche Weise assimiliert; das untere grobe Herz verschluckt es wie ein schwarzes Loch, das obere subtile nimmt es auf und strahlt es ab. Es ist also hier eine Dyas, eine Zweiheit vorhanden, und die befindet sich schließlich in Gott selbst. Fludd nennt den hellen und den dunklen Aspekt im einigen Gott sein Wollen (*voluntas*) und sein Nichtwollen (*noluntas*). Das ist ganz und gar kabbalistisch gedacht. Auch in der Kabbala gibt es zwei Prinzipien in Gott, ein zentrifugales und ein zentripetales Prinzip. Das zentrifugale strahlt aus, das zentripetale saugt ein, implodiert. Es verkörpert sich in jenem finsteren Ur-Chaos, dessen Strahlen stets zum eigenen Zentrum gerichtet sind, das gleichwohl den »Eckstein des Lichts« verborgen in sich trägt. Das schöpferische zentrifugale Lichtprinzip verkörpert sich in Apollo; dieser stellt den Menschen, den sein dunkler Schatten Dionysos des Nachts siebenfach zerstückelt, am Tage siebenfach wieder her. Damit wird auch antike Mysterienweisheit in einem neuen Licht gedeutet und verstehbar gemacht.

Das zentripetale, einsaugende, implodierende Prinzip wird auch als die Urmaterie bezeichnet. Es stellt gleichsam das Rohmaterial der Schöpfung dar, die ungestaltete formlose Masse, die erst durch die schöpferische organisierende Kraft des Urlichtes in ein sinnvolles Ganzes umgewandelt wird. Dieses Urlicht ist das formgebende Prinzip; es ruft die Prototypen alles Geschaffenen ins Dasein. Insofern sind die Urmaterie einerseits, das Urlicht andererseits – jeweils dem hellen und dem dunklen Prinzip Gottes entsprungen – die beiden Hauptkräfte allen Geschehens im All. So stellt sich uns die hermetische Licht-Metaphysik des Robert Fludd als ein durchaus dualistisches System dar. Karl Kiesewetter hat es in seiner *Geschichte des neueren Okkultismus* (1891) wie folgt dargestellt:

»Urmaterie und Urform sind die beiden Grundprinzipien. Die Urmaterie ist ferner die Finsternis ohne alle Form, Größe und Qualität, *die Urform ist das Licht,* die einzige körperliche Substanz, welche schlechthin existiert, das Einfachste, Edelste und Würdigste des ganzen Universums, *die absolute Kraft.* Es ist teils unerschaffen, teils erschaffen. Das unerschaffene Licht ist Gott, das Prinzip der Natur, welches, je nachdem es ein bloßes wahres Licht oder erleuchtend oder erwärmend ist, die Dreifaltigkeit ausmacht. Das von dem unerschaffenen Licht *erschaffene Licht ist die Seele und wesentliche Form der drei Himmel,* des Empyreums, des Äthers und des Elementarhimmels, *welche den reinsten Geist als das Vehikel und den Behälter der Seele bildet.* In den Engeln ist es eine glänzende eingegossene Intelligenz, in den himmlischen Dingen bringt es die belebende Kraft hervor, woher Leben und wirksame Zeugungskraft den unteren Dingen mitgeteilt werden. Im *Menschen* ist es der lichte Glanz der Vernunft; in den *Tieren* das verborgene Feuer, welches alle Tätigkeiten des Lebens und der Sinne beherrscht; in den *Pflanzen* die in ihrem Mittelpunkt verborgene lichte Seele, welche das Wachstum und die Vermehrung in das Unendliche verursacht; in den *Mineralien* endlich der glänzende Funke, welcher sie zum Ziel ihrer Vollkommenheit bringt.«[23]

Wir haben hier wieder die gnostische Urlehre von den göttlichen Funken, die sich in allen Daseinsformen, vom Mineral über Pflanze, Tier und

Menschen bis hinauf zu den Engeln, in zunehmender Bewusstheit hochentwickeln. Diese Funken-Gnosis ist die eigentliche magische Philosophie. Fludd vertrat sie, nicht nur in der Theorie, sondern auch als praktizierender Alchemist und Magier. Das Aufsteigen zu Gott war für ihn »eine in Wahrheit unendliche, gefährliche und dornenvolle Reise, deren Anstrengungen jeder erliegt, welcher nicht durch das göttliche Licht erleuchtet und durch den heiligen Geist geführt und gestützt wird«[24].

Esoterische Freimaurerei

Das Jahrhundert der Voltaire und Diderot, der Lessing und Herder, der Goethe und Kant sah auch (...) einen St. Germain und Cagliostro, einen Swedenborg, Messmer und Lavater, ließ sich Geister zitieren, forschte nach dem Stein der Weisen und eilte, in schwärmerischem Eifer und phantastischem Wunderglauben sich der Wohltaten eingebildeter oder vorgespiegelter Geheimnisse zu versichern. Die Menschen hatten den alten Mysterien entsagt, aber ihre geschäftige Phantasie verlangte nach neuen, mittels deren sie auf eine höhere geistige und sittliche Stufe gelangen könnten. – Georg Schuster (1905)

Preußen unter den Rosenkreuzern

Es ist eine wenig bekannte Tatsache, dass sich der preußische Staat über 10 Jahre lang – von 1786 bis 1797 – fest in der Hand der Rosenkreuzer befunden hat, indem alle Mitglieder der Regierung einschließlich des Königs Friedrich Wilhelm II. (1744–1797) dem Geheimbund der *Gold- und Rosenkreuzer* angehörten. In diesem ominösen Bund wurden magisch-spiritistische Übungen abgehalten, Somnambulen befragt, Geisterstimmen zitiert, wobei der König, ein Neffe Friedrichs des Großen, an allen diesen Aktivitäten lebhaft teilnahm und sich in immer höhere Grade des Geheimordens einweihen ließ. Ein preußischer König als Rosenkreuzer – das passt so gar nicht in das gängige Preußenbild, das bis heute fortbesteht, und deshalb hat man dem Monarchen seine esoterischen Aktivitäten sehr übel genommen. Die Tatsache, dass ein geheimer Orden den Staat aus dem Untergrund konspirativen Dunkels lenkt, hat schon immer zu Verschwörungstheorien Anlass gegeben. Und dennoch gab es solche Geheimregierungen, Staaten im Besitz geheimer Bruderschaften – man denkt an die junge amerikanische Republik, die ausschließlich von Freimaurern regiert wurde, an den Jesuitenstaat in Paraguay oder an den Quäkerstaat Pennsylvanien.

Schon Friedrich II. von Preußen (genannt »der Große«) hatte den Freimaurern als Mitglied angehört, vertrat aber mehr die aufklärerische Richtung dieses Bundes. Das Aufklärungspathos des friedericianischen Zeitalters schlug mit der Thronbesteigung des Neffen in das glatte Gegenteil um, denn es war ja nun die große Zeit der Romantik, des Magnetisierens, des Mesmerismus gekommen, die Zeit auch eines Saint-Germain und Cagliostro. König Friedrich Wilhelm II. besaß nicht das Charisma, den Charakter, das persönliche Format seines berühmten Onkels. Schon im Alter von 53 Jahren an den Folgen seines ausschweifenden Lebenswandels verstorben, muss er eine recht labile und haltlose Persönlichkeit gewesen sein, nur wenig willensstark, leicht beeinflussbar, der Völlerei und dem Alkoholgenuss ganz hingegeben. Auch in der Politik leistete er nichts sonderlich Großes; nur als Bauherr hat er sich einen Namen gemacht: Berlin verdankt ihm sein berühmtestes Monument, das *Brandenburger Tor*. Dieses Wahrzeichen Berlins wurde auf sein Geheiß von Carl Gotthard Langhans von 1788 bis 1791 errichtet. Auch das Schloss Belvedere im Schlosspark Charlottenburg geht auf seine Initiative zurück. Aber die Verschwendungssucht des Potentaten ging in die Annalen ein: seinem Sohn und Nachfolger hatte er bei seinem Ableben eine Staatsschuld von 28 Millionen Talern hinterlassen – nach Angaben des Historikers von Raumer sollen es sogar 49 Millionen gewesen sein.

Die geschichtlichen Ursprünge des *Ordens der Gold- und Rosenkreuzer* liegen weitgehend im Dunkeln, doch wurde er zumindest offiziell im Jahre 1757 in Frankfurt von den beiden Gelehrten Dr. Schleiß von Löwenfeld und Dr. Doppelmayer gegründet, obwohl schon ältere Quellen auf die Existenz einer Gruppierung dieses Namens hinweisen. Bereits 1710 hat ein gewisser Samuel Richter unter dem Pseudonym *Sincerus Renatus* ein Werk über die »wahrhafte und vollkommene Bereitung des philosophischen Steins der Brüderschaft aus dem Orden des Gülden- und Rosen-Creutzes« veröffentlicht, ein Werk voll von Kabbala, Alchemie und Magie. Der Orden arbeitete unabhängig von der Freimaurerei, war aber eng mit dieser verschwistert und warb gezielt unter deren Reihen um Mitglieder. Er vertrat die Ansicht, dass die Freimaurerei nur »der Vorhof des Tempels« sei, dessen verborgenes Tor allein von den Gold- und Rosenkreuzern geöffnet werden könne. Daher konnten nur Meistermaurer in den Orden aufgenommen werden, der neun Grade hatte:

1. Junior oder Zelator,
2. Theoreticus,
3. Practicus,
4. Philosophus,
5. Adeptus minor,
6. Adeptus major,
7. Adeptus exeptus,

8. Magister

9. Magus

Der Orden muss sich mit rasender Geschwindigkeit ausgebreitet haben. 1761 finden wir ihn in Prag, 1773 in der Oberlausitz und Schlesien, 1775 in Wien, wo lange Zeit das Hauptquartier bestand. Bald wurde jedoch für Norddeutschland und Russland Berlin das Zentrum der gold- und rosenkreuzerischen Bestrebungen. Hier war es vor allem die berühmte »Große National-Mutterloge Zu den drei Weltkugeln«, die den Mittelpunkt der Bewegung bildete, der sich bald viele Freimaurer anschlossen. Ein Freimaurer war ursprünglich auch der preußische Kammerrat *Johann Christoph Woellner* (1732–1800), der auf dem Konvent von Wolfenbüttel mit den Gold- und Rosenkreuzern in nähere Berührung trat und kurz darauf als Mitglied in seine Reihen aufgenommen wurde. Woellner, von Haus aus ein Theologe, vormals Pfarrer und Landpächter, warf seinen ganzen Ehrgeiz auf die Organisation des neuen Ordens, wurde Vorsteher des Berliner Zirkels, dem unter anderen der Herzog Friedrich von Braunschweig und der bekannte Chemiker Klaproth angehörten, stieg nach kurzer Zeit zum Oberhauptdirektor auf, indem er unter dem Ordensnamen *Heliconus* an der Spitze von 26 Zirkeln mit rund 200 Mitgliedern stand. Woellner war also die zentrale Schlüsselfigur des Rosenkreuzerordens – Friedrich II. nannte ihn allerdings einen »betrügerischen und intriganten Pfaffen«.

Woellner und neben ihm die zweite wichtige Schlüsselfigur der Vereinigung, *Johann Rudolf von Bischoffwerder* (1741–1803), traten schon bald mit dem Kronprinzen Friedrich Wilhelm II. in Verbindung, den sie für die Sache des Rosenkreuzertums gewannen, sodass dieser sich am 8. August 1781 unter dem Ordensnamen *Ormesus* in die Mysterien der Rosenkreuzer einweihen und als Mitglied aufnehmen ließ. Im Charlottenburger Schloss wurde die Loge für die feierliche Aufnahme hergerichtet, die lebhaft an den Serapiskult und die Eleusinischen Mysterien erinnerte. Und mehr als das: es wurden auch die Geister Marc Aurels, des Philosophen Leibniz und des Großen Kurfürsten herbeizitiert, die mit ihren Ermahnungen und Bußpredigten das Gemüt des labilen Kronprinzen auf das Heftigste erschütterten. Inwieweit das Ganze eine wirkliche Mysterienfeier oder nur Theaterspiel war, lässt sich heute kaum entscheiden. Tatsache ist jedenfalls – kaum hatte Friedrich Wilhelm das Amt des Königs angetreten, stiegen seine beiden Vertrauten Woellner und Bischoffwerder plötzlich zu höchsten Würden auf. Schon wenige Monate nach der Thronbesteigung wurde Woellner zum Geheimen Oberfinanzrat befördert und in den Adelsstand erhoben, und nachdem er zusätzlich noch zum Justizminister und Chef des geistlichen Departements ernannt wurde, stand der ehrgeizige Emporkömmling auf dem Gipfelpunkt seiner Laufbahn. Und was seinen Kollegen Bischoffwerder betrifft, so wurde dieser zum Generalleutnant befördert, reiste in diplomatischer Mission nach Wien und dominierte praktisch die gesamte preußische Außenpolitik.

Die Schar der Geisterseher am Hofe wuchs von Tag zu Tag, und wer ihr nicht angehörte, hatte keine Aussicht auf Beförderung. Nachdem die Finanzen des Staates, die Justiz, die geistlichen und Schulangelegenheiten den Rosenkreuzern unterstellt waren, kamen die Handels-, die Zollgesetzgebung und die auswärtige Politik noch hinzu. So kann man regelrecht von einer Geheimregierung sprechen, die der Orden der Gold- und Rosenkreuzer unerkannt hinter den Kulissen ausübte, und zwar durchaus nicht zum Besten des Landes. Woellners Handschrift tragen beispielsweise die berüchtigten Religions- und Zensuredikte von 1788, die gegen Aufklärung und Religionsfreiheit gerichtet waren und faktisch auf eine Knebelung der Meinungs- und Geistesfreiheit im Staate hinausliefen. Und dies noch ein Jahr vor Ausbruch der Französischen Revolution! So ultrareaktionär gebärdete sich die preußische Innenpolitik in jenen Tagen, dass man Woellner vorwarf, mit den Jesuiten im Bunde zu stehen. Und der König selbst? Er war ausschließlich an spiritistischen Geistersitzungen interessiert, die im Charlottenburger Schloss, im unweit davon gelegenen Schlösschen Belvedere oder in Bischoffwerders Landgut Marquardt bei Potsdam stattfanden. Dabei agierte Bischoffwerder (Ordensname *Farferus*) als derjenige, der sich am besten darauf verstand, die Geister herbeizurufen. Auf diesem Landgut Marquardt wurde bald eine »*Blaue Grotte*« hergerichtet, die den Berliner Gold- und Rosenkreuzern als Mysterientempel diente. Hier, wo Einweihungen in einer allerdings eher äußerlich-theatermäßigen Form durchgeführt wurden, war König Friedrich Wilhelm II. regelmäßig zu Gast. Hans-Joachim Neumann gibt uns in seinem Buch folgende Informationen darüber:

»1795 hatte Bischoffwerder Marquardt erworben, und bald erhob sich zwischen Schloß und See jene ‚Blaue Grotte‘, in der die Rosenkreuzer ihre esoterischen Übungen abhielten. Die Grotte war (...) stilecht auf einem mit Akazien bepflanzten Hügel gebaut, das heißt, sie wurde in den Hügel eingelassen, so dass niemand in seinem Inneren eine Grotte vermutete, wenn er nicht zu dem Kreis der Rosenkreuzer gehörte. Die niedrige Eintrittspforte lag unauffällig hinter Sträuchern, die Wände waren mit blauen Lasursteinen verziert. Inmitten der Grotte befand sich ein Kronleuchter, der den ansonsten fensterlosen Raum nur schwach beleuchtete. Bemerkenswert war allerdings, dass die Grotte aus doppelten Wänden bestand, zwischen denen soviel Raum blieb, dass sich Menschen dort mühelos aufhalten konnten. Einen unterirdischen Gang zwischen Schloß und Grotte hat es offenbar nicht gegeben (...) Der König besuchte die ‚Blaue Grotte' meist in der Dämmerstunde. Er kam überwiegend in Begleitung weniger Eingeweihter (...) und ging direkt vom Königsweg zu dem versteckten Eingang, das heißt, das Schloß betrat er nicht. Zwischen den beiden Grottenwänden fanden bei wunderbaren Licht- und Farbeneffekten im Halbdunkel musikalische Aufführungen statt. Dann stellte der König Fragen, und bei Sphärenmusik antworteten ihm die ‚Geister'. Tief ergriffen kehrte Friedrich Wilhelm jedesmal zurück nach Potsdam.«[1]

Aber die Gold- und Rosenkreuzer waren nicht bloß ein Kreis von Geisterbeschwörern. Welches Verständnis von Magie sie hatten und welche Bedeutung dem obersten Grad, dem Magus, zugesprochen wurde, geht aus folgendem Zitat der geheimen Konstitution des Ordens hervor: »Unsere Magi betreiben keine gemeine Magie. Unsere Magie ist nicht die natürliche, denn diese verstehen bei uns alle Philosophen (4. Gr.). Sie ist keine Schwarzkunst, denn diese ist ein Werk des Teufels, und kein Teufel kann den Anblick unserer Magier ertragen. Sie ist nicht die s. g. weisse Magie, deren Wirkung durch Hülfe der sogenannten guten Geister geschieht, die noch viel zu unrein sind, um sich vor Gott zu zeigen; sondern unsere Magie ist die wahre göttliche Magie, kraft welcher wir, wie Moses und Elias, uns persönlich mit Gott unterreden, oder unsere wechselweise Botschaften durch die im Feuer Gottes gereinigten und wohnenden Geister schicken. Wir besitzen die zwei Hauptwissenschaften des Jehova: d. i. Gebährung und Zerstörung aller natürlichen Dinge. Wir können wie Moses Wasser in Blut verwandeln; wir können wie Josua ganze Städte durch den Schall der Instrumente in Schutt verwandeln. Wir können der Sonne, dem Monde und den Sternen und den Winden gebieten, wir können wie die Propheten die Toten erwecken, wir können die Sterne verwandeln und an verschiedene Orte setzen.«[2]

Von den Mitgliedern des 9. Grades wurde besonders in der Ordenshauptstadt Berlin auch die Alchemie betrieben. Um den Stein der Weisen gewinnen zu können, wurde im Palast des Herzogs von Braunschweig eigens hierfür ein Laboratorium eingerichtet. Recht erfolgreich bekämpften die Gold- und Rosenkreuzer ihre Hauptgegner, die Illuminaten, aber ab 1787 mussten sie ihre Ordenstätigkeit einstellen. Mit dem Thronwechsel von 1797 verloren Woellner und Bischoffwerder ihre Position, und mit der Geheimregierung des Ordens nahm es plötzlich ein Ende. Zu Anfang des 19. Jahrhunderts war keine Spur mehr davon übrig geblieben.

Hermetische Freimaurerei

Alchemistische und hermetische Strömungen konnten im 18. Jahrhundert in die – damals überall in Europa aufblühende – *Freimaurerei* Eingang finden. Im Zeitalter der Entstehung der ersten englischen Großloge waren alchemistische Einflüsse noch stark wirksam. In den *Schottengraden* setzte die Alchemie als Gradgeheimnis mit der Begründung ein, dass unter den Kreuzfahrern 1090 vier Altmeister aus Schottland Kenntnis von einer dementsprechenden Tradition gehabt hätten. Demzufolge sei auch in den Grundstein des Salomonischen Tempels ein Meisterwort mit einem Hinweis darauf eingelegt worden. Den Schotten sei es geglückt, in einem ausgehöhlten Quadratstein drei goldene Schalen mit den Buchstaben I., G. und O. zu finden, den jüdischen Sinnbildern der drei Grundstoffe der Welt (Sal, Sulphur und Mercurius). Mit dieser Legende wurde eine Wendung eines Teils der damaligen Freimaurerei in die Richtung zum »Okkultismus«, zum alchemistischen Mysterienbund gebahnt.

Die Alchemie spielte vor allem im theosophischen Hochgradsystem der *Coens Elus* eine große Rolle, ferner bei den – mit der Freimaurerei eng verschwisterten – *Gold- und Rosenkreuzern* sowie bei dem von Saint Martin ins Leben gerufenen *Rite rectifice*. Aber auch im freimaurerischen Ritual überhaupt sind alchemistische Elemente nachweisbar. »Die Freimaurerei hat mit der Wiedergeburt, d. h. mit dem Absterben und Wiederaufbau des inneren Menschen und der Belebung und Stärkung seiner unsichtbaren Kräfte zu tun. Auch ist von der Alchimie her die Anschauung in die Freimaurerei übergegangen, dass die Natur nichts ist als die Stoffwerdung der Gottheit«[3] – so Wolfstieg in *Philosophie der Freimaurerei*, Band 2. Es mag dabei als paradox erscheinen, dass gerade zur Zeit der Aufklärung (Friedrich d. Gr. und Joseph II.) in Deutschland und Österreich große Freimaurergruppen sich ernsthaft mit praktischer Alchemie beschäftigten, also versuchten, *in der Logenarbeit den Stein der Weisen zu erlangen*.

In diesem Zusammenhang ist auch der Begriff der *Hermetischen Freimaurerei* von großem Interesse. Man versteht hierunter eine im 18. Jahrhundert in Frankreich aufgekommene Methode, die sich an die hermetische Philosophie anlehnt, indem sie den alchemistischen Prozess der Metallumwandlung als Symbol der spirituellen Selbst-Wandlung des Menschen begreift. Von allen hermetisch-freimaurerischen Systemen war das der *Illumines d' Avignon* das bedeutendste, dessen neun Grade, namentlich die sechs Hochgrade, von hermetischer Symbolik durchzogen waren, während der zehnte Abschlussgrad einen vollständigen Kursus aller hermetischen und gnostischen Wissenschaften enthielt. Die Illumines von Avignon haben nichts zu tun mit den Illuminaten, mit denen sie manchmal verwechselt werden. Ihr Begründer war der ehemalige Benediktinermönch Dom Antoine Joseph Pernetty (1716–1796), der 1765 sein Kloster verließ, um in Avignon die dort eingeschlafene Freimaurerei zu neuem Leben zu erwecken. Bereits 1766 arbeitete er dort mit einem eigenen System, dem *rite hermetique*, bei dem zu den drei symbolischen Graden noch 6 hermetische Hochgrade hinzutraten, nämlich:

> ➤ wahrer Maurer,
> ➤ wahrer Maurer auf dem geraden Wege,
> ➤ Ritter des goldenen Schlüssels,
> ➤ Ritter der Iris,
> ➤ Ritter der Argonauten,
> ➤ Ritter des Goldenen Vlieses.

Zu diesen neun Graden trat als zehnter der Grad des Sonnenritters hinzu. Auf der Flucht vor Verfolgungen ging Pernetty nach Berlin, wo Friedrich der Große ihn zum Bibliothekar und Mitglied der Akademie der Wissenschaften machte; mit seinen Adepten in Avignon blieb er indes in ständiger Verbindung. Erst 1783 kehrte er nach Frankreich zurück, wurde während der Jakobinerherrschaft kurzzeitig verhaftet, dann aber wieder freigelassen; nach seinem Tod erlahmte die Tätigkeit seiner Gruppe völlig. Der Grad des Sonnenrittes ging in den Schottischen Ritus über. Die hermetischen Freimaurerbünde jener Zeit bildeten auch das Terrain, auf dem der geheimnisvolle Graf Cagliostro sowie der Graf von Saint Germain ihre Wirksamkeit entfalten konnten.

Cagliostro – ein Rätsel für seine Zeit

Graf *Alessandro di Cagliostro* (1743–1795), der in dem Ruf stand, ein Magier, Alchemist und Wunderheiler zu sein, glich einem Leuchtfeuer, das die Dunkelheit seines Jahrhunderts erhellte, aber in Wahrheit war er ein Rätsel für seine Zeit, wenn nicht für jede Zeit überhaupt. Etwas Unerklärliches, Unbegreifliches, Sphinxhaftes umgibt seine Erscheinung, und ein Vergleich drängt sich auf zu der großen russischen Mystikerin Madame Blavatsky, jener modernen Priesterin der Isis, die man nicht zu Unrecht einen »weiblichen Cagliostro« genannt hat, so wie man umgekehrt Cagliostro als eine männliche Form der Madame Blavatsky verstehen könnte. Zwischen beiden Persönlichkeiten besteht vielleicht eine engere Verbindung als bisher angenommen wurde. Cagliostro und Madame Blavatsky – sie beide entzündeten die Fackel der Esoterik in einem Zeitalter, in dem der Materialismus seinem Höhepunkt entgegen strebte.

Wie ein Komet erstrahlt Cagliostro am Himmel des 18. Jahrhunderts, und sein Name war in ganz Europa bekannt – man hielt ihn für einen Wundermann wie einst Apollonius von Tyana, man setzte ihn mit Swedenborg und F. A. Messmer auf eine Linie. An allen Höfen Europas zu Gast, bestaunt und bewundert, erntete er auch viel Unverständnis, ja sogar Spott und Verleumdung. Keine Geringere als die russische Zarin Katharina II. hat drei Lustspiele auf Cagliostro geschrieben – sie heißen: *Der Betrüger*, *Der Verblendete* und *Der sibirische Schamane*, alle drei im Jahre 1788 mit einem Vorwort von Friedrich Nicolai in Deutsch herausgegeben. Auch Goethes Lustspiel *Der Großkophta* und Schillers *Der Geisterseher* beziehen sich auf Cagliostro.

Nun kann ein Mann, auf den Goethe, Schiller und Katharina die Große Lustspiele schreiben, nicht unbedeutend gewesen sein. Er stand im Licht der Öffentlichkeit, und er war dem Publikum ein Thema, wenn auch ein sehr umstrittenes. Goethe hat sich sogar die Mühe gemacht, eigens nach Palermo zu reisen, um an Hand eines Stammbaums nachzuprüfen, ob Cagliostro mit einem sizilianischen Schwindler namens *Guiseppe Balsamo* identisch war. Das Vorkommen des Namens 'Cagliostro' im Stammbaum der Familie Balsamo, an entfernter Stelle, ist indes noch kein Beleg für die Identität beider Personen. Dass Cagliostro mit Balsamo gleichgesetzt wurde, und zwar bis auf den heutigen Tag, gereichte ihm zum Verhängnis – es brachte ihm den Ruf des Betrügers und Scharlatans ein; denn genau das war Guiseppe Balsamo, der unter falschen Namen ganz Europa bereiste und überall das Publikum mit magischen Taschenspielertricks täuschte.

Nach dem Zeugnis der Gräfin Elisa von der Recke (1756–1833), die einen Augenzeugenbericht von unschätzbarem Wert hinterlassen hat, verband Cagliostro »Religion, Magie und Freimaurerei sehr genau mit einander«[4]. Auf ihn geht jene besondere – inzwischen ausgestorbene – Unterströmung der Freimaurerbewegung zurück, die unter der Bezeichnung *ägyptische Freimaurerei* bekannt wurde. Cagliostro stiftete die Mutterloge seines Ägyptischen Ritus am 26. Dezember 1784 in der Loge zur »Sagesse triophante« in Lyon. Ein mit dem Namen 'Cagliostro' unterzeichnetes, aber wohl nicht durchweg echtes Ritual der *Maconnerie egyptienne* veröffentlichte die Zeitschrift *L'Initiation* in mehreren Folgen. In Mozarts Oper *Die Zauberflöte* (1791) finden sich zahlreiche Anklänge an die ägyptische Freimaurerei. Auch gründete Cagliostro Adoptionslogen, in denen Frauen als Mitglieder zugelassen wurden – damals etwas ganz Neues in Europa; erst 100 Jahre später widmeten sich die Theosophen einem ähnlichen Projekt.

Die Freimaurerei des 18. Jahrhunderts war das Milieu, in dem Cagliostro sich bewegte, aber nicht die aufklärerische, sondern die *okkulte Freimaurerei*, die ein Nährboden für viele esoterische und spirituelle Strömungen bildete, die im Europa der damaligen Zeit offiziell nicht geduldet wurden. Diese okkulte Unterströmung der Freimaurerbewegung ist etwas sehr Interessantes. So hat Karl Frick einmal herausgestellt, dass seit den 1720er Jahren »verschiedene geistige Strömungen aus quietistischen, pansophisch-christosophischen oder auch rosenkreuzerischen Kreisen Eingang in die zunächst englisch orientierte Freimaurerei auf dem Kontinent fanden. In den 40er Jahren führten sie teilweise zu einer Veränderung der Ziele der Freimaurerei und zu geistigen Spekulationen um den wahren Wert der Maurerei«[5]. Um die Mitte des Jahrhunderts kam es dann zur Gründung von *Hochgradsystemen*, die teilweise an die Praxis alter Mysterienorden anknüpften, wie etwa die sogenannte *Strikte Observanz*, die sich an die Ideen des mittelalterlichen *Templerordens* anlehnte. So konnte im Schutz der Freimaurerlogen, unerkannt und unbehelligt vom Zugriff der Öffentlichkeit, eine geheime *Esoterik* erblühen, die das Erbe geistigen Urwissens durch die Jahrhunderte weiterreichte.

Das geistige Klima in den esoterischen Logen des 18. Jahrhunderts schildert Pierre Mariel so: »Die Freimaurerei gab unter dem Deckmantel der hohen Grade Gelegenheit zu allerlei spirituellen Tendenzen, die sich seit dem Mittelalter nur unterirdisch hatten fortpflanzen können. 'Ketzereien' der verschiedensten Arten blühten. Alchemisten, Hermeneutiker, Katharer, Waldenser, Rosenkreuzer, Quietisten, Pietisten usw. fanden in der schottischen Freimaurerei einen Humus, auf dem sie prosperierten. Eingeweihte, wie die Grafen Saint-Germain und Cagliostro, Martinez de Pascally und Dom Pernety, verzichteten auf die Verborgenheit und fanden Jünger unter den aufgeklärten 'Brüdern'. In dieser Weise entwickelte sich ein 'transzendentes Christentum', von dem Joseph de Maistre und Claude de Saint-Martin die glänzendsten Theoretiker wurden, und das zur Zeit der Romantik eine bedeutende Ausstrahlung hatte.«[6] Selbst die Alchemie, diese urewige Suche der Menschheit nach dem Stein der Weisen, wurde in einigen Freimaurer-Logen geübt. Cagliostro sah seine eigene, sogenannte ägyptische Freimaurerei als eine Art moderne Mysterienschulung an, in der an Elemente altägyptischen Kultes, besonders an die Isis- und Osiris-Einweihung, angeknüpft wurde. Damit wurde er zu einem Erneuerer uralten Weistums.

Graf Cagliostro war ein hermetischer Philosoph, der an die universelle Korrespondenz aller Dinge glaubte, an das »*Wie oben, so unten*« des Hermes Trismegistos. Auch bei der von ihm ausgeübten Heilkunst kam dieser Gesichtspunkt zum Ausdruck. »Da die ganze Natur miteinander verwandt ist«, so gibt Gräfin von der Recke die Meinung Cagliostros zur dieser Frage wieder, »so muss der Arzt sie in großem Umfange kennen, und die Chemie muss ihm dann zur Auflösung und Zusammensetzung zu Gebote stehen; und auch in dieser soll er große Kenntnisse besitzen. Da ferner alles auf alles wirkt, und dies nicht bloß von unserer Erde, sondern von unserm Sonnensystem zu verstehen ist, so sei auch die Kenntnis von dem Einfluss der Gestirne einem Arzte unentbehrlich. (...) Dieser gegenseitige Einfluss aller Dinge begrenzt sich aber nach (Cagliostros) Meinung nicht bloß auf die Körperwelt. Diese ist Wirkung; der Geist ist Ursache: die Geisterwelt ist eine zusammenhängende Kette, aus welcher immer Wirkungen ausströmen. Die wahren Naturkenner seien also die, welche ebenso gut hinauf als hinab sehen können, oder welche mit Geistern wie mit Materie in Verbindung stehen.«[7]

Unter *Magie* verstand Graf Cagliostro nicht etwa Zauberei, auch nicht Naturmagie oder Arbeit mit Elementalen, sondern vielmehr einen Einweihungsweg, einen spirituellen Schulungsweg, der den Adepten stufenweise in immer höhere Regionen des Göttlichen emporführt. Elisa von der Recke bekennt in ihrem Bericht, Cagliostro habe ihr gesagt, »dass ich, wenn ich mich unermüdet der Magie weihete, bald so weit kommen würde, nicht nur des belehrenden Umganges der Verstorbenen zu genießen, sondern auch von meinen Obern zu geistigen Reisen in die Planeten gebraucht, und nachgehends zu einer der Beschützerinnen unsers Erdballs erhöht zu werden, bis ich als eine bewährte Schülerin der Magie zu noch höhern Regionen empor gehoben würde«[8].

Hier treten uns zwei Gedanken entgegen, die später größte Bedeutung erlangen werden – nämlich erstens, der Gedanke einer *planetarischen Hierarchie* (denn nur diese kann mit den »Beschützern des Erdballs« gemeint sein), und zweitens der Gedanke eines *spirituellen Aufstiegsweges*, der den Adepten schrittweise zu immer höheren Stufen der planetarischen und kosmischen Hierarchie emporführt. Und wenn Cagliostro von den »unbekannten Oberen« (superieur inconnu) spricht, dann meint er damit die obersten Vorsteher der planetarischen Hierarchie, also die Meister als die höchsten Eingeweihten dieser Erde.

Aus den *Bruchstücken aus Cagliostros magischer Philosophie*, die Gräfin von der Recke aufgezeichnet hat (sie sind, trotz ihres skeptischen Untertons, von unschätzbarem Wert) erfahren wir, wie sich Cagliostro nun genau die planetarische Hierarchie unserer Erde vorstellte: »Moses, Elias und Christus sind die drei Hauptvorsteher unsers Erdballes, und die vollkommensten Freimaurer, die noch bis jetzt gelebt haben. Obzwar sie sich von diesem Erdballe, nachdem sie hier ihr glorreiches Ziel glücklich vollendet, zu höhern Sphären aufgeschwungen haben und dort ihre Kräfte und Weisheit aufbieten, um Geschöpfe höherer Art zu beglücken, und obgleich sie nun schon selbst das unermeßliche Meer der Schöpfung durch neue Welten, die sie zum Preise des Urhebers aller Dinge hervorbringen, vermehrten, so dauert ihr Einfluß auf diesem Erdball und ihre Vorsorge für uns dennoch immer fort, und jeder von ihnen hat hier eine eigne unsichtbare Gemeinde, die aber insgesamt auf *Einen Hauptpunkt* zusammentreffen, und durch verschiedene Kanäle dem bösen Prinzipium entgegen arbeiten.«[9]

Über die Freimaurerei wird dann gesagt: »Die Freimaurerei ist die Schule, in welcher diejenigen erzogen werden, welche zur heiligen Mystik bestimmt sind; doch ahnen die untern Klassen der Freimaurer nichts von diesen Gegenständen, und ihre Aufmerksamkeit wird auf verschiedene Wege gelenkt, damit ihre geheimen Obern sie desto besser beobachten, und die würdigsten unter ihnen zu höheren Zwecken brauchen können. Der engere Ausschuss dieser Mitglieder wird von den drei Vorstehern unsers Erdballs gewählt. Diese Untergeordneten von Moses, Elias und Christus sind die Geheimen Obern der Freimaurerei.«[10] Jeder der drei Hauptvorsteher hat, wie erwähnt, seine eigene magische Schule. Cagliostro gab an, der Schule des Elias anzugehören. Diese besteht im ersten Grad aus 72 ausgewählten Mitgliedern, die allesamt der Pflanzschule der Freimaurerei entstammen; der zweite Grad setzt sich aus 49, der dritte aus 35, der vierte aus 24 Mitgliedern zusammen. Darüber stehen nur noch die Großen Zwölf, und diese sind die Geheimen Oberen der Freimaurerei. Über diesen stehen die drei planetarischen Regenten Moses, Elias und Christus. Von den Schülern des Elias gilt, dass sie nicht eines normalen Todes sterben, sondern wie einst Henoch lebendig in den Himmel entrückt werden.

Cagliostro vertrat eine esoterische Sichtweise der Bibel – für ihn war die Bibel eine verschlüsselte Botschaft, die von Einweihung und Magie handelte. Nur der Adept kann den magischen Geheimsinn der Bibel lesen: »Die Königin Saba, deren Geschichte im Alten Testament ganz in magische Bilder gehüllt und nur zum Teile dargestellt wäre, hätte die höchste Stufe der Magie erreicht, zu der noch je eine weibliche Seele gelangt sei. Aber am Ende wäre sie zu schwach geworden, den Versuchungen der bösen Geister zu widerstehen; und da sei ihre Geschichte, nur den wahren Magikern verständlich, in der Geschichte der Kalypso vorgetragen worden.«[11] »Salomon, dessen Tempelbau in gewissen Gesellschaften ein allegorisches Bild ist, fiel auf seiner magischen Laufbahn vom Guten ab, aber er wurde wieder gerettet, und dem bösen Principium entwunden. Die Geschichte vom Falle der Engel sei nichts als ein allegorisches Bild des Überganges von der weißen zur schwarzen Magie.«[12]

Nicht nur die Bibel, sondern alle heiligen Schriften seien in Wahrheit magische Werke, für den Gebrauch der Adepten bestimmt. Daher die Aussage: »Sowohl die Götterlehre der Griechen als der *Zendavesta*, die *Edda* und die *Bibel* sind der Magie geheiligte Bücher.«[13] Auch in seinen Logen der ägyptischen Freimaurerei wollte Cagliostro Christen, Juden und Moslems gleichberechtigt teilnehmen lassen, da er alle Weltreligionen als letzten Endes miteinander übereinstimmend ansah. Dieses Streben nach einer geistigen Welt-Einheit, jenseits aller Religionen, weist ihn als einen Geistesverwandten der Theosophen aus.

Ähnlich wie Madame Blavatsky, die rund 100 Jahre nach ihm gelebt hat, wurde Cagliostro von den Unwissenden unter seinen Zeitgenossen verunglimpft – man schalt ihn einen Betrüger, Scharlatan, einen Agenten der Jesuiten. Zahllose Hetzschriften gegen ihn waren in Umlauf. Dass er, wenn auch gänzlich unschuldig, in die »Halsbandaffäre« verwickelt wurde und deswegen gar in Festungshaft kam, hat seinem Ruf ebenfalls sehr geschadet. Unklarheit herrschte stets über die wahre Identität seiner Person. Wer war Graf Cagliostro? Er schreibt über sich selbst: »Ich kenne weder den Ort, wo ich geboren, noch die Eltern, die mir das Leben gaben.

(...) Meine ersten Kinderjahre habe ich in der arabischen Stadt Medina verlebt. Ich ward unter dem Namen Acharat erzogen. Diesen Namen behielt ich bei meinen afrikanischen und asiatischen Reisen bei.«[14]

Der Name *Acharat* erinnert an den in der Sintflutgeschichte vorkommenden Berg *Ararat*, auf dessen Gipfel die Arche landete, aber auch an den buddhistischen Begriff *Arhat* als Bezeichnung für einen Geweihten. Allenthalben handelt es sich um einen Mysteriennamen, der die orientalische Herkunft seines Inhabers andeutet sowie die Tatsache, dass er in einem gewissen Bezug zur Östlichen Weisheit stand. Von Messina bereiste er Ägypten und den Vorderen Orient, ging dann nach Malta und Sizilien, wo er erstmals den Namen *Cagliostro* annahm. Seine Identität mit dem sizilianischen Schwindler *Guiseppe Balsamo* ist nie nachgewiesen worden, auch wenn sie bis zum heutigen Tage immer wieder behauptet wird. Es wird Zeit, sich ein neues vorurteilsfreies Bild von Cagliostro zu erarbeiten, das frei ist von den Verleumdungen vergangener Jahrhunderte, die man unkritisch ohne jede Infragestellung übernommen hat.

Saint-Germain – Magier und Adept

Die Gestalt des Grafen von Saint-Germain[15] war stets von einem Schleier des Geheimnisses umgeben. Manche geben sein Geburtsdatum mit 1684, andere mit 1710 an, doch besteht kein Zweifel darüber, dass er in Wahrheit der im Jahre 1700 geborene Sohn des Fürsten Franz Rakoczy, mit dem Vornamen Josef, gewesen war. Manche halten ihn für einen portugiesischen Juden, andere für einen spanischen Jesuiten, wieder andere für den Sohn eines Steuereinnehmers zu San Germano in Savoyen, doch alles dies ist irrig. Es ist ein Teil jener Mystifikationen, die um die Gestalt des Grafen von Saint-Germain schon zu dessen Lebzeiten gewoben wurden. Zahlreich sind auch die Namen, unter denen er in allen Teilen Europas auftrat – Aymar, Graf von Bellamare, Chevalier Schöning, Graf Soltikow, Graf Tzarogy, und viele andere, doch ließ er selbst stets deutlich durchblicken, dass er eigentlich ein Fürst Rakoczy sei. In theosophischen Kreisen wird er deswegen heute noch mit dem Namen *Meister R.* bezeichnet.

Saint-Germain gehört zu den westlichen Meistern, und die Weltgegend, der er sich besonders verbunden fühlt, ist das schroffe Bergland von Transsylvanien. Dies hängt mit der letzten Erdenverkörperung des Meisters zusammen, die dieser als Sohn des Fürsten *Franz von Rakoczy* (1676–1735) antrat. Franz von Rakoczy war durchaus eine historische Figur[16]. Er war ein ungarischer Edelmann, der sich wider die Habsburger empörte.

1703 setzte er sich an die Spitze eines oberungarischen Bauernaufstandes gegen die zentralistischen Reformen Leopold I. und 1705 wählte ihn eine ständische Konföderation zum Führer der ungarischen Unabhängigkeitsbewegung. Schon seine Väter und Vorväter waren zu Fürsten von Transsylvanien erklärt worden, einem Land, das reich war an Gold, Silber, Diamanten, Smaragden, Opalen und Jaspis. Nach anfänglichen militärischen Erfolgen gegen die Habsburger brach der Aufstand zusammen, und Fürst Rakoczy floh erst nach Polen, dann 1713 nach Frankreich, wo er in einem Pariser Vorort mit Namen *Saint-Germain* die Muße fand, sich in die Werke von Augustinus, Thomas von Aquin und Bossuet zu vertiefen.

In Saint-Germain wurde am 18. August 1700 der Sohn des Fürsten *Josef Rakoczy* geboren, der sich später als Leibarzt, Gesandter und Diplomat betätigte und in dieser Eigenschaft unter verschiedenen Namen ganz Europa bereiste. Josef Rakoczy war also ein geborener *Graf von Saint-Germain*, und in ihm dürfen wir die Identität jenes unbekannten Meisters erblicken, den wir gemeinhin mit dem Namen Saint-Germain bezeichnen. Durch die Verknüpfungen eines außergewöhnlichen Lebenslaufes sind Transsylvanien, Ungarn und der Pariser Vorort Saint-Germain zu einer neuen Einheit verwoben worden, die sich in der Gestalt des Meisters Saint-Germain manifestiert. Dass das ungarische Volk den Namen der Rakoczys stets in Ehren hielt, sieht man daran, dass die republikanische Regierung im Jahre 1926 Banknoten mit dem Portrait Franz Rakoczys herausgab; es gibt auch einen Rakoczymarsch, von einem unbekannten Komponisten geschaffen, den Hector Berlioz in *Fausts Verdammung* (1846) verwendet.[17]

Ein Augenzeuge, der Herzog von Saint Simon, schildert Franz Rakoczy mit begeisterten Worten: »Rakoczy war sehr hochgewachsen, ohne dass es auffiel, und sah stark, robust und sehr edel, ja imponierend aus, ohne irgend etwas Rohe. Er war ein weiser, anspruchsloser, besonnener Mensch, von einer gewissen Höflichkeit, von einer großen Ungezwungenheit im Verkehr mit jedermann. Ein sehr rechtschaffener Mensch, aufrichtig, wahr, außerordentlich mutig, gottesfürchtig, ohne es zu zeigen, ohne es auch zu verbergen, mit sehr viel Unbefangenheit. Im Geheimen gab er den Armen viel, widmete dem Gebet beträchtliche Zeiten. Nachdem man ihn aus der Nähe gesehen hatte, blieb man verwundert, dass er Haupt einer großen Partei gewesen war und dass er in der Welt so viel von sich reden gemacht hatte.«[18]

Seit etwa 1750 begann Saint-Germain, in der Öffentlichkeit in Erscheinung zu treten. Und dies zunächst in Frankreich. Von Marschall Belle-Isle bei Hofe eingeführt, gewann er die Gunst Ludwigs XV., den er mit Madame Pompadour bekannt zu machen nicht versäumte. Dann ging der rätselhafte Mensch 1760 mit einem diplomatischen Auftrag nach Den Haag. Man versuchte jedoch, ihn als russischen Spion zu verleumden, und so floh er nach England, wo er auch schnell Eingang in die höchsten Kreise fand. Von dort eilte er nach Russland, wo er an dem Thronwechsel von 1762 entscheidenden Anteil hatte. Bald darauf erschien er in Berlin, 1772 in Nürnberg, 1774 hielt er sich als Graf Tzarogy in Franken auf, trat in den Dienst des Markgrafen Karl Alexander von Ansbach und begleitete ihn auf einer Reise nach Italien. Nach Deutschland zurückgekehrt, wusste er sich in die Gunst des Landgrafen Karl von Hessen zu setzen, der ihm auf seinem Schloss Gottrop bei Schleswig ein Wohnrecht gewährte. Dort soll er 1784 gestorben sein, nach anderer Version allerdings erst 1795.

Durch seine Künste und Kenntnisse, sein gutes Gedächtnis und seine gewinnende äußere Erscheinung konnte er an den Höfen Europas, wo er verkehrte, bei allen Menschen einen tiefen Eindruck hinterlassen. Er stand auch mit den Philosophen Voltaire, Montesquieu, Rousseau, d´Alembert und Diderot in freundschaftlichem Verhältnis. Friedrich II. von Preußen nannte ihn »einen Mann, den man nie hat enträtseln können«[19], und Voltaire schrieb am 15. April 1760, mitten im Siebenjährigen Krieg, nach Potsdam: »Man sagt, dass das Geheimnis des Friedens nur von einem gewissen Herrn von Saint-Germain gekannt werde, welcher ehemals mit den Vätern des Konzils soupiert habe. Er ist ein Mann, welcher gar nicht stirbt und alles weiß.«[20]

Der junge Baron von Gleichen (1733–1807), später ein prominenter Rosenkreuzer, hat seine Erinnerung an seine erste Begegnung mit Saint-Germain wie folgt wiedergegeben: »Als ich Anfang 1759 in Paris zurückkam, stattete ich einen Besuch ab bei der Witwe des Ritters Lambert und sah einen Mann eintreten von mittlerer Größe, sehr robust, mit einer prächtigen und auserlesenen Einfachheit gekleidet. Verwundert fragte ich meinen Nachbar, wer jener Mann sei; er teilte mir mit, dass er der berühmte Graf von Saint-Germain sei, welcher die seltenste Geheimnisse innehatte, welchem der König ein Appartement in Chambord gegeben hatte, welcher in Versailles ganze Abende mit Seiner Majestät und Madame Pompadour zubrachte, und welchem jeder Mann nachlief. (...) Ich blieb bis Mitternacht bei ihm und verließ ihn wie sein sehr getreuer Anhänger.«[21]

In die höheren Grade der Freimaurerei eingeweiht, verstand sich Saint-Germain darauf, Gold und Edelsteine herzustellen, auch Diamanten künstlich zu vergrößern, eine Kunst, die er angeblich auf seiner zweiten Reise nach Indien erlernte, die er im Jahre 1755 mit Oberst Clive unternommen hatte. Dann gab es noch allerlei Legenden und Gerüchte über den geheimnisvollen Grafen, so etwa, dass er mehr als tausend Jahre alt sei; ja dass er noch Christus und die Apostel gekannt hätte. Dies sei durch ein lebensverlängerndes Elixier, in dessen Besitz er sich befand, bewirkt worden. Nach zeitgenössischen Quellen »gab er sein Alter auf 400, auf 1.000 und mehr Jahre an und erklärte, mit Christus und den Aposteln eng befreundet gewesen zu sein. Als einst sein Kutscher in Dresden gefragt wurde, ob sein Herr wirklich 400 Jahre alt sei, antwortete er: er wisse das zwar nicht genau, aber in den 130 Jahren, da er in seinen Diensten stehe, habe er immer so ausgesehen, wie jetzt«[22].

Saint-Germain wird oft mit derjenigen Strömung der Freimaurerei in Verbindung gebracht, die unter dem Namen *Strikte Observanz* bekannt wurde – es handelt sich hierbei um einen Versuch, die Freimaurerei auf ihre Ursprünge in der mittelalterlichen Templer-Mystik zurückzuführen. In der Tat war Saint-Germain sehr darum bemüht, der zu seiner Zeit schon dekadent gewordenen, vom Geist des Agnostizismus, des Deismus und der radikalen Aufklärung infizierten Freimaurerei (Illuminaten!) wieder eine spirituelle Grundlage zu geben. Als dies nicht gelang, erfolgte im Jahre 1875 die Gründung der Theosophischen Gesellschaft, mit dem Ziel, als Instrument einer spirituellen Bewusstwerdung im westlichen Kulturreis zu wirken. Auch dies geschah ganz im Geiste von Saint-Germain, der schon bei der Gründung des Malteserordens Pate gestanden hatte. Alle diese Gründungen waren Versuche, eine spirituelle Bewegung in Europa zu entfachen.

Das spirituelle Wirken des Meisters Saint-Germain geht über seinen physischen Tod im Jahre 1784 noch weit hinaus. Seltsamerweise war niemand bei seinem Dahinscheiden anwesend; lediglich der Leibarzt Dr. Lossau nahm einen Eintrag in das Totenregister der St. Nikolaus-Kirche in Eckernförde folgenden Wortlauts vor: »Gestorben am 27. Februar 1784 der sich so nennende Graf von St. Germain und Weldone, in hiesiger Kirche beigesetzt ohne Reden des Geistlichen. Weitere Nachrichten sind nicht bekannt.«[23] In Eckernförde zweifelte man jedoch am wirklichen Tode des Grafen von Saint-Germain, den man noch beim Begräbnis seines fürstlichen Gönners, des Landgrafen Karl von Hessen im Jahre 1836 unter den Trauergästen gesehen haben will. Ähnlich wie Christian Rosencreutz, der oft als seine frühere Inkarnation angesehen wird, ist Saint-Germain noch lange nach seinem Ableben in einem spirituellen Auferstehungsleib erschienen. Nach Ansicht der Theosophen zählt er zu den »Aufgestiegenen Meistern« und wirkt insbesondere als einer der Lehrer des kommenden Wassermann-Zeitalters.

Die Zauberflöte – ein Mysterienspiel

Anklänge an die Isis-Mysterien finden sich in Mozarts letzter Oper *Die Zauberflöte*, die mit einem Libretto von Emanuel Schickaneder 1791 in Wien uraufgeführt wurde. Vor dem Hintergrund des Osiris-Mythos verarbeitet die Oper das Gedankengut der Freimaurerei, das in dieser Form auf Elemente altägyptischen Kultes zurückgreift. Die Handlung selbst ist ganz märchenhaft, und offensichtlich eng angelehnt an das Märchen *Lulu oder die Zauberflöte*, das sich in Ch. M. Wielands Sammlung *Dschinnistan* findet. Als weitere Quellen der Zauberoper kommt der Roman *Sethos* von Terrason in Betracht, der die Einweihung des Prinzen Sethos in die Mysterien der Isis, seine Feuer- und Wasserprobe, die Prüfung seines Stillschweigens schildert. Und dann wäre noch zu nennen *König Thamos*, ein Drama von T. B. von Gebler, zu dem Mozart schon 1780 in Salzburg für Schickaneder die Musik komponiert hatte.

Die freimaurerische Deutung der Oper liegt natürlich nahe, da Mozart und Schickaneder doch beide der Wiener Loge »Zur neugekrönten Hoffnung« als Mitglieder angehörten. Die erste freimaurerische Deutung der *Zauberflöte* stammt von Ludwig von Batzko, der im *Journal des Luxus und der Moden* 1794 den Inhalt der Oper im Sinne der Königlichen Kunst als Kampf zwischen Licht und Finsternis erklärte. Sarastro erscheint hier als der Vertreter edelsten Menschentums, und seine Priester sind die Vorkämpfer des Wahren, Guten und Schönen, wogegen die Königin der Nacht das Reich der Finsternis und des Aberglaubens verkörpert. Der Prinz Tamino vertritt das suchende, noch auf Irrwegen wandelnde, aber doch immer zum Höheren strebende Menschentum, dessen Weg zum Licht durch Feuermeer und Wasserflut bedroht ist, ein deutlicher Hinweis auf vermeintliche Zusammenhänge der Freimaurerei mit ägyptischen Mysterien, worüber Ignaz von Born im *Wiener Journal für Freimaurer* umfangreiche Studien angestellt hat (*Über die Mysterien der Ägypter*).

Im 2. Aufzug der Oper werden wir Zeuge der Einweihung Taminos. Als dieser um die Weihen nachfragt, spricht Sarastro: »Ihr, in dem Weisheitstempel eingeweihten Diener der großen Götter Osiris und Isis! Mit reiner Seele erklär' ich euch, dass unsere heutige Versammlung eine der wichtigsten unserer Zeit ist. Tamino, ein Königssohn (zwanzig Jahre seines Alters), wandelt an der nördlichen Pforte unseres Tempels und seufzt mit tugendvollem Herzen nach einem Gegenstande, den wir alle mit Mühe und Fleiß erringen müssen. (Kurz, dieser Jüngling will seinen nächtlichen Schleier von sich reißen und ins Heiligtum des größten Lichtes blicken.) Diesen Tugendhaften zu bewachen, ihm freundschaftlich die Hand zu bieten, sei heute eine unserer wichtigsten Pflichten.«[24] Durch Nachfragen der Priester wird herausgestellt, dass der Aspirant sich durch Tugend, Verschwiegenheit und Wohltätigkeit auszeichnet, vielleicht auch Eigenschaften des Anwärters auf die freimaurerischen Weihen. Nachdem nun die Einweihung Taminos beschlossen wurde, singt Sarastro vom Chor der Priester unterstützt die Arie:

> O Isis und Osiris schenket
> Der Weisheit Geist dem neuen Paar!
> Die ihr der Wandrer Schritte lenket,
> Stärkt mit Geduld sie in Gefahr.
> Lasst sie der Prüfung Früchte sehen;
> Doch sollten sie zu Grabe gehen,
> So lohnt der Tugend kühnen Lauf,
> Nehmt sie in euren Wohnsitz auf.[25]

Die Oper endet mit einem vollständigen Sieg des Lichts über die Finsternis. Der Anschlag der Dunkelmächte misslingt; die Königin der Nacht, eine Erscheinungsform dekadenter Mond-Magie, Hekate ähnlich, kommt mit ihrem Wunsch nach Rache nicht durch. Berühmt auch Sarastros Arie »In diesen heil'gen Hallen«, worin deutlich wird, dass der Geist der Rache und der Missgunst im Tempel der Einweihung nichts zu suchen hat. Tamino hat indes alle Prüfungen mit Erfolg bestanden, und triumphierend singt der Chor der Priester:

> O Isis und Osiris, welche Wonne!
> Die düstre Nacht verscheucht der Glanz der Sonne.
> Bald fühlt der edle Jüngling neues Leben;
> Bald ist er unserm Dienste ganz ergeben.
> Sein Geist ist kühn, sein Herz ist rein,
> Bald wird er unser würdig sein.[26]

Mozarts zauberhafte Oper zeigt, dass den Isis-Mysterien durchaus etwas Überzeitliches, Ewiges, alle Wechselfälle Überdauerndes anhaftet. Isis ist und bleibt nämlich die vom Schleier der Natur verhüllte Große Göttin, die lange nach dem Untergang Ägyptens unter den verschiedensten Namen im Abendland verehrt wurde, sei es öffentlich oder im Geheimen. Mit den Isis-Mysterien hat Ägypten der Menschheit ein Erbe hinterlassen, das sicherlich immer lebendig sein wird, solange es noch Menschen gibt, die im Tempel der Einweihung den Weg der Reinheit und der Wahrheit zu beschreiten wünschen.

Das Rosenkreuzertum

Darauf rüstete ich mich auf den Weg, zog meinen weißen Leinen-
rock an, umgürtete meine Lenden mit einem blutroten Band,
kreuzweise über die Schultern gebunden, auf meinen Hut steckte
ich vier rote Rosen... Die Chymische Hochzeit des Christian
Rosenkreutz.[1]

Ursprünge des Rosenkreuzertums

In der Esoterik der Rosenkreuzer[2] verbindet sich ein von Grund auf
erneuertes Christentum mit den okkulten Traditionen des Abendlandes – vor allem mit der Astrologie, der Alchemie und der Kabbala. Es
handelt sich beim Rosenkreuzertum keineswegs bloß um eine Neben-
oder Seitenströmung christlicher Mystik, sondern um einen ganz eigen-
ständigen Kulturimpuls, der – auf uraltes Geisteswissen zurückgreifend –
den Menschen auf dem Wege stufenweiser Einweihung durch die verschiedenen kosmischen Sphären zur Welt des Göttlichen hinführen möchte. Dabei wird auf die innere esoterische Geistesforschung ebenso großen
Wert gelegt wie auf die äußerlich-weltliche Naturforschung.

Zu Beginn des 17. Jahrhunderts – noch vor Ausbruch des Dreissigjäh-
rigen Krieges – wurde die Öffentlichkeit in gleich drei, kurz hintereinander erschienenen Schriften auf die Existenz einer geheimen Rosenkreuzer-
Bruderschaft hingewiesen. Sie heißen: *Fama Fraternitatis* (1614), *Confessio*
Fraternitatis (1615) und *Die Chymische Hochzeit Christiani Rosenkreutz*
(1616). Alle drei Werke, ursprünglich anonym veröffentlicht, entstammen
der Feder des württembergischen evangelischen Pfarrers *Johann Valentin*
Andreae (1586–1654). Bei der Niederschrift dieser Werke hatte Andreae
gewiss »in höherem Auftrag« gehandelt; denn hinter all seinen Ausführungen steht die überragende Geistgestalt des Lehrers *Christian Rosen-*
kreutz, eine eher legendäre Figur, deren Lebensalter in einem biographischen Abriss mit 106 Jahren angegeben wird (1378–1484).

Die Chymische Hochzeit, äußerlich gesehen ein barock-weitschwei-
figer Einweihungsroman mit stark märchenhaften Zügen und voll okkulter Symbolik, stellt den in sieben Stufen sich vollziehenden Einweihungsweg der Esoterischen Alchemie dar. Dieser Rosenkreuzer-Weg unterscheidet sich wesentlich vom Weg der christlichen Mystiker. Der Mys-
tiker-Weg war immer ein »Weg nach innen« gewesen, in den eigenen

»Seelengrund« hinein; in der Innerlichkeit sollte das Göttliche als gegenwärtig erfahren werden. Dagegen weist das Rosenkreuzertum einen Weg geistiger Natur- und Kosmoserkenntnis, der uns das Göttliche mitten im Weltganzen – im Kosmos selbst – erleben lässt. Die Chymische Hochzeit besteht gerade in der Vermählung des Geistes mit der Materie. Und das Ziel rosenkreuzerischen Tuns liegt nicht in der Flucht in die eigene Innerlichkeit, sondern in einer aktiven Weltbewältigung, die in einer Geist-Verklärung und Spiritualisierung alles Materiellen gipfelt.

Im Unterschied zur Mystischen Hochzeit, der Hochzeit zwischen Gott und der Seele, die sich nur im Inneren abspielt, liegt der Sinngehalt der Chymischen Hochzeit in der Durchgeistung des Stoffes beschlossen. Und insofern, als eine Transformation der Materie zum Geistigen angestrebt wird, könnte man das Rosenkreuzertum als einen Weg spiritueller Alchemie verstehen. Tatsächlich knüpft das frühe Rosenkreuzertum an die alchemistischen Traditionen des Mittelalters bewusst an, grenzt sich allerdings umso schärfer ab gegen die zeitgenössische Vulgär-Alchemie, wie sie zu jener Zeit im Schwange war, die letztlich kein anderes Ziel kannte als die künstliche Herstellung von Gold.

In der *Fama Fraternitatis* lesen wir: »Was aber zu unserer Zeit das gottlose und verfluchte Goldmachen betrifft, das so sehr überhand genommen hat, so ist zu sagen, dass viele dahergelaufene Lecker eine große Büberei damit treiben, indem sie die Neugierde und die Glaubwürdigkeit vieler missbrauchen. Selbst bescheidene Personen halten dafür, dass die Verwandlung der Metalle höchster Zweck und Ziel der Philosophie wären, um die es allein ginge, und derjenige Gott besonders lieb sein müsse, wenn er möglichst große Goldmassen und Klumpen machen könnte. Dabei hoffen sie Gott, den allwissenden Herzenskündiger, durch unbedachtes Bitten und durch Selbstquälerei zu bereden. So bezeugen wir hiermit öffentlich, dass solches falsch und es mit den wahren Philosophen so beschaffen ist, dass ihnen Gold zu machen ein Geringes und nur ein Parergon (Nebenwerk) ist, dergleichen sie wohl noch etliche tausend bessere Stücklein haben.«[3]

In der *Fama Fraternitatis* wird außerdem betont, die Rosenkreuzer-Philosophie sei nicht neu, sondern sie gehe bis auf »den Fall Adams« zurück; sie bestehe also seit dem Anbeginn aller Zeiten. Die Rosenkreuzer würden diese Philosophie so vertreten, wie »sie Adam nach seinem Fall erhalten und wie Moses und Salomon sie geübt«[4]. Auch bestünde kein Gegensatz zwischen philosophischer Erkenntnis und Glaubenswahrheit:

»Deshalb soll es nicht heißen: In philosophischer Hinsicht ist etwas wahr, in theologischer hingegen falsch, sondern: Worauf Plato, Aristoteles, Pythagoras und andere gründen und worauf Henoch, Abraham, Moses, Salomo setzen, besonders in der Zusammenschau des großen Wunderbuches der Bibel, das harmoniert zusammen und gleicht einer Sphäre oder Globus, dessen Teile vom Zentrum gleichweit entfernt sind.«[5]

Die Chymische Hochzeit

Wer war Christian Rosenkreutz? Max Heindel (1865–1919), der Begründer der Rosenkreuzer-Gemeinschaft (*Rosicrucian Fellowship*, 1909 in Seattle / USA gegründet), sagt, er sei ein »hoher geistiger Lehrer« gewesen, »der den symbolischen Namen Christian Rosenkreuz (Das christliche Rosen-Kreuz) trug (...). Er gründete den Geheimorden der Rosenkreuzer mit dem Endziel, esoterisches Licht auf die missverstandene christliche Religion zu werfen und die Geheimnisse des Lebens und des Seins vom wissenschaftlichen Standpunkt in Harmonie mit der Religion zu erklären«[6]. Aber tatsächlich konnte eine historische Persönlichkeit namens Christian Rosenkreuz nie nachgewiesen werden; die Gestalt des Geisteslehrers bleibt in ein ähnlich mythisches Dunkel gehüllt wie die des Hermes Trismegistos, des Begründers der Alchemie.

In der *Fama Fraternitatis* beschreibt Johann Valentin Andreae den legendären Begründer der Rosenkreuzer-Esoterik folgendermaßen: »Das dem Herzen Jesu eingepflanzte Samenkorn, Christian Rosenkreuz stammte aus vornehmer und erleuchteter deutscher Familie. Er war für sein Jahrhundert der Mann, der durch göttliche Offenbarung, durch erhabenste Imagination, durch unermüdliches Bestreben den Zugang fand zu himmlischen und menschlichen Mysterien und Geheimnissen. Er behütete seinen mehr als königlichen Schatz, den er auf seinen Reisen gesammelt hatte, der aber seinem Jahrhundert noch unangemessen war, vor den späteren Generationen, bis er wieder ausgegraben würde, setzte treue und engverbundene Erben ein über seine Künste und seinen Namen, erbaute eine 'Kleine Welt' die in allen Bewegungen der 'Großen Welt' entsprach und schuf schließlich ein Kompendium aller vergangenen, gegenwärtigen und zukünftigen Geschehnisse.«[7]

In der *Chymischen Hochzeit* erscheint Christian Rosenkreutz jedoch nicht als eine historische Gestalt; er tritt vielmehr als rein symbolische Figur auf, die exemplarisch bestimmte Seins- und Bewusstseinszustände des Menschen versinnbildlicht. Als ein »dem Herzen Jesu eingepflanztes

Samenkorn«, *granum pectori Jesu insitum,* symbolisiert die Gestalt des Christian Rosenkreutz das höhere geistig-göttliche Selbst des Menschen, das – gleichsam ein Samenkorn des Christus-Impulses – im Prozess stufenweiser Einweihung frei gesetzt und, wie eine dem Samenkorn entsprießende Pflanze, zu immer größerer Entfaltung gebracht wird. Die sieben blutroten Rosen, die – wie das Emblem der Rosenkreuzer zeigt – aus dem Holz des schwarzen Kreuzes erblühen, könnten als Verbildlichung der sieben Seelenzentren im Energiekörper des Menschen gedeutet werden (im Indischen die sieben *Chakras*). Das Rosenkreuz wäre somit ein Sinnbild für spirituelle Entwicklung schlechthin.

In der *Chymischen Hochzeit* wird in einer Abfolge von mythischen Bildern der siebenstufige Einweihungsweg der Rosenkreuzer-Esoterik dargestellt. Obgleich eine üppige Fülle von alchemistischen Symbolen verwendet wird, handelt es sich doch um einen Weg der Esoterischen Alchemie, in dem die äußere Metallveredelung nur als ein Metapher für die eigentlich zu leistende Arbeit der Seelenveredelung gesehen wird. Das Geheimnis der Stoffes-Transformation bildet dabei nur den kleineren Bestandteil einer umfassenden esoterischen Wissenschaft, in der sich Naturerkenntnis, Gotterkenntnis und Selbsterkenntnis zu einer unlöslichen Einheit vermählen. Eine solche, rein esoterische Alchemie, die über die Arbeit an den physischen Stoffen weit hinausgeht, hatte auch der Dichter Angelus Silesius (Johannes Scheffler, 1624–1677) im Sinn gehabt, der im Prozess des alchemistischen Tingierens geradezu die heilige Trinität von Vater, Sohn und heiligem Geist am Werk sieht:

> *Der heilge Geist, der schmelzt, der Vater, der verzehrt,*
> *Der Sohn ist die Tinktur, die Gold macht und verklärt.*
> *Schau doch, wie hoch vereint die Goldheit mit dem Blei,*
> *Und der Vergöttete mit Gottes Wesen sei.*[8]

Im Mittelpunkt der *Chymischen Hochzeit* steht indes das Mysterium des »Stirb und Werde!«, da das Königspaar am vierten Tag enthauptet und an den folgenden Tagen durch »chymische« Prozeduren wiedererweckt, ja vollständig neugeschaffen wird. Selbstverständlich dürfen auch diese Vorgänge nicht wörtlich genommen werden; mit dem Tod ist ein »mystischer Tod« gemeint, das Aufgehen des Ich im großen ungeschaffenen Meer der Gottheit; und das darauf folgende Neuwerden stellt eine mystische Neugeburt dar, eine Erneuerung des Menschen-Wesens von Grund auf, bis hin zu einer neuen, geistdurchlichteten Leiblichkeit. Der Sinn dieses mystischen »Stirb und Werde!« kommt zum Ausdruck in dem bekannten Rosenkreuzer-Sinnspruch, den wir bereits in der *Fama Fraternitatis* finden: *»In Deo nascimur, in Jesu morimur, per spiritum reviviscimus.* – In Gott sind wir geboren, in Jesus sterben wir, durch den Geist werden wir wiedergeboren«[9].

Die sieben Tage der *Chymischen Hochzeit*, vom Aufbruch und gefahrvollen Weg über die Ankunft im Schloss und dem Hochzeitsfest mit seinem blutigem Ende bis zur chymischen Neuerschaffung des Königspaares, stellen die Abfolge eines inneren Dramas dar, das im Prozess der Einweihung durch eigenes Erleben nachvollzogen werden kann. Am Ende dieses siebenfachen inneren Weges steht also der wiedergeborene, neue Mensch, das wiederauferstandene Königspaar. Dabei handelt es sich keineswegs etwa um die Züchtung eines künstlichen Homunkulus-Menschen in der Retorte, auch wenn es in der Symbolgeschichte der *Chymischen Hochzeit* so dargestellt wird, sondern tatsächlich geht es um die Geburt des höheren geistig-göttlichen Selbst im Menschen, um die Neuerschaffung des Menschen durch ihn selbst, die als Gewinnung des »Steins der Weisen« auch von den Adepten der klassischen Alchemie schon angestrebt wurde. Die allegorische Erzählung der Chymischen Hochzeit nimmt folgenden Verlauf:

Erster Tag: An einem »Abend vor dem Ostertag« erscheint bei Christian Rosenkreutz ein himmlischer Sendbote, ein lichtstrahlender Engel, der ihm einen versiegelten Brief überreicht. In dem Brief befindet sich, in Reimform abgefasst, die Einladung zu dem bevorstehenden Hochzeitsfest des Königspaares. Christian Rosenkreutz bricht auf; wobei er es nicht versäumt, sich wie ein Pilger zu kleiden: mit einem weißen Leinenrock und vier blutroten Rosen auf dem Hut.

Zweiter Tag: Nach einem Gang durch den Wald – wohl ein Symbol für spirituelle Suche – gelangt Chr. Rosenkreutz schließlich zum königlichen Schloss. Dieses gleicht aber eher einem Mysterien-Tempel. Am Portal hängt ein Schild mit den Worten: *Procul hinc, procul ite Prophani!* (Hinweg von hier, hinweg Uneingeweihte!). Allerlei Gäste, hohes und niederes Volk, auch eitle Prahler, versammeln sich im Festsaal. Dort erscheint ihnen eine Jungfrau »mit einem schneeweißen glänzenden Kleid angezogen, welches vor lauter Gold schimmerte« – offensichtlich die von den Adepten verehrte Jungfrau Alchemia.

Dritter Tag: Eine Gruppe Geharnischter bringt eine Tugendwaage daher, auf der alle zur Hochzeit Geladenen auf die Lauterkeit ihrer Gesinnung geprüft werden. Die meisten der Gäste – hochgestellte Personen, Könige und Kaiser, Hofalchemisten – bestehen die Probe nicht und werden schimpflich verjagt. Die übrigen, unter ihnen Chr. Rosenkreutz, werden zu einem Festmahl geladen.

Vierter Tag: Nachdem sie sich im »Hermes-Brunnen« (ein Symbol für alchemistische Weisheit) gewaschen hatten, werden die Geladenen zum Königspaar geführt. Zur Feier der Hochzeit wird ein Mysterien-Spiel in sieben Akten aufgeführt; und danach geschieht das Unerwartete: »Endlich trat in den Saal ein kohlschwarzer langer Mann herein, der trug in der Hand ein scharfes Beil. Nachdem nun zuerst der alte König auf den Sessel geführt worden war, wurde ihm das Haupt abgeschlagen und in ein schwarzes Tuch gewickelt, das Blut aber in einem großen goldenen Pokal aufgefangen und zu ihm in den bereitgestellten Sarg gelegt, zugedeckt und auf die Seite gestellt. (...) Dies schien mir wahrlich eine blutige Hochzeit.«[10] Die getötete Königsfamilie soll nun mit Hilfe »chymischer« Kunst wiederbelebt werden.

Fünfter Tag: Nach einem unerlaubten Besuch im Venusgrab, wo Chr. Rosenkreutz die Göttin der Liebe unverhüllt in ihrem Himmelbett liegen sieht, geht man daran, unter Anleitung der Jungfrau Alchemia dem getöteten Königspaar neues Leben einzuhauchen. Dazu werden die Leichname der Königsfamilie in sieben Schiffen übers Meer zu einer verborgenen Insel gebracht, wo sich der *Turris Olympi* befindet, wohl eine Art alchemistisches Laboratorium. Dort sollen Chr. Rosenkreutz und seine Adepten aus der Asche der Gemordeten zwei künstliche Menschengestalten erbilden, das neue Königspaar.

Sechster Tag: Das »Große Werk«, die Erschaffung der zwei Homunkuli, vollzieht sich in sieben Phasen und auf sieben Stockwerken. Zuerst wird die Asche der Könige in Wasserdampf verwandelt, aus dem sich eine goldene Kugel bildet. Im Innern dieser Kugel entsteht, indem sie intensivster Sonneneinstrahlung ausgesetzt wurde, ein Ei, das nun sogleich in einem kupfernen Kessel ausgebrütet wird. Schließlich entschlüpft dem Ei der Wundervogel Phönix, der wie ein Chamäleon alle möglichen Farben annimmt, bis er zuletzt verbrennt. Aus der Asche des Phönix, entsprechend präpariert, bilden sich sodann zwei kleine Menschen, »jedes nur vier Zoll lang«, die anschließend neubelebt und -beseelt werden. Vom Blut des Phönix genährt, erreichen sie wieder normale Größe und Menschengestalt.

Siebenter Tag: Nachdem das Königspaar solcherart wiederhergestellt wurde, kehrt man vom *Turris Olympi* zum Schloss zurück. Chr. Rosenkreutz wird, seines Werkes wegen, zum »Ritter zum Goldenen Stein« ernannt. Da er jedoch unerlaubterweise die Göttin Venus unverhüllt sah, soll er dem König fortan als Türsteher dienen. Aber dazu kommt es nicht; die Geschichte endet als Fragment: »Hier mangeln ungefähr zwei Quartblätter, und er, der Autor, der vermeinet, er müsse am Morgen Torhüter sein, ist heimgekommen.«[11] Zugegeben: Auf den ersten Blick betrachtet, liest sich diese *Chymische Hochzeit* des Christian Rosenkreutz wie ein alchemistisches Märchen. Aber die üppig wuchernde Fülle an Symboliken und Anspielungen lässt erahnen, dass sich hinter der Erzählung doch mehr verbergen mag als eine bloß der Unterhaltung dienende Fantasy-Geschichte. Doch für den tiefer Blickenden liegt der Mysterien-Sinn der Erzählung offen auf der Hand:

Die Alchemie hieß nicht umsonst die »Königliche Kunst«; der König und die Königin symbolisieren den Menschen in seiner männlich-weiblichen Polarität, *Animus* und *Anima*. Christian Rosenkreutz stellt als Symbolgestalt das höhere Selbst dar, das als der vielgesuchte »Stein der Weisen« über die Fähigkeit der Goldwerdung, der inneren Licht- und Sonnen-Werdung verfügt. Im Mittelpunkt der Erzählung steht die Enthauptung und Neubildung des Königpaares – also das Mysterium des mystischen »Stirb und Werde!«, die Geburt eines neuen göttlichen Selbst aus dem alten sterblichen Ich. Sowohl das Schloss des Königs als auch der *Turris Olympi*, in dem sich die alchemistische Transmutation vollzieht, befinden sich im Inneren der menschlichen Seele.

Die Neuerschaffung des Menschen durch ihn selbst, das eigentliche Werk der Esoterischen Alchemie, wird nun in allen Einzelheiten in der Schilderung des »Sechsten Tages« beschrieben: Zuerst die Sublimation, die zur Folge hat, dass die aufgelösten Körper des Königspaares ineinanderfließen und der »sündige« Teil des Menschen »volatisiert«, also vergeistigt wird, bis er sich in eine Lebenswasser- (Aqua Vitae-) Substanz verwandelt, die dann in der goldenen Kugel aufgefangen wird. Dann die Bestrahlung der goldenen Kugel (ein Symbol des geist-erneuerten Selbst des Menschen) durch die Sonne, das heißt durch die geistig-göttliche Sonnenkraft (oder Christuskraft), die bewirkt, dass im Innern der Kugel das Ei entsteht, aus dem der Phönix schlüpft: Das durch göttliche Sonnenkraft bestrahlte Selbst bringt also den Keim eines neuen spirituellen Zukunfts-Menschen aus sich selbst hervor!

Bei all dem handelt es sich nicht um äußere Labor-Vorgänge, sondern um innere Prozesse, um die Geburt eines voll spiritualisierten Menschen, der sich auch eine neue Leiblichkeit erschafft, einen neuen Astralkörper, Ätherkörper, ja selbst einen neuen physischen Körper! Darum, und nur darum allein, geht es in der *Chymischen Hochzeit* des Christian Rosenkreutz. In einer gewaltigen prophetischen Schau wird hier das Bild einer spirituellen Zukunfts-Menschheit vorweggenommen, die in der fernsten Zukunft kommender Weltentwicklungs-Zustände vielleicht irgendwann einmal Wirklichkeit werden wird. Nebenbei sei erwähnt, dass geheime Praktiken spiritueller Alchemie, die auf eine Transmutation des Menschen hinauslaufen, auch in indischen Yoga-Systemen und im altchinesischen Taoismus vorkommen. Der vollendete taoistische Weise hat sich mit Hilfe seines göttlichen Selbst einen neuen physischen Leib geschaffen, der allerdings – wie man es auch bei indischen Fakiren sieht – den materiellen Gesetzen von Raum und Zeit nicht mehr untersteht: »Er erklärte, auf dem Berge Ku-sche lebe ein geistergleicher Mann, dessen Fleisch wie Eis und Schnee, dessen Haltung wie die einer Jungfrau sei; er esse keine Früchte der Erde, er nähre sich von Luft und Tau; und auf den Wolken fahrend, fliegende Drachen sein Gespann, schweife er jenseits der Vier Meere (d.h., jenseits der Grenzen der irdischen Welt) umher.«[12] Ja selbst über physische Unsterblichkeit verfügt solch ein Vollendeter, der – nur noch äußerlich ein Mensch – in jeder Hinsicht den Göttern gleicht. Die Möglichkeit zu solcher Vollendung liegt keimhaft im Jetztmenschen beschlossen.

Und diese Möglichkeit göttlicher Selbst-Verwirklichung gilt es aus dem sterblichen Jetztmenschen herauszuläutern wie Gold aus der Eisenschlacke. Deshalb sagen auch die chinesischen Alchemisten, die Eingeweihten des Taoismus:

> *Das Flüchtige wandelt sich in die wahre Essenz;*
> *der menschliche Geist wird zum Geist des Tao.*
> *Wie könntest du das Gold vom Erz trennen,*
> *ohne es im Feuer zu läutern?* [13]

Paracelsus von Hohenheim

Theophrastus Bombastus von Hohenheim, bekannt als Paracelsus (1493–1541)[14], war Arzt, Naturphilosoph, Theosoph und Sozialreformer zugleich – ein wahrhaft zukunftsweisender Geist. Als Arzt verwendet er die von Hexen und Kräuterweibern erlernten Naturheilverfahren der Volksmedizin, die auf die Stärkung der Selbstheilungskräfte des Organismus abzielen, was ihm die Feindschaft der Ärzte- und Apotheker-Zünfte seiner Zeit einbrachte. Als Naturphilosoph entwirft er, ganz in der Tradition der okkulten Philosophie stehend, ein magisches Weltbild, das den Gedanken der Allbeseelung der Natur in den Mittelpunkt stellt. Dieses Weltbild knüpft zweifellos an Grundgedanken der Hermetik an.

Als Theosoph entwickelt er eine Mystik der Erfahrung, die sich nicht auf dogmatische Aussagen gründet, sondern allein auf die Erfahrung des göttlichen Urfunkens im eigenen Inneren. Als Sozialreformer schließlich wendet Paracelsus sich gegen die Unterdrückung von Volksrechten und Volksfreiheiten durch die Obrigkeit, gegen das ausbeuterische System des Geldverleihs auf Zins, und – gegen den Krieg. Die Ideen des Paracelsus besitzen also außerordentliche Aktualität! Und die geistesgeschichtliche Wirkung dieses vielseitigen Mannes ist enorm: unmittelbar wirkte er zunächst auf Jakob Böhme, über Böhme auf die Romantiker Schelling und Franz von Baader, daneben auch auf die frühe Rosenkreuzer-Bewegung. Der paracelsische Geistesimpuls gleicht einem Saatgut, das jahrhundertelang im Unterirdischen gärt, vereinzelt außergewöhnliche Früchte hervorbringt, aber wohl erst in zukünftigen Zeiten vollends aufbrechen wird.

Dass Paracelsus nicht schon längst zu einem »Klassiker« der heutigen Esoterik und New-Age-Bewegung geworden ist, die sich ja auf die Werte des Sanften, Organischen, Spirituellen besinnt, und sich (ganz im paracelsischen Geiste) für Naturheilverfahren, einfaches Leben und alternative Technologien interessiert, mag ausschließlich dem hohen Schwierigkeitsgrad seiner Texte zuzuschreiben sein. Sie sind in einem altertümlichen Deutsch geschrieben, und überdies mit zahlreichen lateinischen Brocken durchsetzt, ganz im Schreibstil der Renaissance. Dies tut jedoch der Aktualität seiner geistigen Botschaft keinen Abbruch.

Die äußere Biographie des Theophrastus Paracelsus von Hohenheim zeigt uns zunächst ein unstetes Wanderer-Leben. Geboren wurde er zu Einsiedeln in der Schweiz, seine medizinischen Studien nahm er an italienischen Universitäten auf, danach wirkte er als Naturarzt in den Ländern Österreich, Schweiz, Elsass und Süddeutschland. 1527 wurde er sogar an die Universität Basel berufen, um dort Medizin zu lehren, musste aber die Metropole am Oberrhein nur allzubald wieder verlassen, da er sich mit den medizinischen Autoritäten der Stadt überwarf. Bis zu seinem Tod – 1541 in Salzburg – blieb er auf Wanderschaft.

Das Unstete und Wechselhafte seines Lebens, die ständige Aufbruchs-Stimmung, die ihn wie eine Aura umgibt, entspricht so recht dem Geist der Zeit, in der er lebte. Es war eine Übergangzeit, wie unsere heutige; Erschütterungen der althergebrachten Autoritäten, die Reformation, Bauernaufstände und die Geburt einer neuen Wirtschafts- und Sozialordnung in Europa waren ihre speziellen Kennzeichen. In der medizinischen Wissenschaft wollte Paracelsus das gleiche, was der junge Luther mit der Theologie tun wollte: sie von Grund auf revolutionieren. Die medizinische Wissenschaft sollte sich nicht mehr an den herkömmlichen scholastischen Lehr-Autoritäten ausrichten – das waren damals vor allem: Hypokrates, Galenus, Avicenna –, sondern einzig an dem neugewonnenen Prinzip »der Vernunft und der Erfahrung«.

Das bedeutet aber nicht, dass Paracelsus nur als Vorfahr der modernen Naturwissenschaft zu deuten wäre. Denn die moderne Naturwissenschaft reduziert den Begriff der »Erfahrung« immer auf die rein sinnliche Erfahrung, wie sie – verschärft durch mechanische Messinstrumente – im wissenschaftlichen »Experiment« auftritt. Bei Paracelsus hingegen wird im Begriff der »Erfahrung« die Wahrnehmung höherer Geist-Wirklichkeiten nicht ausgeschlossen. Denn Paracelsus geht nicht von einem materialistischen, sondern von einem spirituellen Welt- und Menschenbild aus. Die rechte Erkenntnis der Natur soll auf etwas Höheres vorbereiten: »Darum ob gleich wohl mit der Natur angefangen wird, so folgt doch nicht aus dem, dass in der Natur soll aufgehört werden und in ihr bleiben. Sondern weiter suchen und enden in dem Ewigen, das ist im göttlichen Wesen und Wandel! ... Also hab ich mit dem Licht der Natur angefangen, und ungezweifelt in Gott dem Herrn, im Licht des Ewigen [will ich] beschließen.«[15]

Paracelsus sieht den Menschen als ein universales Wesen, das Himmel und Erde in sich trägt, ein Mikrokosmos als Abbild des großen Makrokosmos: »Denn also hat Gott den Menschen geschaffen, dass der Mensch, Himmel und Erd vereiniget sind, und dass das Licht der Natur dem Himmel befohlen ist, und der Mensch, dasselbig durch ihn zu empfangen.«[16] Ja selbst »Gott« kann der Mensch nur in sich selbst finden: »Nichts ist im Himmel und auf Erden, das nicht im Menschen sei ... Denn Gott, der im Himmel ist, der ist im Menschen. Denn wo ist der Himmel als der Mensch? – Wir sind auch Götter, darum dass wir seine Kinder sind; aber der Vater selbst sind wir nicht. Darum bleibt allein ein Gott und nicht mehr, und wir sind für und für seine Kinder.«[17]

Da Paracelsus den Menschen als ein kosmisches Wesen sieht, entfaltet er eine recht ausführliche okkulte Menschenkunde, die außer dem physischen Leib auch mehrere übersinnliche Wesensglieder als Bestandteile des menschlichen Organismus kennt. Neben dem physischen Leib des Menschen – dem »elementarischen« Leib – kennt Paracelsus auch den »Archeus« als Träger ätherischer Lebenskraft sowie den »siderischen« Leib – Astralkörper würde man heute wohl sagen – und Träger der Seele und des Geistes. Das höchste göttliche Prinzip im Menschen nennt Paracelsus den »Engel« des Menschen: »Also sollet ihr wissen, dass nichts von Gott in uns kommet, so nit in uns der Engel wär, der von uns zu Gott ein innerliche himmlische Botschaft führete; noch nichts von Gott zu uns ohn ein solch Mittel, das schneller ist denn alle Gedanken.«[18]

Wie der Mensch stellt auch das Universum als Ganzes in der paracelsischen Weltsicht einen belebten und durchseelten Organismus dar, der von zahlreichen Geisterarten – auch Naturgeistern und Elementarwesen – bewohnt wird. Am ausführlichsten hat Paracelsus das Reich der Naturgeister in seinem poetischen *Liber de nymphis, sylphis, pygmaeis et salamandris* beschrieben. Paracelsus nennt das Reich der Naturgeister »eine andere Schöpfung und Kreatur«, die unabhängig von der Menschenwelt existiert. Die vier Elemente betrachtet er als die »Wohnungen«, als das »chaos« oder Lebenselement der Naturgeister, die er nach ihren üblichen Bezeichnungen benennt:

»So wisset ... die vier Geschlecht der Geistmenschen, als nämlich von den Wasserleuten, von den Bergleuten, von den Feuerleuten und den Windleuten ... Ihre Wohnungen sind vielerlei, das ist nach den vier Elementen: eine im Wasser, eine in der Luft, eine in der Erden, eine im Feuer. Die im Wasser sind Nymphen; die in der Luft sind Sylphen; die in der Erden sind pygmaei, die im Feuer salamandrae ... Wiewohl von Wasserleuten undina der Nam auch ist, und von den Luftleuten silvestres, und von den Bergleuten gnomi und vom Feuer mehr vulcani als salamandrae.«[19] Gnome nennt Paracelsus also die Geister der Erde, der Mineral- und Gesteinswelt im Erdinneren; Undinen die belebenden Geister des Wassers, Sylphen die Luftgeister und Salamander die Elementarwesen des Feuers. Diese paracelsischen Bezeichnungen der Naturgeister haben sich im abendländischen Kulturkreis bis heute erhalten.

Paracelsus gibt auch eine – etwas sonderbare – Anweisung zur Herstellung des »Steins der Weisen«, den er allerdings mit rein äußerlich-labortechnischen Mitteln zu gewinnen hofft. Man nehme, heißt es in seinem Rezept, Elektrum, »und trenne davon das Reine vom Unreinen. Hierauf lasse man bis zur Weiße reverberieren, sublimiere durch den Salmiax (Gefäß) so lange, bis es sich auflöst. Dann kalziniere und resolviere man wieder; setze es demnach in einen Pelikan (Gefäß) und lasse es einen Monat digerieren. Das koaguliert sich nun zu einem Körper, der niemals verbrennt, sich nicht verzehrt und unverwest bleibt. Er nimmt alles Minderwertige hinweg bei sinnlich wahrnehmbaren und unwahrnehmbaren Dingen, wie wir oben mitgeteilt haben«[20].

Von den Homunkuli, den künstlichen Menschen zum magischen Gebrauch, sagt Paracelsus, dass sie »aus dreierlei Stoffen« hergestellt werden, »aus Erde, Wachs und Metall, sonst aber aus keinem Stoffe«[21]. Zu einer rein esoterischen Auffassung von der Alchemie, wie sie in den Rosenkreuzer-Mysterien vorherrscht, hatte sich Paracelsus offenbar noch nicht aufgeschwungen.

Die Kosmosophie Jakob Böhmes

Gotterkenntnis, Kosmos-Erkenntnis, Naturmystik und okkulte Menschenkunde vereinigen sich in der Theosophie des Jakob Böhme (1575–1624), jenes schlichten Görlitzer Schusters, der als *philosophus teutonicus* – erster deutscher Philosoph – in die Geistesgeschichte einging, in einer einzigen geistigen Schau. Darum ist Jakob Böhme auch kein Philosoph im üblichen Sinne, kein trockener Stubengelehrter, sondern ein »Philosoph« im ganz ursprünglichen Sinn: ein Weisheitssuchender, dem es allein um den Erwerb echter Sophia – göttlicher Weisheit – geht. Nicht auf spekulativem Wege, durch rationales Denken, will der Mystiker Böhme zu letzter Erkenntnisgewissheit gelangen, sondern durch geistiges Schauen, durch Öffnen des inneren Auges, also durch die bewusste Wiederherstellung okkulter Wahrnehmungsvermögen, die in den Menschen zwar angelegt, jedoch weitgehend verschüttet und zurückgedrängt worden sind. So ausgebildet sind die geistigen Sinnes- und Fühlorgane Jakob Böhmes, dass er selbst beim Anblick eines Erdklumpens in die Geheimnisse des geistigen Kosmos hineinblickt:

»Wenn ich einen Stein oder Erdklumpen aufhebe und ansehe, so sehe ich das Obere und das Untere, ja die ganze Welt darinnen, nur dass an einem jeden Dinge etwa eine Eigenschaft die größte ist, darnach es auch genennet wird. Die anderen Eigenschaften liegen alle miteinander auch darinnen, allein in unterschiedlichen Graden und Centris und sind doch alle Grade und Centra nur ein einziges Centrum. Es ist nur eine einige

Wurzel, daraus alles herkommt.«[22] Hier begegnet uns ein Gedanke, der schon bei Jakob Böhmes großem Vorläufer und Geistesverwandten Paracelsus in kristallklarer Weise gefasst wird, der Haupt- und Kerngedanke der Hermetik, auch der Rosenkreuzer-Esoterik: die wechselseitige Entsprechung von Mikro- und Makrokosmos. Der Gedanke, dass Alles in Allem enthalten, Alles mit Allem verbunden ist – dass aber auch Alles aus Einem geistigen Urgrund fließt.

Bloßes Bücherstudium, das rein intellektuell bleibt und nicht das Moment des geistigen Schauens enthält, wird von Böhme abgelehnt: »Ich trage in meinem Wissen nicht erst Buchstaben zusammen aus vielen Büchern, sondern ich habe den Buchstaben in mir. Liegt doch Himmel und Erden mit allem Wesen, dazu Gott selber, im Menschen. Soll er dann in dem Buche nicht lesen dürfen, das er selber ist? (...) So ich mich selber lese, so lese ich in Gottes Buch.«[23] Konsequenterweise wendet sich Böhme gegen jede Schriftgelehrsamkeit im religiösen Bereich. Meilen trennen ihn daher von dem bibel-orthodoxen Wortglauben eines Luther, diesem Klebenbleibem am äußerlichen Wort, und es ist kein Wunder, dass der Görlitzer Oberpfarrer Gregor Richter, Erzlutheraner, Böhmes Erstlingswerk *Aurora oder Morgenröte im Aufgang* (1612) auf der Stelle konfiszieren ließ. Ja, sogar ein Schreibverbot ließ die orthodoxe Geistlichkeit über den hochbegabten Autor der *Aurora* verhängen.

Böhme möchte den Menschen auf die eigenen Füße stellen, ihm zum eigenen spirituellen Wahrnehmen verhelfen. Auf Erfahrungen muss der Glaube gründen, nicht auf starren Dogmengebäuden. Unsere spirituellen Sinnesorgane, seit Äonen verschüttet, müssen neu entwickelt werden. Dies geschieht durch Rückzug von der Außenwelt, durch Einkehr und Innenschau, durch mystische Versenkung, durch Schweigen:

> »*Der Jünger sprach zum Meister:*
> *Wie mag ich kommen zu dem übersinnlichen Leben, dass ich Gott sehe und höre reden?*
> *Der Meister sprach: Wenn du dich magst einen Augenblick in das schwingen, wo keine Kreatur wohnet, so hörst du, was Gott redet.*
> *Der Jünger sprach:*
> *Ist das nahe oder ferne?*
> *Der Meister sprach:*
> *Es ist in dir, und so du magst eine Stunde schweigen von allem deinen Wollen und Sinnen, so wirst du unaussprechliche Worte Gottes hören.*« [24]

Im Schweigen vernimmt der Jünger das »innere Wort« Gottes. In mystischen Wendungen spricht Böhme von Gott als dem Ungrund und ewigen Nichts: »Man kann nicht von Gott sagen, dass er dies oder das sei, böse oder gut, dass er in sich selber Unterschied habe; denn er ist in sich selber naturlos, sowohl affekt- und kreaturlos. Er hat keine Neiglichkeit zu etwas, denn es ist nichts vor ihm, dazu er sich könnte neigen, weder Böses noch Gutes. Er ist in sich selber der Ungrund, ohne einigen Willen gegen die Natur und Kreatur als ein ewig Nichts (...) Er ist das Nichts und das Alles; und ist ein einiger Wille, in dem die Welt und die ganze Kreation lieget. In ihm ist alles gleich ewig ohne Anfang, in gleichem Gewichte, Maß und Ziel. Er ist weder Licht noch Finsternis, weder Liebe noch Zorn, sondern das ewig Eine.«[25]

Gott als letzter Realitätsgrund entzieht sich jeder Sprache, jeder begrifflichen Einordnung. Er offenbart sich jedoch im Kosmos: in der »Signaturenschrift« der Natur, die es in rechter Weise zu entschlüsseln gilt. Die Signaturen der Natur sind für Böhme Chiffren Gottes, die er in den Sternenhimmel, in die Erde, in die vier Elemente hineingeschrieben hat, um in diesen Chiffren ein Gleichnis seiner selbst zu geben. So sagt Böhme: »Wir dürfen (d.h. brauchen) kein ander Zeugnis als das große Buch Himmels und der Erden, Sternen und Elementen mit der Sonnen, da wir dann das Gleichnis Gottes genug erkennen und noch viel hundertmal mehr in uns selber, so wir uns selber kennen und betrachten. (...) Denn wie Gott von Ewigkeit hat das Wesen dieser Welt in seinem Worte gehabt, welches er immer in die Weisheit hat gesprochen, also haben wirs auch in unserem Worte und sprechen es in die Wunder seiner Weisheit. Denn Gott ist selber das Wesen aller Wesen, und wir sind als Götter in ihm, durch welche er sich offenbart.«[26]

Hier sieht man deutlich, dass Böhme im Grunde seines Herzens reiner Kosmos-Mystiker bleibt, der die Spuren Gottes allein im »Buch der Natur« lesen will und im eigenen Inneren; jede Offenbarungsschrift bleibt im Vergleich zu solchen Natur- und Seelenerfahrungen letzten Endes bedeutungslos. Böhmes Kosmosophie, seine geist-erleuchtete Naturbetrachtung, mündet ein in eine Christosophie, indem er Christus als den von Anfang an existierenden Logos mit dem fortschreitend sich offenbarenden inneren Wort Gottes gleichsetzt. Auch in diesem Punkt besteht eine unüberbrückbare Kluft zwischen der Kosmos-Mystik Böhmes und dem Protestantismus; denn Böhme betont, dass der Kosmische Christus unmittelbar zu den Menschen spricht, nicht durch den Mund menschlicher Vermittler und Priester: »Christus muss selber der Lehrer in dem menschlichen Geiste sein.«[27] Christus als der »Innere Meister« wäre somit eine Erscheinungsform des höheren geistig-göttlichen Selbst.

Von faustischem Erkenntnisdrang getrieben, seherisch hochbegabt, jedoch bar jeder Formalbildung, hat Jakob Böhme mit der Sprache gerungen, um in ungelenken stammelnden Worten die Inhalte seiner umfassenden Geistesschau anderen Menschen mitzuteilen. »Philosophus teutonicus«, deutscher Philosoph, hieß er wohl deswegen, weil er – entgegen der Sitte der Zeit – seine Texte auf Deutsch schrieb. Die Beschäftigung mit dem Werk Böhmes, des immer wieder vergessenen und immer wieder neu entdeckten Meisters der Kosmosophie, dürfte auch die Menschen unserer Zeit spirituell bereichern.

Goethes Rosenkreuzertum

Johann Wolfgang von Goethe (1749–1832), wohl der größte Dichter der Deutschen, aber auch ein hoher Eingeweihter und Esoteriker, kam schon früh in seinem Leben mit der Alchemie und rosenkreuzerischem Gedankengut in Verbindung. Im Jahre 1768 war Goethe, ernstlich an Tuberkulose erkrankt, von seinem Studienort Leipzig in seine Heimatstadt Frankfurt zurückgekehrt, um sich dort von fachkundigen Ärzten behandeln zu lassen. Er wurde – mit Erfolg – von dem Arzt Dr. Friedrich Metz kuriert, einem Eingeweihten der Rosenkreuzer-Esoterik, der dem Patienten das mystisch-alchemistische Schrifttum nahebrachte. In seiner späteren Autobiographie, *Dichtung und Wahrheit*, äußerte sich Goethe folgendermaßen über diesen rosenkreuzerischen Arzt:

»Um den Glauben an die Möglichkeit eines solchen Universalmittels zu erregen und zu stärken, hatte der Arzt seinen Patienten, wo er nur einige Empfänglichkeit fand, gewisse mystische chemisch-alchemistische Bücher empfohlen und zu verstehen gegeben, dass man durch eignes Studium derselben gar wohl dahin gelangen könne, jenes Kleinod sich selbst zu erwerben; welches um so notwendiger sei, als die Bereitung sich sowohl aus physischen als besonders aus moralischen Gründen nicht wohl überliefern lasse, ja dass man, um jenes große Werk einzusehen, hervorzubringen und zu benutzen, die Geheimnisse der Natur im Zusammenhang kennen müsse, weil es nichts Einzelnes, sondern etwas Universelles sei und auch wohl gar unter verschiedenen Formen und Gestalten hervorgebracht werden könne.«[28]

In der langen Zeit der Genesung, nicht weniger als anderthalb Jahre in Frankfurt, auf die drei Semester in Straßburg folgten, fand Goethe Zugang zu den pietistischen Kreisen um Susanne von Klettenburg (1723–74), in denen Werke über Alchemie und mystische Kabbala gelesen wurden. Hier stieß er auf Anregung der Frau von Klettenburg auf Georg Wellings *Opus Mago-Cabbalisticum* (1719), das – zusammen mit anderen, ähnlichen Werken – die Hauptquelle des (wohl zu Anfang des 18. Jahrhunderts entstandenen) *Ordens der Gold- und Rosenkreuzer* bildete. Das Werk muss Goethe dazu angeregt haben, sich noch in andere alchemistische Bücher zu vertiefen. Nochmals sei aus *Dichtung und Wahrheit* zitiert:

»Sie (Susanne von Klettenburg) hatte schon insgeheim Wellings *Opus magocabbalisticum* studiert (...) Ich schaffte das Werk an, das, wie alle Schriften dieser Art, seinen Stammbaum in gerader Linie bis zur Neuplatonischen Schule verfolgen konnte. (...) Gedachtes Werk erwähnt seine Vorgänger mit vielen Ehren, und wir wurden daher angeregt, jene Quellen selbst aufzusuchen. Wir wendeten uns nun an die Werke des Theophrastus Paracelsus und Basilius Valentinus; nicht weniger an Helmont, Starckey und andere, deren mehr oder weniger auf Natur und Einbildung beruhende Lehren und Vorschriften wir einzusehen und zu befolgen suchten. Mir wollte besonders die *Aurea Catena Homeri* gefallen, wodurch die Natur, wenn auch vielleicht auf phantastische Weise, in einer schönen Verknüpfung dargestellt wird.«[29]

Bei der *Aurea Catena Homeri* (Goldene Kette Homers) handelt es sich um ein im Jahre 1723 anonym erschienenes Werk des Arztes J. von Forchenbaum; mit der goldenen Kette bezeichnet es den Stammbaum der neuplatonischen Philosophen, von Plotin bis etwa zu Friedrich Ch. Oetinger (1702–1782), der ebenfalls dem Orden der »Gold- und Rosenkreuzer« angehörte. So war der noch nicht ganz zwanzigjährige Goethe bereits in die gesamte neuplatonische und mystisch-rosenkreuzerische Literatur seiner Zeit eingedrungen. Ergänzt wurden die okkulten Studien, wie Goethe bekannt, durch die Lektüre der *Kirchen- und Ketzergeschichte* von Gottfried Arnold (1666–1714). Der langsam Genesende versäumte es nicht, sich aus den Versatzstücken dieser Literatur seine »Privatreligion« zusammenzubauen: »Der neue Platonismus lag zum Grunde; das Hermetische, Mystische, Kabbalistische gab auch seinen Beitrag her, und so erbaute ich mir eine Welt, die seltsam genug aussah.«[30]

Im Giebelzimmer seiner elterlichen Wohnung hatte sich Goethe, von Jugend an brennend interessiert an Fragen der Naturforschung, inzwischen ein kleines alchemistisches Labor eingerichtet. Dort stellte er einen Windofen auf, richtete ein Sandbad her, verwendete Glaskolben als Abrauchschalen, bereitete aus im nahen Main gefundenen Kieselsteinen einen »Liquor silicium«. Dass die Alchemie – wie auch, parallel dazu, die Naturforschung – für Goethe ein Thema blieb, das ihn zeitlebens gefangenhielt, beweist nicht zuletzt sein dichterisches Hauptwerk: der *Faust*.

Im Jahre 1784, kurz vor Antritt seiner Italienischen Reise, schrieb Goethe ein längeres Gedicht, in dem er sich deutlich als Rosenkreuzer zu erkennen gibt – es trägt den Titel *Die Geheimnisse*. Die Handlung ähnelt jener der *Chymischen Hochzeit*: Da wird der Pilger Markus auf die Reise geschickt, und nach langen mühevollen Wanderungen erreicht er schließlich ein Schloss, in dem sich eine Bruderschaft von Auserwählten zusammenfindet. Es unterliegt keinem Zweifel, um welche Bruderschaft es sich hier handelt, denn über der verschlossenen Pforte des Schlosses leuchtet das Emblem der Rosenkreuzer, das Kreuz mit den Rosen:

> *Doch von ganz neuem Sinn wird er durchdrungen,*
> *Wie sich das Bild ihm hier vor Augen stellt:*
> *Es steht das Kreuz, mit Rosen dicht umschlungen.*
> *Wer hat dem Kreuze Rosen zugesellt?*
> *Es schwillt der Kranz, um recht von allen Seiten*
> *Das schroffe Kreuz mit Weichheit zu begleiten.*[31]

Goethe gehörte auch Freimaurer-Logen an, so etwa der *Strikten Observanz* und dem von Weishaupt 1776 in Ingolstadt gegründeten *Illuminaten-Orden*; eine Zugehörigkeit zu den »Gold- und Rosenkreuzern« lässt sich zwar aus manchen seiner Andeutungen rückschließen, konnte aber bisher nicht nachgewiesen werden. Allerdings, einen wahren Rosenkreuzer erkennt man nicht unbedingt nur daran, dass er einem Orden angehört, der sich rosenkreuzerisch nennt. So sagt auch Franz Hartmann (in seiner Zeitschrift *Lotosblüten*): »Der Name Rosenkreuzer bezieht sich auf die mystische Bedeutung von Rose und Kreuz. Das Kreuz ist das Zeichen des Leidens, aber auch der Freiheit und Erlösung; die Rose ist das Symbol der Herrlichkeit, der Liebe, der aufgegangenen Selbsterkenntnis, der geistigen Wiedergeburt, ohne die es kein selbstbewusstes unsterbliches Dasein gibt. Ein Rosenkreuzer im wahren Sinn des Wortes ist ein Adept, ein Wiedergeborener oder Erleuchteter, ein 'Buddhist' (von buddhi = das Licht der göttlichen Wahrheit). Ein solcher Rosenkreuzer kann durch keinerlei äußerlichen Hokuspokus gemacht werden. Wenn man durch das Anhängen eines Ordens einen Rosenkreuzer schaffen könnte, so könnte man dadurch auch Hunde und Katzen in Rosenkreuzer verwandeln. Es ist also eine Würde, die auf keine andere Weise erlangt werden kann, als durch den mystischen Tod.«[32] Goethe war sich wohl bewusst, dass die wahre Bruderschaft der Eingeweihten in der Geistigen Welt besteht, von wo sie unsichtbar in das Erdenleben hineinwirkt. In einem seiner schönsten Logen-Gedichte, es nennt sich *Symbolum*, huldigt der Poet diesen aufgestiegenen Meister-Seelen, die uns Hiesigen mit ihrer geistigen Kraft helfen, im Erdendasein zu bestehen:

Doch rufen von drüben
Die Stimmen der Geister,
Die Stimmen der Meister:
Versäumt nicht zu üben
Die Kräfte des Guten.

Hier winden sich Kronen
In ewiger Stille,
Die sollen mit Fülle
Die Tätigen lohnen!
Wir heißen euch hoffen.[33]

Goethe als Esoteriker

Über Goethe:
Sein Atmen war eins mit dem atmenden All:
Er verstand das Gemurmel der Quellen,
Des Laubes Geflüster, des Schauers Schall
Und er hörte die Knospen schwellen.
Er sah in der Bibel die Sterne hell;
Ihm vertraut' ihr Sehnen die Meereswell.
— Jewgenij Boratynskij (1800–1844)[1]

Goethes spirituelle Naturwissenschaft

Ein Gespräch über die Urpflanze – besonders darüber, ob sie »Erfahrung« oder »Idee« sei –, das Goethe und Schiller im Juli 1794 miteinander geführt haben, stand am Beginn der langen und sehr fruchtbaren Freundschaft zwischen diesen beiden »Klassikern« des deutschen Geistes. Goethe hat den Verlauf dieses Gespräches in einem späteren Essay (*Glückliches Ereignis*, enthalten in den naturwissenschaftlichen Schriften) noch einmal nachgezeichnet. Er beschreibt, wie er Schiller nach dem gemeinsamen Besuch eines Vortrages nach Hause begleitet, wie sich zwischen beiden ein Gespräch über die »Metamorphose der Pflanzen« entspinnt, und wie er schließlich – im Hause Schillers angekommen – vor den Augen des erstaunten Gastgebers mit wenigen markanten Federstrichen das von ihm geschaute Bild der »Urpflanze« zeichnet:

»Wir gelangten zu seinem Hause, das Gespräch lockte mich hinein; da trug ich die Metamorphose der Pflanzen lebhaft vor und ließ, mit manchen charakteristischen Federstrichen, eine symbolische Pflanze vor seinen Augen entstehen. Er vernahm und schaute alles mit großer Teilnahme, mit entschiedener Fassungskraft; als ich aber geendet, schüttelte er nur den Kopf und sagte: 'Das ist keine Erfahrung, das ist eine Idee.' Ich stutzte, verdrießlich einigermaßen; denn der Punkt, der uns trennte, war dadurch aufs strengste bezeichnet. Die Behauptung aus *Anmut und Würde* fiel mir wieder ein, der alte Groll wollte sich regen; ich nahm mich aber zusammen und versetzte: 'Das kann mir sehr lieb sein, dass ich Ideen habe, ohne es zu wissen, und sie sogar mit Augen sehe.'«[2]

Das damals geführte Gespräch über die »Urpflanze« offenbart die Unvereinbarkeit zwischen der streng logisch-rationalen, an Kant ausgerichteten Erkenntnislehe Schillers und der ganzheitlich-organischen Welt-anschauung Goethes. Schiller glaubte nämlich, dass eine Idee, wie die Urpflanze ja eine ist – »Idee« im Sinne Platons, ein geistiges Urbild – niemals Gegenstand der Erfahrung sein könne. Für ganz und gar unmög-lich hielt er es, dass man das Geistig-Urbildliche einer Idee mit Augen sehen oder gar mit Federstrichen nachzeichnen könne. Er war vielmehr der Überzeugung – darin ganz in der Nachfolge Kants –, dass dem menschlichen Erkenntnisvermögen recht enge Grenzen gezogen seien. Nur das Sinnlich-Wahrnehmbare kann, so Kant und Schiller, Gegenstand menschlicher Erfahrung sein.

Goethe hat seinen Weg der Welt- und Naturerkenntnis mit dem Be-griff *anschauendes Denken* umschrieben. Anschauendes Denken bedeutet für ihn ein Denken, dessen Inhalte nicht aus dem Denken selbst – aus dem Intellekt – kommen, sondern aus geistiger Schau. Insofern besteht hier eine Öffnung gegenüber dem Bereich des Spirituellen. Geistige Schau bedeutet nämlich die Fähigkeit, die geistigen Urbilder alles Seienden – die Ideen – wahrzunehmen, die lebendigen Urgestalten und Formkräfte in der geistigen Welt, die formgebend, prägend und schaffend auf die phy-sisch-sinnliche Welt einwirken. In jeder Pflanze lebt das Bild der geistigen Urpflanze. In allen Erscheinungen der physischen Welt findet der geistig Schauende die Formgestalten der Ideen abbildhaft ausgedrückt und wie-dergegeben.

Und Goethe war – anders als Schiller! – sehr wohl der Ansicht, dass der Mensch die Urformgestalten der Ideen mit (Geistes-)Augen sehen und insofern auch zum Gegenstand seiner »Erfahrung« machen kann. Hat Goethe doch auf seiner berühmten Italien-Reise (1786–88) unter dem hel-len Glanz der südlichen Sonne und in der betörenden Pracht der mittel-meerischen Pflanzenwelt das Geistesbild der Urpflanze mit eigenen Au-gen gesehen! Denn in Italien konnte Goethe bis zu den Wurzeln seines eigenen Seins herabsteigen und der verborgenen Urkräfte allen Lebens innewerden. In der Urpflanze, ja in den »Urphänomenen« überhaupt, er-kannte er die typenbildenden Gestaltungskräfte allen Seins, die – unzäh-lige Entwicklungsstufen hervorbringend – sich ins Unendliche wandeln und trotzdem ihre organisierende, artbildende Form bewahren.

Goethe besaß wie nur wenige Menschen die Fähigkeit, das Geistige unmittelbar in der Natur wirken zu sehen. Bei seiner ganzheitlich-orga-nischen Weltanschauung handelt es sich um eine Konzeption, in der »Na-tur« und »Geist« als zwei sich ergänzende Pole einer untrennbaren höheren Einheit erkannt werden. Die Natur offenbart sich dem Seherauge Goethes immer als lebendige Geist-Natur. In einem kühnen Entwurf von ungeheurer Tragweite wollte er Naturphilosophie, Naturwissenschaft und Geistesphilosophie zu einer einzigen großen Synthese miteinander vereinen. Diese ins Spirituelle erweiterte Naturwissenschaft wollten Goethe, aber auch Schelling, Novalis, Carus und andere Mitstreiter, allesamt führende Geister der deutschen Romantik und Klassik, der rein mathematischen, mechanistischen Naturwissenschaft eines Newton oder Descartes entgegenstellen.

Die Naturforschung hat im Leben und Schaffen Goethes den breitesten Raum eingenommen, wobei neben seiner Lehre von der Urpflanze (erstmals dargestellt in der Abhandlung *Metamorphose der Pflanzen*, 1790) seine Entdeckung des Zwischenkieferknochens im menschlichen Schädel wie auch seine lebenslange Beschäftigung mit der Farbenlehre (gegen Newtons *Optics*) seine Bedeutung als Forscher und Wissenschaftler einigermaßen erkennen lassen. Hinter der Person Goethes steht eine geistige Weltmacht, der Goetheanismus. Eine Erneuerung und schöpferische Weiterentwicklung des Goetheanismus, der goetheanischen Denkweise und Erkenntnismethode, gehört zu den großen Aufgaben unserer Zeit.

Das Ringen um eine spirituelle Natursicht entsprang der Tiefe und dem inneren Auftrag des mitteleuropäischen Geistes, der in der Goethe-Zeit seinen Höhepunkt erreicht hatte. Der Kampf Goethes gegen Newton – die Namen sind hier nur stellvertretend gemeint – war in Wahrheit ein Kampf zweier Weltmächte. Es war ein Kampf des Organischen gegen das Mechanische, des ganzheitlichen Wahrbewusstseins gegen die Analyse, des Lebens gegen die Abstraktion.

Der Goetheanismus als eine alternative Naturwissenschaft legt seinem Forschen eine Erkenntnismethode zugrunde, die darauf abzielt, die Spaltung von Subjekt und Objekt, Ich und Welt, Innen und Außen zu überwinden; denn jenseits aller Gespaltenheit liegt eine umfassende Einheit im Geiste. In diesem Sinne sagt Goethe in seinem Gedicht *Epirrhema* (entstanden 1818/19):

Müsset im Naturbetrachten
Immer eins wie alles achten:
Nichts ist drinnen, nichts ist draußen;
Denn was innen, das ist außen.
So ergreifet ohne Säumnis
Heilig öffentlich Geheimnis.[3]

Die Natur erschöpft sich nicht im Äußerlichen, sondern die Natur hat auch eine innere, spirituelle, transzendente, mystische Seite; denn das Wesenhafte der Natur liegt im Verborgenen. Nur eine Einweihung in höhere Seins- und Bewusstseinszustände kann die inneren Sinne des Menschen öffnen und somit den geistigen Wesenskern der Natur sichtbar machen. Und die folgenden Goethe-Worte (zu Eckermann gesprochen), richtungweisend für alle Naturwissenschaftler, wie überhaupt für alle, die zu einer Erfahrung des Lebendig-Wirklichen gelangen wollen, geben geradezu den Wesenskern der ganzheitlich-organischen Weltanschauung wieder: »Die Gottheit ist wirksam im Lebendigen, aber nicht im Toten; sie ist im Werdenden und sich Verwandelnden, aber nicht im Gewordenen und Erstarrten. Deshalb hat auch die Vernunft in ihrer Tendenz zum Göttlichen es nur mit dem Werdenden, Lebendigen zu tun, der Verstand mit Gewordenem, Erstarrtem, dass er es nutze.«[4]

Die lebendige Geist-Natur offenbart sich dem Geistesauge Goethes letzten Endes gar als die schaffende Gott-Natur, denn »Gott« und »Natur« sind für ihn schlechterdings nicht voneinander zu trennen. Sie schmelzen pantheistisch-mystisch zu einer Einheit zusammen. Damit wird auch der Gegensatz zwischen Wissenschaft und Religion hinfällig, denn jeder Naturforscher im goetheanischen Sinne betätigt sich zugleich als Gottsucher. Beim Anblick des Totenschädels seines Freundes Schiller ruft Goethe aus:

Was kann der Mensch im Leben mehr gewinnen,
Als dass sich Gott-Natur ihm offenbare?
Wie sie das Feste lässt zu Geist zerrinnen,
Wie sie das Geisterzeugte fest bewahre.[5]

Aber der Gott Goethes, das ist freilich nicht der wie ein Despot über und außerhalb der Welt thronende Schöpfergott, von dem die Bibel spricht, auch nicht der Erste Unbewegte Beweger des Aristoteles, schließlich auch nicht der in fernsten Jenseitswelten schwebende, in absoluter Transzendenz für immer verborgene Gott der Mystiker, der Gott Buddhas, Plotins und der Gnostiker. Der Gott Goethes ist vielmehr derjenige, der sich als das bewusste Weltganze stufenweise hochentwickelt, der sich in heiliger Immanenz und im ewigen Hier und Jetzt in allen Naturerscheinungen als der schaffende Welturgrund offenbart. »Ihm ziehmt's, die Welt im Innern zu bewegen«:

> *Was wär ein Gott, der nur von außen stieße,*
> *Im Kreis das All am Finger laufen ließe!*
> *Ihm ziehmt's, die Welt im Innern zu bewegen,*
> *Natur in sich, Sich in Natur zu hegen,*
> *So dass, was in Ihm lebt und webt und ist,*
> *Nie Seine Kraft, nie Seinen Geist vermisst.*[6]

Der Gott Goethes weilt nicht in einem transzendenten Jenseits, sondern in einem numinosen Inseits, das gewissermaßen die Innenseite des Universums bildet. Zu dieser Innenseite des Alls vermag auch der Mensch vorzudringen, wenn er das All in seinem eignen Inneren ergründet. Jeder Mensch trägt den ganzen Kosmos in sich. Innen und Außen sind in Wahrheit eins. In der Außenwelt können wir nur das erkennen, was wir urbildhaft in den Tiefen unserer Innenwelt vorfinden. Und der goetheanische Satz »Wie Innen, so Außen« muss ergänzt werden durch den hermetischen Satz »Wie oben, so unten«. Alles in der Schöpfung, vom Makrokosmos bis zum Mikrokosmos, wird durch eine Kette universeller Entsprechungen zu einem organischen Ganzen zusammengewoben. Wie könnten wir, beispielsweise, die Sonne oben am Himmel wahrnehmen, wenn wir nicht ein geistiges Urbild der Sonne in uns selbst trügen? Goethe dichtet die folgenden Verse:

> *Wär nicht das Auge sonnenhaft,*
> *Die Sonne könnt es nie erblicken;*
> *Läg nicht in uns des Gottes eigne Kraft,*
> *Wie könnt uns Göttliches entzücken?*[7]

Goethes esoterisches Menschenbild

Den Menschen sah Goethe als ein nicht nur irdisches, sondern auch kosmisches Wesen, das – aus Weltenhöhen auf die Erde herabgestiegen – einen Funken aus göttlicher Urlichtflamme in sich trägt. Ja er glaubte sogar, ein Gesamtbild kosmischer Evolution vor Augen, dass sich aus den heutigen Menschen künftig höhere Geistwesen entwickeln würden. Darum nannte er die Erde eine »Pflanzschule für eine Welt von Geistern«.

Im Gespräch mit Eckermann (vom 11. März 1832) äußerte er sich diesbezüglich in folgender Weise: »Gott hat sich nach den imaginierten sechs Schöpfungstagen keineswegs zur Ruhe begeben, sondern er ist noch fortwährend wirksam wie am ersten. Diese plumpe Welt aus einfachen Elementen zusammenzusetzen und sie jahraus jahrein in den Strahlen der Sonne rollen zu lassen, hätte ihm sicher wenig Spaß gemacht, wenn er nicht den Plan gehabt hätte, sich auf dieser materiellen Unterlage eine Pflanzschule für eine Welt von Geistern zu gründen. So ist er fortwährend in höhern Naturen wirksam, um die geringen hochzuziehen.«[8]

Dass der Mensch auf dem Wege seiner spirituellen Höherentwicklung eine ganze Kette von Erdenverkörperungen durchlaufen muss, war für Goethe eine Gewissheit. Angedeutet wird dieser Reinkarnations-Gedanke in manchen seiner lyrischen Gedichte, so etwa in dem berühmten *Gesang der Geister über den Wassern*:

> *Des Menschen Seele*
> *Gleicht dem Wasser;*
> *Vom Himmel kommt es,*
> *Zum Himmel steigt es,*
> *Und wieder nieder*
> *Zur Erde muss es,*
> *Ewig wechselnd.*[9]

In der Gefährtin Charlotte v. Stein erkannte Goethe gar eine aus zahlreichen früheren Erdenleben mit ihm schicksalsmäßig verbundene Dualseele, und er widmet ihr folgende Zeilen:

> *Sag, was will das Schicksal uns bereiten?*
> *Sag, wie band es uns so rein genau?*
> *Ach, du warst in abgelebten Zeiten*
> *Meine Schwester oder meine Frau.*[10]

Gewiss kannte Goethe auch die Schluss-Abschnitte aus G. E. Lessings *Erziehung des Menschengeschlechts* (1780), wo es heißt: »Aber warum könnte jeder einzelne Mensch nicht mehr als einmal auf dieser Welt vorhanden gewesen sein? (....) Warum könnte ich nicht hier bereits einmal alle die Schritte zu meiner Vervollkommnung getan haben, welche bloß zeitliche Strafen und Belohnungen den Menschen bringen können? (....) Warum sollte ich nicht so oft wiederkommen, als ich neue Kenntnisse, neue Fertigkeiten zu erlangen geschickt bin? Bringe ich auf einmal so viel weg, dass es der Mühe wieder zu kommen etwa nicht lohnt? Darum nicht? –

Oder, weil ich es vergesse, dass ich schon dagewesen? Wohl mir, dass ich es vergesse. Die Erinnerung meiner vorigen Zustände würde mir nur einen schlechten Gebrauch des gegenwärtigen zu machen erlauben. Und was ich auf jetzt vergessen muss, habe ich denn das auf ewig vergessen? Oder, weil so zu viel Zeit für mich verloren gehen würde? – Verloren? – Und was habe ich denn zu versäumen? Ist nicht die ganze Ewigkeit mein?«[11]

Lessing und Goethe galt der Gedanke an die wiederholten Erdenleben des Menschen als Selbstverständlichkeit, als ein in der Natur liegendes kosmisches Gesetz. Der Mensch ist ein Bürger der Ewigkeit, aber er muss durch einen ständigen Wechsel von Sterben und Neugeburt hindurchgehen, denn nur im Zyklus des *Stirb und Werde!* kann der Mensch sich zu höheren Formen geistbewussten Lebens emporläutern. Daher:

> *Und solang du das nicht hast,*
> *Dieses: Stirb und werde!*
> *Bist du nur ein trüber Gast*
> *Auf der dunklen Erde.*[12]

Das Göttliche und die Götter

Im Werk Goethes finden sich immer wieder Hinweise auf höhere Geistwesenheiten – ein Pantheon von Göttern und halbgöttlichen Wesen –, die den Menschen auf seiner Reise durch den Zyklus der Inkarnationen begleiten, um helfend und fördernd in den Lauf der Menschheits-Entwicklung einzugreifen. Goethe hatte den Geist des klassischen Griechentums, den Geist der heidnischen Antike, tief in sich aufgenommen; er lebte ganz aus dem Quellborn antiker Weltfrömmigkeit. Von Geburt zwar Deutscher, dem Herzen nach aber Grieche und immerzu »das Land der Griechen mit der Seele suchend« (Iphigenie), war ihm der Gedanke an wirkende Göttermächte, die – hoch über dem Menschen stehend – tätig in die Weltentwicklung eingreifen, sehr geläufig. Man hüte sich, in Goethes Polyteismus nur ein literarisches Stilmittel seiner lyrischen Dichtungen zu sehen, quasi ein inhaltsleeres Metapher ohne eine dahinterliegende tiefere Bedeutung! Eine solche Deutung geht an der Mitte der Goetheschen Weltanschauung geradewegs vorbei.

Goethes Polytheismus – seine Vielgötterverehrung – stellt einen zentralen Bestandteil seiner spirituellen Welterfahrung dar, und dieser Polytheismus steht nicht im Widerspruch zum Pantheismus seiner Naturphilosophie. Denn aus Einheit entspringt Vielheit; warum sollte nicht aus der all-einen Gott-Natur eine Vielheit göttlicher Kräfte hervorgehen können? Goethe war ein universaler Geist, der das Göttliche in vielerlei Gestalt erfahren konnte. Im Aphorismus 807 der *Maximen und Reflexionen* sagt er: »Wir sind naturforschend Pantheisten, dichtend Polytheisten, sittlich Monotheisten«. Der Gott Goethes zeigt sich uns mal als monotheistischer Ein-Gott, mal als pantheistischer All-Gott, dann wieder als heidnisch-antikes Götterpantheon, und doch ist es immer dieselbe Gottheit, vielfarbig schillernd wie ein Lichtstrahl im Prisma.

In einem Gespräch mit Kanzler Müller hatte sich Goethe auch über *Dämonen* (*daimones*, im Griechischen götterähnliche Wesen) geäußert; Carl Gustav Carus schreibt in seinen *Lebenserinnerungen* darüber: »Da wurde denn erzählt, wie er sich spät abends darüber ausgesprochen, wie es denn doch so gar verschiedene Dämonen gebe, darunter einige höheren Ranges: Urgeister, welchen die kleinen Dämonen manches in den Weg zu legen suchten, die aber trotz allem immer wieder durchdrängen und gewissermaßen schon in ihrem Menschendasein sich von unverwüstlicher Natur zeigten. Dann, wie es gar wohl in der Macht des den göttlichen Funken in sich bewahrenden und erhellenden Dämons stehe zur eigentlichen individuellen Unsterblichkeit sich hindurchzuarbeiten, während der getrübte und schwache allmählich wie Licht verlösche – und dergleichen tiefsinnige Betrachtungen mehr. Endlich aber war er in tiefster Nacht vom Tisch aufgestanden, sagend: 'Es ist unrecht, dass ich mich über diese Dinge hier so ausspreche, darüber spreche ich eigentlich nur mit Gott!'«[13]

Ein Gedicht aus dem Zyklus der *Orphischen Urworte* trägt den Titel *Daimon*. Und in den *Römischen Elegien*, diesem wohl sprechendsten Zeugnis des dichterischen Polytheismus Goethes, lesen wir:

Fromm sind wir Liebende, still verehren wir alle Dämonen,
Wünschen uns jeglichen Gott, jegliche Göttin geneigt.[14]

Betonen wir hier nochmals: Wenn Goethe von »höhern Wesen« spricht – Göttern und Dämonen –, dann waren dies für den geistbegabten Dichter Goethe durchaus erfahrbare und immer wieder erfahrene Realitäten. Goethe besaß einen unmittelbar-intuitiven Zugang zur Geisteswelt der Götter und zu den uns umgebenden Geisterwelten. Ein so aus geistiger Erfahrung gewonnener Polytheismus, der bewusst an heidnisch-antike Vorbilder anknüpft, brachte Goethe natürlich in Konflikt mit der herrschenden Religion seiner Zeit, dem Christentum. Mochte er auch in seiner frühen Sturm- und Drang-Zeit vorübergehend am Gefühls-Christentum der Herrnhuter Gefallen gefunden haben (wie auch Schleiermacher und Novalis), mochte er sich selbst später noch – etwa in den Gesprächen mit Eckermann – über Bibel und Christentum im positiven Sinne geäußert haben, so bleibt doch die Tatsache bestehen, dass er zeitlebens ein erklärter Nicht-Christ war. Gegenüber Jacobi nannte er sich einen »alten Heiden« (Brief vom 11. Jan. 1808), und in den *Zahmen Xenien* finden sich solche Verse, die an Deutlichkeit nichts zu wünschen übrig lassen:

> *Mit Kirchengeschichte was hab ich zu schaffen?*
> *Ich sehe weiter nichts als Pfaffen; (...)*
> *Glaubt nicht, dass ich fasele, dass ich dichte;*
> *Seht hin und findet mir andre Gestalt!*
> *Es ist die ganze Kirchengeschichte*
> *Mischmasch von Irrtum und von Gewalt.*[15]

Diese deutliche Abgrenzung gegen jede Form des Kirchen-Christentums steht keineswegs im Widerspruch zu der hohen Wertschätzung, die Goethe der Person Christi stets entgegenbrachte. Im Gespräch mit Eckermann (vom 11. März 1838) bekannte er: »Fragt man mich, ob es in meiner Natur sei, Christus anbetende Ehrfurcht zu erweisen, so sage ich: durchaus! Ich beuge mich vor ihm, als der göttlichen Offenbarung des höchsten Prinzips der Sittlichkeit. Fragt man mich, ob es in meiner Natur sei, die Sonne zu verehren, so sage ich: durchaus! Denn sie ist gleichfalls eine Offenbarung des Höchsten, und zwar die mächtigste, die uns Erdenkindern wahrzunehmen vergönnt ist.«[16] Auch darin bleibt Goethe ein »alter Heide« (oder ein Christ der Zukunft?), dass er die Verehrung des Christus in einem Atemzuge mit der Sonnenverehrung gleichsetzt.

Christ und Heide, Deutscher und Grieche, Naturforscher und Esoteriker, Wissenschaftler und Dichter – all dies trug Goethe in sich, aber letzten Endes kann man ihn wohl nur richtig verstehen als einen kosmischen Mystiker, dessen höchstes Sehnsuchtsziel darin liegt, sich mit der Weltseele zu vereinigen:

> *Weltseele, komm, uns zu durchdringen!*
> *Denn mit dem Weltgeist selbst zu ringen,*
> *Wird unsrer Kräfte Hochberuf.*
> *Teilnehmend führen gute Geister,*
> *Gelinde leitend höchste Meister*
> *Zu dem, der alles schafft und schuf.*[17]

Goethes metaphysischer Titanismus

Das Streben des Menschen, das Göttliche im eigenen Inneren durch freie Schaffenskraft zu entbinden, ja selbst den Göttern gleich zu werden, hat Goethe in mythischen Bild-Gestalten wie Prometheus, Ganymed und vor allem Faust immer wieder in den Mittelpunkt seines literarischen Schaffens gestellt. Schon in seiner Frankfurter Zeit hatte sich der Dichter mit dem Schicksal des unglücklichen Titanen gründlich beschäftigt, und wir besitzen zwei Akte eines lang verschollenen Prometheus-Dramas aus dem Jahre 1773, die den Helden im Trotz gegen die Götter als Bildner der Menschheit darstellen. In die Periode des »Titanismus« im Leben des jugendlichen »Sturm-und-Drang«-Dichters fallen neben dem Prometheus-Fragment auch Werke wie *Mahomet, Cäsar, Sokrates, Götz* und nicht zuletzt der *Faust* in seinen verschiedenen Fassungen. Der Ur-Faust, nur zwei Jahre später als das erwähnte Drama entstanden, atmet ganz den Geist dieses Goethe'schen Titanismus.

Faust, von Goethe als ein tragisches, aber doch ideales Bild menschlichen Höherstrebens dargestellt, ist vermessen genug, sich den Göttern gleichzustellen; deshalb ruft er den Erdgeist an, dem er, wie er meint, gleicht. Aber der Erdgeist, der in lodernder Flamme erscheint, verhöhnt Faust, indem er spricht:

> *Da bin ich! – Welch erbärmlich Grauen*
> *Fasst Übermenschen dich! Wo ist der Seele Ruf?*
> *Wo ist die Brust, die eine Welt in sich erschuf*
> *Und trug und hegte? die mit Freudebeben*
> *Erscholl, sich uns, den Geistern, gleichzuheben?*[18]

Bezeichnenderweise wird hier, die Grundideen Friedrich Nietzsches kühn vorwegnehmend, im Zusammenhang mit Faust der Begriff des »Übermenschen« gebraucht. Fausts titanisch-himmelstürmende Natur, freilich dazu verurteilt, an der höheren Macht der Götter zu scheitern, kommt in seiner Selbstbeschreibung treffend zum Ausdruck:

> *Ich, Ebenbild der Gottheit, das sich schon*
> *Ganz nah gedünkt dem Spiegel ewger Wahrheit,*
> *Sich selbst genoß in Himmelsglanz und Klarheit,*
> *Und abgestreift den Erdensohn;*
> *Ich, mehr als Cherub, dessen freie Kraft*
> *Schon durch die Adern der Natur zu fließen*
> *Und, schaffend, Götterleben zu genießen,*

Sich ahnungsvoll vermaß, wie muss ichs büßen!
Ein Donnerwort hat mich hinweggerafft.[19]

Zusammen mit seinem Prometheus-Drama hatte Goethe 1773 auch ein längeres monologisches Prometheus-Gedicht in einem genialen Wurf zu Papier gebracht, das sein Freund Fritz Jacobi – ohne die Erlaubnis des Dichters – im Jahre 1785 veröffentlichte. Erst 1788 nahm Goethe das Gedicht in sein Gesamtwerk auf. In seiner Autobiographie wird Goethe, auf seine titanisch inspirierte Jugendphase rückblickend, folgendes bemerken: »Ich hatte jung genug gar oft erfahren, dass in den hülfsbedürftigsten Momenten uns zugerufen wird: 'Arzt, hilf dir selber!' und wie oft hatte ich nicht schmerzlich ausrufen müssen: 'Ich trete die Kelter allein!' (...) Indem ich nun hierbei die Hülfe der Menschen abzulehnen, ja auszuschließen hatte, so sonderte ich mich, nach Prometheischer Weise, auch von den Göttern ab.«[20] Aus diesen Worten geht hervor, dass Goethe als Schaffender sich – zumindest vorübergehend – mit der Gestalt des Prometheus identifiziert hatte.

Und tatsächlich stellt der metaphysische Titanismus, wie er im Prometheus-Gedicht von 1773 besonders treffend zum Ausdruck kommt, Goethes entscheidende Triebfeder dar, das nie ruhende »*primum mobile*« seiner schöpferisch-genialischen Kraft. In diesem von hinreißendem Elan beflügelten Jugendgedicht lässt Goethe sein höheres Ich, Prometheus, sprechen: »*Hast du nicht alles selbst vollendet, heilig glühend Herz?*«[21]

Über den »himmelstürmenden Sinn« der Titanen, die sich gegen Zeus auflehnten, aber von ihm in den Tartarus, also in die Unterwelt, gestoßen wurden, äußerte sich Goethe später so: »Doch auch die kühneren jenes Geschlechts, Tantalus, Ixion, Sisyphus, waren meine Heiligen. In die Gesellschaft der Götter aufgenommen, mochten sie sich nicht untergeordnet genug betragen (...) und sich eine traurige Verbannung zugezogen haben. Ich bemitleidete sie, ihr Zustand war von den Alten schon als wahrhaft tragisch anerkannt (...).«[22] Goethe nennt neben Tantalus zwei andere Titanen, Ixion, den Vater der Kentauren, und Sisyphus, den Gründer Korinths – alle drei gelten als Vertreter derselben himmelstürmenden Gesinnung, die ihnen auch ähnliche Strafen in der »traurigen Verbannung« des Tartarus einbrachte.

Die Sympathie mit den gebannten Titanen war für Goethe ein nicht nur philosophisches, sondern gleichermaßen dichterisches Bekenntnis, in dem er sein eigenes Genie-Erleben zum Ausdruck brachte. Und es spannt sich ein Bogen vom Prometheus der frühen Dichtung von 1773, der sagt:

»Hast du nicht alles selbst vollendet, heilig glühend Herz?« bis hin zu dem »Übermenschen« Faust, der nach den oben zitierten Worten des Erdgeistes »eine Welt in sich erschuf«. Die Titanen, Prometheus und Faust stehen somit als Sinnbilder für die genialische Produktivität des wahren Künstlers, zumal des Dichters, der allein in der Lage ist, Welten und Wirklichkeiten, Gestalten und Schicksale aus dem eigenen Inneren heraus neu zu erschaffen.

Hatte der junge Goethe in seinem Prometheus-Drama noch den trotzenden Titanen verherrlicht, der den »Göttern droben« die Gott-Natur seines eigenen Wesens entgegenstellt, so betont der Dichter später im *Faust* die Bedeutung der dem Erlösungs-Bemühen des Menschen »von oben« zu Hilfe kommende göttliche Gnade: »Wer immer strebend sich bemüht, den können wir erlösen!« Der allzu hochfahrende jugendliche Titanentrotz hatte sich, so scheint es, im reiferen Alter gelegt. Und wie eine Antithese zu Prometheus liest sich das in Weimar in der Zeit zwischen 1775 und 1786 entstandene Gedicht *Grenzen der Menschheit*. Das Gedicht warnt den Menschen davor, seinen eigenen Kreis zu überschreiten, sich gar mit den Göttern zu messen; es betont auch die unüberschreitbare Kluft, die sich zwischen Menschen und Göttern auftut:

> *Denn mit Göttern*
> *Soll sich nicht messen*
> *Irgendein Mensch.*
> *Hebt er sich aufwärts*
> *Und berührt*
> *Mit dem Scheitel die Sterne,*
> *Nirgends haften dann*
> *Die unsichern Sohlen*
> *Und mit ihm spielen*
> *Wolken und Winde.*[23]

Gegenüber den Göttern erscheint der Mensch hier in seiner ganzen bedauernswürdigen Kleinheit; ein Spielball von Wind und Welle, bleibt er waltenden Natur- und Göttermächten hilflos ausgeliefert. Mit den *Grenzen der Menschheit*, die vielleicht auch seine eigenen Grenzen gewesen sind, hat Goethe seine eigene Prometheus-Natur bezähmt, überwunden, in Fesseln geschlagen. Der einstige »Sturm und Drang«, der wohl tatsächlich nur eine Jugendphase, wenn nicht gar Jugendtorheit war, ist einer reifen abgeklärten Erkenntnis der eigenen Begrenzungen gewichen. Und dennoch: Ist es nicht doch immer der »jugendlich-törichte« Titanismus, dieses bedingungslose Höherstreben, dieses ebenso mutige wie unbedachte Greifen nach den Sternen, der für jeden wahren Künstler – auch für den späteren Goethe – die Antriebskraft allen Schaffens darstellt?

Das spirituelle Amerika

Ich singe das Selbst, den Einzelmenschen,
Doch spreche das Wort 'demokratisch' aus, das Wort 'en masse'.
Ich singe Physiologie vom Scheitel bis zur Sohle.
Nicht Physiognomie noch Hirn allein ist würdig für die Muse,
Ich sage, viel würdiger noch ist die ganze Gestalt,
Ich singe das Weibliche gleichen Ranges mit dem Männlichen,
Das Leben, unermeßlich in Leidenschaft, Puls und Kraft,
Freudig, zu freiester Tat geformt nach göttlichem Gesetz,
Ich singe den modernen Menschen. Walt Whitnan[1]

R. W. Emerson – der Nonkonformist

Amerikanischer Pioniergeist, Naturmystik und die Philosophie des deutschen Idealismus – vor allem Goethes und Schellings – verbinden sich in der Person des aus Neuengland stammenden Literaten Ralph Waldo Emerson (1803–1882). Ohne Emerson, diesen Erwecker des »amerikanischen Transzendentalismus«, wäre weder die bahnbrechende Grashalme-Lyrik eines Walt Whitman noch der »zivile Ungehorsam« eines Henry David Thoreau denkbar gewesen – ja, ohne ihn, der die Stilform des literarischen Essays zur Meisterschaft vollendete, hätte schließlich auch ein Friedrich Nietzsche seine kristallklaren Aphorismen nicht schreiben können. Dieser bekannte sich offen als ein Bewunderer des Amerikaners Ralph Waldo Emerson, und noch in seinem letzten Buch (*Götzendämmerung*, 1889) beschreibt er ihn so: »Viel aufgeklärter, schweifender, vielfacher, raffinierter als Carlyle, vor allem glücklicher (...) Ein solcher, der sich instinktiv bloß von Ambrosia nährt, der das Unverdauliche in den Dingen zurücklässt. (...) Emerson hat jene gütige und geistreiche Heiterkeit, welche allen Ernst entmutigt; er weiß schlechterdings nicht, wie alt er schon ist und wie jung er noch sein wird (...).«[2]

Ralph Waldo Emerson trägt den Geist Amerikas in sich, einen Geist radikaler Demokratie, wie er in Jefferson und Abraham Lincoln lebte, aber auch den Geist Europas, besonders den der Romantiker, der Dichter und der Naturphilosophen. Mit Carlyle, Wordsworth und Coleridge stand er in persönlicher Verbindung; den Geist Platons, Shakespeares, Swedenborgs und Goethes hatte er tief in sich aufgenommen. Als Heroen des Geistes galten ihm jene Europäer, die er in seiner Sammlung *Essays on*

Representative Men (1850) als die höchsten Vertreter des Menschenge-schlechts feierte. Kaum ein amerikanischer Philosoph wurzelte so tief im Europäertum wie er, aber kaum ein anderer war wie er in der Lage, den Geist Europas zu durchdringen mit dem freiheitlichen Unabhängigkeits-willen Amerikas, mit einem bodenständig-amerikanischen Individualis-mus, der sich aus dem Ethos religiösen Nonkonformismus sowie aus dem wild-romantischen Siedlerleben in unberührter Natur herleitet.

In seinen brillanten *Essays* (1841) hat Ralph Waldo Emerson erstmals den Ethos eines heroischen Individualismus entfaltet, der sich dann bei Nietzsche zum schwindelerregenden Gipfelgedanken des Übermenschen-tums steigert. Im Mittelpunkt seiner Lebensphilosophie, in zahlreichen Schriften und Essays niedergelegt, steht der Begriff des *self-reliance*, zu Deutsch Selbstvertrauen: ein bedingungsloser Glaube an die Kräfte des eigenen Selbst, das als Kern der bewussten Persönlichkeit nicht etwa das niedere Ego, sondern etwas Überpersönlich-Kosmisches darstellt. Emer-son wirft uns zurück auf unser Ureigenstes, Innerstes, auf unser eigentli-ches Selbst; und er lehrt uns, nicht Vorbildern und Autoritäten nachzuei-fern, sondern ganz aus dem Ureigenen heraus zu schaffen. Denn jeder Mensch, der wahrhaft »Ich bin!« zu sich selbst sagen kann, stellt etwas Einmaliges, Unwiederbringliches dar. Der kategorische Imperativ, den Emerson aufstellt, lautet nicht: »Sei einem höherem Gesetz gehorsam!«, sondern er lautet schlicht und einfach: »*Sei du selbst!*«

»Sei du selbst!«, das bedeutet auch: Vertraue dir selbst! Sei dein eige-ner Gesetzgeber, dein eigener König und Hohepriester, sei der Vollender deines eigenen Wesens! Das Moralgesetz, nach dem du handelst, steht nicht in irgendwelchen als heilig erachteten Schriften niedergeschrieben; es leuchtet in Flammenschrift in deinem eigenen Herzen. Wie Nietzsche und Max Stirner bemüht sich Emerson um eine selbstgesetzgebende Mo-ral, frei von Geboten, Verordnungen und Gesetzen, herausgeboren aus dem Inneren des zu sich selbst erwachten Einzelnen. Bei Nietzsche ist dies die Moral des »Übermenschen«, der – ganz im Bewusstsein seines einma-ligen Selbst – sich aus dem Bann allgemeinen Herdenmenschentums her-ausgelöst hat, um selbst im Angesicht einer scheinbar sinnlosen »Ewigen Wiederkehr des Gleichen« den selbstgesetzten Sinn eines tätigen Schöp-fertums zu verwirklichen.

Die Erhebung einer Institution, Lehre, Ideologie oder Religion zu einer Art Über-Ich, der sich das Ich des Einzelnen willig unterzuordnen habe, bedeutet für Emerson ein Gräuel; die einzige Untugend ist die des Konformismus. Daher: Keine Konformität mehr, keine Anpassung an Normen und Schablonen, die Anspruch auf Allgemeingültigkeit erheben! Es gibt keine Allgemeingültigkeit im gesellschaftlichen Leben, es kann keine geben, denn jedes Individuum ist eine Welt für sich, und es trägt einen ganzen Kosmos in sich. Was für den Einen gilt, muss nicht für Alle gelten! In seinem Essay *Self-Reliance* (»Selbstvertrauen«) hat Emerson diesen Gedanken in aphoristische Klarheit gefasst. Er sagt dort: »Wer ein Mensch sein will, der muss Nonkonformist sein. Wer unsterbliche Siege erringen will, darf sich nicht durch den Namen der Güte behindern lassen, sondern muss erforschen, ob es Güte sei. Nichts ist endlich heilig als die Integrität deines eigenen Geistes. Sprich dich von dir selbst frei, und du wirst auf der Welt ein Stimmrecht haben.«[3]

Ganz in sich selbst gegründet, nur nach selbstgegebenem Gesetz lebend, Meister seines eigenen Geschicks, soll der Mensch ganz im Hier und Jetzt wirken, ganz in der Gegenwart: »Die Rosen unter meinem Fenster berufen sich nicht auf frühere oder bessere Rosen; sie geben sich als das, was sie sind; sie existieren heute mit Gott. Für sie gibt es keine Zeit. Da ist einfach die Rose, vollkommen in jedem Augenblick ihrer Existenz. Bevor eine Blattknospe aufgebrochen ist, wirkt ihre gesamte Lebenskraft; in der voll erblühten Blume ist nicht mehr davon, in der blattlosen Wurzel nicht weniger. Ihre Natur ist befriedigt, und sie befriedigt die Natur in jedem Augenblick gleich.«[4]

Obgleich selbst aus einer puritanischen Familie stammend, von Haus aus Theologe und zeitweilig Priester in der Unitarischen Kirche, wendet sich Emerson schärfstens gegen jede Vorherrschaft religiöser Traditionen, die eine Opferung der Gegenwart zugunsten der Vergangenheit bedeuten. Nicht vergangene Gottes-Offenbarungen zählen heute, sondern nur das, was der Geist Gottes im Hier und Jetzt der Gegenwart spricht. »Es ist die Aufgabe des wahren Lehrers, uns zu zeigen, dass Gott ist, nicht, dass er einmal war; dass er spricht, und nicht, dass er einmal gesprochen hat«, so führte Emerson auf einer Ansprache vor Studenten der Theologischen Hochschule aus (*The Divinity School Adress*, 1838), und er forderte die Versammelten auf, »die guten Vorbilder zu meiden, auch diejenigen, die der Vorstellung der Menschen heilig sind, und es zu wagen, Gott ohne Vermittler und ohne Schleier zu lieben«[5].

Denn was sich eigenmächtig zwischen Gott und den Menschen stellt – Priester, Kulte, Liturgien, Dogmen und heilige Offenbarungsschriften – wirkt wie eine Trennmauer, die uns vom lebendigen Kräftestrom spiritueller Erfahrung abtrennt. Aber: »Die Beziehungen der Seele zu dem göttlichen Geist sind so rein, dass es profan wäre, Vermittler einschieben zu wollen. Es muss so sein, dass wenn Gott spricht, er nicht nur eines, sondern alles mitteilen wird; dass er die Welt mit seiner Stimme erfüllen wird; dass er Licht, die Natur, Zeit, Seelen aus dem Mittelpunkt des gegenwärtigen Lebens ausstreuen und neu das Ganze datieren und schaffen wird. Immer wenn ein Mensch schlicht eine göttliche Weisheit empfängt, schwinden die alten Dinge dahin, Hilfsmittel, Lehrer, Texte und Tempel fallen; er lebt heute und nimmt Vergangenheit und Zukunft in die gegenwärtige Stunde auf. Alles wird heilig in Beziehung auf ihn, eines so gut wie das andere.«[6]

Wenn Emerson über das Göttliche spricht – über das Göttliche in uns, das in schauender Ekstase erfahren wird –, dann spricht er in der ihm so wohlvertrauten Sprache der Mystiker, von Plotin über Jakob Böhme bis zu Swedenborg, auch in der Sprache der altindischen Veden, deren zeitlose Weisheit er kannte. Den Puritanismus, dieses verhängnisvollste Erbe Amerikas, hatte Emerson in sich selbst überwunden: das Predigeramt in der Unitarischen Kirche musste er aus Gewissensgründen niederlegen (1832), um in der Existenz des freien Schriftstellers durchzubrechen zu einer mystischen Kosmos-Freudigkeit, die auch mit Goethes Weltanschauung tiefste Verwandtschaft aufweist. Den Gott der Tradition – des Christentums zumal – hatte Emerson überwunden, um den Gott der lebendigen Geist-Erfahrung wiederzufinden, und zwar sowohl in der Sprache der Natur als auch in den tiefsten Urgründen des eigenen Inneren.

Die folgenden Worte kann nur jemand schreiben, der die *unio mystica*, die Einswerdung der Seele mit der göttlichen All-Seele, selbst vollzogen hat: »Unaussprechlich ist die Vereinigung von Gott und Mensch in jedem Wirken der Seele. Der einfachste Mensch, der in seiner Lauterkeit Gott verehrt, wird Gott. Und doch ist das Einströmen dieses besseren und universellen Selbst für immer neu und unerforschlich. Es inspiriert Ehrfurcht und Staunen. Wie wertvoll, wie beruhigend für den Menschen entsteht der Gedanke an Gott, bevölkert den einsamen Ort und glättet die Narben unserer Fehler und Enttäuschungen! Wenn wir mit unserem Gott der Tradition gebrochen haben und von unserem Gott der Rhetorik abgelassen haben, dann mag Gott unser Herz mit seiner Gegenwärtigkeit entflammen.«[7]

So sehr Emerson einerseits dem Individualismus frönt und den unvergleichlichen Wert des Einzelmenschen betont, so kennt er andererseits

doch eine kosmische All-Einheit, die allem Einzel- und Sonderdasein zugrundeliegt: die *over-soul*, Überseele oder Weltseele. Natur, Gott und Weltseele bedeuten für Emerson dasselbe; sie schmelzen zusammen im Begriff der Überseele. So führt der radikale Individualismus Emersons nicht zur Vereinzelung und Atomisierung, sondern er bleibt eingebunden in den Universalismus einer mystischen All-Einheits-Schau der Welt. Die Welt ist nicht ein Agglomerat zusammenhangloser Einzel-Individuen, sondern sie ist die Weltseele in ihren verschiedenen, nur scheinbar getrennten Aspekten. Das Individuum, das nach selbstgegebenen Gesetzen lebt, handelt auch im Einklang mit dem allgemeinen Weltgesetz.

Mit Worten von unbeschreiblicher Poesie und Schönheit beschreibt Emerson die »Überseele« als den einheitlichen Urgrund der Welt: »Die höchste Richterin über alle Irrtümer der Vergangenheit und Gegenwart und die einzige Prophetin der notwendigen Zukunft ist die große Natur, in der wir ruhen wie die Erde in den sanften Armen der Atmosphäre. Sie ist jene Einheit, jene Überseele, in der das individuelle Dasein jedes Menschen enthalten ist und mit allen anderen eins wird. Sie ist das Allherz, dem jedes aufrichtige Gespräch und jede rechte Tat huldigt; die überwältigende Wirklichkeit, die alle unsere billigen Künste und Talente widerlegt, die jeden zwingt, für das zu gelten, was er ist, und mit seinem Wesen zu sprechen, nicht bloß mit der Zunge. Sie ist es, die immer mehr danach strebt, in unser Denken und Handeln einzugehen, um sich in Weisheit, Tugend, Kraft und Schönheit zu verwandeln.«[8]

Als Emerson im Jahre 1862 mit Abraham Lincoln zusammentraf, da begegneten sich zwei Persönlichkeiten, in denen wohl das höchste und edelste Menschentum, das Amerika hervorgebracht hat, sich verwirklichte. In Lincoln verehren wir den Humanisten und politischen Reformer – in Emerson den amerikanischen Mystiker, den Dichter und Philosophen, Seher und Visionär. Könnte man ihn vielleicht einen zeitgenössischen Brahmanen nennen, aus dessen Stimme die zeitlose und ewig-gültige Weisheit des Kosmos zu uns spricht? Unter seinen zahlreichen Gedichten sticht eines besonders hervor, das den Titel *Brahma* trägt:

> *Der rohe Schläger denkt, dass er erschlüge*
> *Und der Erschlagne denkt, er sei erschlagen;*
> *Sie wissen nicht, wie heimlich ich es füge,*
> *Dass alle Dinge mich im Innern tragen.*
>
> *Für mich ist nah, was ferne und versunken;*
> *Sonne und Schatten geben sich nichts nach;*
> *Götter erscheinen mir, die längst entschwunden;*
> *Ein und dasselbe sind mir Ruhm und Schmach.*
>
> *Wer mich verleugnet, kennt nicht seine Lage:*
> *Wenn er mich flieht, bin ich, was ihn beschwingt;*
> *Ich bin der Fragesteller und die Frage;*
> *Ich bin das Lied, das der Brahmane singt.*
>
> *Die Götter sehnen sich nach meinen Gründen,*
> *Den Heiligen Sieben lass' ich keine Ruh;*
> *Du, Liebender des Guten, wirst mich finden*
> *Und kehrst dem Himmel deinen Rücken zu.*[9]

H. D. Thoreau – der Verweigerer

»Wer ein Mensch sein will, der muss ein Nonkonformist sein«: es gibt wohl kaum einen anderen Menschen aus Emersons Umkreis, auf den dieser Ausspruch passender zuträfe als auf seinen Freund und Geistesverwandten Henry David Thoreau (1817–1862). Sein radikaler Nonkonformismus und Individualismus, der im puritanisch geprägten Neuengland des frühen 19. Jahrhunderts wie eine Herausforderung wirken musste, führte ihn zum freiwilligen Rückzug aus der Zivilisation, zum naturnahen Leben in den Wäldern von Massachusetts. Sein Buch *Walden*, erschienen 1854, ist das Ergebnis des rund zwei Jahre dauernden Einsiedlerlebens in der selbstgebauten Blockhütte. »Ich bin in den Wald gegangen«, schreibt Thoreau in diesem Buch, »weil mir daran lag, mit Vorbedacht zu leben, es nur mit den Grundtatsachen des Lebens zu tun zu haben und zu sehen, ob ich lernen könne, was es zu lernen gibt, damit mir in der Stunde des Todes die Entdeckung erspart bliebe, nicht gelebt zu haben.«[10] In der Einsamkeit des Waldlebens wollte Thoreau zu den Wurzeln des Seins vorstoßen.

In die Zeit des Pionierlebens im Wald fällt auch jene Begebenheit, die Thoreau in Konflikt mit der Staatsgewalt brachte und die Grundlage seines 1849 erschienenen Buches *Über die Pflicht zum Ungehorsam gegen den Staat* bildet. Aus Protest gegen die Sklaverei und gegen den Krieg mit Mexiko hatte Thoreau 6 Jahre lang keine Wahlsteuer mehr bezahlt. Eines Tages nun begegnete er auf dem Weg von seiner Blockhütte zu dem etwa 5 km entfernten Städtchen Concord dem Steuereinnehmer: Thoreau wurde verhaftet, kam für eine Nacht ins Gefängnis von Concord, wurde aber am nächsten Tag wieder freigelassen, da inzwischen ein unbekannter Gönner die Steuerschuld für ihn beglichen hatte.

Diese Episode – sie ereignete sich im Jahr 1846 – verarbeitete Thoreau zu seinem weitverbreiteten Büchlein über den zivilen Ungehorsam, ein bis heute klassisches Werk, das ihn zum Ahnvater der modernen Bürgerrechtler, Oppositionellen und Widerstandskämpfer macht. Auch Mahatma Gandhi (1867–1948), der Befreier des indischen Subkontinents, las das Buch, als er selbst in einem südafrikanischen Gefängnis eingekerkert saß. Thoreaus Steuerverweigerung war nicht bloß ein Akt blinder Rebellion, sondern sie entsprang einer wohldurchdachten Gewissensentscheidung. In der abendländischen Geistesgeschichte gilt Sokrates als der Entdecker des autonomen Gewissens. Aber selbst Sokrates ordnete sein Gewissen dem Gesetz unter – obgleich unschuldig verurteilt, weigerte er sich zu fliehen, sondern trank den ihm dargereichten Giftbecher. Der Reformator Martin Luther kämpfte gleichfalls für Gewissensfreiheit, wollte das Gewissen aber auf den religiösen Bereich beschränkt wissen. Henry David Thoreau ist der erste, der das autonome Gewissen und seine Gebote dem Staat überordnet, auch sogar dann, wenn sie politische Inhalte betreffen; das Gewissen gilt ihm mehr als der Staat. Deshalb ist sein Werk ein wirklicher Meilenstein in der Geschichte der politischen Ideen.

Wenn das autonome, nur sich selbst verantwortliche Gewissen Vorrang gegenüber dem Staat besitzt, dann ist auch das Individuum grundsätzlich dem Staat vorangestellt. Es stellt die ursprünglichere und größere Macht dar, von welcher der Staat sich erst herleitet. Ganz in diesem Sinne heißt es am Schluss der Schrift über den zivilen Ungehorsam: »Der Fortschritt von einer absoluten zu einer beschränkten Monarchie, von einer beschränkten Monarchie zu einer Demokratie, ist ein Fortschritt in Richtung auf wahre Achtung vor dem Individuum. Sogar der chinesische Philosoph war weise genug, das Individuum als Grundlage des Reiches anzusehen. Ist die Demokratie, wie wir sie kennen, wirklich die letztmögliche Verbesserung im Regieren? Ist es nicht möglich, noch einen Schritt weiter zu gehen bei der Anerkennung und Kodifizierung der Menschenrechte? Nie wird es einen wirklich freien und aufgeklärten Staat geben, solange der Staat sich nicht bequemt, das Indivuduum als größere und unabhängige Macht anzuerkennen, von welcher all seine Macht und Gewalt sich ableiten, und solange er den Einzelmenschen nicht entsprechend behandelt.«[11]

Thoreau ist kein Weltverbesserer; er entwirft kein utopisches Gesellschaftsmodell, sondern er ist schlichtweg ein rebellischer Einzelgänger, der sich aller »Politik« fernhält. Er will den Staat nicht abschaffen, wie die Anarchisten, sondern ihm, wo immer möglich, aus dem Wege gehen. Und er bekennt sich, gleich anderen amerikanischen Radikalen vor ihm wie Jefferson und Paine, zu dem Grundsatz, dass die Regierung die beste sei, die am wenigsten regiere. Gleich am Beginn seines Essays über den zivilen Ungehorsam stehen die markanten Worte: »Ich habe mir den Wahlspruch zu eigen gemacht: 'Die beste Regierung ist die, welche am wenigsten regiert'; und ich sähe gerne, wenn schneller und gründlicher nach ihm gehandelt würde. Wenn er verwirklicht wird, dann läuft es auf dies hinaus – und daran glaube ich auch: 'Die beste Regierung ist die, welche gar nicht regiert'; und wenn die Menschen einmal reif dafür sein werden, wird dies die Form ihrer Regierung sein.«[12]

Da Thoreau von einer extrem individualistischen Weltanschauung ausgeht, setzt er auch den Hebel jeder sozialen Veränderung beim Individuum an: jegliche Herrschaft beruht auf ihrer bewussten oder unbewussten, stets aber freiwilligen Anerkennung durch die Beherrschten. Herrschaft kann sich überhaupt nur so lange erhalten, wie es genug Beherrschte gibt, die an ihrer eigenen Beherrschung mitwirken; besteht daher eine als ungerecht empfundene Herrschaftsordnung, so liegt es am Einzelnen, zu prüfen, inwieweit er sie durch sein eigenes Handeln mitträgt. »Ich finde, wir sollten erst Menschen sein, und danach erst Untertanen. Man sollte nicht den Respekt vor dem Gesetz pflegen, sondern vor der Gerechtigkeit. Nur eine einzige Verpflichtung bin ich berechtigt einzugehen, und das ist, jederzeit zu tun, was mir recht erscheint. (...) Das Gesetz hat den Menschen nicht um ein Jota gerechter gemacht; gerade durch ihren Respekt vor ihm werden auch die Wohlgesinnten jeden Tag zu Handlangern des Unrechts.«[13]

Die Lebensphilosophie, die Thoreau nicht nur verkündete, sondern auch exemplarisch vorlebte, besteht darin, frei und ungebunden zu leben, nur dem eigenen inneren Sittengesetz zu gehorchen, keinesfalls als Werkzeug oder verlängerter Arm irgendeines Unrechts zu dienen. Diese Lebensphilosophie entspringt nicht christlichen Glauben; Thoreau neigt eher zu einer pantheistischen Naturfrömmigkeit, die sich mit indischer und fernöstlicher Weisheit vermählt. Wie Emerson, der Inspirator des romantisch-idealistischen Kreises der »Transzendentalisten«, hatte auch Thoreau die Upanishaden und die Bhagavad Gita gelesen; er erscheint wie eine frühe Vorwegnahme des modernen Hippie-Typus, bei dem die Begeisterung für indische Weisheit stets mit einer Verweigerung gegenüber dem Machtanspruch der modernen westlichen Zivilisation einhergeht.

In seinem Buch *Walden* spricht Thoreau von der »wundersamen, uralten Schöpfungsgeschichte der Bhagavad-Gita, (…) im Vergleich mit welcher sich unsere heutige Welt und ihre Literatur höchst kleinkariert ausnehmen. Ich frage mich, ob diese Weltanschauung nicht einem früheren Daseinszustand zuzuweisen ist, so weit entfernt ist sie in ihrer Erhabenheit von unserer Begriffswelt. Ich lege das Buch hin und begebe mich zu meinem Brunnen, um Wasser zu holen, und siehe, da begegne ich dem Diener des Brahmanen, des Priesters von Brahma, Vishnu und Indra, der immer noch am Ganges in seinem Tempel sitzt und die Veden liest oder mit einer Brotkante und einem Krug Wasser am Fuße eines Baumes weilt. Ich begegne seinem Diener, der gekommen ist, um für seinen Herrn Wasser zu schöpfen, und unsere Eimer scheuern sich gewissermaßen im selben Brunnen aneinander. Das lautere Waldenwasser vermischt sich mit dem heiligen Wasser des Ganges. Rauher Wind treibt es in sagenhafte Fernen, wo einst Atlantis und die Hesperiden lagen«[14].

W. Whitman – Mystik der Grashalme

Walt Whitman (1819–1892), von Geburt Amerikaner, aber mütterlicherseits von holländischen Einwanderern abstammend, hat mit seiner *Grashalme*-Sammlung ein Werk der Dichtkunst geschaffen, das einzigartig dasteht – nicht nur in der Literatur Amerikas, sondern in der Weltliteratur überhaupt. Die *Grashalme*, unter dem Titel *Leaves of Grass* erstmals 1855 erschienen, im Selbstverlag gedruckt und nur 95 Seiten stark, wuchsen im Laufe von 9 Auflagen bis zur heutigen Größe und Gestalt heran – ein

Werk wie ein Granitblock, urgewaltig, monolithisch, ganz in sich selbst ruhend, ein Teil Amerikas, aber auch den ganzen Kosmos in sich tragend. Die Sprache, der Walt Whitman sich bedient, schöpft aus den Uranfangsgründen jeglicher Dichtung überhaupt; die Orphischen Hymnen, Homer, die Psalmen, die Eddas und die indischen Veden atmen einen zutiefst verwandten Geist.

Eine solche mythische Dichtersprache, die zutiefst archaisch anmutet, verbindet sich nun in Whitman in ganz einzigartiger Weise mit dem Geist und Wortschatz der Moderne. Stets in freien Rhythmen daherrollend, bald feierlich-archaisch, bald sinnlich-dionysisch, bis zum Phallischen gesteigert, ekstatisch bis in höchste Gipfelhöhen entrückt, bald wieder ganz praktisch und weltfroh, durchdrungen vom Optimismus und Pioniergeist eines tatkräftigen Yankeetums, so verdichtet sich die Sprache der *Grashalme* zu einer Folge feierlicher Sprechgesänge. Es sind moderne Hymnen, die in einem dithyrambischen, fast singenden Tonfall dahertönen; in der Tat kann man Whitman am ehesten als einen Hymnendichter bezeichnen.

In solchen kraftvollen Hymnen besingt Walt Whitman die Welt, wie er sie erschaut und erlebt, mit all seinen Sinnen erfährt, die Welt seiner unmittelbaren Umgebung. Und diese Welt heißt Amerika – nicht die U.S.A., wie wir sie heute kennen, sondern Amerika in der urgewaltigen Wucht seiner grandiosen Landschaften, himmelragender Gebirge wie die Rocky Mountains, reißender Ströme wie der Mississipi, die Niagara-Fälle, die grün-wogenden Ozeane endloser Prärien. Es ist aber auch das Amerika der volkreichen Städte mit ihren dicht wimmelnden Menschenmassen, mit ihren Handwerkern und Hafenarbeitern, die Welt der wurzelkräftigen amerikanischen Demokratie. Amerika erwächst in der Schau Whitmans zu einer Art nährenden Allmutter, die Allen Raum und Lebensrecht gibt, auch den Einwanderern aus Europa, ja auch den Indianern und den aus Afrika importierten Sklaven.

Denn Walt Whitman besitzt einen eingeborenen Sinn für Demokratie, dies Wort zu verstehen im Sinne einer bodenständigen Graswurzel-Demokratie der Pioniere und Trapper, die am Rande der Wildnis in kleinen Townships leben. Zu diesem Demokratismus mit stark populistischen Zügen gesellt sich ein ausgeprägter Patriotismus – eine bedingungslose Liebe zu Land und Volk – und eine bis zu kosmischer Mystik sich steigernde Naturliebe. Diese drei Komponenten, die im Werk Walt Whitmans zusammenfließen, bilden die innere Mitte seiner *Grashalme*-Dichtungen.

Whitman bleibt in all seiner poetischen Wesensäußerung in so eminentem Maße amerikanisch, dass man ihn schlechterdings nicht in einen anderen Erdteil verpflanzen könnte. Anders als Emerson, der bei aller Naturverbundenheit doch immer ein *gentleman* blieb, ein Mann von hoher geistiger Bildung und verfeinerter Lebensweise, tritt uns Walt Whitman als Sohn des Volkes und gänzlich unverbildeter Naturbursche entgegen. Aus der Familie eines Handwerkers stammend, musste er schon in jungen Jahren seinen Broterwerb als Drucker- und Setzer-Lehrling, als Zimmermann, Taglöhner und später als Journalist bei Tageszeitungen bestreiten, kein Intellektueller also, sondern ein *self-made-man*, der sich ganz von unten emporarbeitete, indem er sein Glück in den verschiedensten Jobs suchte, die sich ihm boten. Daher haftet seiner Sprache stets etwas Bodenständiges an, und in seinen *Grashalme*-Hymnen stehen die derbsten Kraftausdrücke und Slang-Worte dicht neben den zartesten poetischen Wortbildungen.

Walt Whitman verkündet in seinen Hymnen eine Mystik der Grashalme, eine dionysische Mystik üppig wuchernden Lebens, ungebändigter, frei wachsender Natur. In der Tat handelt es sich hierbei um eine kosmische Mystik, die sich im Bewusstsein des wesensmäßigen Einsseins von Selbst, Natur und Gott zu einem Höchstmaß von Lebensbejahung emporschwingt. Walt Whitman achtet in der Natur das Höchste ebenso wie das Geringste, den Morgenstern ebenso wie den Tautropfen, die Sonne ebenso wie den Grashalm, diesen grünen Hieroglyphen Gottes, dem er den folgenden enthusiastischen Hymnus darbringt:

> *Ein Kind sagte: 'Was ist das Gras?'*
> *und pflückte es mir mit vollen Händen.*
> *Wie konnt ich dem Kinde antworten?*
> *Ich weiß nicht besser als das Kind, was es ist.*
> *Ich glaube, es muss die Flagge meines Wesens sein,*
> *gewoben aus hoffnungsgrünem Stoff.*
> *Oder ich glaube, es ist das Taschentuch Gottes,*
> *Eine duftende Gabe und Andenken,*
> *mit Absicht fallen gelassen,*
> *Mit dem Namen des Eigentümers in einer der Ecken,*
> *so dass wir schauen und fragen mögen: 'Wem gehörts?'*
> *Oder vielleicht ist das Gras selber ein Kind,*
> *das Neugeborene der Pflanzenwelt.*
> *Oder ich glaube, es ist eine einzige große Hieroglyphe*

Und bedeutet: Trieb und Wachstum sind die gleichen überall. (...)
ohne Unterschied, ich empfange sie ohne Unterschied.
Und nun erscheint es mir das schöne,
unverschnittene Haar von Gräbern.[15]

Es ist nur allzu verständlich, dass Walt Whiman's *Grashalme*-Mystik im noch weithin puritanischen Amerika des 19. Jahrhunderts auf Unverständnis stieß; ja die Kritiken in den Journalen waren geradezu vernichtend! Nur ein einziger Lichtstrahl durchbrach dieses Dunkel des Nichtverstehens, die Stimme Ralph Waldo Emersons, der – selbst ein gefeierter Schriftsteller – gleich nach Erscheinen der *Grashalme* dem genialen Schöpfer dieser Dichtungen einen Brief schrieb (datiert vom 21. Juli 1855), in dem es heißt: »... ich bin nicht blind für den Wert der wundervollen Gabe der 'Grashalme'. Für mich sind sie das Außergewöhnlichste an Geist und Weisheit, das Amerika bis jetzt hervorgebracht hat. Ich bin voller Glück, wenn ich sie lese, denn Kraft macht uns glücklich. (...) Ich begrüße Sie am Anfang einer großen Laufbahn, die für einen solchen Start einen weiten Vordergrund gehabt haben muss. Ich habe mir ein wenig die Augen gerieben, um festzustellen, ob dieser Sonnenstrahl nicht doch eine Täuschung ist. Aber der solide Sinn des Buches ist nüchterne Gewissheit. Es besitzt das höchste Verdienst: es stärkt und ermutigt.«[16]

Und tatsächlich atmen die *Grashalme* auch Emersons Geist, denn sie beinhalten dessen Lehre des *Self-Reliance*, des transzendentalen Selbstvertrauens, wie auch seine pantheistische Sicht der *Over-Soul*, der Welten- und Allseele als Einheit von Gott und Natur. Aber während Emerson seinen Pantheismus auf dem Wege tiefschürfender Gelehrsamkeit heranbildete – er knüpfte an alte Traditionen der abendländischen Philosophie von Platon bis Swedenborg an –, war Walt Whitman ein Pantheist aus Instinkt, der ein Minimum an formaler Schulbildung besaß und bei der Herausbildung seiner Weltanschauung ganz aus der Kraft seiner eigenen Intuition schöpfte. So konnte denn der *National Intelligencer* (Ausgabe vom Februar-März 1856) in einer – ausnahmsweise einmal wohlwollenden – Rezension feststellen: »Walter Whitman ist Pantheist. Ohne wahrscheinlich jemals Spinoza gelesen zu haben, ist er Spinozist. Ohne wahrscheinlich tief in den göttlichen Plato eingedrungen zu sein, ist er Platonist in groben Umrissen ... Das aber können wir mit aller Offenheit sagen: niemand kann diese seltsamen Gedichte in Prosa lesen, ohne durch die wunderbare Kraft der Beschreibung und Wortmalerei ergriffen zu werden.«[17]

Im Mittelpunkt der *Grashalme* steht ein langes Gedicht mit dem Titel *Song of Myself*, Gesang von mir selbst, oder besser: Gesang meines Selbst, in dem die Lehre des tranzendentalen Selbst-Bewusstseins in einzigartiger Weise entfaltet wird. Hier besingt der Dichter die Freude am eigenen Körper, aber auch die Wesenseinheit von Körper und Seele, durchtränkt vom Wissen um die große Bruderschaft aller Menschen, ja aller Lebewesen im Geist Gottes. Die hymnische Besingung des eigenen Selbst darf keinesfalls mit Egoimus verwechselt werden:

> *Ich feiere mich selbst und singe mich selbst,*
> *Und was ich mir anmaße, sollst du dir anmaßen,*
> *Denn jedes Atom, das mir gehört, gehört auch dir.*
> *In allen Menschen seh ich mich selbst,*
> *keiner mehr und keiner ein Gerstenkorn weniger,*
> *Und das Gute und Schlechte, das ich von mir sage,*
> *sage ich auch von ihnen. Ich weiß, ich bin fest und gesund,*
> *Zu mir strömen von allen Seiten die Dinge des Weltalls unaufhörlich,*
> *Alle sind sie an mich geschrieben und ich muss die Schrift entziffern.*[18]

In allen seinen Mitmenschen, Mitbrüdern, kann Whitman sein eigenes Selbst erblicken; denn das *Myself*, das er ruhmvoll seine eigene Kraft bezeugend aus seinen Gesängen zu uns sprechen lässt, ist etwas durchaus Überpersönliches – ein universales Welten-Selbst. Dieses kann sich in jeglichem Ding, selbst im geringsten, als Spiegelbild des göttlichen All-Selbst erkennen:

> *Ich höre und sehe Gott in jeglichem Ding,*
> *aber begreife ihn nicht im Geringsten,*
> *Noch begreife ich, wer wunderbarer sein könnte als ich.*
> *Warum sollte ich wünschen, Gott besser zu sehen als heut?*
> *Ich sehe etwas von Gott in jeder der vierundzwanzig*
> *Stunden des Tags und in jeder ihrer Minuten,*
> *In den Gesichtern von Männern und Frauen*
> *sehe ich Gott und in meinem eignen Gesicht im Spiegel (....)*[19]

Hier berührt sich Walt Whitman zutiefst mit der altindischen Geisteswelt, wie sie in den Veden und Upanishaden niedergelegt ist; ja man glaubt geradezu Urindisches in den feierlich-rhythmischen Gesängen der *Grashalme* heraufsteigen zu sehen, so als ob eine zeitlose Brahmanen-Weisheit sich im Amerika des 19. Jahrhunderts, in dieser so modernen, aufstrebenden, jungen und dynamischen Welt des Fortschritts, Ausdruck verschaffen wollte. Deshalb konnten Spötter und Kritiker, die mystische Urgewalt einer solchen Weltschau nicht ahnend, wohl auch sagen, die »Gedichte Whitmans seien wie ein Konglomerat aus der 'Bhagavad-Gita' und dem 'New York Herald'«[20] – im Grunde eher ein Kompliment als eine Beleidigung; denn was gibt es Höheres als die Vermählung überzeitlicher Mystik mit der Welt der konkreten Tagesereignisse, wie man sie im *New York Herald* (oder in jeder anderen Tageszeitung auch) dargestellt findet? Die Mystik der *Grashalme* ist realweltlich und sinnlich, diesseitig und fleischlich, körperlich und irdisch – eine Mystik des vollen ungeteilten Lebens! Und gerade darin unterscheidet sich Whitman von den asketischen Strömungen des indischen Geisteslebens, dass bei ihm keinerlei Geringschätzung der Materie vorkommt – im Gegenteil, zwischen »Materie« und »Geist« besteht kein Wesensunterschied. So lesen wir in dem Gedicht *Von Paumanok kommend*:

> *Ich will Gedichte der Materie dichten,*
> *denn ich glaube, sie werden die geistigsten sein,*
> *Und ich will die Gedichte meines Leibes*
> *und der Sterblichkeit dichten,*
> *Denn ich glaube, so werde ich mir am besten*
> *die Gedichte meiner Seele*
> *und der Unsterblichkeit schaffen.*[21]

In seinen Hymnen besingt Walt Whitman eine spirituell verklärte, geistig transparent gewordene Welt; es gibt dort keine Materie »an sich«, sondern nur geist-durchwirkte Materie. Deshalb verspürt er den Zauber geheimer und verborgener Göttlichkeit in allen Dingen, auch in jedem Grashalm, in jedem Tautropfen, in jedem Staubpartikel. Alles in der Schöpfung, selbst das Kleinste und Geringste, grenzt an ein Wunder:

> *Ich glaube, ein Grashalm ist nicht geringer*
> *als das Tagwerk der Sterne,*
> *Und die Ameise ist nicht minder vollkommen,*
> *und des Zaunkönigs Ei, und ein Samenkorn,*
> *Und die Baumkröte ist ein Meisterwerk vor dem Höchsten.*
> *Und die Brombeerranken könnten*
> *die Hallen des Himmels schmücken,*
> *Und das schmale Gelenk meiner Hand spottet aller Technik.*
> *Und die Kuh, die wiederkäut mit gesenktem Kopf,*
> *übertrifft jedes Bildwerk,*

Und eine Maus ist Wunders genug,
um Sextillionen von Ungläubigen wankend zu machen.[22]

Als Henry David Thoreau, offenbar angeregt durch Emersons Zustimmung, Whitman im Jahr 1856 in Brooklyn aufsuchte, sagte er ihm, die *Grashalme* seien so wunderbar wie die schönsten Dichtungen des Orients. Tatsächlich wurde Indien für Whitman eine Art Sehnsuchtsland der Seele, aber nicht das übervölkerte Indien der Gegenwart, sondern das mythische Indien der Vorzeit. Die Fertigstellung des Suez-Kanals und zugleich der transkontinentalen Eisenbahn in Amerika feierte Whitman in seinem Gedicht *Passage to India* (1868), in dem er den Zusammenschluss aller Völker der Erde und ihre Wiedervereinigung mit der mutmaßlichen Wiege der Menschheit, nämlich eben Indien, und die Erscheinung des »Dichters« als »wahren Sohn Gottes« besingt, der die Kluft zwischen Mensch und Natur wieder schließt. Letztlich ist die »Durchfahrt nach Indien« der Durchbruch zu unserem Geistespol, dem wahren Selbst, dem Zauberland Indien, das in uns selbst liegt. Es gilt, die unbekannten Meere unseres eigenen Inneren zu durchschiffen, um vielleicht eines Tages fernes unbekanntes Land am Horizont zu erspähen, die Heimat unserer Seele. Es ist insofern eine »Durchfahrt zu mehr als Indien«:

Ja – Durchfahrt, o Seele, zum Erstlingsgedanken!
Nicht zu Ländern und Meeren nur, sondern zu deiner
eigenen klaren Frische,
Zu der jungen Reife deines Werdens und Blühens,
Zu den Gefilden keimenden Gottesworts.
O Seele, unhemmbare, ich mit dir und du mit mir,
Beginne die Umsegelung der Welt, des Menschen,
Die Heimkehr-Reise seines Geistes
Zum Ursprung früher Paradiese,
Zurück, zur Wiege der Weisheit, zu den Erkenntnissen
der Unschuld, zurück zur reinen Schöpfung.[23]

Die moderneTheosophie

Welch' Segen, dass die Meister zu uns kamen,
welch' Segen sprießt aus ihrer Lehre Samen!
Welch' Glück, von Brüdern dies Zusammensein,
Und welcher Frieden geht durch unsre Reihn!
Wer solche Meister, die sich selbst bezwungen,
die sich zu letzter Freiheit durchgerungen,
von Herzen achtet, weil er sie versteht:
ein solcher auf des Himmels Wegen geht.
Aus dem Dhammapadam[1]

H. P. Blavatsky und ihr Werk

Das Wort *Theosophie*, das sich aus den beiden griechischen Worten *theos* (Gott) und *sophia* (Weisheit) herleitet, geht auf die neuplatonische Schule der Spätantike zurück; es bedeutet nach dem Ausdruck der Begründerin der weltweiten theosophischen Bewegung, der Russin Helena Petrowna Blavatsky (1831–1891), »göttliche Weisheit«, und zwar eine Weisheit »gleich jener, welche die Götter besitzen«[2]. Die Theosophie beansprucht, ein umfassendes System der göttlichen Weisheit zu sein, eine Synthese von Wissenschaft, Religion und Philosophie. Sie schöpft aus dem Quellborn altindischer und buddhistischer Geheimlehren, liegt aber als Quintessenz aller Religionen auch den Mysterienschulen des Westens zugrunde. Inspiriert von unbekannten Meistern aus Indien und Tibet, die in weltentrückter Abgeschiedenheit auf den Gipfelhöhen des Himalaya lebten, verband sich die Theosophie mit neu-hinduistischen Reformbewegungen in Indien; aber am nachhaltigsten wirkte sie in den Ländern des Westens, in Europa wie in Amerika gleichermaßen, wo sie jenes geistige Vakuum aufzufüllen vermochte, das der Materialismus des 19. Jahrhunderts verursacht hatte.

Nicht nur, dass führende Wissenschaftler wie Thomas Edison, der Erfinder der Glühbirne, William Crookes und Camille Flammarion der Theosophischen Gesellschaft angehörten, die auf dem Höhepunkt ihrer Entwicklung mehr als 100.000 Mitglieder gezählt haben soll – auch Schriftsteller wie William Butler Yeats (1865-1939), James Joyce (1882-1841), D. H. Lawrence (1885 -1930) und T. S. Elliot (1888-1965), Maler wie Wassily Kandinsky (1866-1944), Piet Mondrian (1872-1944), Paul Klee (1879-1940) und Paul Gaugin (1848–1902), Komponisten wie Gustav Mahler (1860–1911) und Jean Sibelius (1865–1957) standen unter dem geistigem Einfluss der Theosophie; ja selbst auf dem Schreibtisch Albert Einsteins lag nach Aussage seiner Nichte stets ein Exemplar der *Geheimlehre*, des von H.P. Blavatsky verfassten Hauptwerks der Theosophie.

Das Werk des russischen Malers Nicholas Roerich (1874–1947), die frühe esoterische Bewegung Deutschlands, die »Lebensreformbewegung« der 20er Jahre mit ihrem Zentrum auf dem Monte Verita bei Ancona, die Anthroposophie Rudolf Steiners – sie alle entspringen dem geistigen Wurzelboden der Theosophie. Aber mehr als dies: Genau 100 Jahre nach der Gründung der Theosophischen Gesellschaft, im Jahre 1975, erschienen in Kalifornien zwei Bücher, die den Beginn einer neuen Ära kennzeichnen – *Die Sanfte Verschwörung* von Marilyn Ferguson und *Das Tao der Physik* von Fritjof Capra. Die Bewegung des »New Age« in Amerika und Europa, die von den beiden Werken angefacht wurde, enthält im Grunde genommen nur die Grundgedanken der Theosophie, wenngleich in sehr vereinfachter und zuweilen wohl auch verwässerter Form. Jedenfalls: Wenn heutzutage in den Ländern der westlichen Hemisphäre Begriffe wie »Reinkarnation« und »Karma« zum geistigen Allgemeingut gehören, dann ist dies vorwiegend dem Wirken der Theosophischen Gesellschaft zu verdanken, die erstmals das Gedankengut der asiatischen Hochreligionen in Europa verbreitete.

Die Gründerin dieser weltweiten geistigen Erneuerungsbewegung der Theosophie, Helena Petrowna Blavatsky, war eine außergewöhnliche, schillernde, zweifellos stets umstrittene Persönlichkeit, die ganz unterschiedliche Eigenschaften in sich vereinte – Abenteuerlust, Tollkühnheit und heldenhaften Mut, dazu eine schier unerschöpfliche Energie und Willenskraft, aber auch ausgeprägte mediale Fähigkeiten, begleitet von einer Befähigung zu tiefschürfenden wissenschaftlichen Studien und einer brillanten sprachlichen Ausdruckskraft. Ihr äußerer Lebenslauf, teils weitgehend unbekannt, teils von zahllosen Legenden umrankt, ist zweifellos eine der eindrucksvollsten Frauen-Biographien des 19. Jahrhunderts. Am 12. August 1831 wurde sie unter dem Namen Helena von Hahn als Tochter des deutschstämmigen russischen Offiziers Peter von Hahn in der ukrainischen Stadt Jekaterinoslaw (heute Dnepropetrovsk) geboren. Ihre früh verstorbene Mutter, eine geborene Fadejev, trat schon recht erfolgreich als Roman-Schriftstellerin hervor. Bei Helena Petrowna zeigte sich neben einem ungestümen Temperament schon früh eine ausgeprägte hellsichtige Veranlagung, eine Art naturwüchsige Medialität, die sich im Laufe ihres Lebens noch weiter herausbildete. Die Schwester Vera erinnert sich an ein Ereignis:

»Etwa zehn Werst [zehn Kilometer] von der Gouverneursvilla entfernt gab es ein Feld, ein ausgedehntes Stück Land, das offensichtlich der Boden eines großen Sees oder Meeres gewesen war, denn in ihm konnte man versteinerte Relikte von Fischen und Muscheln sowie Zähne uns unbekannter Tierriesen finden. (...) Unzählige herrliche, sensationelle Geschichten bekamen wir Kinder und Schulmädchen von Helena in jener Zeit zu hören. Ich erinnere mich an sie, sie lag in voller Länge auf dem Boden hingestreckt, das Kinn auf beide Handflächen gestützt, beide Ellenbogen tief in den weichen Sand gegraben. Sie begann laut zu träumen und schilderte uns ihre Visionen, die für sie ebenso greifbar waren wie die Realität. Wie wunderschön beschrieb sie das Leben dieser Wesen in der Tiefe des Meeres, deren verwitterte Überreste heute ringsum vor unseren Augen in Staub zerfielen. Wie anschaulich schilderte sie deren einstige Kämpfe und Schlachten auf dem Stück Boden, auf dem sie heute lag und versicherte, dass sie das alles vor Augen sehe; präzise zeichnete sie mit dem Finger die phantastischen Umrisse längst ausgestorbener Meerestiere in den Sand und ließ fast noch die Farben von Fauna und Flora dieser toten Region vor unserem Blick erscheinen....«[3]

Die damals etwa 10jährige Helena Petrowna hat entweder Phantasiegeschichten erzählt – oder sie war tatsächlich schon in der Lage, die Ereignisse einer weit zurückliegenden Vergangenheit in den ätherischen Bildern der »Akasha-Chronik« zu lesen! In ihrem späteren Hauptwerk *Geheimlehre* zeichnet sie die Bilder früherer Erd- und Weltentwicklungszustände, und es scheint, dass sie dieses Gesamt-Panorama kosmischer Evolution ebenso deutlich vor Augen sah wie als Kind das Leben der fossilen Meerungeheuer. Im Jahre 1849, achtzehn Jahre alt, heiratete sie den fast doppelt so alten Staatsbeamten Nikifor Blavatsky, Vize-Gouverneur von Eriwan, den sie schon nach drei Monaten wieder verließ; vor den Nachstellungen des geprellten Ehegatten floh sie zunächst nach Kontantinopel, von dort nach Griechenland, Ägypten und Frankreich. 1851 begegnet sie in London jenem mysteriösen Meister M. (Morya), in dem sie den unsichtbaren Beschützer ihrer Kindheit wiedererkennt. Eine Tagebuch-Eintragung in französischer Sprache erwähnt den »Meister, den ich aus meinen Träumen kannte«[4] und nennt als Datum den 12. August 1851.

Bei diesem geheimnisvollen Meister Morya handelt es sich um einen Abgesandten der »Großen Weißen Bruderschaft« – jenes unsichtbaren Ordens spiritueller Meister, der im Verborgenen die geistige Höherentwicklung der Menschheit überwacht. Helena Blavatsky wird zeitlebens mit diesem Meister in Kontakt bleiben und unter seiner Anleitung ihr Lebenswerk vollenden. Kurz nach der ersten Begegnung trifft sie ihn im Londoner Hyde Park, wie uns Gräfin Wachtmeister berichtet: »Eines Tages, bei einem Spaziergang, sah sie zu ihrem Erstaunen einen hochgewachsenen Hindu mit einigen indischen Prinzen die Straße entlangkommen. Sie erkannte ihn sofort.... Am Tag darauf schlenderte sie durch den Hyde Park; sie wollte allein sein und ungestört über ihr außergewöhnliches Abenteuer nachdenken. Als sie aufblickte, sah sie dieselbe Gestalt auf sich zukommen; diesmal sagte ihr der Meister, er sei mit den indischen Prinzen in einer wichtigen Mission nach London gekommen und er würde sich gern persönlich mit ihr treffen, da er ihre Mithilfe bei einer Unternehmung brauche, mit der er gerade beginnen wolle [und deren Natur er umriss]. Um sich auf diese wichtige Aufgabe vorzubereiten, [würde sie] drei Jahre in Tibet zubringen müssen.«[5]

Tibet, dieses hermetisch abgeschlossene Reich auf den Gipfelhöhen des Himalaya, wird für Helena Blavatsky zum Brennpunkt ihres Lebens werden, zum Ort ihrer geistigen Schulung, an dem sie für alle weiteren Aufgaben ihres Lebens vorbereitet wird. Schon 1854 versuchte sie vergeblich, nach Tibet einzureisen, doch lernte sie bei dieser Gelegenheit den riesigen indischen Subkontinent kennen mit allen seinen Fakiren, Yogis und religiösen Geheimnissen. Eine Frucht dieser ausgedehnten Indien-Fahrten ist ihre Artikelserie *Aus den Höhlen und Urwäldern Hindustans*, die später auch als Buch erschien. In den Jahren 1856–57 reiste sie nochmals durch Indien, Kashmir, Ladakh, Teile von Tibet und Burma; und nachdem sie in Italien an der Seite Garibaldis für die Republik focht und in der Schlacht von Mentana schwer verwundet wurde, hielt sie sich 1868 wieder in Tibet auf, wo sie hoch im Karakorum-Gebirge im Haus des Meisters Koot Hoomi wohnte, aber auch mit Meister Morya engen Kontakt hatte. Dort erlernte sie nach eigener Aussage die geheime Priestersprache Senzar, die »Mysteriensprache aller eingeweihten Adepten der Welt«.

So hat sich Helena Blavatsky schon lange vor Alexandra David-Neel (die in den 1920er Jahren Tibet bereiste) das religiöse Wissen Tibets erschlossen – sie wurde sogar in die »verbotene Hauptstadt« Lhasa eingelassen und von Lamas in Traditionen des Geheimen Buddhismus eingeweiht. Mit Eifer nahm sie das »Licht des Ostens« in sich auf, um es in leicht gewandelter Form der in Dekadenz und Materialismus abgesunkenen Zivilisation des Westens zu präsentieren. Deshalb reiste sie auf Anweisung ihres Meisters Morya nach kurzem Zwischenaufenthalt in Ägypten und im Nahen Osten nach New York, um in Amerika eine neue Heimat zu gewinnen. Als die nunmehr 42jährige Weltreisende amerikanischen Boden betrat, genau am 4. Juli 1873, sollte ein neuer Abschnitt in ihrem Leben beginnen. Denn Amerika war dazu ausersehen, die Geburtsstätte und der geistige Pflanzboden der Theosophischen Gesellschaft zu werden.

Die neue amerikanische Bürgerin, selbst mit außerordentlichen okkulten Kräften ausgestattet, fand recht bald Anschluss an spiritistische Kreise. Diese versammelten sich regelmäßig in der Farm der Brüder William und Horatio Eddy in Chittenden im Staate Vermont, um in düsteren Seancen die Geister Verstorbener anzurufen. Der moderne Spiritismus, zweifellos eine Gegenbewegung gegen den materialistischen Fortschrittsglauben des 19. Jahrhunderts, begann 1849 in der Familie des Farmers John Fox in den USA. Bei ihm begann sich ein Abgeschiedener angeblich durch Klopfzeichen zu melden; und in kürzester Zeit wuchs sich der Spiritismus in den sogenannten »gehobenen« Gesellschaftsschichten Amerikas und Europas zu einer regelrechten Modebewegung aus: das Tischerücken als Gesellschaftsspiel einer stets unter Langeweile leidenden großbürgerlichen Welt! Es versteht sich, dass Helena Blavatsky dem Spiritismus stets ablehnend gegenüberstand, sosehr sie ihn auch gegen den Vorwurf des Betrugs verteidigte; und es entstand in ihr der Wunsch, die an spiritistischen Phänomenen Interessierten über die Grundlagen einer wahren Spiritualität aufzuklären.

In den Spiritisten-Kreisen um die Eddy-Farm begegnete sie schließlich ihrem späteren langjährigen Mitarbeiter Henry Steel Olcott (1832–1907), einem Landwirt, Juristen und ehemaligen Offizier der Bürgerkriegsarmee der Nordstaaten, der – nebenbei auch ein Journalist – in den Blättern *Sun* und *Daily Graphik* über die Experimente der Eddies berichtet hatte. Olcott erkannte in der rätselhaften Russin sogleich ein weitaus bedeutsameres Medium als die Brüder Eddy, ja sie erwies sich ihm als eine Eingeweihte in spirituelles Wissen, und so entspann sich zwischen beiden eine intensive Zusammenarbeit. Im Juli 1875 findet sich in Helena Blavatskys Notizbuch folgender Eintrag: »Weisung direkt aus Indien erhalten, eine philosophisch-religiöse Gesellschaft zu gründen und einen Namen für sie auszusuchen – und Olcott [zum Präsidenten] zu wählen.«[6] Am Abend des 7. September 1875 war der Zeitpunkt gekommen. Im Anschluss an einen Vortrag eines gewissen H. Felt, der im Hause Blavatsky stattfand, gründeten die 17 beteiligten Personen spontan eine Art spirituelle Studiengesellschaft, die erst zehn Tage

später den Namen »Theosophische Gesellschaft« erhielt. Zum Präsidenten wurde Henry Olcott gewählt, zum Sekretär der junge, aus Irland eingewanderte Rechtsanwalt William Q. Judge (1851–1896). Die Gesellschaft bekannte sich zu folgenden Zielen:

(1) Den Kern einer universellen Bruderschaft der Menschheit zu bilden, ohne Unterschied von Rasse, Glaube, Geschlecht, Kaste oder Hautfarbe;

(2) Das Studium alter und moderner Religionen, Philosophien und Wissenschaften und das Aufzeigen der Wichtigkeit solcher Studien;

(3) Die Erforschung der nicht geklärten Naturgesetze und der im Menschen verborgenen, übernatürlichen Kräfte.[7]

Von Anfang an wurde in der Theosophischen Gesellschaft das »Licht des Ostens« gepflegt, die Esoterik des Buddhismus, auch der Yoga, die Lehren der Reinkarnation und des Karma – die Spiritisten, die sich zunächst in großer Zahl der Gesellschaft angeschlossen hatten, verließen diese ebenso schnell wieder, da Frau Blavatsky sich standhaft weigerte, ihre medialen Fähigkeiten in der Öffentlichkeit zu präsentieren. Für Sensationsgierige war kein Raum gegeben; es sollte echte seriöse Studienarbeit geleistet werden. Im übrigen sei nur darauf hingewiesen, dass die Theosophische Gesellschaft (die das Swastika, dieses uralte indisch-tibetische Sonnensymbol, in ihrem Emblem trug) mit ihren Grundgedanken der universellen Bruderschaft aller Menschen, der Gleichstellung aller Rassen und der Gleichberechtigung von Mann und Frau äußerst progressive Ziele verfocht, die ihrer eigenen Zeit weit voraus eilten, ja selbst gegenwärtig immer noch wie eine Zukunftshoffnung klingen.

Schon bald verlegte die Theosophische Gesellschaft ihren Hauptsitz nach Indien – Helena Blavatsky hatte 1877 noch ihr erstes Hauptwerk *Isis entschleiert* veröffentlicht, ein monumentales Opus von 1300 Druckseiten, und Ende 1878 lässt sie sich zusammen mit Henry Olcott dauerhaft in Indien nieder. Das Hauptquartier der weltweiten theosophischen Bewegung befand sich zunächst in Bombay, dann in Adyar, einem Vorort von Madras. Dort wurde auch die Zeitschrift *The Theosophist* herausgegeben.

Auf die Bewegung der neo-hinduistischen Renaissance, die in Indien zu jener Zeit um sich zu greifen begann, übte die junge theosophische Bewegung einen gewaltigen Einfluss aus; sie verstand sich als Gegenkraft gegen Kolonialismus und christliche Mission. Denn damals, schreibt Edward Conze, kam eine »ständig wachsende Zahl Gebildeter in Indien, Sri Lanka und Japan (...) zu der Überzeugung, es bleibe ihnen gar nichts anderes übrig, als das System des Westens mit allem, was dazugehörte, zu übernehmen. Die christlichen Missionare waren überzeugt, dass Massenbekehrungen bevorstanden. Aber ganz plötzlich und unerwartet nahm die Strömung einen anderen Weg. Einige wenige Mitglieder der herrschenden Rasse, weiße Männer und Frauen aus Russland, Amerika und England, Theosophen, reisten zu Hindus und Singhalesen und äußerten ihre Bewunderung für die Weisheit des Ostens. (...) Durch ihr rechtzeitiges Eingreifen hat die Theosophische Gesellschaft der Sache des Buddhismus einen großen Dienst erwiesen«[8]. Helena Blavatsky und Henry Olcott waren bei ihrem ersten Besuch in Sri Lanka im Mai 1880 durch Ablegung des »fünffachen Laiengelübdes« offiziell zum Buddhismus konvertiert.

Zeitweilig trug man sich sogar mit dem Gedanken, die Theosophische Gesellschaft mit dem *Arya Samaj* verschmelzen zu lassen. Es handelte sich dabei um eine neuindische Reformsekte, die von dem aus Kathiawar stammenden Brahmanen Dayanand Sarasvati (1824–1883) begründet wurde und die Vedas als die einzige göttliche Offenbarung auf Erden postulierte. Zu der geplanten Verschmelzung kam es nicht; doch zeigt das Ereignis die zutiefst indophile Haltung der Theosophen auf. Viele junge Inder, selbst noch überzeugt von der Vorherrschaft der weißen Rasse, konnten erst durch die Begegnung mit der Theosophie zu einer Wertschätzung ihrer eigenen Religion und Kultur gelangen. So etwa Mohandas Gandhi (1869–1948), der in seiner Autobiographie über seine Zeit als Jura-Student in London schreibt: »Ich erinnere mich, dass ich auf Drängen meiner Freunde Madame Blavatskys 'Schlüssel zur Theosophie' las. Dieses Buch regte in mir den Wunsch an, auch Bücher über den Hinduismus zu lesen, und belehrte mich eines Besseren über die von den Missionaren verbreitete Behauptung, die Hindulehre sei voller Aberglauben.«[9]

Aber die Theosophen inspirierten nicht nur die indische Reform- und Unabhängigkeitsbewegung, sie waren umgekehrt auch die Ersten, die den Westen mit der tieferen geistigen Essenz der Hindureligion bekannt machten – sie wirkten als Brückenbauer zwischen Ost und West, als Pioniere einer Ost-West-Synthese. Francesca Arundale erinnert sich, wie der Theosoph Alfred Percy Sinnett (1840–1921) sein ihm von Meister Koot Hoomi diktiertes Buch *Esoterischer Buddhismus* herausbrachte – welches Aufsehen es in Europa erregte, wo man die östliche Gedankenwelt noch gar nicht kannte: »Die Auswirkungen von 'Esoterischer Buddhismus' und den späteren theosophischen Lehren auf die theologische und literarische Presse kann man sich heute kaum vorstellen. Karma und Reinkarnation, zuvor fast unbekannte Begriffe, wurden in Predigten und Äußerungen vieler prominenter Kirchenführer erwähnt. Die Zeitungen waren voll von kritischen oder missbilligenden Anspielungen auf die neuen Ideen. Diese Ideen jedoch waren nicht mehr wegzudenken, und die Saat ist reichlich aufgegangen.«[10]

Grundgedanken der Geheimlehre

Die *Geheimlehre*, das 1888 in vier Bänden erschienene Hauptwerk der Theosophie, beschreibt in monumentalen Bildfolgen das Gesamtpanorama der kosmischen Evolution – vom Ursprung des Universums über das Werden unseres Sonnensystems bis zur Entwicklung der archaischen Menschheits-Kulturen auf der Erde, der »Wurzelrassen«, die der gegenwärtigen Zivilisation vorausgingen. Dabei werden insbesondere behandelt: 1. die *Kosmogenesis* (Weltentstehung, Band 1) und 2. die *Anthropogenesis* (Menschwerdung, Band 2). Band 3 mit dem Titel *Esoterik* wurde von Annie Besant zusammengestellt, Band 4 ist der Indexband.

Die Geheimlehre möchte eine »Synthese von Wissenschaft, Religion und Philosophie« (so der Untertitel) zustandebringen. Sie geht davon aus, dass jede bewusste Seele im All einen Teil der göttlichen Allseele bildet, aber auch davon, dass der individuelle göttliche Funke einen ganzen Zyklus von Inkarnationen durchwandern muss, um sich zu immer höheren Formen der Göttlichkeit emporzuläutern. Der göttliche Funke wird sein Endziel nicht erreichen, ehe er nicht zuvor »(a) jede elementare Form der phänomenalen Welt dieses Manvantara durchlaufen hat, und (b) Individualität erlangt hat, anfangs durch natürlichen Trieb, später durch selbstherbeigeführte und selbsterdachte Anstrengungen, dabei von seinem Karma zurückgehalten, und so durch alle Grade der Intelligenz, vom niedersten bis zum höchsten Manas, von Mineral und Pflanze bis hinauf zum heiligsten Erzengel (Dhyani-Buddha) emporgestiegen ist«[11].

Lebensformen wie Mineralien, Pflanzen, Tiere, Menschen, Halbgötter, Engelwesen und Geistige Hierarchien bilden somit die Glieder in einer einzigen großen Evolutionskette, die der Läuterung des göttlichen Funkens in verschiedenen Seinsformen dient; die *Geheimlehre* steht somit im Gegensatz zur rein materialistischen Evolutionslehre des Darwinismus. Obgleich der Entwicklungslehre, im Gegensatz etwa zur biblischen Schöpfungslehre, eine tiefe Berechtigung zukommt, liegt in der Reduzierung allen Geschehens auf das Materielle doch der Nachteil dieser Theorie. Dem Darwinismus stellt die Geheimlehre den Gedanken einer spirituellen Evolution in immer höheren Entwicklungs-Zyklen entgegen, der den östlichen Weisheitstraditionen, besonders den Schriften des nepalesischen Buddhismus entstammt. Es handelt sich um eine uralte, ehemals universale, jahrhundertelang von Meistern und Eingeweihten gehütete Lehre von der Welt- und Menschheitsentwicklung. Man könnte sie »Esoterischer Buddhismus« oder »Geheimbuddhismus« nennen, was nach Helena Blavatskys Aussage dasselbe bedeutet wie »Geheimlehre«.

Den Ausführungen der Geheimlehre über die Welt- und Menschheits-Evolution liegt darum ein uraltes Manuskript östlicher Herkunft zugrunde, das *Buch Dzyan*, dessen zwölf Stanzen im Verlauf des Werkes ausführlich kommentiert werden. Was hat es mit diesem Buch auf sich: stammt es aus dem geheimen Bestand abgeschiedener Lamaklöster? Die Orientalisten, Tibetologen, Philologen kannten es bislang nicht, und es ging der Verdacht um, dass es sich um eine geniale Erfindung der Helena Blavatsky handele. Diese sagt von dem *Buch Dzyan*, es sei »in Senzar niedergeschrieben worden, in der geheimen priesterlichen Sprache, nach den Worten der göttlichen Wesen, welche es den Söhnen des Lichts diktierten, in Centralasien, gerade am Anfange der fünften (unserer) Rasse; denn es gab eine Zeit, da seine Sprache (das Senzar) den Initiierten aller Nationen bekannt war, als die Voreltern der Tolteken sie ebenso leicht verstanden als die Bewohner der verlorenen Atlantis, welche sie ihrerseits von den Weisen der dritten Rasse, den Manushis, ererbten, welche sie direkt von den Devas der zweiten und ersten Rasse lernten«[12].

Das *Buch Dzyan* würde demnach eine heilige Urzeit-Weisheit enthalten, die bis auf Atlantis zurückgeht und im Laufe der Kulturepochen von den Eingeweihten aller Nationen überliefert wurde. Doch das Buch Dzyan existiert tatsächlich; dem Tibetologen David Reigle ist es mittlerweile gelungen, es zu identifizieren: als Teil der Bücher des Kiu-Te, als der fünfte und esoterische Teil des Kalachakra-Tantra mit dem Titel *Jnana*. Am Beginn der Kosmogenesis, Band 1 der *Geheimlehre*, stehen die Strophen:

> *1. Die Ewige Mutter, gehüllt in ihre immer unsichtbaren Gewänder, hatte wieder einmal sieben Ewigkeiten geschlummert.*
> *2. Es gab keine Zeit, denn sie lag schlafend in dem unendlichen Schoße der Dauer.*
> *3. Das Universalgemüt war nicht vorhanden, denn es gab keine Ahhi, es zu enthalten.*
> *4. Die sieben Wege der Seligkeit existierten nicht. Die großen Ursachen des Leidens waren nicht vorhanden, denn es war niemand da, sie hervorzubringen oder in sie verstrickt zu werden.*
> *5. Dunkelheit allein erfüllte das unendliche All ...*[13]

Die Strophen klingen dunkel und unverständlich; sie beschreiben das leere gestaltlose Nichts vor dem Beginn einer neuen Weltschöpfung. In der Theosophie wird nämlich davon ausgegangen, dass es im Universum einen ständigen rhythmischen Wechsel von Entstehen und Vergehen gibt, und wenn ein Schöpfungszyklus seinen Abschluss erreicht hat, wird die Welt in einen Zustand relativen Nicht-Seins zurückkehren, in ein schöpferisches Chaos, in die tiefdunkle Weltennacht eines Pralaya. Mit dem Beginn des nächstfolgenden Schöpfungszyklus wird die Welt aus dem Nicht-Sein in das Sein gerufen, und die Morgendämmerung eines neuen Weltentages, eines manifestierten Seinszustandes oder Manvantara zieht herauf. Denn allem Chaos muss ein Kosmos, allem Kosmos ein Chaos folgen, und die makrokosmischen Schöpfungszyklen folgen aufeinander wie Tag und Nacht.

Hier wird ganz offensichtlich an die indische Weltalter-Lehre angeknüpft, in welcher der Entwicklungsgedanke schon früh auf einem hohen philosophisch-spekulativen Niveau gedacht wurde. Der Welturgrund war im alten Indertum das Brahma. Weltentstehung ist Brahma-Geburt, Weltende ist Brahma-Tod, aber auf jeden solchen Tod folgt wieder eine neue Brahma-Geburt. Das Leben des Brahma währt 100 Brahma-Jahre, und wie beim Menschen Wachen und Schlafen aufeinander folgen, so kennt auch der Brahma Perioden der Aktivität und solche der Ruhe. Das Leben des Brahma teilt sich daher in Brahma-Tage und Brahma-Nächte. Ein Brahma-Tag ist ein Kalpa oder Äon und umfasst 1000 Große Weltzeitalter, Mahajugas, deren jedes 4.320.000 Menschenjahre dauert. Ein Mahajuga teilt sich in vier Jugas oder normale Weltalter, die als Krita, Treta,

Dvapara und Kali bezeichnet werden. Sie stellen hinsichtlich ihrer Dauer eine abnehmende Reihe im Sinne der mathematischen Folge 4, 3, 2, 1 dar:

Zyklus	Götterjahre	Menschenjahre
Krita	4800	1.728.000
Treta	3600	1.296.000
Dvapara	2400	864.000
Kali	1200	432.000
insgesamt:	12.000	4.320.000

Wenn ein solcher Brahma-Tag von 4.320.000.000 Menschenjahren zuende ist, so erfolgt, dem Mythos zufolge, ein partieller Weltuntergang, der jedoch nur die Erde, die Unterwelt und die niederen Götterhimmel des Weltsystems betrifft; ist die Brahma-Nacht vorüber, so erfolgt eine Neuschöpfung. Ist das gesamte Brahma-Leben abgelaufen, so kommt es zu einem globalen Weltuntergang, das heißt die Stoffe kehren in einen Zustand undifferenzierter Urmaterie wieder zurück, aus der nach einer längeren Pause schöpferischer Ruhe wieder ein neuer Brahma und somit eine neue Welt hervorgeht. Die Zahlenangaben, welche die Dauer der Kalpas, Mahajugas und Jugas bezeichnen, legen Zeugnis ab von dem hochentwickelten mathematischen Talent der alten Inder wie auch von ihrer Ehrfurcht gegenüber der Größe und Unvorstellbarkeit makrokosmischer Entwicklungs-Zyklen.

Wenn es im *Buch Dzyan* heißt: »Die Ewige Mutter (....) hatte wieder einmal sieben Ewigkeiten geschlummert«, bedeuten die »Sieben Ewigkeiten« sieben Mahakalpas, oder einen Manvantara, was der Dauer eines Brahma-Lebens von 100 Brahma-Jahren entspricht. Da ein Jahr im Leben des Brahma 360 Brahma-Tage von je 4.320.000.000 Menschenjahren Dauer und ebensoviele Brahma-Nächte umfasst, so ergibt sein ganzes Leben den kaum noch vorstellbaren Zeitraum von 311.040. 000.000.000 Menschenjahren. So lange dauert ein Manvantara, ein Großer makrokosmischer Entwicklungszyklus von Weltschöpfung bis Weltuntergang.

Die zyklische Sicht des Universums, die von den Weisen Altindiens vorgeahnt wurde, entspricht dem Weltbild der naturwissenschaftlichen Kosmologie. Man geht heute davon aus, dass die der »Ur-Explosion« vor 11 Milliarden Jahren nachfolgende Expansion des Universums eines Tages ein Ende erreichen wird; und in einer darauf folgenden Implosion des Alls wird die Materie wieder in einen formlosen und rein energetischen Zustand zurückkehren – in die Weltennacht, das Pralaya oder das »Chaos«, das in der hesiodischen Theogonie sogar als eine Göttin gefeiert wird. In dem Weltenschoß des uranfänglichen Chaos wird das künftige Universum gleichsam »ausgebrütet« (wie in einem gigantischen Weltenei), das durch eine neuerliche »Ur-Explosion« materiell in Erscheinung tritt und in manifestierter Form in die Weiten des leeren Raumes expandiert. Die Wechselfolge von Expansion und Implosion des Universums währt ewig, ohne Anfang und Ende.

Am Beginn der *Geheimlehre* wird nun geschildert, was am Anfang des gegenwärtigen Manvantara geschah – wie die kosmische Urmutter anschwoll und gleichsam ins All explodierte; wie sie einen Lichtstrahl in die Dunkelheit des Ur-Ozeans sendete, der das dort ruhende Welten-Ei befruchtete und zum Wachsen anregte; wie diesem Ei der »Drache der Weisheit« entstieg, der die sieben schöpferischen Hierarchien erschuf, und wie diese die Urmaterie wie einen »feurigen Wirbelwind« in das All hinausschleuderten.

Nach diesem Urschöpfungsgeschehen kommt die *Geheimlehre* auf die Entwicklung unseres Sonnensystems und der Erde zu sprechen, die sich als die Reinkarnation älterer Planeten, ja einer ganzen »Planetenkette« älterer Perioden erweist. Dabei wird davon ausgegangen, dass die Erde nicht nur einen physischen Planetenkörper, sondern auch unsichtbare Körper feinstofflicher, astraler, geistiger und göttlicher Energie besitzt. Diese bilden in ihrem Zusammenwirken die kosmische Wesenheit der Erde, die sich im Laufe ungezählter Äonen bewusst höherentwickelt.

Mit Helena Blavatskys eigenen Worten: »Unsere Erde als die sichtbare Repräsentantin ihrer unsichtbaren höheren Mitgloben, ihrer 'Herren' und 'Prinzipien' hat, ebenso wie die andern, durch sieben Runden zu leben. Während der ersten drei bildet und konsolidiert sie sich; während der vierten gewinnt sie Festigkeit und verhärtet; während der letzten drei kehrt sie stufenweise in ihre erste ätherische Form zurück; sie wird sozusagen vergeistigt. Ihre Menschheit entwickelt sich vollständig erst in der vierten – unserer gegenwärtigen Runde. Bis zu diesem Lebenszyklus wird sie bloß in Ermangelung eines angemesseneren Ausdruckes als 'Menschheit' bezeichnet. (....) Während der drei zukünftigen Runden wird die Menschheit, wie der Globus, auf dem sie lebt, immer dahin streben, ihre ursprüngliche Form wieder anzunehmen, die einer Dhyan Chohanischen Schar. Der Mensch strebt, ein Gott und dann – Gott zu werden, so wie jedes andere Atom im Weltall.«[14]

Die Erde muss also im Laufe ihrer Evolution »sieben Runden« durchlaufen. In der gegenwärtigen, der vierten Entwicklungs-Runde der Erde treten »sieben Wurzelrassen« auf, nämlich die Polarische, Hyperboreische, Lemurische, Atlantische, die gegenwärtige sowie zwei künftige. Das Leben dieser Wurzelrassen (dies Wort ist keinesfalls rassistisch zu verstehen!) hat sich auf verschiedenen, teils untergegangenen Kontinenten abgespielt. Denn mehrfach im Laufe der jahrmillionenlangen Erdgeschichte hat es Kontinentverschiebungen, Sintfluten, Polsprünge und tellurische Katastrophen gegeben, die den Untergang hochstehender vorgeschichtlicher Kulturen mit sich brachten.

Der Mensch als biologisches Wesen scheint in der Tat viel älter zu sein, als die offizielle Wissenschaft bisher angenommen hat. Während die Paläontologen anhand von Skelettfunden das Alter menschlichen Lebens auf dieser Erde auf rund 3 Millionen Jahre schätzen, sagt die Theosophie, dass der Mensch als voll verstofflichtes und geschlechtlich differenziertes Wesen schon im Miozän vor rund 18 Millionen Jahren auf der Erde gelebt hat. Aber als übersinnlich-kosmisches Wesen geht der Mensch in noch ältere Zeiten zurück. Er existierte schon seit Beginn der Hyperboreischen Wurzelrasse, allerdings noch als »himmlischer Mensch«, als ungeschlechtlicher Geistesmensch. Dieser Urmensch entspricht dem Adam Kadmon, wie er in der Kabbala, der uralten Tradition jüdischer Mystik, beschrieben wird.

In der Dritten, der Lemurischen Wurzelrasse tritt der Mensch als reines Astralwesen sowie in hermaphroditischer, also mannweiblicher Gestalt auf. Aus dem geschlechtslosen Himmelsmenschen hat sich ein androgyner Astralmensch entwickelt. Seitdem hat sich der Mensch im Laufe der Erd-Entwicklung in immer dichtere Wirklichkeits-Ebenen schrittweise inkarniert. In der Lemurischen Wurzelrasse wurde schließlich die Geschlechtertrennung vollzogen, die Differenzierung der Menschheit in »männlich« und »weiblich«. Doch war der Mensch zu jener Zeit noch ein rein feinstoffliches Wesen. Die Erinnerung an Lemuria wird bewahrt in den alten Sagen und Mythen der Menschheit, die vom »Garten Eden« oder dem ursprünglichen Paradies-Zustand der Menschen berichten. Lemuria war damals ein ausgedehnter Kontinent, in etwa ausgebreitet zwischen Australien und den Osterinseln.

Die allerersten Anfänge einer irdischen Verstofflichung der Menschheit gehen in die Endphase der Lemurischen Wurzelrasse zurück. Diese Verstofflichung wird mythisch im Bilde der »Vertreibung aus dem Paradies« ausgedrückt. Geburt und Tod, Schuld und Sühne, Beginn des Karma, Beginn einer langen Kette von Reinkarnationen, darin bestand fortan das menschliche Kollektivschicksal. Auf dem Boden Lemuriens erblühte vor undenkbar langen Zeiten die erste menschliche Hochkultur – auf einem größeren Inselreich im südlichen Pazifik, das in den mythischen Überlieferungen späterer Zeiten das sagenumwobene Land »Mu« heißt[15]. Während der Atlantischen Wurzelrasse gab es immer noch Überreste des alten Südkontinents Mu oder Lemurien, daneben Altantis selbst sowie im Gebiet des heutigen Grönland Reste des Nordkontinents Hyperborea, auf dem im Tertiär-Zeitalter noch subtropische Vegetation gedieh.

Die Anthroposophie Rudolf Steiners

Die Anthroposophie beansprucht zwar, eine ganz eigenständige Geistesschöpfung Rudolf Steiners zu sein, aber tatsächlich stellt sie bloß eine Weiterentwicklung der Theosophie dar. Die 1913 gegründete *Anthroposophische Gesellschaft* entstand aus einer Abspaltung der Theosophischen Gesellschaft, ähnlich wie 1916 die *Liberal-Katholische Kirche* Charles Leadbeaters oder 1920 die *Arcanschule* der Alice Bailey. Rudolf Steiner hatte mehr als 10 Jahre lang, von 1902 bis 1913, das Amt des Generalsekretärs der Deutschen Sektion der Theosophischen Gesellschaft innegehabt. Noch im Jahre 1910 äußerte er sich über die *Geheimlehre* der Helena Blavatsky wie folgt: »So sind z. B. die Dzyan-Strophen Teile, die noch lange nicht voll verstanden worden sind, an denen noch lange zu zehren ist, Teile, die zu den größten Offenbarungen innerhalb der Menschheitsentwicklung zählen.«[16]

Als damals noch überzeugter Theosoph glaubte Steiner auch an die Existenz jener geheimnisvollen »Meister« im Himalaya, die Helana Blavatskys *Geheimlehre* und die Werke anderer bekannter Theosophen diktiert haben sollen: »Wir haben die Gewissheit, dass über die TG die Meister der Weisheit wachen, – diese Meister sind vorhanden für den, der im Okkultismus Bescheid weiß.«[17] Rudolf Steiner, 1861 in Kraljevec / Kroatien geboren, hatte in Rostock zum Doktor der Philosophie promoviert; seitdem betätigte er sich als Goethe-Forscher. In seinem Buch *Rätsel der Philosophie* (1901) bekannte er sich zu Nietzsche und Ernst Haeckel; seine Ausrichtung war ganz und gar freigeistig. Nachdem er zu Goethes 150. Geburtstag einen Aufsatz über Goethes Märchen von der grünen Schlange und der schönen Lilie veröffentlicht hatte, wurde er eingeladen, in der »Theosophischen Bibliothek« des Grafen Brockdorf Vorträge zu halten.

Diese erschienen später als Buch mit dem Titel *Das Christentum als mysti-sche Tatsache.*

Zu jener Zeit muss Steiner erstmals mit der Theosophie in nähere Be-rührung gekommen sein. 1905 bekannte er sich emphatisch zu dem Werk Helena Blavatskys und zu Annie Besant (1847–1933), der damaligen Vor-sitzenden der Theosophischen Gesellschaft: »Vor H. P. Blavatsky stand ich noch vor 15 Jahren wie vor einem Rätsel, aber durch Frau Besant habe ich den Weg zu H.P.B. gefunden.«[18] Aber von 1907 an wird Steiner immer unabhängiger von den Lehren der Theosophie, deren neuindische Aus-richtung er durch eine stärkere Anlehnung an den Goetheanismus und deutschen Idealismus zu überwinden sucht. Dennoch verwendet Steiner in seinen Schriften immer noch die Sanskrit-Bezeichnungen der Theoso-phie, beispielsweise *Pitris* für die Angeloi (Engel), *Asuras* für die Archai (Urbeginne), *Devachan* für die Geistige Welt, *Manas*, *Buddhi* und *Atma* für die höheren Wesensglieder des Menschen, Geistselbst, Lebensgeist und Geistesmensch.

Zum Bruch mit der Theosophie und Annie Besant kommt es erst, als diese das Wiedererscheinen des Christus im Körper des Hinduknaben Krishnamurti verkündete; einer eigens hierfür gegründeten Loge namens »Stern des Ostens« sollten alle deutschen Theosophen beitreten. Deren Weigerung führt schließlich zum Ausschluss der Deutschen Sektion, die sich 1913 als »Anthroposophische Gesellschaft« formiert. Der neue Name der Gesellschaft, »Anthroposophisch«, sollte vielleicht den Eindruck er-wecken, es handele sich auch um eine neue Sache; aber tatsächlich hat Steiner die gesamte Theosophie in seine neugeschaffene Anthroposophe mit hineingenommen – besonders die Lehre der Planetenketten-Evolu-tion, der siebenfältigen Gliederung des Menschen, der Geistigen Hierar-chien und die Lehre von Reinkarnation und Karma.

Die Theosophie hat bekanntlich gelehrt, dass die Erde im Verlauf ihrer Evolution »sieben Runden« durchlaufen muss, und dass der Mensch (wie übrigens die Erde selbst) aus »sieben Prinzipien« bestehe, aus einem phy-sischen Körper und sechs okkulten Überkörpern; denn alles im Weltsys-tem der Theosophie läuft auf die heilige Siebenzahl hinaus. Die siebenfa-chen Körper des Menschen und der Erde heißen nach ihren theosophi-schen Bezeichnungen:

1. *Sthula Sharira*   der physische Körper
2. *Linga Sharira*   der Astralkörper
3. *Prana*   Lebenskörper

4. *Kama Rupa*	die animalische Tierseele
5. *Manas*	die Menschenseele
6. *Buddhi*	die Geistseele
7. *Atma*	die göttliche Monade[19]

In der Anthroposophie wird ebenfalls von einer siebenfachen Gliederung des Menschenwesens ausgegangen; denn sie versteht sich ja nach einer Definition Steiners als einen »Erkenntnisweg, der das Geistige im Menschenwesen zum Geistigen im Weltall führen möchte«[20]. In seinem Buch *Theosophie* (1904) übernimmt Steiner das obige Schema, das von Helena Blavatsky stammt, ersetzt aber wohlweislich die theosophischen Sanskrit-Ausdrücke durch deutsche Bezeichnungen. Die sieben Körper heißen demnach:

1. *Der physischer Körper*
2. *Der Äther- oder Lebensleib*
3. *Der empfindende Seelenleib*
4. *Die Verstandesseele*
5. *Die geisterfüllte Bewusstseinsseele*
6. *Der Lebensgeist*
7. *Der Geistesmensch*[21]

Auf die Wirksamkeit der Geistigen Hierarchien hat Helena Blavatsky in ihrem Werk wiederholt hingewiesen; auch darauf, dass die Wesen dieser Hierarchie eine evolutionäre Höherentwicklung des Menschen darstellen. Aber sie bezeichnet diese Wesen mit dem buddhistischen Ausdruck als *Dhyani Cohans*. Sie schreibt: »Der ganze Kosmos wird von einer nahezu endlosen Reihe von Hierarchien fühlender Wesen geleitet, gelenkt und belebt, von denen jedes eine Sendung zu erfüllen hat, und welche – einerlei, ob wir ihnen den einen oder den anderen Namen geben, ob wir sie Dhyan Chohans oder Engel nennen – 'Sendboten' sind bloß in dem Sinne, dass sie die Ausführer der karmischen und kosmischen Gesetze sind. Sie sind in ihren einzelnen Abstufungen von Bewusstsein und Intelligenz unendlich verschieden; und sie alle reine Geister zu nennen, ohne irgendwelche irdische Beimischung, 'woran die Zeit zu nagen pflegt', heißt bloß einer poetischen Phantasie huldigen. Denn jedes von diesen Wesen war entweder ein Mensch oder bereitet sich vor, einer zu werden, wenn nicht in dem gegenwärtigen, so in einem vergangenen oder zukünftigen Manvantara.«[22] In der Anthroposophie wandeln sich diese Dhyani

Cohans zu Engel-Hierarchien, deren Bezeichnungen aus dem Werk des oströmischen Mystikers Dionysius Areopagita übernommen werden:

1. Seraphim	Geister der (All-) Liebe
2. Cherubim	Geister der Harmonien
3. Throne	Geister des Willens
4. Kyriotetes	Geister der Weisheit
5. Dynameis	Geister der Bewegung
6. Exousiai	Geister der Form
7. Archai	Urbeginne
8. Archangeloi	Erzengel
9. Angeloi	Engel

Die Namen entstammen der christlichen Tradition; aber die Art und Weise, wie diese Wesen sich in den Manvantaras durch alle mineralischen, pflanzlichen, tierischen, menschlichen und göttlichen Seinsformen hoch entwickeln, entspricht ganz der Evolutionslehre der Theosophie. Aber entgegen der toleranten Einstellung der Theosophen, dass alle Weltreligionen gleichberechtigt zum Göttlichen hinführen, hatte Steiner seit der Gründung der Anthroposophischen Gesellschaft immer mehr einen absoluten Heilsanspruch des Christentums sowie den Vorrang des Westens gegenüber der Weisheit des Ostens postuliert.

An der Figur des Lucifer – des Gegenpols zu Christus – wird deutlich, wie sehr Steiner im Lauf seiner öffentlichen Wirksamkeit seine Meinung änderte und zuweilen zentrale Begriffe seiner Weltanschauung umdefinierte – was von den Anthroposophen selbst meist gar nicht in Betracht gezogen wird. In seinen frühen, noch stark von der Theosophie beeinflussten Vortrags-Zyklen, beispielsweise *Der Orient im Lichte des Okzidents* (1909), wird Lucifer – ganz in der Nachfolge gnostischer Sekten des Mittelalters – als ein »Bruder Christi« hingestellt, der dem Menschen das Licht der Erkenntnis bringt, das ihm ein tieferes Verständnis des Christus überhaupt erst ermöglicht. Ursprünglich nahm bei Steiner der Erzengel Lucifer in seiner positiven Funktion als Lichtbringer und Erkenntnisentfacher eine dem »Christus« durchaus gleichgeordnete Ehrenstellung ein.

Auch Helena Blavatsky sah in Lucifer einen spirituellen Lichtbringer. In London gründete sie 1887 ihre zweite Zeitschrift, die *Lucifer* hieß; Mitherausgeberin war Mabel Collins (1851–1927), die den theosophischen Klassiker *Licht auf dem Pfad* verfasst hatte. Wie sehr Steiner sich ursprünglich im Fahrwasser der Theosophie bewegt hat, sieht man daran, dass er im Jahr 1903 zusammen mit seiner späteren Frau Marie von Sivers eine Mitglieder-Zeitschrift namens *Luzifer* gründete, die kurz darauf unter dem Titel *Lucifer-Gnosis* weitergeführt wurde. »Der Name«, bemerkt Steiner später in seiner Autobiographie, »wurde damals selbstverständlich in keinen Zusammenhang gebracht mit der geistigen Macht, die ich später als Luzifer, den Gegenpol von Ahriman, bezeichnete. So weit war der Inhalt der Anthroposophie noch nicht ausgebildet, dass von diesen Mächten schon hätte die Rede sein können. – Es sollte der Name einfach 'Lichtträger' bedeuten.«[23]

In seinem Vortrag *Luzifer* vom 22. Febr. 1906, im Anschluss an die Uraufführung des Dramas *Die Kinder des Luzifer* von Edouard Schuré in München, wehrt Steiner sich gegen die Verteufelung Lucifers, in dessen Streben nach Gottwerdung er ein unverzichtbares Freiheitsmoment erkennt: »Deshalb können wir sagen: Wenn dieses luziferische Prinzip im Menschen nicht wäre, so würde der Mensch in einer gewissen Passivität, in einer gewissen Untätigkeit, von den Göttern getragen, zur Vollkommenheit geführt. Er wäre sozusagen vollständig der Gotteskindschaft hingegeben. Zwar strebte sein Wesen zur Vollkommenheit, aber nicht er wäre es, der so strebte, sondern der Gott in ihm. – Dazu kommt die andere Kraft, die wir als luziferisch betrachten. Diese macht dieses Streben zu einer ureigenen Angelegenheit. Die setzt sich selbst dieses Ziel der Vollkommenheit.«[24]

Daher sieht der wahre Theosoph Lucifer, so führte Steiner weiter aus, »nicht als einen Feind, sondern als einen notwendig zu einem andern zugehörigen Pol«, da das Christusprinzip und das Luciferprinzip sich gegenseitig bedingen würden. Von 1909/10 an beschreibt Steiner das »luziferische Prinzip« als ein Prinzip der Versuchung und Täuschung, das den Menschen auf Abwege führt. Ja, noch mehr: Lucifer erscheint in dieser neuen Sicht als der Genosse nicht Christi, sondern Ahrimans, des eigentlichen Teufels, und zählt daher denn auch zu den vom Erzengel Michael bekämpften »Widersachermächten«. Mit anderen Worten: Die Verteufelung Lucifers, von ihm vormals mit Recht kritisiert, nimmt er nun selbst vor, womit er sich wieder ein Stück weit der Position der offiziellen christlichen Machtkirche annähert. Die ursprüngliche Freigeistigkeit, die Steiner am Anfang seiner Wirksamkeit noch gezeigt hatte – seine Begeisterung für Nietzsche, Max Stirner, Ernst Haeckel, für den Monismus, für fortschrittliche und aufklärerische Ideen – war längst einer dogmatischen Verfestigung seiner eigenen »Weltanschauung« gewichen, in der für ein völlig freies luciferisches Erkenntnisstreben kein Raum mehr vorhanden war.

In dem Vortrags-Zyklus *Die Offenbarungen des Karma* (1910) führt Steiner aus, dass sich in der Mitte des »Lemurischen Zeitalters« eine ganze Gruppe von »luziferischen Wesenheiten« inkarniert hätten, die den Menschen dazu verführten, sich enger an die Materie zu binden. Der »Sündenfall«-Mythos wird nicht mehr gnostisch gedeutet (die Tat Lucifers als erste Anregung zu eigener Geist-Erkenntnis), sondern ganz orthodox-kirchlich. Lucifer ist nicht mehr der »Lichtbringer«, der er im Vortrag von 1906 noch war, sondern der große Verführer: »Für unseren heutigen Zweck ist es aber wichtig, hervorzuheben, dass der Mensch, indem er die luziferischen Kräfte in sich hatte, in seinem Inneren einen Verführer hatte, weniger gut zu sein, als er gewesen wäre, wenn der luziferische Einfluss nicht gekommen wäre; und ebenso hatte er dadurch einen Einfluss, mehr aus allerlei Affekten, Leidenschaften und Begierden heraus zu handeln und zu urteilen … Und dadurch ist es gekommen, dass der Mensch viel tiefer hineinverstrickt worden ist in die physische Erdenwelt...«[25]

Die negative Bewertung der »sinnlichen Begierden« und der physischen Erdenwelt überhaupt, die aus diesen Zeilen klingt, erinnert deutlich an die Welt- und Materieverneinung antiker Gnosis, die der ursprüngliche Rudolf Steiner, ein Anhänger Goethes und erklärter »Monist«, sicher nicht geteilt hätte. So erscheint die Gestalt Steiners wie ein verhinderter Prometheus, der zwar auf Geistesflügeln zum Himmel aufsteigen wollte, um das Feuer der Götter zu rauben – aber auf halbem Weg flügellahm wurde, abstürzte und dann doch auf dem vermeintlich sicheren Boden christlicher Orthodoxie und weltanschaulichen Dogmatismus landete. Und es ist eine geschichtliche Tragik, dass die ursprüngliche frühe Anthroposophie, in der zuweilen ein durchaus prometheisch zu nennender Geistesfunke glomm, noch zu Steiners Lebzeiten – und zwar nicht ohne dessen eigenes Zutun! – zu einer neuen Kirche wurde, zu einer nicht auf Erkenntnis, sondern auf Glauben und Offenbarung gegründeten neo-gnostischen Kirche.

Weltwendezeit

Aus dem Quell des Lichts im Denken Gottes
Ströme Licht herab ins Menschendenken.
Es werde Licht auf Erden!
Aus dem Quell der Liebe im Herzen Gottes
Ströme Liebe aus in alle Menschenherzen.
Möge Christus wiederkommen auf Erden!
Aus dem Zentrum, das den Willen Gottes kennt,
Lenke plan-beseelte Kraft die kleinen Menschenwillen
Zu dem Endziel, dem die Meister wissend dienen.
Durch das Zentrum, das wir Menschheit nennen,
Entfalte sich der Plan der Liebe und des Lichtes
Und siegle zu die Tür zum Übel.
Mögen Licht und Liebe und Kraft
Den Plan auf Erden wiederherstellen! [1]

Das Kommen eines Neuen Äons

Im Bewusstsein, einer Spätzeit anzugehören, zugleich das Kommen eines Neuen Äons vorausahnend, hatte der Philosoph Martin Heidegger (1889–1976) in seiner Schrift *Holzwege*, erschienen 1946, die folgenden, geradezu prophetischen Sätze ausgesprochen: »Stehen wir gar im Vorabend der ungeheuersten Veränderung der ganzen Erde und der Zeit des Geschichtsraums, darin sie hängt? Stehen wir vor dem Abend für eine Nacht zu einer anderen Frühe? Brechen wir gerade auf, um in das Geschichtsland dieses Abends der Erde einzuwandern...? Sind wir die Spätlinge, die wir sind? Aber sind wir zugleich auch die Vorzeitigen der Frühe eines ganz anderen Weltalters, das unsere heutigen historischen Vorstellungen von der Geschichte hinter sich gelassen hat?«[2]

Wir leben gewiss nicht in einer Endzeit, wohl aber in einer Zeit, die im Zeichen des Übergangs und der Neuordnung steht. Wir sind vielleicht die letzte Generation einer großen weltgeschichtlichen Sinn- und Wirklichkeits-Einheit, die nun ihrem Ende entgegengeht. Vom »Ende der Neuzeit« sprach bereits 1950 der katholische Theologe Romano Guardini. Denn es war schon seit langem klargeworden, dass die Menschheit allmählich einem neuen Entwicklungsabschnitt entgegenschreitet, dass Altes morsch zusammenbricht, damit unter der Einwirkung lebendig-schöpferischer Kräfte Neues, bisher Ungeahntes Gestalt annehmen kann.

Nach Ansicht der Weltalter-Astrologie vollzieht sich gegenwärtig der Übergang vom »Fische«- in das »Wassermann«-Zeitalter. Und es war übrigens niemand Geringerer als der Kulturphilosoph Egon Friedell (1878–1938), der in seinem Hauptwerk *Kulturgeschichte der Menschheit* auf das Anbrechen des Wassermann-Zeitalters hingewiesen hat: »Es kann überhaupt keinem Zweifel unterliegen, dass unser Geschichtsbild, hinter dem Rücken der Historiker, Miene macht, sich astrologisch zu orientieren. (...) Wir sind im Begriffe, aus dem Sternbild der Fische in das des Wassermann zu übersiedeln. Wassermann bedeutet: Einsamkeit, Innenschau, Hellsicht, Tiefenperspektive. Wassermann bedeutet das Ende des Glaubens an das Primat des Sozialen, an die Wirklichkeit der Oberfläche, an die Realität der Realität. Für die Übergangszeit prophezeit die Astrologie eine neue Hyksosherrschaft, wie sie in Ägypten um die Wende des dritten vorchristlichen Jahrtausends beim Hinüberwechseln vom Stier zum Widder bestanden hat. Damit kann nur der Bolschewismus gemeint sein.«[3]

Mit dem Eintreten des Frühlingspunktes in das Zeichen des Wassermann wird symbolisch eine Art Kollektiv-Schicksal der Menschheit aufgezeigt. Denn in der Sicht der Weltalter-Astrologie sind die Tierkreiszeichen machtvoll schwingende kosmische Strahlungskraftfelder, die – einerlei wie die Einzelschicksale der Menschen verlaufen – das bestimmte schicksalhafte Gepräge einer ganzen Epoche menschlicher Kulturentwicklung widerzuspiegeln vermögen. Welche Verheißung verknüpft sich nun mit dem Anbrechen des sogenannten Wassermann-Zeitalters, und welche Bedeutung hat dieser gewaltige Äonenwechsel für das persönliche und gemeinschaftliche Menschenleben, für Politik, Wirtschaftsordnung, Religion, Philosophie und Weltanschauung?

Ausgegangen wird hierbei vom sogenannten Großen Platonischen Weltenjahr, das durch die Präzessionsbewegung der Erdachse zustandekommt. Denn die (gegenüber der Sonnenachse um 23,5 Grad geneigte) Erdachse beschreibt ja eine gewaltige Kreiselbewegung innerhalb von 25.920 Jahren, und so benötigt der Frühjahrspunkt (himmelskundlich der Schnittpunkt zwischen Äquator und Ekliptik) eben auch 25.920 Jahre, um durch alle 12 Tierkreiszeichen zu wandern. Die Wanderung des Frühjahrspunktes durch 1 Tierkreiszeichen dauert genau 25.920 : 12, also 2160 Jahre – ein Weltenmonat. Solche Weltenmonate entsprechen den großen Kulturabschnitten in der Menschheitsgeschichte, und das vom Frühjahrspunkt durchlaufene Tierkreiszeichen verkörpert in sich gleichsam den inspirierenden Genius des jeweiligen Kulturabschnittes.

Betrachten wir einmal den Zyklus der Weltzeitalter im Großen Platonischen Jahr, von Atlantis bis zur Gegenwart, wie er in dem Buch von Hans Künkel *Das große Jahr. Der Mythos von den Weltzeitaltern* (Erstauflage 1922) dargestellt wird.[4] Die zeitliche Datierung der einzelnen Weltalter-Kulturen musste indes aktualisiert werden; allenthalben gibt es fließende Übergänge von einem Weltzeitalter zum nächsten.

Löwe-Zeitalter (10.950-8790)	Altantis
Krebs-Zeitalter (8790-6630)	Urindien
Zwilling-Zeitalter (6630-4470)	Urpersien
Stier-Zeitalter (4470-2310)	Ägypten
Widder-Zeitalter (2310-150)	Antike
Fische-Zeitalter (150-2010)	Abendland
Wassermann-Zeitalter (2010-4170)	Die Zukunft

Das Bildsymbol des »Wassermann«, aus dem altbabylonischen Tierkreiszeichensystem stammend, zeigt einen alten, weisen, langbärtigen Mann, der am Flusslauf sitzt und aus großen Kübeln Wasser schöpft; das Element »Wasser« steht hier als Sinnbild für den »Geist«. Denn der Wassermann schöpft aus dem Geistigen; der Geist ist in der Tat sein eigentliches Element! Den alten Babyloniern galt der »Wassermann« als der Befreier und langersehnte Erlöser; war er doch der Wasserträger, der dem in der Wüste Dürstenden das erquickende Nass darbot! Dem Jahresabschnitt des Tierkreiszeichens Wassermann, der Zeit vom 20. Januar bis zum 19. Februar, entsprach im alten Mesopotamien die Zeit des regenreichen Vorfrühlings.

Der über die Menschheit ausgegossene »Geist« wird in der Bibel oftmals dargestellt durch das Symbol des »Wassers«. So heißt es im Buch der Offenbarung, bezogen auf die urferne Zukunft der Menschheit: »Ich bin das A und O, der Anfang und das Ende. Ich will den Durstigen geben von dem Brunnen des lebendigen Wassers umsonst« (Off.22/1). »Und er zeigte mir einen Strom lebendigen Wassers, klar wie Kristall, der ausgeht von dem Thron Gottes und des Lammes« (Off.22/1). Dieser kristallklare »Strom lebendigen Wassers«, des lebendigen Geistes, der sich über die Menschheit ergießt, wird sinnbildlich ausgedrückt im astralen Zeichen des Wassermannes, einem Tierkreiszeichen, das nach den Aussagen der Weltalter-Astrologie gerade zur jetzigen Weltenstunde eine besonders machtvolle Strahlungswirkung zu entfalten beginnt.

Die apokalyptische Vision von der »Herabkunft des heiligen Geistes« scheint sich ebenfalls auf die neue Geist-Schwingungs-Qualität des Wassermann-Zeitalters zu beziehen. Schon in Büchern des Alten Testaments wird vorausgesagt, dass dereinst in ferner Weltenzukunft der (die) Heilige Geist(in) in einem gewaltigen kosmischen Pfingst-Ereignis auf die Menschheit herniederkommen werde, sich ausgießen werde auf das ganze Menschengeschlecht: »Und es soll geschehen in den letzten Tagen, spricht Gott, da will ich ausgießen von meinem Geist auf alles Fleisch; und eure Söhne und Töchter sollen weissagen, und eure Jünglinge sollen Gesichte sehen, und eure Alten sollen Träume haben; und auf meine Knechte und auf meine Mägde will ich in jenen Tagen von meinem Geist ausgießen, und sie sollen weissagen« (Joel 3/1-2).

Diese endzeitliche Vision von der Ausgießung des Heiligen Geistes hatte den aus Kalabrien stammenden Ordensgründer und Abt Joachim von Fiore (1130–1202) seinerzeit dazu veranlasst, seine Lehre von den »Drei Zeitaltern« zu entwicklen, die man als eine eschatologische Geschichtsinterpretation betrachten kann. Nach Joachim läuft die Weltgeschichte in drei Phasen ab:

1. Zeitalter des Vaters / Altes Testament
2. Zeitalter des Sohnes / Neues Testament
3. Zeitalter des Heiligen Geistes / Ewiges Evangelium

Mit dem »Ewigen Evangelium« meint der Abt Joachim kein geschriebenes, sondern ein rein spirituelles Evangelium, das durch die Einwohnung des Heiligen Geistes in allen Menschen zustande kommt. Aufsehen erregte er vor allem dadurch, dass er das Anbrechen des Geist-Zeitalters (und damit zwangsläufig das Ende der römischen Klerikerkirche) spätestens für das Jahr 1260 voraussagte! Aber seine Vision vom kommenden Dritten Zeitalter entspricht recht genau der Vorstellung, die sich die Weltalter-Astrologie vom künftigen »Wassermann«-Zeitalter gebildet hat. In einer poetischen Bildersprache beschreibt Joachim von Fiore dieses kommende Äon in folgender Weise:

Der erste Status also steht in der Wissenschaft, der zweite in der teilweise vollendeten Weisheit, der dritte in der Fülle der Erkenntnis.
Der erste in der Knechtschaft der Sklaven, der zweite in der Knechtschaft der Söhne, der dritte in der Freiheit.
Der erste in der Furcht, der zweite im Glauben, der dritte in der Liebe.

Der erste ist der Status der Knechte, der zweite der Freien, der dritte der
Freunde. (....)
Der erste bezieht sich auf den Vater, der zweite auf den Sohn, der dritte auf
den Heiligen Geist.[5]

Mit den Schlüsselbegriffen »Erkenntnis«, »Freiheit«, »Liebe« und »Freundschaft« umschreibt Joachim das Dritte Zeitalter, dessen Heraufkommen er schon am nahen Horizont der Zukunft zu sehen glaubte. Und tatsächlich deckt sich die apokalyptische Geschichtsvision des kalabresischen Abtes ziemlich genau mit der Äonenlehre der Weltalter-Astrologie. Man könnte durchaus Joachims Erstes Zeitalter, das des Vatergottes, dem »Widder«-Zeitalter zuordnen (Moses, der Begründer des Alten Bundes, wird ja noch bei Michelangelo mit Widderhörnern dargestellt!); sein Zweites Zeitalter des Sohnes würde dem »Fische«-Zeitalter entsprechen (vgl. der Fisch als Symbol für Christus), das Dritte dem des Wassermann, das in dem bekannten Musical *Hair* (1966) mit ganz ähnlichen Begriffen wie bei Joachim als ein Äon der Erkenntnis, der Liebe und der universellen Freundschaft besungen wird:

> *Harmonie und Recht und Klarheit*
> *Sympathie und Licht und Wahrheit*
> *Niemand wird die Freiheit knebeln*
> *Niemand mehr den Geist umnebeln*
> *Mystik wird uns Einsicht schenken*
> *Und der Mensch lernt wieder denken.*[6]

Allerdings: Die apokalyptische Zukunftsschau des Abtes Joachim und die Weltalter-Astrologie mit ihrer Erwartung des »Wassermann«-Zeitalters sind beide gleichermaßen mythische Geschichtsbetrachtungen, die wohl ihre Erkenntnisse aus dem Quell der geistigen Schau schöpfen, keineswegs aber einen Anspruch auf wissenschaftliche Beweiskraft erheben können. Es bleibt daher der Arbeit des Kulturphilosophen überlassen, nachzuprüfen, ob sich tatsächlich seit dem Beginn des 20. Jahrhunderts ein Äonenwechsel vollzieht, der das Ende einer alten Geschichtseinheit und zugleich den Beginn einer neuen markiert. Wir wollen daher in diesem Zusammenhang auf den Paradigmen-Wechsel innerhalb der Neuen Physik hinweisen und zugleich drei Vordenker der spirituellen Evolution darstellen, die auf je unterschiedliche Art die Vorzeichen einer großen Weltenwende erkannt und nachgewiesen haben: *Jean Gebser, Sri Aurobindo* und *Wladimir Solowjef.*

Paradigmenwechsel in der Physik

Kaum eine der modernen Wissenschaften hat unser Weltbild, ja unser ganzes Denken, unsere Vorstellung vom Grundgefüge der Wirklichkeit, so nachhaltig beeinflusst wie die Physik. Seit dem Niedergang der spekulativen Metaphysik und der christlichen Theologie blieb es allein der nach exakter Methodik verfahrenden Physik vorbehalten, verbindliche Aussagen über Struktur und Aufbau des Universums zu formulieren. Jahrhundertelang wirkte gerade die Physik als Vorreiterin jenes platten Materialismus, der – wie wir heute erst erkennen – die abendländische Kultur an den Rand des Abgrunds geführt hat.

Seit der Jahrhundertwende jedoch, genauer seit dem Auftreten Albert Einsteins (im Jahr 1905 veröffentlichte er seine grundlegende Arbeit zur »speziellen Relativitätstheorie«), hat sich in der Physik – von der Öffentlichkeit zunächst kaum bemerkt – ein Wandel vollzogen, der uns dazu zwingt, grundlegende Begriffe wie »Raum«, »Zeit« und »Materie« im Lichte neuer Einsichten neu zu bestimmen. Unter dem Eindruck der Relativitätstheorie Einsteins und der Quantenphysik (Planck, Heisenberg, Schrödinger, Bohr) sieht sich die Physik genötigt, von ihrem althergebrachten atomistisch-materialistischen Weltbild Abschied zu nehmen und sich einer neuen Weltschau anzunähern, die das Universum als geistige Einheit auffasst. Der britische Physiker Sir James Jeans brachte es auf die Formel: »Das Weltall fängt an, mehr einem großen Gedanken als einer großen Maschine zu gleichen.«[7]

Die Auffassung vom Universum als einer geistigen Einheit, ja als Ausdruck eines all-einigen Gottes, stellt seit jeher einen festen Bestandteil der spirituellen Weltsicht dar. Besonders ausgeprägt tritt sie uns in den Hochreligionen Asiens – im Hinduismus, Buddhismus, Taoismus – entgegen. Und es mag angebracht sein, hier die Worte zu zitieren, mit denen der Dichter Hermann Hesse (1877–1962) jene letzte große Einheit, die er aller Vielheit zugrunde liegen sah, umschrieben hat:

»Ich glaube an nichts in der Welt so tief, keine andere Vorstellung ist mir so heilig wie die der Einheit, die Vorstellung, dass das Ganze der Welt eine göttliche Einheit ist und dass alles Leiden, alles Böse nur darin besteht, dass wir einzelne uns nicht mehr als unlösbare Teile des Ganzen empfinden, dass das Ich sich zu wichtig nimmt. (....) Die Einheit, die ich hinter der Vielheit verehre, ist keine langweilige, keine graue, gedankliche, theoretische Einheit. Sie ist ja das Leben selbst, voll Spiel, voll Schmerz, voll Gelächter. Sie ist dargestellt worden im Tanz des Gottes

Shiva, der die Welt in Scherben tanzt, und in vielen anderen Bildern, sie weigert sich keiner Darstellung, keinem Gleichnis. Du kannst jederzeit in sie eintreten, sie gehört dir in jedem Augenblick, wo du keine Zeit, keinen Raum, kein Wissen, kein Nichtwissen kennst, wo du aus der Konvention heraustrittst, wo du in Liebe und Hingabe allen Göttern, allen Menschen, allen Welten, allen Zeitaltern angehörst.«[8]

Was Hermann Hesse hier zum Ausdruck bringt, ist das mystische Zentralerlebnis, das Erlebnis der ungeteilten Einheit von Ich, Welt und Gott. Als Folge einer meditativen Versenkung tritt dieses mystische Zentralerlebnis in allen Zeitaltern, in allen Völkern und Kulturen auf – heute erhebt sich jedoch die Frage, ob es nicht gerade die Naturwissenschaftler sind, die am ehesten einer meditativen Schulung bedürfen. Denn es scheint, dass eine moderne, durch die Relativitäts- und Quantentheorie von Grund auf erneuerte Physik die theoretische Grundlage des mystischen Weges zu liefern vermag. Denn die moderne Physik entwickelt ein durch praktisch-wissenschaftliche Forschung vielfach bestätigtes Weltbild, das die zentralen Aussagen der Mystik als durchaus glaubwürdig erscheinen lässt.

In der Nachfolge Werner Heisenbergs hat vor allem Fritjof Capra auf die Parallelen zwischen moderner Physik und alten mystischen Traditionen in aller Deutlichkeit hingewiesen. Capra beginnt sein erstes Buch *Der kosmische Reigen* (*The Tao of Physics*) mit der Schilderung einer mystischen Einheitserfahrung, die er – der Tradition der Hindus folgend – im Bild des tanzenden Gottes Shiva zusammenfasst: »Eines Nachmittags im Spätsommer saß ich am Meer und sah, wie die Wellen anrollten, und fühlte den Rhythmus meines Atems, als ich mir plötzlich meiner Umgebung als Teil eines gigantischen kosmischen Tanzes bewusst wurde. (....) Als ich an diesem Strand saß, gewannen meine früheren Experimente Leben. Ich 'sah' förmlich, wie aus dem Weltraum Energie in Kaskaden herabkam und ihre Teilchen rhythmisch erzeugt und zerstört wurden. Ich 'sah' die Atome der Elemente und die meines Körpers als Teil dieses kosmischen Energie-Tanzes; und ich fühlte seinen Rhythmus und 'hörte' seinen Klang, und in diesem Augenblick wusste ich, dass dies der Tanz Shivas war, des Gottes der Tänzer, den die Hindus verehren.«[9]

Die Erschütterung des herkömmlichen physikalischen Weltbildes, dessen Grundlagen vor rund 300 Jahren von Galilei, Descartes und Newton gelegt wurden, geht auf die Tat Albert Einsteins zurück. Dieser hatte seinen ersten Theorieentwurf, der 1905 in den *Annalen der Physik* erschien, im Jahre 1916 zu einer »allgemeinen Relativitätstheorie« ausgebaut, die zugleich eine neue Theorie der Gravitation enthält. Nicht nur den Fachphysiker gehen die Ergebnisse der Einsteinschen Physik an, sondern jeden denkenden Menschen, ist doch durch die Geistestat Einsteins unsere ganze Vorstellung von der Welt von Grund auf revolutioniert worden. Neue Wirklichkeiten, neue Ebenen des Seins tun sich auf. Deshalb konnte der englische Gelehrte Sir Oliver Lodge mit Recht sagen: »Die Einsteinsche Physik wird nicht verfehlen, früher oder später jeden intelligenten Menschen zu beeinflussen.«[10]

Denn zunächst einmal wird in der Relativitätstheorie der Begriff des »absoluten Raumes«, wie er aus der Euklidischen Geometrie stammt und bis in die Neuzeit hinein Geltung hatte, aufgelöst; es gibt keinen »Raum« als absolute und konstante Größe. Ebenso aufgelöst wird der Begriff der »absoluten Zeit«, sodass dem modernen abendländischen Menschen, der sich bisher stets in einem festen Raum-Zeit-Koordinatensystem zu orten vermochte, buchstäblich der Boden unter den Füßen entschwindet. Raum und Zeit sind nach Einstein keine absoluten, sondern relative Größen, die allerdings in engem Wechselbezug zueinander stehen: als Bestandteile eines einzigen, in die »Vierte Dimension« eingekrümmten Raum-Zeit-Kontinuums. An manchen Orten dieser gigantischen vierdimensionalen Raumzeit-Blase scheint sich die Materie stärker, an anderen Orten schwächer in die Vierte Dimension einzukrümmen; und dementsprechend läuft die Zeit an manchen Orten langsamer, an anderen schneller ab. An Orten mit maximaler Raumkrümmung, in der Astronomie als „Schwarze Löcher« bekannt, scheint die Zeit geradezu stillzustehn!

Ein ähnliches Schicksal wie die Begriffe »Raum« und »Zeit« erleiden die herkömmlichen Deutungen von »Materie« und »Energie«: beide gibt es nicht als absolute Messgrößen, sondern die Materie ist nur eine andere Erscheinungsform der Energie. Materie kann sich jederzeit in Energie verwandeln, Energie jederzeit in Materie; wir haben es hier keinesfalls mit zwei voneinander getrennten Seinsweisen zu tun, sondern nur mit zwei Ausdrucksformen ein und derselben Wirklichkeit. Die Grundvorstellung der klassischen Physik von der »Materie« – nämlich eine Art feste, undurchdringliche Stofflichkeit – löst sich damit ebenfalls in Nichts auf. Es gibt keine Materie »an sich«, und damit fällt der moderne abendländische Mensch wiederum ins Bodenlose. Besonders wenn wir in den subatomaren Bereich vordringen, ins Innere der Atome und Atomteilchen, stoßen wir auf Wirklichkeits-Ebenen, die sich mit dem materialistischen Begriff von »Materie« schlechterdings nicht mehr beschreiben lassen. Die subatomare Physik ist im Begriff, zu rein immateriellen Wirklichkeiten vorzustoßen[11].

Angesichts dieser neuen Erkenntnisse muss das klassische Atommodell als unhaltbar gelten. Der Atomismus geht auf den griechischen Philosophen Demokrit zurück, der lehrte: »Die Natur besteht aus Atomen, die im leeren Raum umhergeschleudert werden.«[12] Unter »Atomen« verstand er etwas durchaus Stoffliches: feste, unteilbare Bausteine der Welt. Seitdem der englische Physiker Ernest Rutherford (1871–1937) die Atomkerne mit Alphateilchen bombardierte, um Aufschluss über den inneren Aufbau der Atome zu gewinnen, ist man immer weiter in Regionen des Nicht-Stofflichen vorgedrungen. Heute wissen wir, dass die subatomaren Teilchen nicht stoffliche Substanzen, sondern dynamische Prozesse sind. Hierzu bemerkte der Kulturphilosoph Jean Gebser: »An Rutherfords gelungenen Versuchen, Atome zu zertrümmern und aufzubauen, wurde uns klar, welche Rolle das kaum noch Sichtbare spielt, während uns die 'kosmischen Strahlen' lehrten, in welchem Maße wir von kaum fassbarer 'Materie' abhängig sind. Wir stellten fest, wie die Physik sich immer mehr gezwungen sieht, eine 'Entstofflichung der Materie' zuzugeben, wie andererseits eine 'Verstofflichung des Geistes' stattfindet, worauf uns die verschiedenen Erscheinungsformen der Telepathie hinweisen.«[13]

Die subatomare Physik hat also, nicht weniger als die Relativitätstheorie Einsteins, ganz im Stillen eine wissenschaftliche Revolution bewirkt, einen »Paradigmen-Wechsel«. Dieser Begriff stammt von Thomas S. Kuhn (*Die Struktur wissenschaftlicher Revolutionen*, 1962), der damit den Wandel allgemeingültiger Weltbilder in der Wissenschaft umschrieb. Das alte mechanistische »Paradigma« wird vielleicht eines Tages einer ganzheitlichen Sicht der Wirklichkeit weichen, die sich aus den Erkenntnissen der modernen Physik speist. Diese neue Weltsicht behauptet, darin den fernöstlichen Weisheitslehren verwandt, die wesensmäßige Einheit aller Dinge und den grundsätzlich dynamischen Charakter der Wirklichkeit. Es gibt kein starres Sein, sondern nur ein ewig-dynamisches Werden, Vergehen und Neuentstehen (der »Tanz Shivas«).

Es mag wohl sein, dass der moderne abendländische Mensch seit Einstein ins Bodenlose fällt, weil sich die Tragpfeiler seiner Existenz aufgelöst haben; aber er fällt doch nur in den Abgrund seiner eigenen Subjektivität zurück, in die Tiefen seiner eigenen Innenwelt. Und dort wird er erkennen, dass weder Materie noch Raum und Zeit »objektiv« existieren, sondern nur subjektive Denkmuster seines eigenen Geistes darstellen. Das einzig »Objektive«, was es überhaupt noch gibt, ist der eigene subjektive Geist, der alle möglichen Welten brennpunktartig in sich bündelt. Dieser Geist ist das Ursprüngliche, der kristallklare Brennpunkt, in dem Ich, Welt und Gott zusammenfallen.

Integrales Bewusstsein nach Gebser

Der Kulturphilosoph Jean Gebser (1905–1973)[14], den enge Geistesverwandtschaft mit Teilhard de Chardin und Sri Aurobindo verbindet, hat an Hand ausladender natur- und geisteswissenschaftlicher Studien aufgezeigt, dass sich auf der gegenwärtigen Evolutionsstufe der Menschheit, freilich noch in ersten Anfängen, ein neues spirituelles Weisheitsbewusstsein – das *integrale Bewusstsein* – zu manifestieren beginnt.

Das integrale Bewusstsein im Sinne von Jean Gebser ist eine ganzheitliche und spirituelle Sicht der Wirklichkeit, in der die herkömmliche dualistische Trennung der Welt in »Diesseits« und »Jenseits« aufgehoben ist; die Welt wird transparent auf ihren göttlichen Ursprung hin. Das Geistig-Göttliche ist als Ursprung in der Gegenwart präsent, und es leuchtet durch alles Irdisch-Weltliche hindurch. Gebser nennt es deshalb das *Diaphainon*, das Hindurchleuchtende. Diese Diaphanität, ein Bewusstsein von der Transparenz der Gottheit im Weltganzen, gleicht einer mystischen Einheitsschau, die sich erst jenseits des üblichen rationalen Denkvermögens zu entfalten beginnt. Es handelt sich um einen – erst im Zukunftsmenschen voll entfalteten – Bewusstseinszustand, der den jetzigen des reinen Intellektdenkens himmelweit überragt.

Nur wenige große Mystiker haben bisher die umfassende Welt- und Gottschau des »integralen Bewusstseins« erlangt. Gebser hat jedoch die Zuversicht – und er hat es in seinen beiden Hauptwerken *Abendländische Wandlung* (1942) und *Ursprung und Gegenwart* (1947/48) nachgewiesen! –, dass das integrale Bewusstsein in einer kommenden Evolutionsstufe der Menschheit nicht nur einzelnen Auserwählten, sondern der Menschheit insgesamt angehören wird. Der integrale Zukunftsmensch erscheint als das Endergebnis einer langen, insgesamt fünfgliedrigen Kulturentwicklung, die sich vom archaischen, magischen und mythischen Urbewusstsein über das rational denkende Gegenwartsbewusstsein bis zum integralen Universalbewusstsein der Zukunft emporschwingt.

Das integrale Bewusstsein heißt vor allem deswegen »integral«, weil es alle anderen vorhergehenden Bewusstseins-Zustände integriert; also nicht nur die alte Rationalität wird in den Grenzen ihrer relativen Berechtigung ins Neue mit hineingenommen, sondern auch die noch älteren Schichten des Archaischen, Magischen und Mythischen kommen wieder zu Ehren. Denn auch sie gehören zum Menschen; sie sind in allen Menschen angelegt, nur im Lauf der Entwicklung durch das Überwuchern des Rationalen überdeckt worden. Eine schöpferische Wiederaneignung dieser alten Bewusstseins-Qualitäten ist notwendig, um zu einer psychischen und spirituellen Ganzheit zu gelangen, zu einem integralen Menschsein. Wobei das neue Bewusstsein des Integralen die alten Bewusstseinsformen nicht nur integriert, sondern auch transzendiert, also überschreitet und zu einem göttlichen Universalbewusstsein ausweitet.

Gebsers Denken kreist unbedingt um den Tatbestand der Evolution, aber eben nicht der biologischen, sondern der geistigen; er spricht von Bewusstseins-Strukturen, die im Menschen quasi-organisch wachsen, sich evolutiv heranbilden und zuletzt defizient entarten; er spricht von Bewusstseins-Mutationen, die als qualitative Sprünge spontan und unvorhergesehen auftreten, um dem Neuen Bahn zu brechen. In dieser evolutiven Sicht der Wirklichkeit liegt das Gemeinsame, das Gebser mit den Evolutionsdenkern *Teilhard de Chardin* und *Sri Aurobindo* aufweist. Teilhard de Chardin, von Beruf Paläontologe, der geistigen Haltung nach aber Katholik und Christ, sah die ganze Evolution – auch die natürliche – dem Fernpunkt Omega zustreben, dem Fernziel des *Christus-Universalis*. Und Sri Aurobindo, wohl der bedeutendste Denker des modernen Indien, sieht das Ziel der Menschheits-Evolution in der Verwirklichung des *Übergeistes* (*supermind*), eines höheren spirituellen Wahrbewusstseins.

Ob wir es nun den Übergeist, den Christus-Universalis, oder (mit Gebser) das Diaphainon, das Hindurchleuchtende nennen – es ist ein und dasselbe damit gemeint, nämlich eine neue Geistigkeit, eine neue Spiritualität, die in der gegenwärtigen Weltstunde machtvoll zur Verwirklichung drängt. Und jedem Übergang von einer Bewusstseinsstufe in die nächsthöhere entspricht ein Dimensionsgewinn: war das magische Bewusstsein noch punktuell, das mythische als Kreis auf einer Fläche aufgespannt, so zeichnet sich das mental-denkende Bewusstsein aus durch die »Eroberung des Raumes« (Erfindung der Perspektive in der Malerei). Beim Sprung vom mentalen zum integralen Bewusstsein – der sich, nach Gebser, gegenwärtig vollzieht! – wird zusätzlich zum Raumbewusstsein ein Bewusstsein des vierdimensionalen Hyperraums gewonnen. Dies geschah durch die Relativitätstheorie Albert Einsteins.

Bei der Analyse der Bewusstseins-Strukturen, die den Entwicklungsgang der Menschheit bestimmen, geht Gebser zuächst aus vom Archaischen. Das Archaische ist sozusagen der Embryonalzustand des Menschen, sowohl individuell als auch menschheitlich gesehen. Das Archaische entspricht dem Tiefschlaf; es ist null-dimensional, schließt aber keimhaft alle weiteren Dimensionen in sich. Aus dem Archaischen heraus wächst die Menschheit nun in die vorrationalen Bewusstseinszustände des Magischen und des Mythischen hinein. Das Magische entspricht dem Schlaf, das Mythische dem Traum. Der Mensch der magisch-mythischen Periode erlebte die ihn umgebende Welt nicht, wie wir es heute gewohnt sind, raum-zeitlich, sondern vor-räumlich und vor-zeitlich. Es gibt noch kein vollausgebildetes Raumerleben, sondern das Magische bleibt im Punktuellen, das Mythische im Flächigen befangen.

Der Übergang von einer Bewusstseinsstufe in die nächsthöhere, auf dem Wege der Mutation, bringt jedesmal einen Dimensionsgewinn mit sich: Aus dem Flächenbewusstsein des Mythischen erwächst die allmähliche Eroberung des Raumes im Zeichen des mental denkenden Bewusstseins. Die Ratio des Menschen erwacht; und der im Rationalen lebende Mensch pflegt sich der Welt isoliert gegenüberzustellen, das heißt: die Welt wird erlebt in ihrer Tiefenwirkung, in ihrer Räumlichkeit, in der Weite ihrer perspektivischen Fluchtpunkte. Zum Raum gehört auch die Zeit; auf der mentalen Bewusstseinsstufe gelangt der Mensch zu einer vollkommen dreidimensionalen Raum-Zeit-Wahrnehmung, dargestellt etwa in der Euklidischen Geometrie. Man kann daher von einem perspektivisch-rationalen Bewusstsein sprechen.

Weltgeschichtlich ereignete sich die Überwindung des Mythischen und der Durchbruch des Mentalen um das Jahr 500 v.Chr., zu einer Zeit, die der Philosoph Karl Jaspers nicht umsonst als eine »Achsenzeit« der Weltgeschichte bezeichnet. Die indischen Upanishaden, die jüdischen Propheten, Zarathustra, die griechischen Philosophen – so heißen die markantesten Fixpunkte, die den damals neuen Geist des Mentalen kennzeichnen. Ein Sinnbild hierfür war bei den Griechen die Göttin Pallas Athene, die der Sage nach dem Haupt des Zeus entspringt – dem Haupt, das heißt dem Mentalbereich. Das mentale Bewusstsein war gewohnt, die Welt in Gegensätzen zu sehen; an die Stelle des mythischen Sowohl-als-auch trat das dualistische Entweder-Oder.

Das mentale Bewusstsein hat mit seiner enormen Denkkraft die großen Hochreligionen der Welt, mitsamt ihren Philosophien und theologischen

Systemen, hervorgebracht. Aber die Überzüchtung des Mentalen führte zwangsläufig zur Entartung dieser Bewusstseins-Struktur, zum Rationalen. In der abendländischen Tradition beginnt der Durchbruch des Rationalen in der Renaissance, in der man ja erstmals perspektivisch malte, um in der Aufklärung und in der Philosophie des Rene Descartes seinen Höhepunkt zu erleben. Von Descartes stammt ja das Wort: *cogito ergo sum* – *Ich denke, also bin ich*; andere Weltwahrnehmungen als das Denken werden nicht mehr als identitätsbildend anerkannt. Vor allem der Dualismus, das Entweder-Oder-Denken des mentalen Bewusstseins, wird im cartesianischen Weltbild geradezu überspitzt, indem die Zweiteilung der Welt in *res cogitans* und *res extensae* eingeführt wird, in denkende und ausgedehnte Dinge – also hier bewusster Geist, die voll erwachte Ratio, dort geistlose Ausdehnung: unbewusste leblose Materie.

In seinem Hauptwerk *Ursprung und Gegenwart* hat Jean Gebser aufgezeigt, dass sich seit dem Anfang des 20. Jahrhunderts auf allen Gebieten des Kulturlebens – in Forschung und Dichtung, in Kunst und Wissenschaft, in Physik und Philosophie – ein neues integrales Wahrheitsbewusstsein zu manifestieren beginnt, das er als ein a-perspektivisches und a-rationales (also nicht vor-, sondern über-rationales) kennzeichnet. Dieser Sprung vom mentalen zum integralen Bewusstsein entspricht dem Aufbruch von der dreidimensionalen Raumzeitwelt zur vierdimensionalen Überwelt. An die Stelle des geschlossenen Raumerlebens des Renaissance-Menschen tritt nun ein raum- und zeitfreies Geist-Erleben. Den ersten entscheidenden Schritt in diese Richtung tat die Relativitätstheorie Einsteins, die aufzeigte, dass »Raum« und »Zeit« keine festen unabänderlichen Messgrößen sind, sondern relative Strukturen unseres eigenen Bewusstseins. Mit Albert Einstein ist der vierdimensionale Hyperraum erstmals in das Bewusstseins-Kraftfeld der Menschheit hineingetreten. Hier nun das Schema der Bewusstseins-Strukturen:

Archaisch	*bewusstlos*	*null-dimensional*
Magisch	*Schlaf*	*Punkt*
Mythisch	*Traum*	*Fläche (bes. Kreis)*
Mental	*Wachheit*	*Raumwahrnehmung*
Integral	*Überwachheit*	*Raum-Zeit-Freiheit*

Im Zustand der Raum-Zeitfreiheit tritt das *Diaphainon*, das Hindurchscheinen des Geistes, voll zutage. Dies ist die Stufe des integralen Bewusstseins (der astralmythologisch das »Wassermann«-Zeitalter entspricht?). Hier wird jeglicher Dualismus überwunden; das Ganze manifestiert sich voll in der Kraft seines göttlichen Ursprungs – der Ursprung ist Gegenwart geworden. Und dann gilt: »Die tiefe Wahrheit des Christlichen von der Transparenz, der Diaphanität der Welt, wird wahrnehmbar. Der lautere Einbruch des Jenseitigen ins Diesseitige, die Präsenz des Jenseits im Diesseits, des Todes im Leben, des Transzendenten im Immanenten, des Göttlichen im Menschen wird transparent.«[15]

Spirituelle Evolution nach Aurobindo

In Sri Aurobindo (1872–1950)[16], eigentlich Aurobindo Ghose, ist die heute so viel genannte Ost-West-Synthese, die Begegnung und wechselseitige Durchdringung der beiden Kulturkreise Indien und Europa, lebendige Wirklichkeit geworden. In seiner Person verkörpert sich nicht nur das Wesen des alten und des zukünftigen Indien, sondern auch der Geist Europas. Schon sein äußerer Lebensweg weist darauf hin:

Als Sohn des anglophilen Inders Krishnadan Ghose in Kalkutta / Bengalen geboren, kam Aurobindo schon im Kindesalter nach England, wo er aufwuchs und ganz nach den Idealen europäischer Geistesbildung erzogen wurde. Und nachdem er sich eine intime Kenntnis der europäischen Kultur und ihrer Wurzeln angeeignet, sich mit dem Geist lateinischer und griechischer Humanität angefüllt, schließlich als mehrfach ausgezeichneter Stipendiat am King's College in Cambridge studiert hatte, kehrte er 21-jährig in seine eigentliche Heimat Indien zurück, um sich als militanter Revolutionär der indischen Freiheitsbewegung anzuschließen.

Anders als Mahatma Gandhi strebte die Gruppe bengalischer Radikaler, der er angehörte, die Unabhängigkeit Indiens mit Waffengewalt an. Wegen Beteiligung an einer »terroristischen Aktion« vor Gericht gestellt, erlebte Aurobindo die entscheidende Wende seines Lebens im Gefängnis von Alipur (1908): Schauungen und Visionen überkamen ihn – und er empfing den Ruf, fortan nicht mehr als Politiker der indischen Nation, sondern als Yogi und Weisheitslehrer der ganzen Menschheit zu dienen.

Deshalb begab er sich im Februar 1910 nach Französisch-Chandernagore, nach Pondicherry südlich von Madras, wo er bis zu seinem Tod am 5. Dezember 1950 in tiefster Zurückgezogenheit verblieb. Seine Wirksamkeit in Pondicherry war nun keine politische mehr, sondern eine rein geistige: hier begann er ab 1914 die religiös-philosophische Zeitschrift *Arya* herauszugeben; hier begegnete er seiner späteren Lebensgefährtin Mira Richard, der charismatischen »Mutter«; hier gründete er seinen

eigenen Ashram, eine spirituell-klösterliche Lebensgemeinschaft, deren Leitung im Jahre 1926 bereits die »Mutter« übernimmt. Dieser Ashram bildete die Keimzelle, aus der die heute weitbekannte »Zukunftsstadt Auroville« entwuchs.

Sri Aurobindo's Geschenk an die Menschheit ist seine Lehre und Praxis des *Integralen Yoga*. Dieser in der Abgeschiedenheit von Pondicherry in Zusammenarbeit mit der Mutter Mira entwickelte spirituelle Weg beruht keineswegs auf einem reformierten Hinduismus, sondern es handelt sich bei diesem Integralen Yoga vielmehr um einen spirituellen Universalismus im Sinne einer alle kulturellen und nationalen Gegensätze umspannenden west-östlichen Mystik, die das Menschheits-Bewusstsein auf eine höhere Entwicklungsstufe zu heben vermag. Von den traditionellen indischen Yoga-Systemen, wie sie mustergültig schon um 500 v. Chr. in den Yoga-Sutras des Patanjali entwickelt wurden, unterscheidet sich der Integrale Yoga von Sri Aurobindo in dreierlei Hinsicht:

1. durch seine Lebens- und Weltbejahung,
2. durch seinen betonten Personalismus,
3. durch seine evolutionäre Entwicklungsidee.

Die Weltbejahung Aurobindo's bedeutet ein echtes Durchbrechen traditioneller Schranken, denn sie erstrebt eine Überwindung jenes subjektiven Idealismus, der in der altindischen Maya-Philosophie angelegt war. Denn in erster Linie begreift sich der Integrale Yoga als ein *Yoga für das Erd-Bewusstsein*. Die Welt wird nicht – wie im traditionellen Yoga – als eine Illusion oder als ein vorübergehender, im Grunde rein negativer Daseinszustand aufgefasst. Nicht Weltflucht und Auflösung allen Seins in ein diffuses Nirvana wird angestrebt, sondern die Transformation der Welt, die Läuterung und Spiritualisierung der Erd- und Menschennatur. An die Stelle des weltfeindlichen Dualismus der Tradition tritt eine ganzheitliche Sicht von Mensch, Erde und Kosmos.

»Mein eigenes Leben und mein Yoga sind«, bekennt Sri Aurobindo in einem autobiographischen Fragment, »seit ich nach Indien gekommen bin, immer diesweltlich und überweltlich zugleich gewesen, ohne irgendeine Exklusivität auf einer Seite. Alle menschlichen Interessen sind, glaube ich, diesweltlich, und die meisten dieser Art sind in mein geistiges Gesichtsfeld und einige, wie die Politik, in mein Leben eingetreten. Zu gleicher Zeit aber begann ich von dem Augenblick an, da ich am Apollo-Kay in Bombay meinen Fuß auf indischen Boden setzte, spirituelle Erfahrungen zu haben. Diese aber waren nicht von dieser Welt getrennt, sondern hatten eine unendliche innere Bedeutung für dieselbe (...) Zu gleicher Zeit aber fand ich, dass ich in supraphysische Welten und Ebenen eindrang, die Einfluss und Wirkung auf die materielle Ebene hatten. So konnte ich mithin keine scharfe Scheidung oder unversöhnliche Entgegensetzung zwischen den beiden Enden der Existenz, wie ich es nannte (...), vornehmen.«[17]

Mit der Diesweltlichkeit des Integralen Yoga eng verbunden ist der Personalismus. »Gott« bedeutet für Sri Aurobindo keine abstrakte Weltseele, kein unpersönlich-anonymes Energiefeld, sondern die Ur-Person schlechthin, und damit auch die Quelle aller menschlichen Personalität. Das Ziel des Menschseins liegt somit nicht in der Person-Auflösung, wie sie gerade von den klassischen Yoga-Schulen letzten Endes angestrebt wird, sondern in der Transformation, der Wesensumwandlung der bloß menschlichen Personalität in eine höhere spirituelle Wesenheit.

Die Wesensumwandlung der menschlichen Person in eine höhere geistpersonale Wesenheit erfolgt als Bestandteil des göttlichen Weltenplanes. Die Zukunft der Menschheits-Evolution, wie Sri Aurobindo sie sieht, richtet sich auf die Verwirklichung göttlichen Bewusstseins im Schoße eines höheren Menschentums. Der Jetztmensch ist nur die Vorform zu etwas Höherem. Der menschliche Geist, der jetzt in immer noch unvollkommener Form existiert, wird sich ausweiten zum Übergeist, zum Überbewusstsein, zum Supramentalen. Im supramentalen Geist- und Gottmenschen der Fernstzukunft wird sich der Plan Gottes auf Erden vollends erfüllt haben. Mit Sri Aurobindo's eigenen Worten:

»Die Evolution hört bei dem – erreichten – menschlichen Geist nicht auf, sie wartet auf eine Auswirkung in etwas noch Größeres hinein, in ein Bewusstsein, das spirituell ist und die jetzige Geistebene überschreitet. Die nächste Stufe der Evolution muss sich auf die Entwicklung des Übergeistes (...) als den dominierenden Faktor im bewussten Menschen richten. Denn nur so wird die in den Dingen involvierte Göttlichkeit sich völlig selbst befreien, wird Leben in der Lage sein, Vollkommenheit zu manifestieren. Während aber die früheren Schritte in der Evolution von der Natur ohne einen bewussten Willen im Pflanzen- und Tierreich genommen wurden, wird die Natur im Menschen fähig, in ihm als ihrem Instrument durch einen bewussten Willen fortzuschreiten.«[18] Als Träger des supramentalen Bewusstseins sieht Sri Aurobindo den spirituellen Übermenschen der Zukunft, der das mentale Prinzip – den reinen Intellekt – zugunsten eines höheren göttlichen Lichts überwunden hat:

»Des Menschen Weg zum spirituellen Übermenschen wird sich erst öffnen, wenn er kühn erklärt, dass alles, was er bisher entwickelte, einschließlich des Intellekts, auf den er mit Recht und doch so eitel stolz ist, ihm nun nicht mehr genügt, dass es künftig sein ständiges Streben sein wird, dies größere Licht in sich selbst zu erkennen und freizulegen. Dann werden Philosophie, Kunst, Wissenschaft und Ethik, soziales Sein und vitale Zielsetzungen nicht länger allein Handlungen seines Mentalen und seines Lebens sein, um ihrer selbst willen getan, im Kreis sich drehend, sondern sie werden ihm als Mittel dienen, um hinter dem Mentalen und dem Leben eine größere Wahrheit zu erkennen und deren Kraft in das menschliche Sein hineinzutragen. Dann werden wir auf dem rechten Weg zu uns selbst sein, zu dem wahren Gesetz unserer Vollendung, zu unserem wahren befriedigenden Sein, unserem wirklichem Wesen, unserer göttlichen Natur.«[19]

Das Ziel des Integralen Yoga besteht darin, die Herabkunft des *Overmind*, des Supramentalen, des göttlichen All-Bewusstseins, zu ermöglichen. Ich sage hier ganz bewusst: »die Herabkunft«; denn Aufstieg und Herabkunft, Welt-Evolution und Involution Gottes sind bei Sri Aurobindo nur zwei Seiten desselben Vorgangs. Der Integrale Yoga erstrebt keine Selbsterlösung des Menschen; in ihm waltet das Moment der Gnade. Sein Grundprinzip lautet: »Beiseitetreten und Gott wirken lassen«. Indem der Mensch sich zum Gefäß und Werkzeug des Übergeistes macht, wird er Mithelfer am Evolutonsplan Gottes.

Das Gottmenschentum bei Solowjef

Einen aus visionärer Traumkraft schöpfenden Seher künftiger Weltentwicklungen, der sich in seiner geistigen Schau zu ungeahnten spirituellen Gipfelhöhen emporgeschwungen hat, finden wir in dem russischen Philosophen und Dichter Wladimir Solowjef (1853–1900)[20]. Solowjef besaß im höchsten Maße die Veranlagung zum Philosophen und zum Mystiker. Seine Mystik, die wesentlich von Sophia-Weisheit durchströmt ist, gleitet nie ab ins Dunkle, Rauschhafte; sie bleibt stets philosophische Mystik. Auf die gesamte nicht-marxistische Philosophie Russlands übte Solowjef gewaltigen Einfluss aus, vor allem auf Berdjajef. Trotzdem ist er im Bewusstsein der Gegenwart praktisch ein Vergessener. Vielleicht wird man ihn eines Tages neu entdecken – als Visionär eines kommenden Neuen Zeitalters.

Bei seiner Biographie fällt zunächst die außerordentliche geistige Frühreife ins Auge: schon mit 14 Jahren stürzte er sich auf die Philosophie – zunächst die materialistische, die er aber schnell überwand –, mit 21 Jahren erwarb er sich mit einer Doktorarbeit über *Die Krise der westlichen Philosophie* die Professur an der Moskauer Universität. 1880 wurde er Dozent an der Petersburger Universität, wurde aber schon 1881 infolge politischer Intrigen seines Amtes enthoben. Diese Absetzung war faktisch nur der Anfang einer kurzen, aber ungemein fruchtbaren Laufbahn als freier philosophischer Schriftsteller. Am Ende seines Lebens konvertiere er zum Katholizismus. Er starb, erst 47jährig, am 31. Juli 1900.

Wladimir Solowjef ist der Seher des kommenden Gottmenschentums; dieser Menschheitszustand ist für ihn eine heilsgeschichtliche Zukunfts-Tatsache. Darin steht er ganz in ostkirchlicher Tradition, denn »die Vergottung, die Theosis, ist die uralte, tiefste Sehnsucht des Ostens« (Karl Pfleger). Aber im recht eigentlichen Sinne handelt es sich hierbei nicht nur um ein ostkirchliches, christliches, sondern um ein gnostisches Ideal. Freilich konnte dieser Sehnsuchtswunsch der Gnosis auch in die Geisteswelt des Urchristentums einfließen. Denken wir doch nur an das Apostel-Wort vom »neuen Menschen«; denken wir an die Verheißung himmlischer Vollkommenheit, wie sie im Evangelium dem Menschen regelrecht als Auftrag gegeben wird: »Darum sollt ihr vollkommen sein, gleichwie euer Vater im Himmel vollkommen ist.«

Der Gedanke einer spirituellen Evolution des Menschen bis zu den höchsten Höhen gottgleichen Lebens, in der Gnosis wie im Urchristentum noch lebendig, wurde freilich von der herrschenden Amtskirche unterdrückt und ins Abseits verdrängt. Solowjef macht ihn zum Kernpunkt eines überkonfessionellen, von allen Dogmen und kirchlichen Bindungen befreiten Geist-Christentums, das sich letztlich in einen religiösen Universalismus ausweitet. Das endgültige Heilsziel auf Erden sieht er in einer – nicht äußerlichen, sondern inneren und geistigen – »Universalkirche«, die den Gesamtkörper der künftigen spirituellen Menschheit darstellt. Ihr entspricht als Gesellschaftsideal die freie universelle Theokratie, wobei »Theokratie« hier nicht Priesterherrschaft bedeutet, sondern rein esoterisch die unmittelbare Herrschaft des Gott-Geistes im Menschen: also spirituelle Anarchie. Dem entspricht übrigens die Mutmaßung der Astrologen, dass das kommende Wassermann-Zeitalter ein Äon universeller Freiheit sein wird.

In Christus sieht Solowjef nichts Einmaliges, sondern nur die Vorwegnahme jenes Gottmenschentums, das künftig von allen Menschen dereinst erreicht werden wird. Als »Theophanie« – Gotteserscheinung – ist Christus keine einmalige Theophanie auf Erden, sondern »bloß eine vollständige und vollkommene Theophanie in einer Reihe anderer, unvollständiger, vorbereitender und umgestaltender Theophanien. So betrachtet ist das Erscheinen des geistlichen Menschen, die Geburt des zweiten Adam, nicht unbegreiflicher als die Erscheinung des natürlichen Menschen auf der Erde, als die Geburt des ersten Adam. Eins wie das andere war ein neues, bisher nie dagewesenes Faktum im Leben der Welt, eins wie das andere stellt in diesem Sinne ein Wunder dar; doch dieses Neue und nie Dagewesene war von allem Vorhergehenden vorbereitet worden, war das, was das ganze Leben bis dahin begehrt und erstrebt hatte, worauf es zugelaufen war: zum Menschen hin strebte und gravitierte die ganze Natur, auf den Gottmenschen hin ist die ganze Geschichte der Menschheit gerichtet«[21]. In der geistigen Universalkirche der Zukunft, in dieser neuen, zum Gottmenschentum hochgehobenen Zukunfts-Menschheit, sieht Solowjef den Sophia-Impuls verwirklicht. Unter »Sophia«, der göttlichen Weisheit, versteht er »die durch volle und vollkommene Einigung mit der Gottheit vereinigte Schöpfung«. Sophia wäre demnach die Göttliche Weisheit, die sich mit der Materie vermählt, um mit ihr einen neuen geistmateriellen Zukunfts-Organismus zu bilden. Oder, mit Solowjefs eigenen Worten: »Sophia ist der Leib des Göttlichen, die vom göttlichen Einigungsprinzip durchdrungene Stofflichkeit der Gottheit.«[22]

Die Menschheit, die Erde, ja der ganze Kosmos, werden durch die Herabkunft Sophias vergöttlicht; dem Gottmenschentum der Zukunft entspricht eine neue Geistes-Erde. Aber nicht um eine »Überwindung« der Materie geht es Solowjef, sondern um ihre Durchdringung mit geistiger Sophia-Kraft. In der sophianischen Schöpfung der Zukunft würde es keinen Dualismus zwischen »Geist« und »Materie« mehr geben, denn alles Materielle wäre dort geistig und alles Geistige materiell. In dieser atemberaubenden eschatologischen Schau knüpft Solowjef an Traditionen der Sophia-Mystik in der russisch-orthodoxen Kirche an, die einen noch ungehobenen Schatz feministischer Spiritualität darstellt. Denn durch Sophia als Kraft des Ewig-Weiblichen, die alles Erdendasein durchgöttlicht, erfährt auch das Irdisch-Weibliche eine neue, bisher ungekannte Verklärung und Erhöhung.

In Sophia sah Solowjef nicht ein abstraktes philosophisches Prinzip, sondern ein ganz konkret-lebendiges Wesen. Er sah sie so konkret und lebendig, wie sie in der russischen Volksfrömmigkeit erscheint, etwa auf den Ikonen der Sophien-Kirchen von Kiew und Nowgorod. Die Sophia-Ikone zu Kiew zeigt die Göttliche Weisheit aufleuchtend im Glanz des Verklärungslichts als königlich thronende Gestalt in der Mitte zwischen Johannes dem Täufer und Maria sitzend, darüber das himmlische Buch schwebend, Symbol der ewigen Ratschlüsse, dem die Engel huldigen. Sophia, selbst mit Engelsflügeln ausgestattet, trägt eine Krone auf dem Haupt, also eine ganz konkrete geist-lebendige Wesenheit der himmlischen Hierarchie. Solowjef ist das visionäre Geistesbild der Sophia mindestens drei Mal erschienen, in Moskau 1862, in London 1875 und in Ägypten 1876. In dem folgenden Gedicht beschreibt er seine Sophia-Vision in der Wüste Ägyptens:

> Lichtglänzende. Dein Wort hat nicht getrogen:
> Ich durfte in der Wüste dich ganz sehn.
> Wohin auch immer mich des Lebens Wogen
> Noch tragen – dieses Glück kann nicht vergehn.
>
> Doch die Erscheinung verschwand in Blickes Schnelle.
> Am Horizont ging auf der Sonnenball.
> Die Wüste schwieg. Doch in der Morgenhelle
> Klang's in mir fort wie ferner Glocken Schall ...
>
> Die Welt ist eitel. Doch des Stoffes Hülle
> Verbirgt mir nun nicht mehr das ew'ge Urgestein;
> Noch untertan der Zeit sah ich die Fülle
> Der Gottheit, sah das ewig-eine Sein.

Im Vorgefühl hab ich den Tod bezwungen,
Im seherischen Traum die Macht der Zeit.
O ew'ge Freundin, schwach von mir besungen,
Verzeih, was meine Muse Dir geweiht.[23]

Worin besteht nun die Bedeutung Solowjefs für unsere Zeit? Solowjef ist in gewisser Hinsicht ein unzeitgemäßer Denker, der jeder Zeit fremd bleiben muss. Sein Entwurf des künftigen Gottmenschen, der gegenwärtigen Weltentwicklung um Äonen vorauseilend, wird viele der Heutigen eher abschrecken. Jedoch darf der künftige Gottmensch Solowjefs nicht verwechselt werden mit einem spirituellen Übermenschentum, das keine Entwicklung zu höherer Göttlichkeit, sondern nur eine Selbstüberhöhung aus eigener Kraft mit magisch-okkulten Mitteln betreibt. Ein solch magischer Übermensch, der sich als eine Selbstschöpfung aus eigener Kraft begreift, wird sich letzten Endes nur als eine Ego-Monade von gigantischem Ausmaß erweisen. Wenn Solowjef jedoch vom kommenden Gottmenschentum spricht, dann meint er eine geistige Universal-Kirche der Zukunft, die das Ergebnis einer gesamtkosmischen Evolution darstellt. Nicht durch das Höherstreben des Einzelnen allein, sondern durch das Wirken höherer Geistwesenheiten wird der Gang der kosmischen Evolution bestimmt.

Solowjef hat in freier Anknüpfung an die Lehren der Orthodoxen Kirche eine weltzugewandte, dynamische und zukunfts-orientierte Spiritualität entwickelt, die letztlich den ganzen Kosmos in das Heilsgeschehen einbezieht. Eine solche, wahrhaft kosmische Spiritualität kann auch unserer gegenwärtigen Wendezeit entscheidende geistige Impulse geben.

Entwicklung zum Punkt Omega

Pierre Teilhard de Chardin (1881–1955), Jesuitenpater, Paläontologe, Evolutionsforscher, vor allem aber spiritueller Philosoph und Mystiker, gehört zu den Pionieren einer neuen Weltschau, die Geist und Materie, Heilsgeschichte und Evolution, Mystik und Wissenschaft nicht als Gegensätze, sondern als polare Ergänzungen einer höheren Ganzheit auffasst. Das einheitsstiftende Moment in dieser integralen Weltschau ist der Evolutionsgedanke. Das Universum wird nicht als ein statisches, sondern als ein evolvierendes, sich ständig in Entwicklung befindliches Universum gesehen. »Evolution« bedeutet dabei den Aufstieg zu immer höheren Formen der Komplexität und der Bewusstheit: von der latenten, gleichsam noch schlafenden Bewusstheit der mineralischen, der Pflanzen-

und Tierwelt über die Zwischenstufe der Menschenwelt bis zu den höchsten Formen spirituellen Bewusstseins, die sich in einem letzten göttlichen Konvergenzpunkt aller Entwicklungslinien wie in einem Prisma sammeln.

So spannt sich der gesamte Weltprozess auf zwischen dem Punkt *Alpha* als dem Uranfang und dem Punkt *Omega* als dem göttlichen Konvergenzpunkt am Ende, dessen personalisierende und zugleich vereinigende Liebes-Energie den ganzen Evolutionsprozess in Gang hält. Mit dem Menschen setzt die Evolution zu einem neuen qualitativen Sprung an. Erst mit dem Menschen wurde nämlich der Punkt in der kosmischen Entwicklung erreicht, an dem Bewusstsein in die Lage gesetzt wird, über sich selbst zu reflektieren, nachzudenken. Diese Selbst-Reflektion, Rückbiegung des Bewusstseins in sich selbst, kann allerdings nur dann auftreten, wenn das Bewusstsein über ein inneres Zentrum des »Ich« verfügt. Die Ich-Zentrierung ermöglicht überhaupt erst menschliche Personalität; deshalb musste die ganze bisherige Menschheitsevolution unter dem Leitstern der »Personalisation« stehen.

Der künftige Gang der Evolution wird nach Teilhard de Chardin noch über das Personale hinausstreben; er wird auf die Bildung überpersönlicher universeller Einheiten hinauslaufen: so will es das kosmische Gesetz der *Unio Creatrix*, der schöpferischen Vereinigung. Damit wird das bisher erreichte Maß an Personalität keinesfalls preisgegeben, denn der Kosmos strebt ja nach einer differenzierenden Vereinigung, die nicht die Auflösung der Einzelteile und ihre Verschmelzung zu einem größeren Ganzen, sondern die höchstmögliche Individualisierung der Teile und zugleich ihre Verknüpfung zu neuen Lebens- und Sinnzusammenhängen bedeutet. Man kann geradezu sagen: Je universeller eine Einheit, desto differenzierter – desto personaler – die Teile. In der Vereinigung zu überpersonalen Organismen erreicht die menschliche Personalität ihre höchste Vollendung und Erfüllung.

Nachdem die bisherige Menschwerdung weitgehend unter dem Leitstern der »Personalisation« stand, wird die künftige Evolution zu noch höheren Formen der Komplexität streben. Teilhard de Chardin spricht

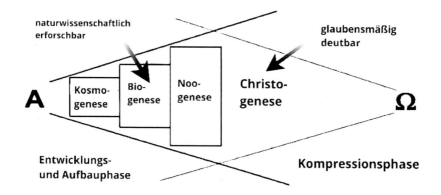

von einer künftigen »Kollektivisation«, »Totalisation« und »Planetisation« der Menschheit, die als Prozess der Vereinigung zuletzt in die Bildung einer planetarischen »Noosphäre« einmündet. Unter der Noosphäre versteht man ein (sich noch in der Entwicklung und Herausbildung befindliches) menschheitliches Super-Bewusstsein: eine planetarische Bewusstseins-Schicht, die sich gleich einer Sphäre denkender Energien um den ganzen Erdball herumlegt.

Die *Noogenese*, der nächste Schritt der kosmischen Evolution, wird eine noosphärische Zukunfts-Menschheit hervorbringen, die eine aus vielen Personen zusammengesetzte geistige Über-Person darstellt. Aber auf die Noogenese folgt noch ein weiterer Schritt, die *Christogenese* als die Vollendung im »Punkt Omega«. Diesen Zielpunkt allen Geschehens nennt Teilhard de Chardin auch den *Christus-Universalis*, der weltseelenhaft das ganze Universum durchdringen wird: »Wie eine gewaltige Flut wird das Sein das Brausen der Seienden übertönen. In einem zur Ruhe gekommenen Ozean, von dem aber jeder einzelne Tropfen das Bewusstsein haben wird, er selbst zu bleiben, wird das außerordentliche Abenteuer der Welt beendet sein. Der Traum jeder Mystik wird seine volle und berechtigte Erfüllung gefunden haben. *Erit in omnibus omnia Deus* (Gott wird alles in allem sein).«[24]

Im Kosmischen Christus als dem *Christus-Evolutor*, dem Herrn der Evolution, konvergieren und zentrieren sich die Bewusstseinslinien eines personal verstandenen Universums. So strebt die Evolution also letzten Endes christuswärts, wie magnetisch angezogen von den Liebes-Energien Omegas. In diesem Sinne ist auch die Eintragung zu verstehen, die Teilhard de Chardin wenige Tage vor seinem Tod, genau am Osterfest des Jahres 1955 (am 10. April) in sein Tagebuch schrieb, die vier Worte: »*Kosmogenese → Biogenese → Noogenese → Christogenese*«. Evolution ist immerwährender Aufstieg zum göttlichen Bewusstsein.

Anmerkungen und Zitate

Ost-West-Synthese

[1] *Goethes Gedichte in zeitlicher Folge*, hg. v. Heinz Nicolai, Frankfurt 1982, S. 759.

[2] Hermann Hesse, *Mein Glaube*, Frankfurt 1971, S. 85.

[3] Arthur Schopenhauer, *Sämtliche Werke*, Bd. 6: Parerga und Paralipomena, Leipzig 1891, S. 427.

[4] Zt. nach Johannes Hemleben, *Rudolf Steiner*, Reinbeck 1963, S 82.

[5] Als Beispiel sei hier ein Stück aus dem Sakkaya-Sutta, aus dem Pali-Kanon der Reden Buddhas, zitiert: »Die Persönlichkeit werde ich euch, ihr Mönche, zeigen; die Entstehung der Persönlichkeit, die Vernichtung der Persönlichkeit und den zur Vernichtung der Persönlichkeit führenden Weg. Das höret! Und was, ihr Mönche, ist die Persönlichkeit? Die fünf Stücke des Ergreifens wären da zu nennen. Welche fünf? Das Stück des Ergreifens als Körperlichkeit, das Stück des Ergreifens als Empfindung, das Stück des Ergreifens als Wahrnehmung, das Stück des Ergreifens als Unterscheidung, das Stück des Ergreifens als Bewusstsein. Und was, ihr Mönche, ist Entstehung der Persönlichkeit? Eben dieser Durst, der wiedergeburtige, der mit Lustgier verbundene, der hier und da sich ergötzende, nämlich der Sinnlichkeits-Durst, der Werdens-Durst, der Entwerdens-Durst. Das, ihr Mönche, wird Entstehung der Persönlichkeit genannt. Und was, ihr Mönche, ist Vernichtung der Persönlichkeit? Eben dieses Durstes rest- und spurlose Vernichtung, Entsagung, Verzicht, Frei-ung, Abweisung« (*Buddha. Auswahl aus dem Palikanon*, übers. v. Paul Dahlke, Dreieich 1979, Neudr. Fourier Wiesbaden, S. 786/87). Auf »Vernichtung der Persönlichkeit« läuft die ganze Buddha-Lehre hinaus.

[6] Carl Gustav Jung, *Das Geheimnis der Goldenen Blüte*, Zürich 1956, S. XVII. (Vorwort)

[7] An Gesamt-Einführungen in die Spiritualität des Westens gibt es z.B.: Caitlin Matthews / John Matthews, *Der westliche Weg*, Bd.1 *Ein praktischer Führer in die alten Geheimlehren*, Bd.2: *Ein praktischer Führer zu Magie, Mystik und Alchemie*, Reinbeck 1988; Bernard Vaillant, *Westliche Einweihungslehren. Druidentum, Gral, Templer, Katharer, Gesellenbruderschaften, Rosenkreuzer, Alchemie, Freimaurer, Martinismus*, München 1986; Konrad Dietzfelbinger, *Mysterienschulen. Vom alten Ägypten über das Urchristentum bis zu den Rosenkreuzern der Neuzeit*, München 1997; Franjo Terhart, *Einweihungslehren. Templer, Rosenkreuzer, Freimaurer und andere Geheimbünde*, München 1996 (Goldmann Esoterik Nr. 122 69); Bruno Nardini, *Das Handbuch der Mysterien und Einweihungen*, München 199 (Goldmann Esoterik Nr. 12231). Dieses Buch von B. Nardini ist von allen hier genannten bei weitem das umfassendste und fundierteste. Am Rande unseres Themas bewegen sich: K.O. Schmidt, *In Dir ist das Licht*, München 1959 (aber seitdem oft neu aufgelegt), der 49 Mystiker des Westens und Ostens darstellt, und Edouard Schure, *Die großen Eingeweihten*, Bern / München / Wien 1989. Als Nachschla-

gewerk eignet sich Horst E. Miers, *Lexikon des Geheimwissens*, München 1981.

Urheimat Atlantis

1) Hesiod, *Sämtliche Werke*, Leipzig 1965, S. 56.
2) Ovid, *Metamorphosen*. In der Übertragung von Johann Heinrich Voss, Frankfurt 1990 (it 1237), S. 14.
3) Zt. nach *Das Buch Merlin*, ausgewählt und hrsgg. von Manfred Kluge, München 1988, S. 200.
4) Zt. nach Jean Markale, *Die Druiden. Gesellschaft und Götter der Kelten*, München o.J. (Bertelsmann-Lizenzausgabe) S. 242.
5) Hesiod, a.a.O., S. 58.
6) Zt. nach Charles Berlitz, *Das Atlantis-Rätsel*, München o.J. (Knaur-Taschenbuch 3561), S. 16.
7) Zt. nach: Victor Wendt, *Das Geheimnis der Hyperboreer*, Basel 1984, S. 30.
8) *Die Edda*, übertragen von Felix Genzmer, 4. Aufl. Köln 1983, S. 33.
9) Otto Muck, *Alles über Atlantis*, München o. J. Knaur-Taschenbuch 3548).
10) Walter Scott-Elliot, *The True Story of Atlantis*, New York 1882. Deutsche Übersetzung: *Atlantis und Lemuria*, Grafing 2006 (Aquamarin Verlag).
11) Marion Zimmer-Bradley, *Das Licht von Atlantis*, Bergisch-Gladbach 1986 (6. Aufl.). Dieser Roman ist eine der schwächsten aus der Feder der sonst vorzüglichen amerikanischen Fantasy-Autorin. Ein ähnlicher Atlantis-Roman ist *Die Atlantis Saga* von Taylor Caldwell (Wien 1979).
12) Platon, *Sämtliche Werke* Band 5, Hamburg 1989, S. 147 [*Timaios* 20 d].
13) Platon, a.a.O., S. 219 [*Kritias* 108 e].
14) *Kritias* 188, a/b.
15) Platon, a.a.O., S. 151 [*Timaios* 24 e - 25 a].
16) Charles Berlitz, *Das Atlantis-Rätsel*, S. 79.
17) Edgar Dacque, *Die Erdzeitalter*, München / Berlin 1930, S. 200.
18) Paul Schliemann, *How I Found the Lost Atlantis*, New York 1912.
19) Wir wollen es aber nicht unerwähnt lassen, dass Atlantis auch schon – im deutlichen Widerspruch zu den Angaben Platons – mit der in der Ost-Ägäis gelegenen Insel Thera gleichgesetzt wurde (Marinatos, Galanopoulos), ferner mit der phönizischen Stadt Tartessos in Südspanien (Adolf Schulten, *Atlantis*, Berlin 1930), ja sogar mit der Insel Helgoland (Jürgen Spanuth, *Die Atlanter. Volk aus dem Bernsteinland*, Tübingen 1985). Einen Überblick über die verschiedenen Atlantis-Theorien gibt Günter Kehnscherper, *Auf der Suche nach Atlantis*, Rastatt 1989 (Moewig Band Nr. 3412).
20) Artur Schult, *Astrosophie*, Bietigheim 1986, S. 60.
21) F.W. Zeylmanns van Emmichoven, *Rudolf Steiner*, Stuttgart o.J. (Freies Geistesleben), S. 115. Siehe hierzu vor allem: Rudolf Steiner, *Aus der Akasha-Chronik*, Dornach 1987.
22) Zt. aus: Olga Fröbe-Kapteyn (Hg.), *Alte Sonnenkulte und die Lichtsymbolik in der Gnosis und im frühen Christentum*, Zürich 1944 (Eranos-Jahrbuch X/1943), S. 86.
23) Zt. aus: Walter Beltz, *Die Schiffe der Götter. Ägyptische Mythologie*, Berlin 1987, S. 133.
24) Zt. aus: *Lyrik des Ostens*, hg.v. Gundert / Schimmel / Schubring, München 1978, S. 10.

[25] Vgl. hierzu: Jacques de Mahieu, *Die Erben Trojas. Auf den Spuren der Megalithiker in Südamerika*, Tübingen 1982.

[26] Paul Schliemann, *How I Found the Lost Atlantis*, New York 1912.

[27] Platon, *Timaios*, 24e-25a.

[28] Otto Muck, *Alles über Atlantis*, München 1976, S. 46.

[29] 1. Kön 10,22; Jes 60,9; Hes 27,25 (»Tarsis«).

[30] Edgar Dacque, *Urwelt, Sage und Menschheit*, S. 125/26.

[31] Timaios 25 d.

[32] *Die Geheimlehre*, Band II, S. 816.

[33] Ebenda, S, 757.

[34] Ebenda, S. 413.

[35] Ebenda, S. 452.

[36] Platon, a.a.O., S. 151/52 [*Timaios* 25 c/d].

[37] Platon, a.a.O., S. 230 [*Kritias* 120 e - 121 b].

[38] Charles-Etienne Brasseur de Barbourg, *Manuscrit Troano*, Paris 1889. Übersetzungen des Textes bei Charles Berlitz, a.a.O., S. 118/ 119 und Otto Muck, a.a.O., S. 215.

[39] Ovid, *Metamorphosen*, Textausgabe wie oben, S. 49.

[40] *Popol Vuh*. Das Buch des Rates, übersetzt von Wolfgang Cordan, 4. Aufl. Köln 1984, S. 35.

[41] Helmuth von Glasenapp (Hg.), *Indische Geisteswelt*, Bd. 1: Glaube und Weisheit der Hindus, Hanau 1986, S. 30, f.

[42] Zt. aus: *Das Gilgamesch-Epos*, rhythmisch übertragen von Hartmut Schmökel, 6. Aufl. Stuttgart 1985, S. 100, ff.

[43] Rudolf Steiner, *Aus der Akasha-Chronik*, Dornach 1987, S. 25.

[44] Ein Beispiel für die Verbindung von Atlantis-Theorie und Rassenlehre ist das Buch von Carl Zschätsch, *Atlantis, die Urheimat der Arier*, Berlin 1922.

Megalithische Mysterien

[1] Britta Verhagen, *Götter, Kulte und Bräuche der Nordgermanen. Kulturelle Wurzeln des Abendlandes in der nordeuropäischen Bronzezeit*, Herrsching 1986, S. 250.

[2] Fernand Niel, *Auf den Spuren der Großen Steine. Stonehenge, Carnac und die Megalithen*, Herrsching 1989, S. 200.

[3] Dieter Vollmer, *Sonnenspiegel*, Rotenburg/Wümme 1983, S. 142.

[4] Platon, a.a.O., S. 229 [*Kritias* 119 d].

[5] Zt. nach Fernand Niel, a.a.O., S. 50.

[6] Sigrid Neubert, *Die Tempel von Malta. Das Mysterium der Megalithbauten*. Text von Sybille von Reden, Bergisch Gladbach 1988, S. 8.

[7] Ebenda, S. 9.

[8] Zt. nach Gerald S. *Hawkins, Merlin, Märchen und Computer. Das Rätsel Stonehenge gelöst?* Berlin 1983, S. 15.

[9] Gerhard von dem Borne, *Der Gral in Europa. Wurzeln und Wirkungen*, Stuttgart 1976, S. 77.

[10] Zt. nach B. Verhagen, a.a.O., S. 133/34.

[11] Zt. nach B. Verhagen, a.a.O. , S. 174.

Die Urreligion Indiens

[1] Hermann Güntert, *Der arische Weltkönig und Heiland*. Halle / Saale 1923, S. 413/14.

[2] *Bhagavad Gita. Das Hohe Lied der Tat*, überarb.v. K. O. Schmidt, München 1968, S. 34.

[3] Helmuth von Glasenapp (Hg.), *Indische Geisteswelt*, Bd.1, Hanau 1986, S. 20.

4) Upanishaden. *Die Geheimlehre der Inder, übertragen und eingeleitet von Alfred Hillebrandt*, Köln 1986, S. 42.

5) Glasenapp, a.a.O.,S. 24.

6) *Upanishaden*, S. 116.

7) *Upanishaden*, S. 99.

8) Glasenapp, a.a.O., S. 36.

9) Zt. nach Artur Schult, *Astrosophie als kosmische Signaturenlehre des Menschenbildes*, Bietigheim 1986, S. 69.

10) *Rigveda* III 62,10.

11) *Upanishaden – die Geheimlehre der Inder*, Köln 1986, S. 164.

12) Franz von Assisi, *Legenden und Laude*, Zürich 1997, S. 519.

13) Platon, *Der Staat*, Stuttgart 1973, S. 221.

14) Popol Vuh. *Das Buch des Rates*. 4. Aufl. Köln 1984, S. 122.

15) Zt. nach Walter Heinrich, *Der Sonnenweg.Verklärung und Erlösung im Vedanta, bei Meister Eckhart und bei Schelling*, Interlaken 1985, S. 110.

16) Ebenda.

17) Johannes Hertel, *Die Awestischen Herrschafts- und Siegesfeuer*, Leipzig 1931, 3. Gatha, Yasna 30, 4.

18) Nach Paul Eberhardt, *Das Rufen des Zarathustra. Die Gathas des Avesta*, Jena 1920.

19) Ebenda.

Das Druidentum

1) Zt. aus: Bettina Brand-Förster, *Das irische Hochkreuz*, Frankfurt 1980, S. 7.

2) An Literatur über das Thema »Kelten« sei hier nur genannt: Gerhard Herm, Die Kelten. *Das Volk, das aus dem Dunkel kam*, Herrsching 1990; Paul-Marie Duval, *Die Kelten*, München 1978; Jan Filip, *Die keltische Zivilisation und ihr Erbe*, Prag 1961; Jacques Moreau, *Die Welt der Kelten*, Stuttgart 1965; John Sharkey, *Die keltische Welt*, Frankfurt 1982; Konrad Spindler, *Die frühen Kelten*, Stuttgart (Reclam) 1983; Barry Cunlife, *Die Kelten und ihre Geschichte*, 3. Aufl. Bergisch Gladbach 1991 sowie der Ausstellungskatalog *Die Kelten in Mitteleuropa*, 3. Aufl. Salzburg 1980.

3) Einführungen in die keltische Religion bieten: Jan de Vries, *Keltische Religion*, Stuttgart 1961; Murray Hope, *Magie und Mythologie der Kelten*, München 1990 (Heyne Sachbuch 19/81); Sylvia und Paul F. Botheroyd, *Lexikon der keltischen Mythologie*, 4. Aufl. München 1992.

4) Tacitus, *Germania*, Wiesbaden o.J., S. 43.

5) Zt. nach: Heinrich Marzell, *Zauberpflanzen und Hexentränke. Brauchtum und Aberglaube*, Stuttgart 1963, S. 24/25.

6) Robert von Ranke-Graves, *Die Weiße Göttin. Sprache des Mythos*, Reinbeck 1990; darauf aufbauend: Liz und Collin Murray, *Das Keltische Baum-Orakel*, München 1989.

7) Literatur über »Druiden«: Jean Markale, *Die Druiden.Gesellschaft und Götter der Kelten*, München o.J. (Bertelsmann); Francoise Le Roux / Christian-J. Guyonvarc'h, *Die Druiden. Mythos, Magie und Wirklichkeit der Kelten*, Engerda 1996 (Arun-Verlag).

8) Gaius Iulius Caesar: *Der Gallische Krieg*, übers.v. GeorgDorminger, München o.J., S. 125.

9) Ebenda, S. 126.

10) Zt. nach Le Roux / Guyonvarc'h, *Die Druiden*, S. 21.

11) Ebenda, S. 22/23.

12) Zt. aus: Frederik Hetmann (Hg.), *Märchen aus Wales*, Köln / Düsseldorf 1982, S. 133-35.

[13] Murray Hope, *Magie und Mythologie der Kelten*, S. 148.

[14] Zt. nach Jean Markale, *Die Druiden*, S. 57.

[15] Gaius Iulius Caesar, *Der Gallische Krieg*, S. 128.

[16] Zt. aus Robert v.Ranke-Graves, *Die Weiße Göttin*, S. 240/41.

[17] Ebenda.

[18] Zt. nach Ingeborg Clarus, *Keltische Mythen. Der Mensch und seine Anderswelt*, Olten 1991, S. 72.

[19] Zt. nach J. Markale, *Die Druiden*, S. 7.

[20] Caesar, *Der Gallische Krieg*, S. 127.

[21] Vgl. hierzu den Artikel »Rigani« *im Lexikon der keltischen Mythologie* von P. und S. Botheroyd, ebd. S. 277, ff. sowie J.-J. Hatt, Eine Interpretation der Bilder und Szenen auf dem Silberkessel von Gundestrupp, in *Die Kelten in Mitteleuropa*, S. 68-75.

[22] *Märchen aus Wales*, hg. und übers.v. Frederik Hetmann, Köln / Düsseldorf 1982, S. 123.

[23] E. Laaths, *Geschichte der Weltliteratur*, 2. Aufl. 1953, S. 246.

[24] *Die Homerischen Götterhymnen*, deutsch von Thassilo von Scheffer, Leipzig 1974, S. 70.

[25] *Märchen aus Wales*, S. 55.

[26] Ebenda S. 58.

[27] Zt, nach Jean Markale, *Die Druiden*, S. 95-96.

[28] Zt. nach Ross Nichols, *Das magische Wissen der Druiden*, S. 408.

[29] Ebenda, S. 408.

[30] Ebenda.

[31] Ebenda, S. 412/13.

[32] Ebenda, S. 410.

[33] Ebenda, S. 408.

[34] Zt. nach Liz und Colin Murray, *Das keltische Baum-Orakel*, S. 93.

[35] Ebenda, S. 415.

[36] Zt. nach: A. Carmichael (Hg.), *Carmina Goedelica*, Scottish Academic Press, 1972.

[37] zt. aus: Peter Sager, *Wales*, Köln 1985, S. 392.

[38] *Goethes Werke in sechs Bänden*, Fünfter Band: Dichtung und Wahrheit, Frankfurt 1960, S. 474.

[39] Die Bücher der Fantasy-Autorin Marion Zimmer-Bradley, *Die Nebel von Avalon* und *Die Wälder von Albion* bieten keine Einführung in die Esoterik des Keltentums. Geistige Grundlage dieser Romane ist vielmehr, wie die Autorin selbst im Nachwort zu ihrem Avalon-Buch sagt, der neuheidnische Wicca-Kult. Zur pseudo-keltischen Fantasy zählt auch der Roman *Taliesin* von Stephen Lawhead (München 1995).

Die Religion der Edda

[1] *Klopstocks Oden*, Leipzig o.J., S. 23.

[2] Literatur hierüber: Emil Nack, *Germanien. Länder und Völker der Germanen*, Wien 1963, bes. S. 106, ff.; Wolfgang Golther, *Handbuch der germanischen Mythologie*, Stuttgart o. J. (Magnus-Verlag); Paul Hermann, *Nordische Mythologie*, Berlin 1992; Margret Burri, *Germanische Mythologie zwischen Verdrängung und Verfälschung*, Zürich 1982. Immer noch ein Klassiker ist: Jakob Grimm, *Deutsche Mythologie*, 3 Bde. Nachdr. Wiesbaden 1990. Über das germanische Neuheidentum von etwa 1900 bis heute berichtet: Karlheinz Weißmann, *Druiden, Goden, Weise Frauen. Zurück zu Europas alten Göttern*, Freiburg 1991. Auch germanische Fantasy-Literatur ist in Mode gekommen. Zwei Beispiel

hierfür: Stephan Grundy, *Rheingold*, Frankfurt 1992; Brian Bates, *Wyrd. Der Weg eines angelsächsischen Zauberers*, München 1986.

[3] Cäsar, Bellum Gallicum, S. 129.

[4] Tacitus, Germania, Wiesbaden o.J., S. 43.

[5] Zt. nach J. W. Hauer, *Urkunden und Gestalten der Germanisch-Deutschen Glaubensgeschichte*, Stuttgart 1940, S. 334.

[6] *Die Edda*, übertragen von Felix Genzmer, Köln 1983, S. 28.

[7] Ebenda, S. 47.

[8] Ebenda, S. 31.

[9] Ebenda, S. 41.

[10] Britta Verhagen, *Götter, Kulte und Bräuche der Nordgermanen*, Herrsching 1986, S. 84/85.

[11] Ebenda, S. 31.

[12] Holger Kallweit, *Traumzeit und innerer Raum. Die Welt der Schamanen*, München 1983, S. 213/216.

[13] Vgl. hierzu die esoterische Literatur über das Thema »Runen«: Ralph Blum, *Runen*, München 1985; Tony Willis, *Die Kraft der Runen*, Zürich 1986; Edred Thorsson, *Handbuch der Runen-Magie*, Sauerlach 1987; Nigel Pennick, *Das Runenorakel*, München 1990.

[14] Zt. nach Bernhard Reiß, *Runenkunde*, Leipzig o.J., S. 12.

[15] Ebenda.

[16] Tacitus, *Germania*, Wiesbaden o.J., S. 43.

[17] *Die Edda*, Köln 1983, S. 164.

[18] Platon, *Sämtliche Werke* Band 5, Hamburg 1989, S. 163 [Timaios 40 c].

[19] Rudolf Steiner, *Die Mission einzelner Volksseelen*, Dornach 1982, S. 136.

[20] Die Edda, S. 31-33.

[21] Die Edda, S. 30.

[22] Die Edda, S. 33.

[23] Zt. nach D. Vollmer, *Sonnenspiegel*, S. 393.

[24] Siehe Victor Wendt, *Das Geheimnis der Hyperboreer. Legende, Mythos oder Wirklichkeit?* Basel 1984 (Sphinx Pocket).

[25] Zt. nach B. Verhagen, a.a.O., S.

[26] J. Markale, *Die Druiden*, S. 61.

Griechische Mysterien

[1] Zt. nach Thassilo von Scheffer, *Hellenistische Mysterien und Orakel*, Stuttgart 1948, S. 62/63.

[2] Empfehlenswerte Literatur: O. Kern, *Die griechischen Mysterien der klassischen Zeit*, Berlin 1927; R. Reitzenstein, *Die hellenistischen Mysterienreligionen nach ihren Grundgedanken und Wirkungen*, Leipzig-Berlin 1927; E. Rohde, *Psyche. Seelencult und Unsterblichkeitsglaube der Griechen*, Tübingen 1925, Neudruck Darmstadt 1980; C. Schneider, *Die antiken Mysterien nach ihrer Einheit und Vielfalt. Wesen und Wirkung der Einweihung*, Hamburg 1979, Marion Griebel, *Das Geheimnis der Mysterien. Antike Kulte in Griechenland, Rom und Ägypten*, Zürich-München 1990.

[3] Thassilo von Scheffer, a.a.O., S. 15/16.

[4] *Die Homerischen Götterhymnen*, deutsch von Thassilo von Scheffer, Basel 1984, S. 115.

[5] Zt. n. Marion Griebel, *Das Geheimnis der Mysterien*, S. 38.

[6] *Die Homerischen Götterhymnen*, S. 115.

[7] Zt. nach Thassilo von Scheffer, *Hellenistische Mysterien und Orakel*, S. 62.

[8] Ebenda, S. 71.

[9] Orpheus, *Altgriechische Mysterien. Aus dem Urtext übertragen und erläutert von J.O. Plassmann*, Köln 1982, S.

[10] Th. von Scheffer, *Hellenistische Mysterien* ..., S. 84/85.

[11] Siehe: Elisabeth Hämmerling, *Orpheus' Wiederkehr. Der Weg des eilenden Klanges. Alte Mysterien als lebendige Erfahrung*, Interlaken 1984 (Ansata-Verlag).

[12] Orpheus, *Altgriechische Mysterien*, S. 28.

[13] Th. von Scheffer, a.a.O., S. 101/102.

14) Zt. nach Robert von Ranke-Graves, *Griechische Mythologie*, Bd.1, Hamburg 1960, S. 25.

[15] *Die großen Mythen der Menschheit – Götter und Dämonen*, ausgew. u. eingeleitet v. Rudolf Jockel, Augsburg 1990, S. 91.

[16] Orpheus, *Altgriechische Mysterien*, S. 37.

[17] Literatur: Eduard Baltzer, *Pythagoras – Der Weise von Samos. Ein Lebensbild*, Heilbronn 1987; Karl Kerenyi, *Pythagoras und Orpheus*, Berlin 1938; sowie Edouard Schuré, *Die großen Eingeweihten*, Bern-München-Wien 1989, S. 223-318.

[18] Jamblichos, *Pythagoras – Legende, Lehre, Lebensgestaltung*, hg.v. Michael von Albrecht, Zürich-Stuttgart 1963, S. 153 ff.

[19] *Die Vorsokratiker*. Ausgewählt und eingeleitet von Wilhelm Nestle, Köln-Düsseldorf 1956, S. 151/52.

[20] Rudolf Steiner, *Theosophie*, Dornach 1962, S. 96.

[21] *Die Goldenen Verse des Pythagoras*, hrsg.v. Inge von Wedemeyer, Heilbronn 1988, S. 22.

[22] *Die Goldenen Verse* ..., ebenda.

[23] *Die Vorsokratiker*, S. 140/141.

[24] Platon, *Der Staat*, dt.v. August Horneffer, Stuttgart 1973, S. 330

[25] Platon, *Mit den Augen des Geistes*, Frankfurt 1955, S. 199/200 (der 7. Brief, 341b)

[26] Platon, *Hauptwerke*, ausgewählt und eingeleitet v. Wilh. Nestle, Leipzig 1931, S. 59.

[27] Platon, *Mit den Augen des Geistes*, S. 89.

[28] Platon, *Der Staat*, S. 226.

Etrurien und Rom

[1] Hans Mühlestein, *Die Verhüllten Götter* (1957), Neudr. Biel 1981.

[2] Ebenda, S. 119-120.

[3] Siehe etwa: A. Tollmann, *Und die Sintflut gab es doch*, München 1993.

[4] Ebd. S. 109. Siehe auch A. Schulten, *Tartessos*, S. 391 f.

[5] Propertius, IV. Buch, 10. Elegie, Verse 27-30.

[6] H. Mühlestein, a. a. O., S. 154.

[7] Vgl. P. Thulin, *Die etruskische Disziplin, I–III* (1905–1907).

[8] Zt. nach Mühlestein, S. 158.

[9] Ebenda, S. 155.

[10] Plutarch. Auswahl und Einleitung von K. Ziegler, S. 42.

[11] Ebenda, S. 43-44.

[12] Ebenda, S. 46.

[13] Ebenda.

[14] *Doctor Fausti Weheklag*, hrsgg. u. eingel. v. Helmut *Wiemken*, S. 246-47.

[15] Eranos-Jahrbuch X/1943, S. 237.

[16] Siehe: F. Cumont, *Die orientalischen Religionen im römischen Heidentum*, Neudr. Darmstadt 1989.

[17] Hugo Rahner, *Das christliche Mysterium von Sonne und Mond*, in: Eranos-Jahrbuch X/1943, S. 307.

[18] Ebenda, S. 237.

[19] Vgl. F. Cumont, *Die Mysterien des Mithra*, Neudr. Darmstadt 1981; H.

Koepf, *Mithras oder Christus*, Sigmaringen 1987; F. Lommel, *Der Mithrasmythos*, Bonn 1920; K. Merkelbach, *Mithras*, Königstein 1984; J.M. Vermaseren, *Mithras. Geschichte eines Kultes*, Stuttgart 1965; Manfred Claus, *Mithras. Kult und Mysterien*, München 1990; Robert Siatschek, *Helios. Mythos der Sonne*, Wien-München 1989, S. 79, ff.

20) Platon, *Sämtliche Werke* Band 5, Hamburg 1989, S. 229 [Kritias 119d/e].

21) Aus: *Lyrik des Abendlandes*, München 1978, S. 90.

22) Zt. nach Manfred Claus, *Mithras*, S. 177.

23) H. Rahner, a.a.O.,S. 309/10.

24) Zt. nach Sigrid Hunke, *Europas andere Religion*, Düsseldorf-Wien 1969, S. 95.

25) Siehe: Gerhard Wehr, *Esoterisches Christentum*, Stuttgart 1975. Es scheint jedoch probelmatisch, so grundverschiedene Strömungen wie Gnosis, Mystik, Alchemie und Gralsimpuls unter dem Oberbegriff »Esoterisches Christentum« zu subsummmieren.

26) Zt. nach Micha Brumlik, *Die Gnostiker. Der Traum von der Selbsterlösung des Menschen*, Frankfurt 1995, S. 127.

Gnosis im Abendland

1) Zt. nach Walter Beltz, *Die Schiffe der Götter. Ägyptische Mythologie*, Berlin 1987, S. 159.

2) Zt. nach Rudolf Frieling, *Christentum und Wiederverkörperung*, Frankfurt 1982, S. 10/11.

3) Literatur zum Thema »Gnosis«: a) Quellensammlungen: Werner Förster / Ernst Haenchen / Martin Krause (Hg.), *Die Gnosis*, 3 Bde, Bd.1: *Zeugnisse der Kirchenväter*, Bd.2: *Koptische und mandäische Quellen*, Bd.3: *Der Manichäismus*, Zürich 1980; Wolfgang Schultz, *Dokumente der Gnosis*, Jena 1910, Neudr. München 1986; Hans Christian Meiser (Hg.), *Gnosis. Texte des geheimen Christentums*, München 1994; Werner Hörmann (Hg.), Gnosis. *Das Buch der verborgenen Evangelien*, Augsburg 1994; R. Haardt, *Die Gnosis, Wesen und Zeugnisse*, Salzburg 1967; P. Sloterdijk / T. H. Macho, *Weltrevolution der Seele*, München 1991; b) Sekundarliteratur: W. Bousset, *Hauptprobleme der Gnosis*, Göttingen 1907; H. Jonas, *Gnosis und spätantiker Geist*, Göttingen 1954; G. Quispel, *Gnosis als Weltreligion*, Zürich 1951; Kurt Rudolf, *Die Gnosis. Wesen und Geschichte einer spätantiken Religion*, Göttingen 1994 (utb 1577).

4) Zt. nach Hans Leisegang, *Begriff und Ursprung der Gnosis*, in: H. Ch. Meiser, a.a.O., S. 14.

5) Zt. nach Gerhard Wehr, *Esoterisches Christentum*, Stuttgart 1975, S. 105.

6) Zt. nach K. Rudolph, *Die Gnosis*, S. 45/46.

7) Ebenda, S. 21.

8) In vielen Quellenwerken werden auch die Hermetischen Schriften mit dem berühmten Poimandres-Dialog als gnostisch angeführt. Wir behandeln die Hermetik jedoch nicht als eine gnostische Unterströmung, sondern als ein ganz eigenständiges Gebilde im Kapitel *Die Hermetik / Alchemie*.

9) W. Hörmann (Hg.), *Gnosis*, S. 26.

10) Zt. nach K. Rudolph, a.a.O., S. 71/72.

11) W. Hörmann, a.a.O., S. 140.

12) Ebenda, S. 168.

13) Ebenda, S. 129.

14) Ebenda, S. 326.

15) Ebenda, S. 26/27.

[16] Zt. nach W. Beltz, *Die Schiffe der Götter*, S. 210.

[17] Zt. nach Hans Mühlestein, *Die Verhüllten Götter. Neue Genesis der italienischen Renaissance*, Biel 1981, S. 374.

[18] Ebenda, S. 384.

[19] Ebenda, S. 30.

[20] Literatur zu den Katharern: Otto Rahn, *Kreuzzug gegen den Gral*, Freiburg 1933, Neudr. Stuttgart 1964; Arno Borst, *Die Katharer*, Freiburg 1991; Lothar Baier, *Die Große Ketzerei. Verfolgung und Ausrottung der Katharer durch Kirche und Wissenschaft*, Berlin 1991. Von den drei genannten Werken ist das von Arno Borst bei weitem das fundierteste.

[21] Arno Borst, Die Katharer, S. 127.

[22] Ebenda, S. 128.

[23] Ebenda, S. 138.

[24] Ebenda, S. 97.

[25] Quellentext: A. Dondaine, *Un traite neo-manicheen du XIIIe siecle, le 'Liber de duobus principiis', suivi d'un fragment du rituel cathare*, Rom 1939.

Der Gralsimpuls

[1] Zt. nach Murray Hope, *Magie und Mythologie der Kelten*, München 1990, S. 109.

[2] Quellentexte: Helmut Birkkan (Hg.), *Keltische Erzählungen vom Kaiser Arthur*, 2 Bde, Kettwig 1989 [Phaidon]; Bertram Wallrath (Hg.), *Das Buch Camelot*, München 1989; Karl Langosch (Hg.), *König Artus und seine Tafelrunde. Europäische Dichtung des Mittelalters*, Stuttgart 1980 [Reclam]; Thomas Malory, *Die Geschichten von König Artus und den Rittern seiner Tafelrunde*, übers.v. Helmut Findeisen, 3 Bde. Frankfurt 1977 [it 239]; Geoffry von Monmouth, *Historia regum Britanniae*, übersetzt und hg. v. Albert Schulz, Halle 1854.

[3] Keltische Erzählungen vom Kaiser Arthur, Bd.1, S. 14.

[4] Ebenda, S. 24.

[5] Ebenda, S. 11.

[6] Literatur zum Thema »Gral«: Malcolm Godwin, *Der Heilige Gral*, München 1994; John Matthews, *Der Gral*, Braunschweig 1992; Gerhard von dem Borne, *Der Gral in Europa*, Stuttgart 1976; Olga von Ungern-Sternberg, *Die Sternenschrift im Gralsgeschehen*, 2. Aufl. Kinsau 1986; Artur Schult, *Die Weltsendung des Heiligen Gral im Parzival des Wolfram von Eschenbach*, Bietigheim 1975; Julius Evola, *Das Mysterium des Grals*, München-Planegg 1955; Rudolf Meyer, *Der Gral und seine Hüter*, Stuttgart 1956; Karl Otto Schmidt, *Dreistufenweg zum Gral*, 3. Aufl. München 1971.

[7] Thomas Mallory, *Die Geschichten von König Artus*, S. 52.

[8] Heinrich Zimmer, *Merlin*. In: *Abenteuer und Fahrten der Seele*, Zürich/Stuttgart 1961, S. 42.

[9] John Sharkey, *Die keltische Welt*, Frankfurt 1982, S. 10.

[10] *Lancelot und Ginevra. Ein Liebesroman am Artushof*. Den Dichtern des Mittelalters nacherzählt von Ruth Schirmer, Zürich 1961, S. 110.

[11] Ebenda.

[12] Zu Merlin: Nikolai Tolstoy, *Auf der Suche nach Merlin*, 3. Aufl. Köln 1993; Frederic Hetmann, *Merlin. Portrait eines Zauberers*, in: T.H. White, *Das Buch Merlin*, Düsseldorf / Köln 1980, S. 165-254; Manfred Ehmer, *Merlin – Portrait eines keltischen Eingeweihten*, in: Willi Dommer (Hg.), *Wie die alten Götter weiterleben*, Freiburg 1990, S. 111-124.

13) Heinrich Zimmer, a.a.O., S; 64.

14) *Das Buch Merlin*. Mythen, Legenden und Dichtungen um den Zauberer Merlin, hg.v. M. Kluge, München 1988, S. 156.

15) Ebenda, S. 59.

16) Ebenda, S. 222.

17) Ebenda, S. 253/54.

18) Wolfram von Eschenbach, *Parzival. Eine Auswahl*, hg. von Walter Hofstätter, Stuttgart 1983, S. 30.

19) Im Folgenden verwende ich die Prosa-Übersetzung: Wolfram von Eschenbach, *Parzival*, übertr. und hg. von Wolfgang Spiewok, Basel 1986. Ebenda, S. 350/51.

20) Ebenda, S. 362.

21) Ebenda, S. 361.

22) Ebenda, S. 361.

23) Ebenda, S. 360.

24) *Deutsche Heldensagen*, Erlangen 1994, S. 516.

25) Richard Wagner, *Alle Libretti*, Dortmund 1982, S. 259 /260.

26) Britta Verhagen, *Götter, Kulte und Bräuche der Nordgermanen. Kulturelle Wurzeln des Abendlandes in der nordeuropäischen Bronzezeit*, Herrsching 1986, S. 134.

27) Ebenda S. 131.

28) *Parzival* (nach W. Spiewok), S. 350.

29) Ebenda S. 595.

Die Hermetik / Alchemie

1) Literatur zur Alchemie: Helmut Gebelein, *Alchemie*, München 1991; Alexander Roob, *Alchemie und Mystik. Das Hemetische Museum*, Köln 1996; Stanislas Klossowski de Rola, *Alchemie. Die geheime Kunst*, München 1974; Gottfried Latz, *Die Alchemie*, Bonn 1869, Neudr. Fourier Wiesbaden, Julius Evo-la, *Die Hermetische Tradition*, Interlaken 1989; Mircea Eliade, *Schmiede der Alchemisten*, Stuttgart 1980; Hermann Kopp, *Die Alchemie in älterer und neuerer Zeit*, Heidelberg 1886.

2) Zt. nach Klossowski de Rola, *Alchemie*, München / Zürich 1974, S. 103.

3) Ebenda, S. 17/18.

4) Angelus Silesius, *Der Cherubinische Wandersmann*, Wiesbaden 1949, S. 2.

5) Gerhard Wehr, *Die Bruderschaft der Rosenkreuzer*, München 1991, S. 73.f.

6) Klossowski de Rola, S. 8.

7) Alison Coudert, *Der Stein der Weisen*, Herrsching 1992, S. 28.

8) *Kybalion*, Sauerlach 1997, S. 17.

9) K. O. Schmidt, *In Dir ist das Licht*, Engelberg / München 1959, S. 39.

10) Augustinus, *Der Gottesstaat*, Paderborn 1979, S. 379.

11) Asclepius, »Vom Kult der Götter«.

12) Edouard Schuré, *Die Großen Eingeweihten*, München 1976, S. 113.

13) Novalis, *Im Einverständnis mit dem Geheimnis*, Freiburg 1980, S. 34.

14) E. Zeller, *Die Philosophie der Griechen in ihrer geschichtlichen Entwicklung*, Dritter Teil / Zweite Abteilung, 6. Aufl. Darmstadt 1963, S. 244.

15) Textausgabe von C. Wachsmuth und O. Hense, 5 Bde. mit Index, 1884–1923.

16) Die Hermetica zitiere ich nach der von mir selbst übersetzten Textausgabe: Manfred Ehmer, *Das Corpus Hermeticum. Übersetzung und Kommentar*, 3. Aufl. Hamburg 2021 [edition theophanie Nr. 7], S. 132 (Kapitel »Geist und Wahrnehmung«).

17) Ebenda, S. 161-62 (»Über den Geist im Menschen«).

18) *Upanishaden – die Geheimlehre der Inder*, übertr. und eingel. v. Alfred Hillebrandt, Köln 1977, S. 55.

Magie und Mystik der Kabbala

1) B. Kircher / L. Levine, Das Buch der Magier und Zauberer, S. 55.
2) Ebenda, S. 64-65.
3) Zur Kabbala empfehle ich folgende Literatur: Papus / Nestle, *Die Kabbala. Einführung in die jüdische Geheimlehre*, Wiesbaden Fourier 1982; Erich Bischoff, *Elemente der Kabbalah*, Wiesbaden 1990; Dion Fortune, *Die mystische Kabbala*, Freiburg 1990; Alan Richardson, *Einführung in die mystische Kabbala*, 2. Aufl. Basel 1982; Georg Langer, *Die Erotik der Kabbbala*, München 1989; Quellentext: *Der Sohar. Das Heilige Buch der Kabbala*, Köln 1982 [DG 35 Judaica].
4) Zt. nach Erich Bischoff, a.a.O., S. 41.
5) Ebenda, S. 86.
6) *Der Sohar*, S. 67.
7) *Sohar II 99b, 100a*. Hier zt. nach E. Bischoff, S. 95.
8) Ebenda, S. 114/115.
9) Martin Buber, Werke Bd. 3: *Schriften zum Chassidismus*, München-Heidelberg 1963, S. 799.
10) Eliphas Lévi, *Geschichte der Magie*, München 2001, S. 10.
11) Eliphas Lévi, *Transzendentale Magie*, Hamburg 2012, S. 184,ff.

Magie der Renaissance

1) Gustav Landauer im Nachwort zu: Walt Whitman, *Grashalme*, Zürich 1985, S. 426.
2) Agrippa von Nettesheim, *De Occulta Philosophia*, 2. Aufl. St. Goar 2003, S. 21.

3) Agrippa von Nettesheim, *Die Magischen Werke*, 4. Aufl. Wiesbaden 1994, S. 13.
4) Ebenda, S. 82-83.
5) Ebenda, S. 289.
6) Ebenda, S. 23.
7) Ebenda, S. 41-42.
8) Ebenda, S. 333.
9) Ebenda, S. 42.
10) Ebenda, S. 511.
11) *Doctor Fausti Weheklag. Die Volksbücher von D. Johann Faust und Christoph Wagner*, hg. und eingel. V. Helmut Wiemken, S. XV.
12) Ebenda, S. XVIII.
13) Ebenda, S. XIX.
14) Ebenda, S. XIV.
15) Ebenda, S. LV.
16) Ebenda, S. 23.
17) Zt. nach Karl Kiesewetter, *John Dee und der Engel vom westlichen Fenster*, Berlin 1993, S. 15.
18) Ebenda, S. 24.
19) Gustav Meyrink, *Der Engel vom westlichen Fenster*, München 1995, S. 233.
20) Ebenda, S. 260-61.
21) Paracelsus, *Mikrokosmos und Makrokosmos. Okkulte Schriften*, Wiesbaden 1994, S. 37.
22) Zt. nach Alexander Roob, *Alchemie und Mystik*, Köln 1996, S. 61.
23) Karl Kiesewetter, *Geschichte des neueren Okkultismus*, Ansata Verlag 2004, S. 196.
24) Zt. nach K. Kiesewetter, S. 195.

Esoterische Freimaurerei

1) H.-J. Neumann, *Friedrich Wilhelm II. Preußen unter den Rosenkreuzern*, S. 161, ff.

2) Georg Schuster, *Geheime Gesellschafen, Verbindungen und Orden*, 2. Band, S. 141.

3) Zt. nach E. Lennhoff / O. Posner / D. Binder, *Internationales Feimaurerlexikon*, S. 62.

4) Cagliostro. *Dokumente zu Aufklärung und Okkultismus*, hg, v, Klaus Kiefer, S. 43.

5) Karl Frick, *Die Erleuchteten*, S. 196.

6) Ebenda, S. 197.

7) Zt. aus: Cagliostro, S. 45.

8) Ebenda, S. 95.

9) Ebenda, S. 105.

10) Ebenda, S. 106.

11) Ebenda, S. 109.

12) Ebenda, S. 115.

13) Ebenda, S. 109.

14) Ebenda, S. 203.

15) Lit.: I. Cooper-Oakley, *The Compte de Saint-Germain*; Volz, *Der Graf von Saint-Germain*; L. A. Langeveld, *Der Graf von Saint-Germain*; Irena Tetzlaff, *Der Graf von Saint Germain. Licht in der Finsternis.*

16) Vgl. E. Horn, Franz Rakoczy II (1905); G. v. Hengelmüller, *Franz Rakoczy und sein Kampf für Ungarns Freiheit 1703-11* (1913).

17) Vgl. E. Haraszti, *Berlioz, Liszt und Rakoczy*, in: Musical Quaterly, 26 (1940).

18) L. A. Langeveld, *Der Graf von Saint-Germain*, S. 7-8

19) Ebenda, S. 95.

20) Ebenda, S. 96.

21) Ebenda, S. 62-63.

22) Georg Schuster, *Geheime Gesellschaften, Verbindungen und Orden* (1906), Teil II, S. 131.

23) L. A. Langevelt, S. 268.

24) Mozart, *Die Zauberflöte*, S. 43.

25) Ebenda, S. 44-45.

26) Ebenda, S. 60.

Das Rosenkreuzertum

1) Als Quellentext aller frühen Rosenkreuzer-Manifeste verwende ich: Gerhard Wehr (Hg.), *Die Bruderschaft der Rosenkreuzer*, München 1991 (DG 53). Zitat ebendort S. 105.

2) Zur Geschichte der Rosenkreuzer: Roland Edighoffer, *Die Rosenkreuzer*, München 1995; Will-Erich Peukert, *Das Rosenkreutz*, Berlin 1973; Frances Yates, *The Rosicrucian Enlightenment*, London 1972.

3) *Die Bruderschaft der Rosenkreuzer*, S. 73/74.

4) Ebenda, S. 73.

5) Ebenda.

6) Max Heindel, *Die Weltanschauung der Rosenkreuzer*, Darmstadt 1973, S. 518.

7) *Die Bruderschaft der Rosenkreuzer*, S. 70.

8) Angelus Silesius, *Cherubinischer Wandersmann*, hrsgg. v. Will-Erich Peukert, Wiesbaden 1949, S. 32.

9) *Die Bruderschaft der Rosenkreuzer*, S. 71.

10) Ebenda, S. 171/72.

11) Ebenda, S. 213.

12) Tschuang-Tse, *Reden und Gleichnisse*, Zürich 1951, S. 11/12.

13) Ingrid Fischer-Schreiber (Hg.), *Benutze die Liebe als Pfad. Die Weisheit der großen Philosophen des Tao*, Bern / München / Wien o.J., S. 78.

14) Über Paracelsus weiß die *Fama Fraternitatis* zu berichten, dass er der Rosenkreuzer-Gemeinschaft zwar nicht angehörte, jedoch das von Christian Rosenkreutz verfasste *Liber Mundi* gelesen habe, »das seinen hohen Geist erweckte«. So stand er der frühen Ro-

senkreuzer-Bewegung nahe und übte wohl auch einen gewissen Einfluss auf diese aus. Deshalb möge er hier in Form eines Portraits kurz dargestellt werden. Als Quellentexte verwende ich: Paracelsus, *Vom Licht der Natur und des Geistes*, hg.v. Kurt Goldammer, Stuttgart 1979; Paracelsus, *Mikrokosmos und Makrokosmos. Okkulte Schriften*, hg. v. Helmut Werner, Wiesbaden 1994. Eine sehr schöne kleine Paracelsus-Biographie stammt von Sergius Golowin, *Paracelsus im Märchenland*, Basel 1980.

17) *Vom Licht der Natur und des Geistes*, S. 169.

18) Ebenda, S. 143.

19) Ebenda, S. 153/154.

20) Ebenda, S. 165.

21) Ebenda, S. 142.

22) *Mikrokosmos und Makrokosmos*, S. 298.

23) Ebenda, S. 241.

24) Jakob Böhme, *Die Morgenröte bricht an*, ausgew. v. Gerhard Wehr, Freiburg 1983, S. 64.

25) Ebenda, S. 42

26) Ebenda, S. 114.

27) Ebenda, S. 48.

28) Ebenda, S. 74.

29) Ebenda, S. 98.

30) Goethes Werke, Bd. 5: *Dichtung und Wahrheit*, Frankfurt 1951, S. 276.

31) Ebenda, S. 276/77.

32) Ebenda, S. 283.

33) Zt. nach Gerhard Wehr, *Esoterisches Christentum*, Stuttgart 1975, S. 238.

34) Zt. nach Horst E. Miers, *Lexikon des Geheimwissens*, München 1981, S. 348 (Stichwort: Rosenkreuzer).

35) *Goethes Gedichte in zeitlicher Folge*, hg.v. Heinz Nicolai, Frankfurt 1982, S. 842/43.

Goethe als Esoteriker

1) *Lyrik des Abendlandes*, 2. Aufl. München 1983, S. 402.

2) J.W. Goethe, *Anschauendes Denken. Goethes Schriften zur Naturwissenschaft*, hg.v. Horst Günther, Frankfurt 1981 [it 550], 151/52.

3) *Goethes Gedichte in zeitlicher Folge*, hg. v. Heinz Nicolai, Frankfurt 1982, S. 911.

4) Johann Peter Eckermann, *Gespräche mit Goethe*, Frankfurt 1981 [it 500], Erster Band, S. 295 (Gespräch vom 13. Febr. 1829).

5) *Goethes Gedichte*, S. 1071.

6) Ebenda, S. 612.

7) Ebenda, S. 556.

8) Eckermann, *Gespräche mit Goethe*, Zweiter Band S. 720 (Gespräch vom 11. März 1832).

9) *Goethes Gedichte*, S. 230.

10) Ebenda, S. 207.

11) Gotthold Ephraim Lessing, *Unvergängliche Prosa*, München / Wien 1980, 389-391.

12) *Goethes Gedichte*, S. 737.

13) Carl Gustav Carus, *Menschen und Völker*, Hamburg 1943, S. 14.

14) *Goethes Gedichte*, S. 305.

15) Ebenda, S. 1122.

16) Eckermann, *Gespräche mit Goethe*, Dritter Teil, S. 718.

17) *Goethes Gedichte*, S. 992.

18) Johann Wolfgang Goethe, *Werke*, Sechster Band: Faust I, Faust II, Frankfurt 1981, S. 25.

19) Ebenda, S. 29/30.

20) Goethes Werke, Bd.5: *Dichtung und Wahrheit*, Frankfurt 1951, S. 523.

21) *Goethes Gedichte*, S. 162.

22) *Dichtung und Wahrheit*, S. 525.

23) *Goethes Gedichte*, S. 227.

Das spirituelle Amerika

1) Walt Whitman, *Grashalme*, Zürich 1985, S. 9.

2) Friedrich Nietzsche, *Werke in Zwei Bänden*, Bd. II, 5. Aufl. München 1981, S. 368.

3) Ralph Waldo Emerson, *Essays*, Zürich 1982, S. 44.

4) Ebenda, S. 57.

5) Ralph Waldo Emerson, *Spanne deinen Wagen an die Sterne*, Freiburg 1980, S. 99/100.

6) R.W. Emerson, *Essays* S. 56.

7) Ebenda, S. 227.

8) *Spanne deinen Wagen an die Sterne*, S. 105.

9) Ebenda, S. 115.

10) Henry D. Thoreau, *Walden oder Hüttenleben im Walde*, Zürich 1972, S. 85.

11) Henry David Thoreau, *Über die Pflicht zum Ungehorsam gegen den Staat*, Zürich 1973, S. 34/35.

12) Ebenda, S. 7.

13) Ebenda, S. 9.

14) Henry David Thoreau, *Walden ... S. 418/19.

15) Walt Whitman, *Grashalme*, Zürich 1985, S. 44/45.

16) Zt. nach Henry Seidel Canby, *Walt Whitman – Ein Amerikaner*, Berlin 1947, S. 158/59.

17) Ebenda, S. 162/63.

18) Walt Whitman, *Grashalme*, S. 38, 65.

19) Ebenda, S. 120.

20) G. Landauer im Nachwort zu W. Whitman, *Grashalme*, S. 426.

21) *Grashalme*, S. 23.

22) Ebenda, S. 81.

23) Ebenda, S. 364.

Die moderne Theosophie

1) Zt. aus: Gustav Mensching, *Buddhistische Geisteswelt. Vom historischen Buddha zum Lamaismus*, Wiesbaden o.J., S. 239.

2) Zt. nach Sylvia Cranston, *H.P.B. Leben und Werk der Helena Blavatsky, Begründerin der modernen Theosophie*, Satteldorf 1995 (Adyar-Verlag), S. 188. Dieses seriös recherchierte Buch, das eine Vielzahl von Briefen, Tagebuch-Notizen und Original-Dokumenten auswertet, ist die beste Biographie über Helena Blavatsky, die derzeit vorliegt.

3) Ebenda, S. 55/56.

4) Ebenda, S. 78.

5) Ebenda, S. 79.

6) Ebenda, S. 186.

7) Helena Petrowna Blavatsky, *Theosophie und Geheimwissenschaft. Ausgewählte Werke*, hrsgg.v. Sylvia Botheroyd, München 1995, S. 30.

8) Edward Conze, *Der Buddhismus, Wesen und Entwicklung*, Stuttgart 1953, S. 202.

9) Mahatma Gandhi, *Mein Leben*, Frankfurt 1983, S. 49.

10) Zt. nach Sylvia Cranston, a.a.O., S. 281.

11) Helena Petrowna Blavatsky, *Die Geheimlehre*, Bd.1: *Kosmogenesis*, Den Haag (Couvreur) o.J. S. 45.

12) Ebenda, S. 26.

13) Ebenda, S. 55.

14) Ebenda, S. 183.

15) Vgl. hierzu: James Churchward, *Mu – der versunkene Kontinent*, Aitrang 1990, außerdem: J.F. Blumrich, *Kasskara und die sieben Welten. Die Geschichte der Menschheit in der Überlieferung der Hopi-Indianer*, München 1985.

[16] Zt. nach: Horst E. Miers, *Lexikon des Geheimwissens*, München 1981, S. 115 (Stichwort: Dzyan).

[17] Ebenda, S. 386 (Stichwort: Steiner, Rudolf).

[18] Ebenda.

[19] H. P. Blavatsky, *Die Geheimlehre*, Bd.1 S. 177 (Diagramm I.).

[20] Aus den »Anthroposophischen Leitsätzen«, 1924/25. Hier zt. nach Adolf Baumann, *Wörterbuch der Anthroposophie*, München 1991, S. 9 (Stichwort: Anthroposophie).

[21] Rudolf Steiner, *Theosophie*, Dornach 1980, S. 46. Dagegen behauptet der Steiner-Biograph F.W. Zeylmans-Emmichoven (*Rudolf Steiner*, Stuttgart Verlag Freies Geistesleben o.J.), dass Rudolf Steiner »die Arbeiten Blavatskys kaum bekannt« waren (S.36), was angesichts der offenkundigen Übernahme der theosophischen Hauptthesen durch Steiner unglaubwürdig klingt.

[22] H. P. Blavatsky, *Die Geheimlehre*, Bd.1 S. 295.

[23] Rudolf Steiner, *Mein Lebensgang* (Ausgewählte Werke Bd,7), Frankfurt 1985, S. 421.

[24] Rudolf Steiner, *Die Welträtsel und die Anthroposophie*, Dornach 1985, S. 320.

[25] Rudolf Steiner, *Die Offenbarungen des Karma*, Dornach 1989, S. 83/84.

Weltwendezeit

[1] Die Große Licht-Evokation von Alice Bailey. Zt. nach George Trevelyan, *Eine Vision des Wassermann-Zeitalters. Gesetze und Hintergründe des 'New Age'*, München 1984, S. 200.

[2] Martin Heidegger, *Holzwege*, Frankfurt / M. 1950, S. 300,f.

[3] Egon Friedell, *Kulturgeschichte der Neuzeit*, München 1960, S. 1501.

[4] Hans Künkel, *Das Große Jahr. Der Mythos von den Weltzeitaltern*, Jena 1922, Neudr. Waakirchen 1980 (Urania Verlag).

[5] Joachim von Fiore, *Tractatus super quatuor Evangelia*, zt. nach E. Benz, *Schöpfungsglaube und Endzeiterwartung*, München 1965, S. 50 f.

[6] Hermann-Josef Beckers / Helmut Kohle (Hg.), *Kulte, Sekten, Religionen*, Augsburg 1994, S. 128.

[7] James Jeans, *The Mysterious Universe*, dt: *Der Weltenraum und seine Rätsel*, Stuttgart 1931, hier zt. nach G. Trevelyan, a.a.O. (Anm.1), S. 37.

[8] Hermann Hesse, *Mein Glaube*, Frankfurt 1971, S. 20/21.

[9] Fritjof Capra, *Das Tao der Physik*, Bern/München/Wien 1985, S. 7.

[10] Zt. nach Jean Gebser, *Abendländische Wandlung*, in: Gesamtausgabe Band 1, Schaffhausen 1975, S. 187.

[11] Siehe hierzu: David Ash / Peter Hewitt, *Wissenschaft der Götter. Zur Physik des Übernatürlichen*, Frankfurt 1994.

[12] *Die Vorsokratiker*. Ausgewählt und eingeleitet von Wilhelm Nestle, Köln-Düsseldorf 1956, S. 155.

[13] Jean Gebser, *Abendländische Wandlung*, S. 237/238.

[14] Werke: Gesamtausgabe in 8 Bänden, Novalis Verlag Schaffhausen; *Verfall und Teilhabe. über Polarität, Dualität, Identität und den Ursprung*, Salzburg 1974; *Ursprung und Gegenwart*, Bd.1: *Die Fundamente der aperspektivischen Welt*, Bd.2: *Die Manifestation der aperspektivischen Welt*, Bd.3: Kommentarband, München 1973 (bei dtv).

[15] Jean Gebser, *Ursprung und Gegenwart*, Bd.2, S. 690.

16) Werke: Im Verlag Hinder & Deelmann, Gladenbach: *Das Göttliche Leben,* 3 Bde. / *Die Bhagavad Gita / Essays über die geeinte Menschheit / Savitri / Die Grundlagen der indischen Kultur / Briefe über den Yoga,* 4 Bde. / *Kurz und Bündig,* 4 Bde. / *Die Mutter / Über die Liebe / Gedichte.* Im Mirapuri-Verlag, Planegg: *Das Rätsel dieser Welt / Zyklus der menschlichen Entwicklung / Das göttliche Leben auf Erden / Handbuch des Integralen Yoga / Flammenworte / Das Weltspiel / Gedanken und Aphorismen.* Im Rowohlt-Verlag, Hamburg: *Der Integrale Yoga* (RK Nr.24)

17) Sri Aurobindo, *Der Integrale Yoga,* Hamburg 1983, S. 30/31.

18) Ebenda, S. 20.

19) Sri Aurobindo, *Zyklus der menschlichen Entwicklung,* Planegg 1983, S. 266.

20) Werke von Wladimir Solowjef: *Deutsche Gesamtausgabe der Werke,* hrsg. v. Wladimir Szylkorski u.a., Freiburg / München 1953 ff.: Bd.1: *Kritik der abstrakten Prinzipien. Vorlesungen über das Gottmenschentum.* Bd.2: *Una Sancta, Schriften zur Vereinigung der Kirchen und zur universalen Theokratie.* Bd. 3: dito. Bd.4: *Die nationale Frage in Russland.* Bd.5: *Philosophie. Mystik. Grundprobleme und Hauptgestalten.* Bd.7: *Erkenntnislehre. Ästhetik. Philosophie der Liebe.* Bd.8: *Sonntags- und Osterbriefe. Drei Gespräche über den Krieg, Fortschritt und das Ende der Weltgeschichte mit Einschluss einer kurzen Erzählung vom Antichrist. Kleine Schriften der letzten Jahre.* Bd.9: (Erg.Bd.) *Solowjefs Leben in Briefen und Gedichten,* hrsg.v. L.Müller und I.Wille.

21) W. Solowjef, Werke Bd.1, Freiburg/München 1953, S. 340.

22) Zt. nach Karl Pfleger, *Geister die um Christus ringen,* Heidelberg 1959, S. 276.

23) Zt. nach Günter Schiwy, *Der kosmische Christus,* München 1990, S. 75.

24) Pierre Teilhard de Chardin, *Aufstieg zur Einheit,* hg.v. Lorenz Häfliger, Olten / Freiburg 1974, S. 399.

Bildnachweis

S.25: Edgar Dacque, *Urwelt, Sage und Menschheit*, München / Berlin 1928, S. 152. S.27: Ebenda, S. 153. S.51: Die Schlafende. Quelle: Wikipedia Commons. S.55: Gerald Hawkins, *Merlin, Märchen und Computer*, Berlin 1994. S.58: Die Himmelsscheibe von Nebra. Handzeichnung von Manfred Ehmer. S.89: Der Hirschgott Cernunnos. Quelle: Wikipedia Commons. S.106: *Die Esche Yggdrasil* von Friedrich Wilhelm Heine. Quelle: Wikipedia Commons. S.124: Der Tempelbezirk von Eleusis. Aus: michelkoven.wordpress.com. S.131: Das Arsineion in Samothrake. Aus: Manfred Ehmer, *Die Weisheit des Westens*, Düsseldorf 2007, S. 131. S.149: Das Tritonmeer vor 8000 Jahren. Handzeichnung von Manfred Ehmer. S.173: Mithras. Wikipedia Commons. S.183: Das Diagramm der Ophiten. Aus: Kurt Rudolph, *Die Gnosis*, Göttingen 1994, S. 78. S.205: H. Pyle, Excalibur. Quelle: Wikipedia Commons. S.217: Das Gralswunder. Wandgemälde auf Schloss Neuschwanstein, von Wilhelm Hauschild (1878). Quelle: Wikipedia Commons. S.243: Adam Kadmon. Dagobert Runes, *Illustrierte Geschichte der Philosophie*, Herrsching 1962, S. 27. S.306: J. W. Goethe. Quelle: Wikipedia Commons. S.321: Emerson, Thoreau, Whitman. Alle 3 Bilder: Wikipedia Commons. S.337: Emblem der TG. Quelle: Wikipedia Commons. S.365: Gebser, Sri Aurobindo, Solovjev. Quelle: Wikipedia Commons. S.372: Teilhard de Chardin. Quelle: Wikipedia Commons. S. 373: Quelle: https://www.forum-grenzfragen.de/teilhard-meine-denkerische-position/.

Dr. Manfred Ehmer

Dr. Manfred Ehmer hat sich als wissenschaftlicher Sachbuchautor darum bemüht, die großen kulturgeschichtlichen Zusammenhänge aufzuzeigen und die archaischen Weisheitslehren für unsere Zeit neu zu entdecken. Mit Werken wie DIE WEISHEIT DES WESTENS, GAIA und HEILIGE BÄUME hat sich der Autor als gründlicher Kenner der westlichen Mysterientradition erwiesen, mit DAS CORPUS HERMETICUM einen Grundtext der spirituellen Philosophie vorgelegt. Daneben stehen lyrische Nachdichtungen etwa des berühmten HYPERION von John Keats oder des vedischen HYMNUS AN DIE MUTTER ERDE. Über weitere Veröffentlichungen des Autors erfahren Sie auf seiner Internetseite:

https://www.manfred-ehmer.net